Yutaka Harada
原田 泰

デフレと闘う

日銀審議委員、苦闘と試行錯誤の5年間

中央公論新社

まえがき

私は、２０１５年３月26日から２０２０年３月25日まで、日本銀行政策委員会審議委員を務めた。２０１３年４月の量的・質的金融緩和（ＱＱＥ）開始の２年後のことである。審議委員とは、金融政策を決定する９人のメンバー（総裁、２人の副総裁、６人の審議委員）のうちの１人である。この間、物価は２％目標に達せず、景気刺激のための低金利が、さまざまな方面から非難されるようになっていた。

ただし、実体経済は改善していた。２０１４年、２０１９年の消費税増税の予想以上のマイナスのショックはあったが、雇用はほぼ一貫して改善し、企業利益も過去最高水準を超え、実質ＧＤＰも名目ＧＤＰも弱いながらも増加していた（２０２０年初のコロナショック以前の話である）。労働所得で見る限り、所得分配も改善した。失業者というもっとも所得の低い人が減ったのだから当然のことである。失業率の低下とともに自殺者も減少し、税収の増加により財政状況は大きく改善した。問題は、物価が２％に達しないこと、実体経済の改善が力強くはなかったことである。そして、私の任期の最後にはコロナショックに見舞われた。

足元の経済は改善しているので、多くの非難は将来の可能性に向けられていた。もちろん、ＱＱＥに効果はないという一部の人々からの執拗《しつよう》な非難はあったが、事実に依拠するエコノミストは、ある程度の効果を認めたうえで、このような「異常な」金融緩和政策を続けていくと、将来はハイパーインフレになる、円が暴落する、金利が急騰《きゅうとう》するなどと非難していた。また、金融緩和の「出口」で大変なことになるという批判もあった。出口とは、金融緩和の結果、物価上昇率2％目標の達成が見えるようになれば、金融緩和を止《や》めて金利を引き上げるということである。金利を引き上げると、利払い費の増加により、日本銀行や政府の財務状況が悪化し、それをきっかけに通貨の信認が失われ、やはりハイパーインフレ、円の暴落、金利の高騰などが起こるというのである。

これらは起きていないが起きる可能性があることに対する非難だが、一向に起こりそうにもないので、非難はやがて低金利そのものに向かっていった。低金利が銀行の利益を削減し、かえって信用創造を通じた景気刺激効果を阻害《そがい》する、もっと率直に、銀行の経営状況が悪化しては困るというのである。

日本銀行としてはともかく、少なくとも私としては、これらの非難はたいしたことではないと考えていた。なぜなら、経済構造が変化すれば、企業も変化しなければならないのは当然で、そのなかには銀行という企業も入るからである。また、景気回復の度合いが弱いときに金利を引き上げれば、株の暴落、円の急騰、企業利益の悪化により、銀行も貸出先債権が不良化し、無傷ではいられないからである。すなわち、金融緩和を止めるという政策の選択肢はないからだ。しかし、物価が上昇しないとは2％物価目標が達成できないということであり、また、物価が上がらないと金利を上げることもできず、金利が上がらないと銀行の不満が高まる。これは困ったことだと徐々に考えるようになった。もちろん、困ったことだが、他に選択肢のないことでもあった。

この間、日本銀行としては、世界的な低金利のなかで、金融政策の効果を少しでも高めるため、2016年1月にマイナス金利、2016年9月にはイールドカーブ・コントロール（長短金利操作）、２０１８年7月のフォワードガイダンス（将来の金融政策の明示）などさまざまな金融政策手段を開発していった。金利がゼロになっても、さらに金融緩和をするという経験は、コロナショックでも有効に働いている。リーマンショックのときには、株は暴落、円は急騰したが、現在のコロナショック時では、株も円も安定している（株はコロナショック以前より上昇し、円は下落した）。さらに金融緩和を進めたから、この程度のことで済んでいる。

２０２０年8月28日に、金融政策の大転換をもたらした安倍《あべ》晋三《しんぞう》総理が病により退任することを発表した。すると、安倍内閣の支持率は直前の36・0％から56・9％に跳ね上がった。安倍政権を「継承し、前進させる」と言った菅義偉《すがよしひで》内閣の支持率も66・4％となった（いずれも共同通信世論調査、8月29～30日、9月16～17日）。経済面だけからこれを評価すれば、コロナ以前の7年余、考えてみれば経済は悪くなかったと多くの国民が考えた結果だと私は思う。金融政策は、国民のためには成功していたのである。

大胆な金融緩和を批判していたのは、黒田《くろだ》東彦《はるひこ》日銀総裁の体制になる前の日銀ＯＢ、銀行関係者、それに雇われているエコノミストだけである。政治主導がいけないとか、官邸に忖度《そんたく》しすぎるとか、日銀の独立が大事だとかいうエコノミストや評論家が多いのだが、彼らは、奇妙な考えに取りつかれている日銀ＯＢや銀行という利害関係者に忖度しているだけである（具体的には本書を読んでいただきたい）。雇用を一貫して改善してきた大胆な金融緩和政策は国民に支持されていると私は思う。コロナショックのなかでも、株の暴落や円の急騰は起きていない。この点は２００８年のリーマンショック時との大きな違いであり、これも大胆な金融緩和政策のお蔭《かげ》である。

本書は、2015年から2020年までの間の日本経済、金融政策、金融政策を行うにあたっての日本銀行の考え、私の考え、さまざまな方々との議論の記録である。また、金融政策だけでなく、日本の経済、社会、政治、組織についての私の考えも書いている。そういう意味では、本書は、私の日本金融政策論であり、また私の日本経済社会政治論でもある。

本文では、私が審議委員を務めていた時代からではなく、1990年代の日本がデフレになる時代の記述から始めている。そのほうが、私が審議委員になってからの発言や考えの意味が明確になると思ったからだ。

本書は、金融政策の大きな変更時点では日記のように書いてあるが、それ以外は、多くの方々との議論や文書から、金融政策、日本経済・政治・社会について考えたことを、なるべくわかりやすいエッセイにまとめたものだ。日付はあるが、その日付ですべて考えたことではない。要するに、エッセイの部分には後知恵が入っている。しかし、金融政策の決定については、そのときに考えたことを書いている。後から考えたことを書いた場合もあるが、そのときに考えたことと後から考えたこととは峻別《しゅんべつ》している。

金融政策決定会合での議論は10年後に議事録として公表されるまで書けないし、職務上知り得た秘密も書けないので、読者にとってみれば隔靴掻痒《かっかそうよう》の面があるかもしれない。しかし、たいていのことは時間の経過とともに明らかになるものである。当初は引用禁止の発言を、1週間後には自ら活字にする人もいる。だから、そう読者を苛立《いらだ》たせることなく書けていると思う。

文中の肩書きは発言当時のものである。発言全体の文脈、そのときの情勢の理解がないとわかりにくいところもあるので、引用においては（　）で補ったところがある。断っていなくても、私の注である。文献の引用で「　」内が、適宜要約されている場合もある。これは読みやすくするためである。文献の「原田［2018］」は、原田が2018年に発表したものという意味であり、巻末の文献リストでわかる。同じ年に複数のものがある場合は、月日を追加し、「原田［2019.12.5］」のように書いている。

また、発言者について、日銀高官は局次長級以上、すなわち、審議役、局長、理事、監事、審議委員、副総裁、総裁である。政府高官もこれに準じる。民間で取締役以上は経営者としている。

目次

第4章　マイナス金利政策の採用――2016年

第6章　マスコミのリフレ嫌い――2018年

図版作製　アップルパイ
ケー・アイ・プランニング

デフレと闘う

日銀審議委員、苦闘と試行錯誤の5年間

第1章　デフレの時代

1990年代以降の停滞と金融政策

1980年代までの日本の実質GDP成長率は、先進国のなかでもっとも高く、1人当たりではアメリカを追い越し、経済全体でもアメリカを追い越すかもしれないとさえ言われていたことがあった。当時の日本の人口はアメリカの2分の1にすぎないのだから（現在、日本の人口はアメリカの2・5分の1）、そんなことはあり得ないのだが、「かもしれない」と言っていた人もいたわけだ。

ところが、図1-1に示すように、1990年代から日本はわずか1％の低成長に陥り、長い停滞の時期を迎える。1980年代までの3％成長に比べれば、経済停滞は今も続いていると言える。

成長率が下がること自体は不思議でも何でもない。貧しい国は豊かな国の制度、技術、文化を真似ることができる。自ら技術革新を行うより、真似るほうが簡単である。だから、貧しい国は真似ることによって豊かな国よりも高い成長を続けることができる。しかし、そうできるのは貧しいうちだけだ。豊かな国に追いつけば、真似るものがなくなって、豊かな国と同じだけしか成長できなくなる。

日本の場合に問題なのは、図1－2に示すように、アメリカに追いつけなくなったこと、すなわち、1人当たりの豊かさという基準で、アメリカとの差が開くようになったことである。しかも、アジアの国々は高い成長率を続けている。シンガポールの1人当たり実質購買力平価GDP（各国の生活水準を比較するには、変動が大きく、輸出産業の生産性を反映することの多い為替レートではなく、各国の実質的な生活水準を表す購買力平価を使うことが通常）はアメリカより高く、香港はドイツより高くなっている（シンガポールの1人当たり購買力平価GDPは2019年で9万7000ドル、アメリカは6万3000ドル［いずれも2017年の米ドル］。シンガポールを図示すると他国の違いがわからなくなるので、図には入れていない）。台湾は日本より高くドイツに近づいている。フランス、イギリスは日本より1割以上高い。日本より高かったイタリアの停滞が目立っている。韓国は2017年に日本を追い越している。

私は、日本経済の停滞は、1980年代後半以降の日本の金融政策と関係があると考えている。しかし、経済学では、金融政策は短期的には雇用や実質GDPなどの実質変数を動かすが、長期的には物価や為替レートや名目GDPなどの名目変数のみに重大な影響を与え、実質変数にはほとんど影響を与えない、とされている（マンキュー［2019］388頁）。

だが、金融政策を極端に動かせば、経済は混乱し、その影響が長期に残ることもある。図1－3は、1981年から2000年までのマネタリーベースと名目GDPの対前年同期比の動きを示したものである。図に見るように、1980年代末から1990年代初のマネタリーベースの急拡大と急縮小に応じて、名目GDPも変動していることがわかる。本書では、複雑な図は極力書かないことにしているので、実質GDPを書いていないが（図1－1には実質GDPがある）、名目GDP

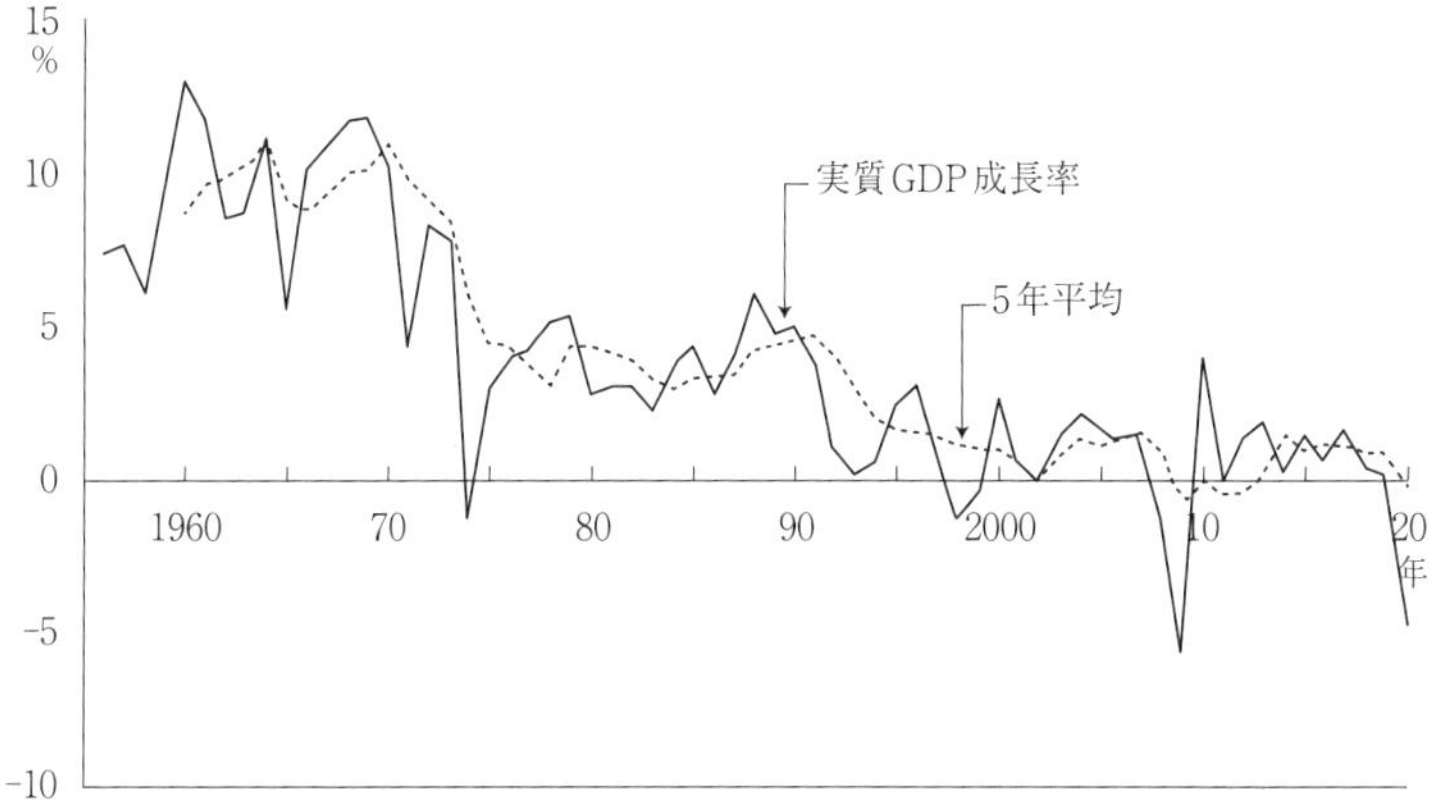

図１－１　実質GDPの成長率
（出所）内閣府「国民経済計算」.

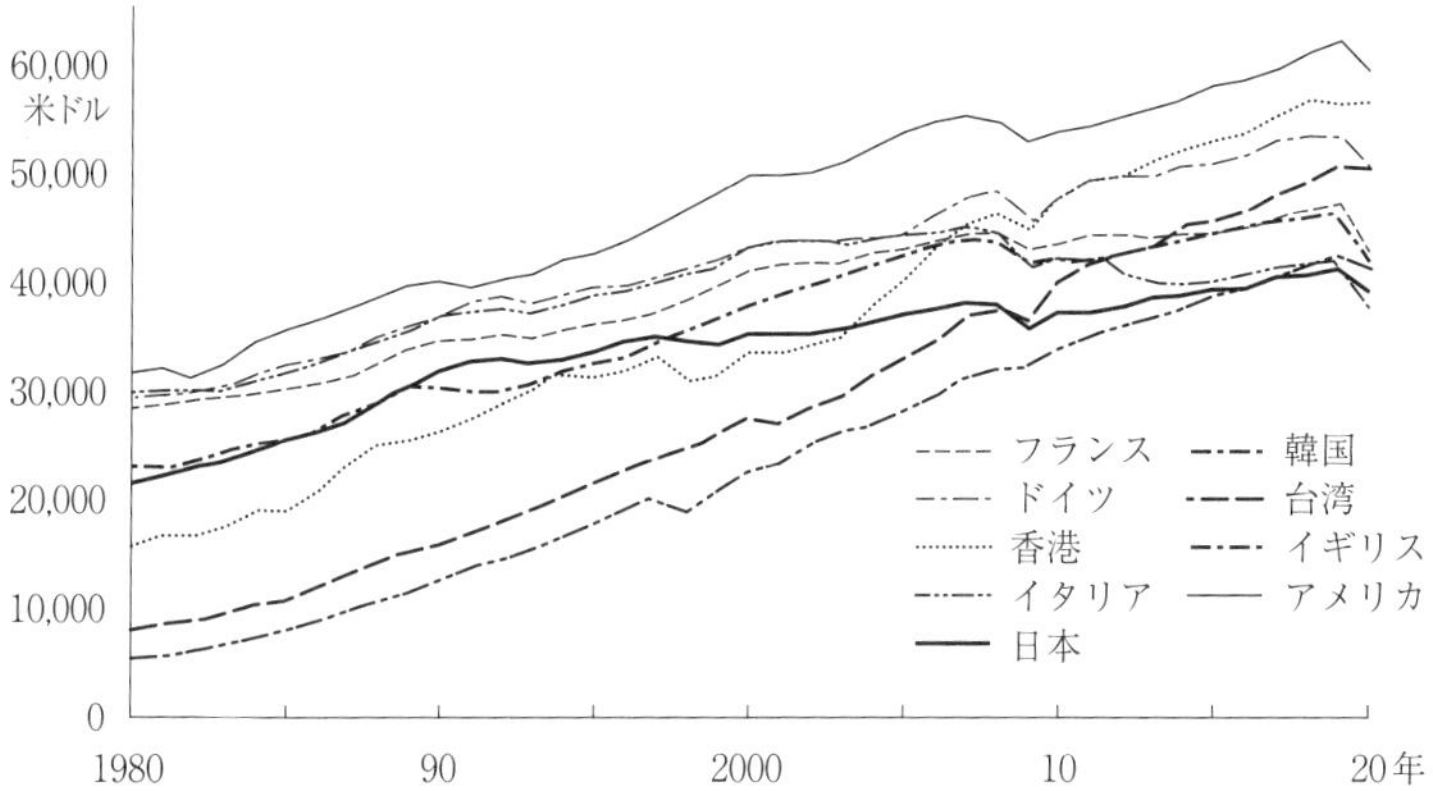

図１－２　主要先進国の１人当たり実質購買力平価GDP（2017年米ドル）
（出所）IMF, World Economic Outlook Database, 2020 October.

が停滞しているときには、実質ＧＤＰもだいたいは停滞している。

図1‐3を見ると、1993年以降はマネタリーベースも伸びて名目ＧＤＰも回復しているように見える。特に、1997年以降のマネタリーベースの伸びは高い。にもかかわらず、1997年以降、名目ＧＤＰは低下してしまった。これには4つの理由がある。

第1は1997年に行われた、消費税の3％から5％への引き上げである。消費税が引き上げられれば、その分だけ実質消費は減るだろう。第2は1997年秋から始まったアジア通貨危機である。第3は銀行の不良債権である。1997年には日本長期信用銀行等、銀行の連続倒産があった。そして第4は、このときの日銀の対応である。当時、日銀は、銀行破綻《はたん》に応じて、預金者保護のための特融（特別融資。日本銀行法第38条による、最後の貸し手として一時的な資金の貸付）を行った。特融も統計上はマネタリーベースに含まれるが、破綻銀行に回ったマネタリーベースは預金者への払い戻し（実際は、より安全な銀行への預金の移動）に使われるだけで貸出を増加させるものではないので、マネタリーベースとして機能しない。したがって、マネタリーベースが伸びても経済は反応しない。ところが、日銀はマネタリーベースが伸び過ぎていると考えて、それを回収している。その動きが1999年末に見られる。つまり、不況の真っただ中で、金融を引き締めてしまったわけだ（松岡［2000］）。マネタリーベースは、2000年以降拡大したが間に合わなかった。マイナスになった名目ＧＤＰの伸び率は2％までしか上昇しなかった。

停滞と不良債権

1990年代以降の日本経済は、実質変数でも名目変数でも停滞した時代である。私は、これが

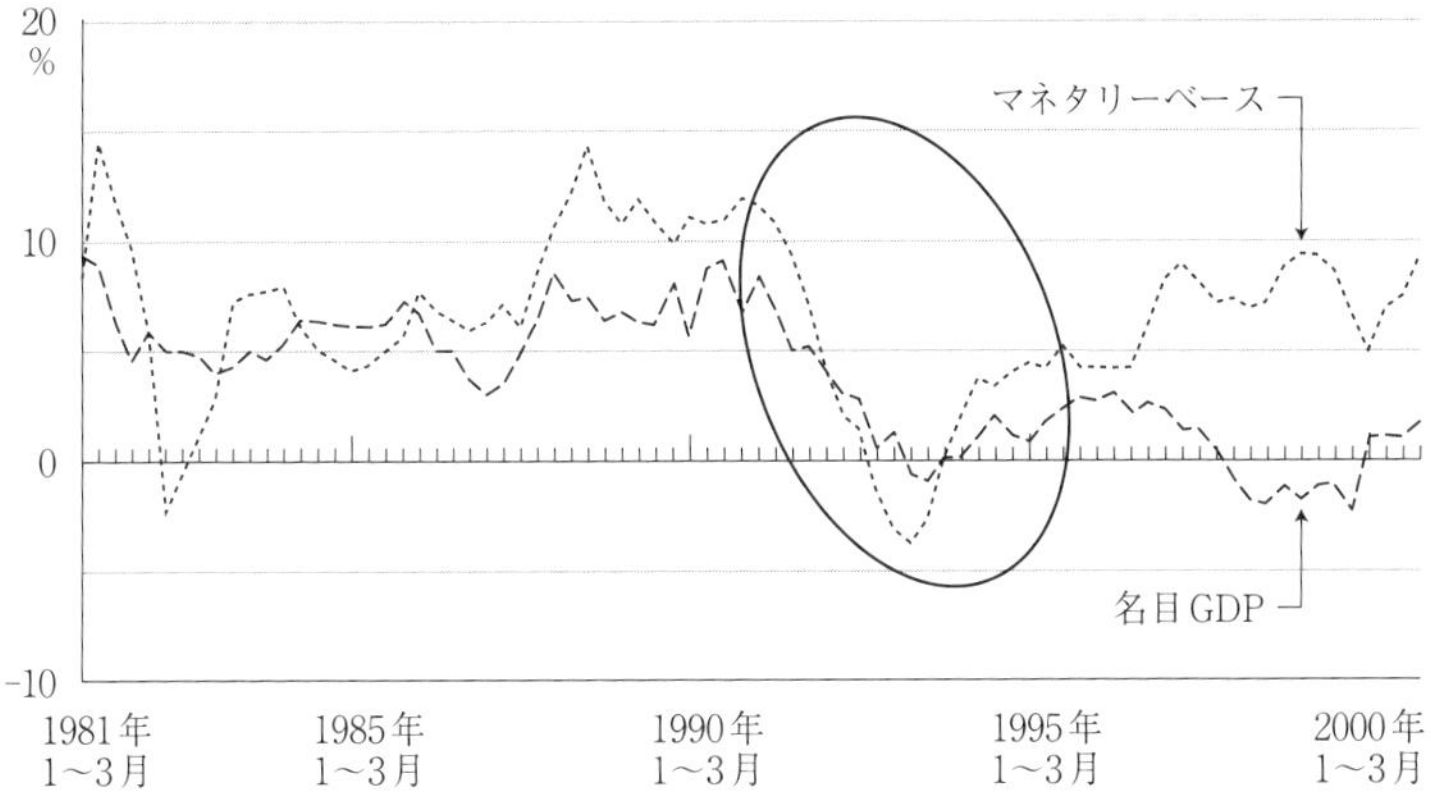

図1－3　マネタリーベースと名目GDPの動き（1981～2000年）
（出所）内閣府，日本銀行.
（注）名目GDPは季節調整済系列の前年同期比．マネタリーベースに1年のラグを取っている.

デフレ的な金融政策によると考えているのだが、不良債権と関係づける文献が多い（これらの文献は宮尾・堀・木滝［2004］に紹介されている）。しかし、私は、この議論に懐疑的である。

不良債権による停滞論とは次のようなものである。1980年代の末はバブルで、多くの銀行が過大な融資を行い、不良債権の山を作ってしまった。その金額は後述するように98兆円である。不良債権で貸したお金が戻ってこないことと自己資本規制のために、十分にお金を貸し出すことができず、経済が収縮してしまったというのである。銀行が貸したお金が銀行に戻って来ないとお金を貸せないというのは自明である。自己資本規制とは、不良債権で銀行が破綻しそうになったときに、預金者保護のために税金をつぎ込むことがないように、銀行が預金者のお金ではない自分のお金（自己資本）を十分に積み上げておけ、というものである。ところが、不良債権が増えれば、それを自己資本で償却しないといけないので自己資本が減少する。自己資本が不十分なら、貸出ができなくなる。

このような状況では、金融政策の力は弱まり、いくら金融緩和しても経済は回復しない。必要なのは、銀行に資本を注入して貸出能力を高めることであると議論されるようになった。しかし、バブルのとき、銀行が大儲《もう》けで銀行員が高い給料を得ていたことを知っている庶民としては、貸出を増やすために銀行を救うなどとんでもないということになる。だから、政治家も資本注入に踏み切れず、経済の回復が遅れたという議論がある（例えば、日本経済新聞社［2000］）。

この議論は本当だろうか。まず、第1に、1980年代末に作った不良債権のほとんどは不動産がらみのものである。不動産が不良債権になっているとは、不動産の収益では銀行に金利と元本を払えないということである。しかし、不動産を稼働させておくことはできる。家賃が下がっているから借金が返せないのだが、家賃は下がっているのだから、その分だけ物価が下がって、名目GDPを物価指数で割った実質GDPはあまり減らないのではないか。

第2に、貸したお金の全額は銀行に戻って来ない。だから必要な貸出ができないというのだが、1980年代には銀行はもう貸出先に困っていた。貸出先に困っていたから、リスクがあっても高いリターンを得られると思って不動産開発にお金をつぎ込んでいたわけだ。不動産開発にお金を貸し出す必要がなくなれば、貸し出すお金が足りないことなどないのではないか。

図1-4は、1990年代から現在までの貸出と預金を比べたものである（データの継続性に多少の問題がある）。まず、1990年代にはわずかながらであるが、貸出が増加していた。貸出が増加していたのだから、貸出が制約になって成長できなかったということはあまりなかったのではないか。1990年代の末に貸出が低下したのは事実で、ここには貸し渋りがあったのかもしれない。

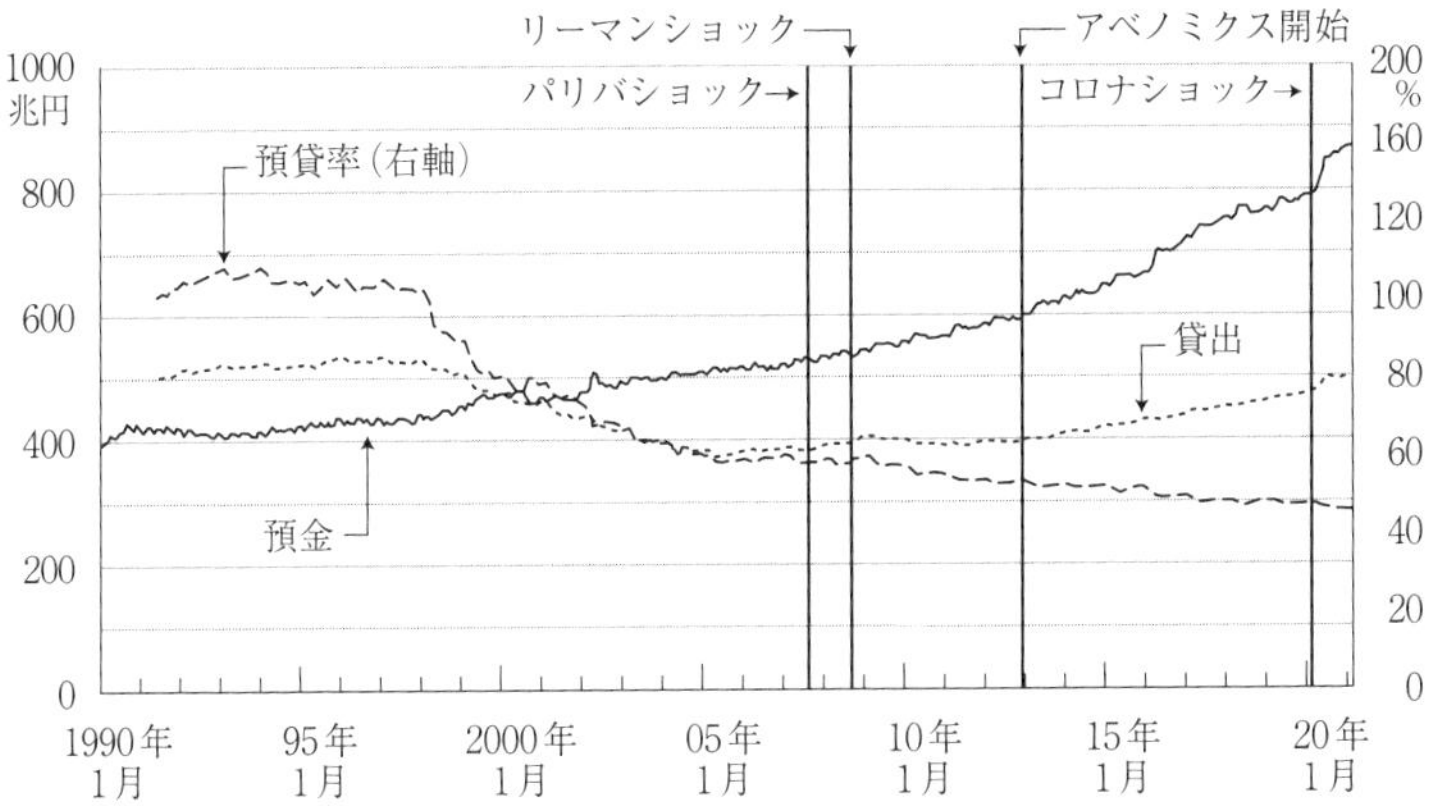

図１－４　貸出と預金
（出所）日本銀行.
（注）国内銀行の預金または貸出．預金の1997年以前は都市銀行，地銀，第２地銀の計．接続のために調整を行っている．

貸出と預金を比べると、１９９０年代では預金以上に貸出があり、その比率は安定していた。ところが、１９９０年代末から預金が余りだした。貸出÷預金の預貸率は傾向的に低下している（１９９０年代末の急低下はデータの継続性に問題があるからである）。２０００年代から、預金は集まるが貸出先がないという状況が生まれるようになった。これについては《２０１９年１月４日　貸出以上に預金が増えている》などで再度論じたい。

第３に、銀行が貸さないのは貸し渋りだが、金利は１９９０年以降、継続的に低下している。貸し渋りなら金利が上がるはずである。ただし、多くの研究によると、１９９７〜98年の金融危機時には貸し渋り、貸し剥《は》がしがあったという。自分の銀行が潰《つぶ》れそうで、預金者が不安になって解約を求める事態となれば、なんとしてでも貸出を抑え、返済を求めるだろう。そういうことが一部に起こったのは事実のようである。しかし、そのようなことが１９９０年代を通じて広範に行われていたことはない、というのが真実のようである（宮尾・堀・木滝［2004］は、不良債権説を否定している。ただし、不良債権説の論文も紹介している）。

第4に、不良債権が問題だとしても、不良債権を減らすには金融政策で物価を上げればよいということである。物価が上がれば家賃も上がる。家賃が上がれば不良債権も減る。少なくとも、必要な資本注入額は減少する。

ただし、金融不良債権による銀行機能の低下が実体経済を低下させたという研究は数多くある。企業または銀行の資産の低下が、マクロ的な経済水準に影響を与えるという理論は、フィナンシャル・アクセラレーターと呼ばれる。私は、この効果が大きいという議論には懐疑的である（佐藤綾野・原田［2018］）。また、資産価格の下落はデフレによっても生ずるものであるから、資産価格下落の影響が大きいのであれば、中央銀行がデフレを避けるように金融緩和政策を行えばよいことになる（平野［2010］）。

銀行機能の低下が大きな影響を与えたという研究では、銀行が貸し渋りを行ったから経済が停滞したという議論と、銀行がむしろ追い貸しを行ったから生産性を低下させたのだという議論とがある。前者については、1997〜98年の銀行危機時には重要であったかもしれないが、1990年代全体を通じては重要でないという認識が得られているようである。また、後者については、それが主因であるとするまでの研究はないようである（前掲の宮尾・堀・木滝［2004］参照）。

要するに、バブル崩壊後、すぐに金融緩和をすればよかっただけのことである。もちろん、高いインフレにする必要はない。1980年代の消費者物価上昇率は平均で2・4%だったのだから、それと同じ程度の上昇率にすればよかったということである。それだけで、あまりにでたらめな不動産投資をした会社は破綻し、まあまあの不動産投資をした会社は助かり、不良債権はなんとか銀行が処理できる程度に減少したはずだ。

バブルの時代に日本の銀行が作った不良債権の損失額は98兆円である（金融庁「金融再生法開示債権の状況等〔ポイント〕」表5、不良債権処分損等の推移〔全国銀行〕。２００８年3月期までの合計。全国銀行とは、メガ、地銀、第2地銀）。政府が金融危機を抑えるためとして投入した額は49兆円であるが、うち32兆円は返済されている（岩田一政・吉川［2008］参考1の表）。

つまり、政府が最終的に投入した額は17兆円である（細かい数字には異論があるかもしれない）。すなわち、バブルの途中までに積み上げた資産で、８割（〔98兆－17兆〕÷98兆）の不良債権は銀行が自ら処理できたのである。バブル後の不動産価格は１９７０年代の水準まで低下した。それが１９８０年代初期の水準程度の低下で済んでいたら、不良債権額はずっと少なく、資本注入も必要なかったかもしれない（あまりに無謀な経営をした中小金融機関には、預金者保護のために政府介入が必要になっただろうが、それが経済全体に影響を与えるようなものになったとは思えない）。

では、なぜ不良債権処理をしなければ経済は回復しないという議論が盛んだったのだろうか（前掲の日本経済新聞社［2000］など）。バブル崩壊後、すぐに金融緩和をすればよかっただけなら、あまりにも簡単で、政策決定に関わるエリートがバカに見える。不良債権処理のために資本投入をしなければならなかったとすれば、国民と政治家の反対でできなかったという理屈が立つ。あるいは、金融緩和でバブルを起こしたので、２度と緩和したくないと思っただけかもしれない。羹《あつもの》に懲《こ》りて膾《なます》を吹いただけだろうか。

１９９７～98年の大パニックを受けて、資本注入が可能になった。国民も政治家も、自分の預金がなくなってしまっては大変で、それを防ぐためには税金で資本注入するしかないということになった。しかし、このときでも金融政策は失策をしている。前述のように、不況の真っただ中で、金融を引き締めてしまったことだ。

金融緩和論はなぜ認められなかったのか

金融政策の当事者、それと密接な関係を持っていたエリートが金融緩和論を認めたくなかったのはわかる。しかし、そうではない人々にとって、そんな簡単な方法があるなら、それを実行すればよい、成功すれば評価されるし、失敗しても、今でも悪いのだから大して悪くはならない、と考える人々が出てきても不思議はない。そもそも、嶋中［1991］、岩田規久男［1992］、新保《しんぽ》［1992］、原田［1992］は、早い段階で金融緩和を唱えていた。

さらに私は、1990年代の金融政策が90年代の停滞をもたらしたという本を10冊（共編著を含む）近く書いたのだが（原田［1999］、原田［2003］など）、経済学者、エコノミスト、世間の考えにまったく影響を与えることができなかった。もちろん、私だけではない。岩田規久男（岩田規久男［2003］）、新保生二（新保［2002］）、嶋中雄二（嶋中［2000］特に第5章）、浜田宏一（浜田［2013］）といった先生方も同様の論陣を張った。さらに若い世代の参入もあった（これらの方々の名前は、《2015年4月22日　審議委員就任を祝う会での原田挨拶《あいさつ》》にある）。彼らの論考の一部は、岩田規久男［2003］、岩田規久男・浜田・原田［2013］、安達・飯田［2018］などにある。政治家では、山本幸三《こうぞう》衆議院議員がいる（山本幸三［2010］）。これらの人々は「リフレ派」と呼ばれた。リフレ派とは、大胆な金融緩和政策によって人々の予想を変え、実質金利を引き下げて、日本をデフレから脱却させる、その結果、雇用の改善、実質と名目GDPの成長をもたらし、物価も、最終的には金利も引き上げることができると考えるエコノミスト、ジャーナリスト、政治家のグループである。

安倍総理以前の政治家はなぜデフレ政策を放置していたのか

さて、金融政策の効果はわずかだという議論は根強いものがあるが、2013年4月の大胆な金融政策、量的・質的金融緩和政策（QQE：Quantitative and Qualitative Monetary Easing）の実施以来、雇用は改善し、特に新卒若者の雇用は様変わりしてよくなっている（2020年のコロナショック以前の話である）。QQE以前、就職氷河期とかブラック企業とか言われていたのがウソのようである。景気がよいお蔭で、自民党の支持率は高く、若者の自民党得票率は過去最高である。安倍晋三総理は、外交でも実績を積み、党内政治闘争も乗り越えて、日本が立憲国家になってからの総理大臣在任期間の記録を書き換えた。2006年9月から2007年9月までの第1次安倍内閣の任期を加えると、2012年12月からの第2次安倍内閣の任期は、2019年6月7日で伊藤博文《ひろぶみ》内閣の2720日を超え、8月24日には佐藤栄作の2798日を超え、11月20日には桂《かつら》太郎の2886日を超え、安倍政権が憲政以来の最長政権となった（《2019年11月17日　NHKでアベノミクスを総括――安倍総理の桂太郎超え》参照）。また、2020年8月24日には、連続の在任期間でも2799日となり、佐藤栄作を抜いた。

伊藤博文は長州の下級武士から幕末維新の混乱期を乗り切り、薩摩《さつま》の大久保利通《としみち》に認められ、帝国憲法を起草し、日本を立憲国家に作り上げ、立憲政友会総裁にもなっている。日本の議会政治を安定的なものにするためであった。総理として日清戦争に勝利し、初代朝鮮総督になり、安重根《あんじゅうこん》にハルピンで暗殺され、波乱の生涯を遂げている。佐藤栄作は、戦後、1964年から72年まで総理を務め、アメリカと粘り強い交渉を続けて沖縄返還を実現し、1974年にノーベル平和賞を受賞している。任期中景気がよかったことは安倍内閣と共通している。桂太郎は、総理として日露戦争に勝利し、やはり議会政治の安定を目指して立憲統一党（その一部は、立憲同志会となる）の設立を目指すが、志を遂げる前に病死している。安倍総理が、これらの人々と同じ並びの大宰相になっているということである。

安倍総理の政治力の原点は、金融緩和政策によって景気をよくしたことにある。それを起点として、伊藤博文、佐藤栄作、桂太郎を超える政治力を持ち得た。であるなら、なぜ安倍総理以前の政治家は、日本銀行に金融緩和を行わせることができなかったのだろうか。日銀が政府から独立したのは1998年4月1日（新日銀法の施行日）であり、それ以前、日銀は大蔵省、すなわち政府の支配下にあった。であれば、なぜ、政府＝自民党は、金融緩和政策に踏み切らなかったのだろうか。

自民党は日銀に任せていた？

自民党は、日銀に干渉しない伝統を持っているからだという説がある。1995年から98年にかけて自民党幹事長を務め、首相に一番近い男と言われた加藤紘一《かとうこういち》氏は、2010年3月のインタビューで、「マクロの経済運営は、政治家とは別に、誰かが考えるものだ。大蔵次官と通産省の次官と日銀総裁が、暮夜《ぼや》東京赤坂の日銀氷川寮に集まって、何か秘策を考えて、政治家に提案する。それを政治家が色づけしながら、その後政策にしていく」と答えている。「政治家はマクロの金融政策には、あまりご関心がないのでしょうか？」との質問に、加藤氏は、「ないですね。だって許されていないもの」と答えている（加藤紘一［2011］）。

しかし、田中派系の政治家は、加藤氏とは異なった考えを持っていた。１９９２年２月27日、経世会（当時の自民党最大派閥、田中派から独立した竹下登元総理が立ち上げた派閥）の領袖《りょうしゅう》であり、自民党副総裁でもあった金丸信《かねまるしん》氏は、「日銀総裁の首を取ってでも、公定歩合を下げさせる」と述べた（この発言は、当日の夕刊各紙に引用された。『朝日新聞』は翌日の朝刊に、速水優《まさる》経済同友会代表幹事〔後に日銀総裁〕の「金利については専門家に任せるべきだ」という発言を引用している〔『朝日新聞』１９９２年２月28日〕）。

ところが、金丸氏は、１９９３年３月に脱税と政治資金規正法違反で告発されて、政治生命を絶たれた。後になってみれば、このとき金融をもっと緩和すべきだったのは明らかだ。政治家が誤って、日銀官僚が誤らないと考える根拠は何もない。速水氏は、この後、１９９８年から２００２年にかけて日銀総裁に就任し、専門家として金融政策を行うが、日本経済のデフレ化を推し進めただけだった。ただし、私は、いつも金丸氏の言うとおり金融政策をやっていれば、とんでもないインフレ国になってしまう可能性があることは認める（そうならないための一番簡単な方法が２％のインフレ目標政策である）。

１９９８～99年に官房長官、２０００年に自民党幹事長を務め、首相の有力候補ともされていた野中広務《ひろむ》氏は、日銀に挑戦した。１９９９年から２００１年にかけて、日銀の国債買い入れ額を増やして、マネーを市場に投入するように求めた（「野中官房長官、「買いオペ拡大」を日銀に求める」『毎日新聞』１９９９年２月８日、「「買いオペ実施に踏み切るべきだ」――自民・野中前幹事長」『毎日新聞』２００１年３月18日）。野中氏の挑戦が功を奏したのかどうかわからないが、２００１年３月から日銀は量的緩和政策を実施する。それは効果があったが、2006年3月には日本経済はデフレから脱却したとして、量的緩和を解除してしまった。その後、2008年9月にリーマンショック、世界金融経済危機が起こり、日本は再びデフレに突入してしまう。

もちろん、他にも金融緩和を求める政治家はいたが、ごく少数だった。山本幸三衆議院議員だけが、1994年以来、一貫して日銀の政策を批判し、より一層の金融緩和を求めていた〔山本幸三［2010］〕。ところが、自民党の大勢は金融政策に無関心のままだった。後に防衛大臣などの要職を務めた稲田朋美衆議院議員は、2011年8月28日、京都での「21世紀日本フォーラム」の夏季セミナーに来られて、日本を守るという保守派の信条を語られるとともに、私のリフレ論を聞いて、「本当に山本幸三先生のおっしゃるとおりにすればよいのか？」と尋ねた。私はもちろん、「そのとおりです」と答えた。しかし、主流派の政治家は、加藤紘一氏の言うとおり、財務省と日銀の意見をよく聞く政治家が有能で有力なのだと信じていたようだ。

主流派の有力政治家で初めて、日銀が間違っていると考えたのが安倍晋三氏である。山本氏は、「財政拡張が政治家の業績になるのは、道路や橋、公共の建物を作るからだ。ところが金融緩和は業績にはならない。有権者は、景気がいいのは首相の手腕〔の結果〕と思うだけだ」と私に語ったことがある。

野中広務氏を説得する

私は、出向していたことのある郵政省の稲村公房氏〔後に、総務省政策統括官〕とともに、2001年3月27日、野中広務氏〔当時、幹事長を辞任し、自民党総務〕に、拡張的金融政策が必要な理由を説明した。すると野中氏は、その説明を受け入れた上でこう述べた。「拡張的金融政策という考え方については、学者やエコノミストの全員が賛成しているわけではない。日銀官僚等の役人を度外視するにしても、この状況でこの金融緩和政策をしようとすれば政治的なリスクをともなう。だから、あなたはまず他のエコノミストを説得すべきだ」。

私は、１９９０年初来、そのように努力してきたが、他のエコノミストや経済学者を説得することはまったくできなかった。そして最後に、政策を変更できるのは政治家だけだと痛感した。安倍総理は、野中氏がリスクと言ったものに挑戦して、勝利したのである。多くの人が、安倍総理は野中氏より迫力がないと判断していたのではないかと思うが、私は、野中氏ができなかったことを実現した安倍総理は、野中氏を上回る胆力のある人と評価せざるを得ないのではないかと思う。

私は前に挙げたリフレ派のエコノミスト（彼らはもともとそう考えていたのであって、私の分析や図表が説得的だと評価されたことはあるが、私が彼らの考えに影響を与えたということはない）以外は、まったく説得できなかった。ほとんどのエコノミストは、構造問題が大事で、金融緩和などは無意味だというばかりだった。

しかし、金融緩和と構造改革は同時にできる政策である。また、構造改革とは効率化であり、既存の仕事を奪うことがほとんどである。無人レジを導入すれば、レジの人手はいらなくなる。雇用問題を考えれば、なおさら同時にすべきだ。金融緩和政策で景気をよくし、人手不足状況を作らなければ、構造改革などできるはずがない。

しかも、彼らはどんな構造改革をすればよいのか、具体的には何も答えられない。２００１年初めのことである。テレビの経済討論番組で、亀井静香《かめいしずか》自民党政務調査会長に、ある有名エコノミストが「なぜ政府は小手先の景気対策ばかりで抜本的な構造改革をやろうとしないのか」と語気鋭く迫ったのに対し、亀井氏は「それではあなたのいう構造改革とはいったい何なのか」と切り返した。このエコノミストは、それに対して何も答えることはできなかった（野口・田中［2001］47頁）。あれから20年近くたっているのに、構造改革論のエコノミストの多くは、具体的には何も答えていない（《2015年10月15日　成長戦略はどこに行ったか》参照）。彼らは、なぜかわからないが、構造改革が大事で、金融緩和は大事ではないということに集団的利益を感じていると考えるしかない。

日銀の金融政策を批判する政治家たち

日本経済は、その後、2000年のITバブルによって一時回復するが（前掲図1－3の右端を参照）、その崩壊によってまた低迷する。しかし、図1－5に見るように、2001年以降に採用された量的緩和政策と世界経済の好調によって回復する。図ではマネタリーベースが2001年に急増した後、急減しているように見えるが、10％近い伸びを続け（マネタリーベースの伸び率は右軸）、それに応じて名目GDPも伸びている（同じような動きはQQEを行った2013年からも見られる）。だが、2006年に量的緩和政策が解除され、2008年にはリーマンショック、世界金融危機、さらにはその直後の円高によって、日本経済は再びマイナス成長に戻る。

ここまで来ると、さすがに金融政策はおかしいのではないかと考える政治家も多数生まれてくる。2011年2月23日にデフレ脱却議連が誕生している。デフレ脱却議連は山本幸三衆議院議員の尽力で誕生したものだと思うが、当時は与党だった民主党議員も多数参加していた。馬淵澄夫衆議院議員や金子洋一参議院議員である。山本氏が議連の会長を、当時、2007年9月に総理を辞任し

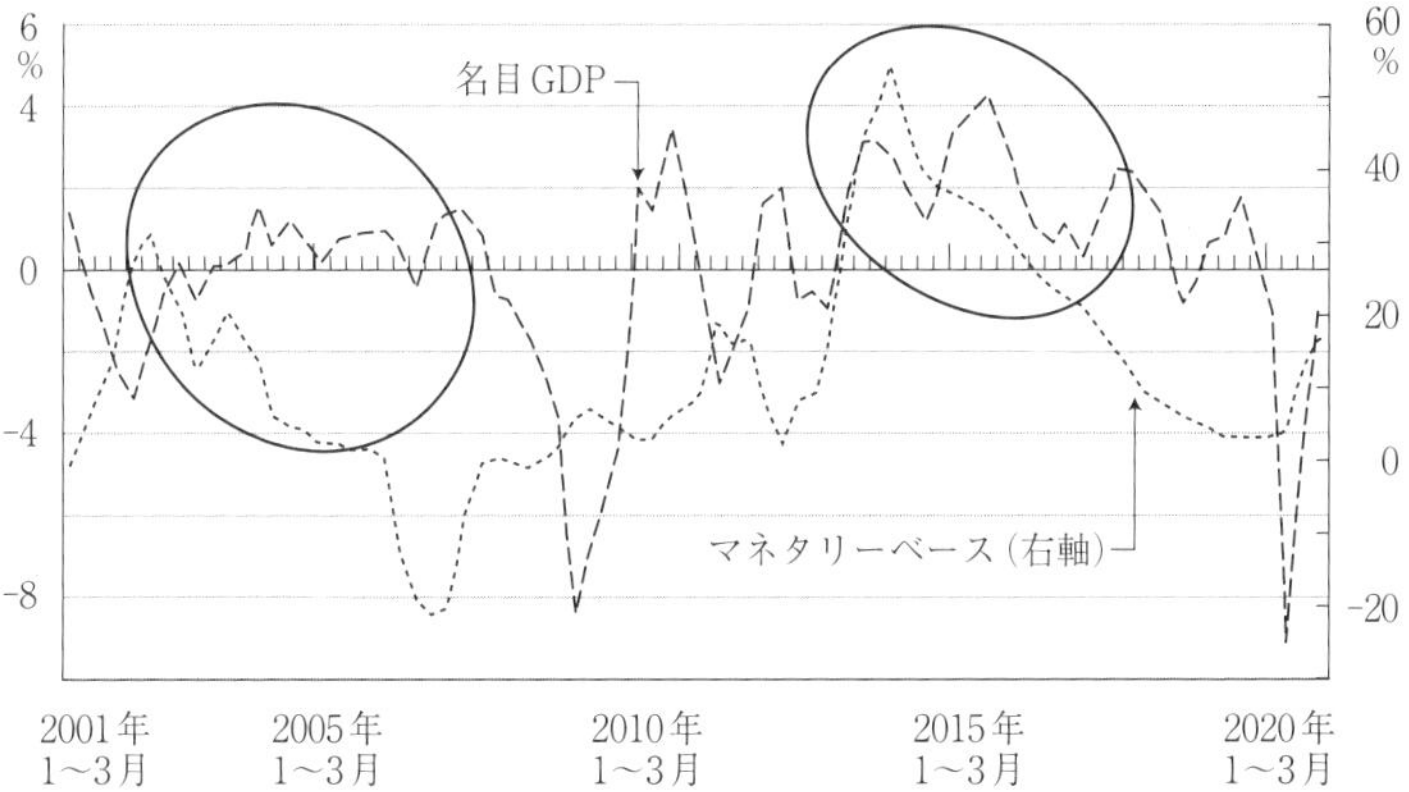

図１－５　マネタリーベースと名目GDPの動き（2001〜20年）
（出所）内閣府，日本銀行．
（注）名目GDPは季節調整済系列の前年同期比．マネタリーベースに１年のラグを取っている．

ていた安倍晋三衆議院議員に依頼したことがその後の展開をもたらすことになる（この間の事情は鯨岡［2017］に詳しいのでそこに譲る）。

しかし、その時点でも、金融緩和で実体経済が改善すると述べていたアカデミズムの経済学者は、本多佑三《ゆうぞう》大阪大学教授くらいしかいなかった。本多教授は、本多・黒木・立花［2010］において、量的緩和政策は、資産価格の上昇と銀行のバランスシートの改善を通じて生産を増加させたことを実証している。本多教授は、２０１４年に日本経済学会会長になり、「非伝統的金融政策の効果――日本の場合」（当然、ＱＥ〔量的金融緩和〕には効果があったという内容である）という会長講演（本多［2014］）もしているのだが、自分以外の経済学者の考えを変えさせるには至っていない。

民主党は２００９年９月の総選挙で政権に就くが、デフレ脱却も過度な円高も金融政策で対処できるという考えに至らなかった。日銀出身の民主党議員、津村啓介衆議院議員や大塚耕平参議院議員や外資系証券会社出身の議員（《2015年2月25日　国会で同意を得られる――審議委員に任命の顚末《てんまつ》》の「原田審議委員の同意人事に対する反対討論」参照）の影響が強かったからかもしれない。

民主党は、「コンクリートより人」という、私には評価できる興味深いスローガンを掲げた。公共事業で無理やり地方の所得を維持するより、直接人に配る、あるいは保育や介護の仕事に従事する人に配るほうがよいではないかというものである。私は、すべての人に最低所得を配るというベーシック・インカム政策に賛成なので（原田［2015.2］）、このスローガン自体には共感した。しかし、民主党内閣は、財政政策、安全保障政策で数々の失策を重ねて自滅した。

2012年9月には自民党総裁選が行われ、大胆な金融緩和政策を唱える安倍氏が総裁になった。民主党の人気は地に落ちていたから、選挙があれば自民党政権が生まれ、安倍総理が誕生することは確実となっていた。この後、当時の野田佳彦総理が11月14日に12月16日の総選挙を確約したので、それ以降には大胆な金融緩和が行われることが確実になった。しかも、2013年3月には、日銀総裁、2人の副総裁の任期が切れるというタイミングであった（両副総裁の任期は3月19日、白川方明《まさあき》総裁の任期は4月9日までであったが、白川総裁は3月19日、任期満了を待たずに辞任した。両副総裁との任期に合わせ新しい総裁、副総裁が同時に就任できるようにするとの理由であった。人が政策を決めるのであるから、これは見事な出処進退である）。

日銀総裁、両副総裁、6人の日銀政策委員会審議委員は総理が任命する。そのうちのもっとも重要な3人は安倍総理が新たに任命できるので、大胆な金融緩和が導入されることは確実である。実際に、2012年9月から株は上昇、為替は下落、特に、解散総選挙が確実となった11月14日以降には株、為替が大きく動いた（政策の期待で株や為替が動くことは、宮尾［2016］〔99〜101頁〕が説明している）。

考えてみると、民主党は衆議院議員の４年の任期が満了する２０１３年９月まで、無理矢理政権にいつづけることもできたはずである。もし民主党政権が続いていたら、民主党の総理が、２０１３年３月に、大胆な金融緩和に反対の総裁、副総裁を選んでいただろう。そうなると、２０１３年９月に安倍政権が発足したとしても、大胆な金融緩和を実行するのに難渋したに違いない。なぜ民主党が政権にしがみつかず諦めてしまったのかはわからないが、金融政策にとっても日本経済にとっても僥倖《ぎょうこう》であった。要するに、まったくの偶然で日本経済は救われたのである。でなければ、日本の雇用は悪化したままで、ブラック企業が幅を利かせ、若者は就職に悩み、財政赤字は拡大する一方だっただろう（金融緩和政策が財政状況を改善することは《２０１８年４月14日　リフレ政策が財政再建に役立っていることを認めない財政学者たち》で説明する）。

第2章　量的・質的金融緩和（QQE）政策の開始

２０１２年12月に発足した安倍政権は、２０１３年1月22日に日銀との協定を結び、金融緩和の大枠を決定した。それは、「デフレ脱却と持続的な経済成長の実現のための政府・日本銀行の政策連携について」（共同声明）という文書、いわゆる「アコード」である。

その内容を要約すると、

①デフレからの早期脱却と持続的な経済成長の実現に向け、政府及び日本銀行が一体となって取り組む。

②日本銀行は、物価安定の目標を消費者物価の前年比上昇率で2％とする。日本銀行は、金融緩和を推進し、できるだけ早期に実現することを目指す。その際、日本銀行は、金融面での不均衡の蓄積（バブル）を含めたリスク要因を点検し、問題が生じていないか確認していく。

③政府は、機動的なマクロ経済政策運営に努めるとともに、大胆な規制・制度改革など思い切った政策を総動員し、日本経済の成長力を強化する。また、政府は、持続可能な財政構造を確立

するための取り組みを着実に推進する。

要するに、日銀は、2%という具体的な数値目標を明らかにしたのである。これは素晴らしいと私は思ったが、早期の物価目標を達成するために成長力を強化する、というのはわからなかった。もちろん、成長力強化自体は望ましいことなので、大賛成であるが、それと物価目標とを関係づけることは理解できなかった（これについては《2017年2月2日　舟岡先生の銘酒の会——物価決定の変てこ理論の否定》で再度述べる）。

また、「機動的なマクロ経済政策運営に努めるとともに、……持続可能な財政構造を確立する」というのもやや微妙な点がある。「機動的なマクロ経済政策運営に努める」のは、金融緩和時において財政を引き締めずに経済拡張を目指す（経済が拡張すれば物価も上がりやすくなる）という意味だろうが、「持続可能な財政構造を確立する」のは、財政拡張は慎重に行うということになる。矛盾しているようだが、当時、日本の財政状況は深刻だったので、無茶な財政拡大はしないということであれば矛盾しない。財政赤字を日銀がいつもファイナンスしていれば、2%どころではないハイパーインフレになってしまう。それは、中南米やアフリカでいつでも起こっている。そんなことはしないという当たり前のことが書いてあるだけだと私は理解した（財政赤字と金融政策の関係については《2018年4月14日　リフレ政策が財政再建に役立っていることを認めない財政学者たち》で述べる）。

さらに、2013年3月21日、安倍総理は、大胆な金融緩和政策を唱えていた黒田東彦アジア開発銀行総裁、岩田規久男学習院大学教授、それに加え、日銀出身の中曽《なかそ》宏《ひろし》理事を総裁・副総裁に任命した。岩田氏が金融緩和の必要を訴えていたことは説明した。黒田氏は、財務省の国際金融関係の仕事を行う次官級ポストである財務官出身で、財務省の高官としては異例だが、日銀の金融政策の誤りを逐一指摘していた（黒田［2005］）。中曽氏は、金融政策を担当する理事ではなくて、国際担当の理事であった。それ以前の金融政策に直接関わっていないので、予想される大胆な金融緩和政策を日銀事務局に指示し、政策変更を内部に説得するのに適任と思われたからだろう。

２０１３年４月４日の金融政策決定会合では、金融政策の大転換が行われた。すなわち、２０１２年末に１３８兆円であったマネタリーベースを年間60兆～70兆円ずつ増やして２０１４年末には２７０兆円と倍にする、２０１２年末に89兆円だった長期国債の保有残高を毎年50兆円ずつ増やして２０１４年末に倍にする、と決定された。２％の物価目標を2年で達成するための異次元の金融緩和政策として、マネタリーベース、長期国債保有高とも2倍にすると決めたのである。大胆な金融緩和、量的・質的金融緩和の始まりである（黒田［2013］が明快である）。

ここで読者は2つの疑問を持つと思う。第1は、金融政策において、総裁と2人の副総裁を中心とする執行部の力が強いとはいえ、6人の審議委員と合わせて9人の政策委員が金融政策を決定する。この6人は白川執行部を支え、政府の要請する大胆な金融緩和に反対しつづけていたのである。ところが、細かな点で多少の異論は述べたが、9人全員が、これまでとは異なる異次元の金融緩和政策に賛成したのはなぜだろうかという疑問である。第2の疑問は、このような大きな変化と日銀の独立性との関係である。日本銀行の独立性については、《２０１５年5月15日　中央銀行の独立性を巡る混乱した議論》で述べるとして、まず、この変化についての6人の審議委員の考えを見てみよう。

白から黒への大転換

この大転換は、白川総裁から黒田総裁に代わったことによるので、両総裁の名前から「白から黒へのオセロゲーム」と揶揄《やゆ》された。当然ながら、2013年4月4日の金融政策決定会合で、白から黒への大転換がなされたことについて多くの注目が集まった。これまで大胆な緩和に執拗に抵抗していた9人の政策委員（総裁、2人の副総裁、6人の審議委員）が、総裁と2人の副総裁が代わっただけで、全員が大胆な金融政策に賛成したのだから、驚きであったのは当然だろう。これについて、ある日銀高官は、「（審議委員もサラリーマンですから）サラリーマンは、社長がプラズマテレビを作れと言えばプラズマテレビを作り、液晶テレビを作れと言えば液晶テレビを作るだけだ」と言った。

この大転換には海外の学者も驚いたのだろう。私が審議委員になった2015年3月の後、5月17日にコロンビア大学のヒュー・パトリック教授とデイヴィッド・ワインシュタイン教授が日銀を訪問した際、「なぜ政策転換ができたのか」と質問された。私は、「サラリーマンだから」論を解説した。また、ワインシュタイン教授は、「（事業会社や銀行の経営者など）金融政策の専門家でない人々を審議委員に指名するのはなぜか」とも聞いてきた。

私は、「金融学者は金融緩和に反対する。玄人《くろうと》がヘンなのだ」と答えた。日本の金融学者は、デフレでも何も困らず、金融政策では物価も実質生産も動かすことができないと考える人が多いと説明した。実際にそうなのだ（《2015年5月16日　金融学会で金融緩和に反対する人々と議論する》参照）。また、「奇妙な金融学者より、実業界の人のほうが、行き過ぎた円高は経済に悪影響を与えると考えるからマシである」とも答えた。

この金融政策の大転換を、総裁の名前の変化になぞらえて「白から黒への変化」というのだと説明したら、面白がってくれた。さすがの日本通の経済学者も、「白から黒」という言葉は知らなかった。

金融政策の大転換についての審議委員の証言

サラリーマン論だけでは、少し寂しいので、６人の委員がなぜ意見を変えたのかを、もう少し調べてみよう。前述のように、金融政策決定会合の議事録は10年後でないと公表されず、次の金融政策決定会合の後に公表される議事要旨からの推測では謎《なぞ》解きのようになるから、委員の正式な講演での発言から意見変更の理由を探ることにする。６人の審議委員の講演から、なぜ考えを変えたのかについての発言を引用すると冗長になるのではないかと思ったが、実はわずかな発言しかなく、また、ほとんど同じようなことを述べていた。

政策変更から間もない宮尾龍蔵委員の講演では、「（政府とのアコードで）１月に２％の物価安定目標を新たに掲げて以降、……（自分は）一段と強力な金融緩和を推進していくという追加緩和を提案してきました」と述べている。つまり、自分もより強力な緩和が必要だと主張していたから、賛同したのだというのだ（宮尾［2013］）。

白井さゆり委員も、新しい総裁・副総裁が就任する前の２０１３年３月６～７日の金融政策決定会合から国債買い入れ額の増額と購入国債の年限の延長を提案したと述べている（白井［2013］）。白井委員は、後に私がお昼をご一緒したときに、「毎月５兆円の買い入れは自分（白井）が前から主張していたこと。白川さんの最後に、これまでの考え方をとりまとめてけじめをつけたほうがよいとの思いから提案したところ、（次期の黒田総裁の政策変更を見越して提案したように）誤解された」と言っていた。

佐藤健裕《たけひろ》委員も、「『異次元の金融緩和』と称されるが、……（過去の政策）を概ね継承している。……一連の日本銀行の政策は連続性をもって理解されるべきと考えている」という（佐藤健裕［2013］）。

森本宜久《よしひさ》委員の8月29日の講演（森本［2013］）、石田浩二委員の9月11日の講演（石田［2013］）では、異次元緩和政策の説明はあるが、賛同した理由の説明はない。講演後の森本氏、石田氏の記者会見でも言及はない（記者会見要旨は講演の翌日、日銀ホームページで公表される）。

木内登英《たかひで》委員は、半年後、量的・質的金融緩和を、2年を超えて継続することには反対だが、「（この政策に賛成したのは）政策で生じる経済的なプラス効果の大きさが、それに伴う潜在的なリスクないしは副作用の大きさを僅《わず》かでも上回っていると判断しているためです」と述べている。しかし、作用と副作用が何かについてはほとんど説明がない（木内［2013］）。ただし、後には副作用については説明している（木内［2015.9］）。

この後も、量的・質的金融緩和の作用（または効果）と副作用という言葉をたびたび聞くが、作用と副作用が何かを説明しなければ、まったく意味のない説明である（これらが何を指すかについてだが、木内氏を含む人々の副作用論とは要するに「岩石理論」である。これについては、《2016年12月28日　金融岩石理論を批判する》を参照されたい）。薬でも作用と副作用がある。それが何かを説明しなければ、やぶ医者と言われるだろう。日本には、やぶ医者以下のエコノミストが多いと実感した

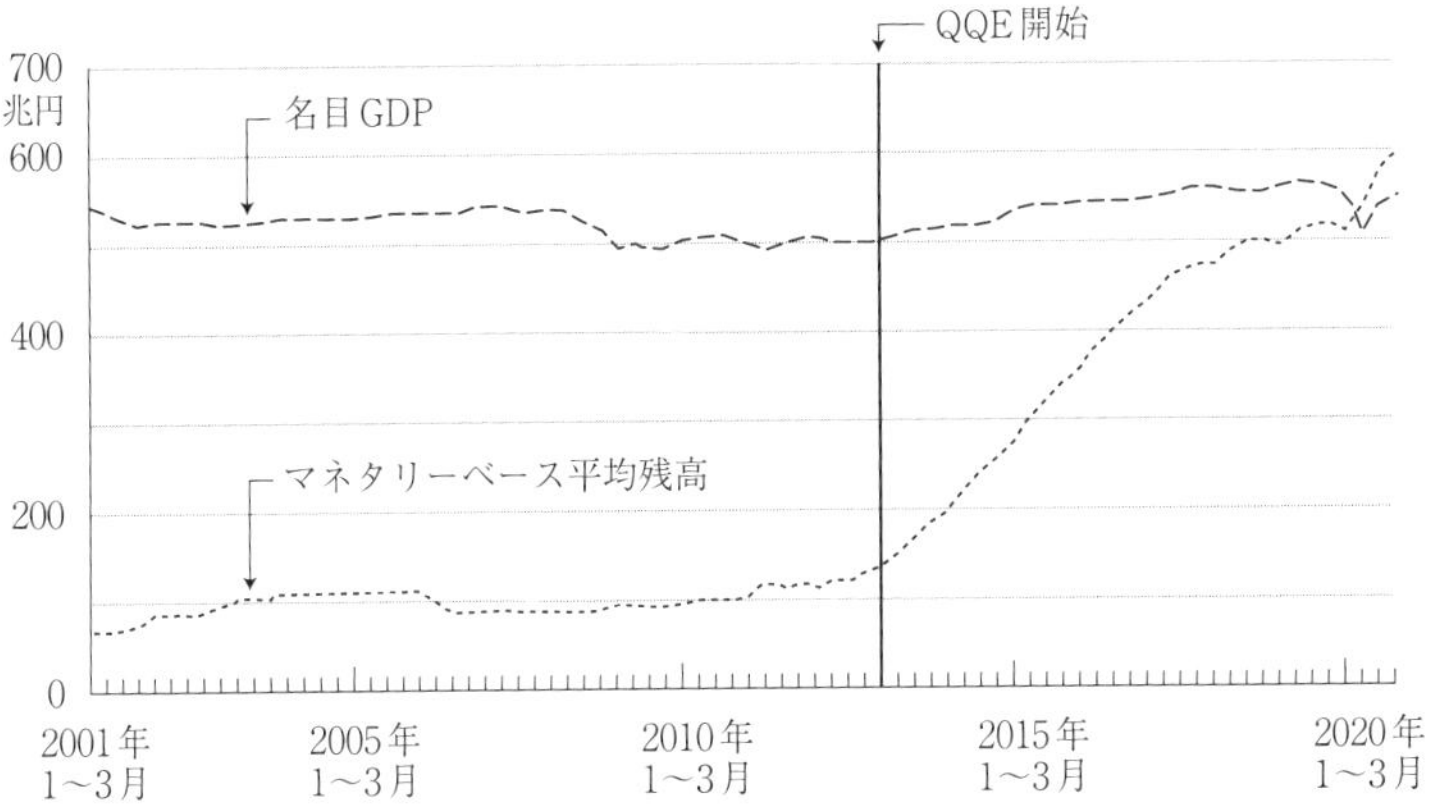

図２－１　マネタリーベースと名目GDP
（出所）内閣府，日本銀行．
（注）名目GDPは季節調整済値．

次第である。

話を元に戻そう。要するに、「白から黒」に賛成した委員たちは、大胆な金融緩和は、大胆なものではなくて、それ以前から続けてきた金融緩和政策と連続的なものだと理解すべきだというのである。しかし、図２－１を見ると、２０１３年４月に明らかな変化があり、あまり連続的には見えない（図１－３、１－５は伸び率を示しているが、図２－１は金額を示している。伸び率だと、大きく減らした後は大きな伸びとなって、長期的な政策変化がわかりにくいからである）。連続的であるなら早く同じことをしていればよかったのではないかというのが私の感想である。

これは私のまったくの憶測にすぎないが、審議委員は、日銀スタッフから、「今回の大胆な金融緩和もこれまでしてきたことの連続にすぎない」という説明を受け、その説明に飛びついたのではないかと思う。

一方、宮尾氏（委員退任後、東大教授。２０２０年

神戸大学教授）は、後に、「新しい政権の誕生を通じて、国民の多数は、より高いインフレ目標とさらに積極的な金融緩和が必要だと訴える新しい政権を支持しました。そうした民意には大変重いものがあると、私自身は受け止めました」と書いている（宮尾［2016］221〜222頁）。これも私のまったくの憶測《おくそく》にすぎないが、専門家だと称する人々の議論の根拠の薄さを知って、民意のほうが重いと考え直したのではないかと思う。私の、玄人がヘンなのだという考えを裏付けてくれた記述だと、勝手に思っている。

「白から黒に変化」した後の日本経済

ＱＱＥ後の日本経済は素晴らしいものがある。すべては想定どおりと言ってよい。まず、前掲図1－5、2－1に見るように、マネタリーベースの増大とともに名目ＧＤＰが弱いながらも上昇に転じた。生産、消費、投資、雇用はいずれも順調に拡大、物価も上昇を続けた。失業率も継続的に低下した。景気回復は大都市だけのもので地方には及んでいないという声があったが、すべての地域で有効求人倍率が上昇した。

雇用は伸びても賃金が上がらないと言われていたが、賃金に雇用者数を掛けた雇用者所得では上昇している。賃金が上がらない理由として、通常使われる賃金データが、全労働者の月次の平均賃金であることがある。企業は景気回復の初期には、非正規の労働者を雇って需要の増加に対応しようとする。需要が継続的に伸びるか確信が持てないからだ。したがって、景気回復期には時給が低く、かつ、月の労働時間が短い労働者が増加する。すると、統計的には、全労働者の月の平均賃金が低下することになる。景気回復が続けば、企業は正規の労働者を雇うようになるが、そうなるま

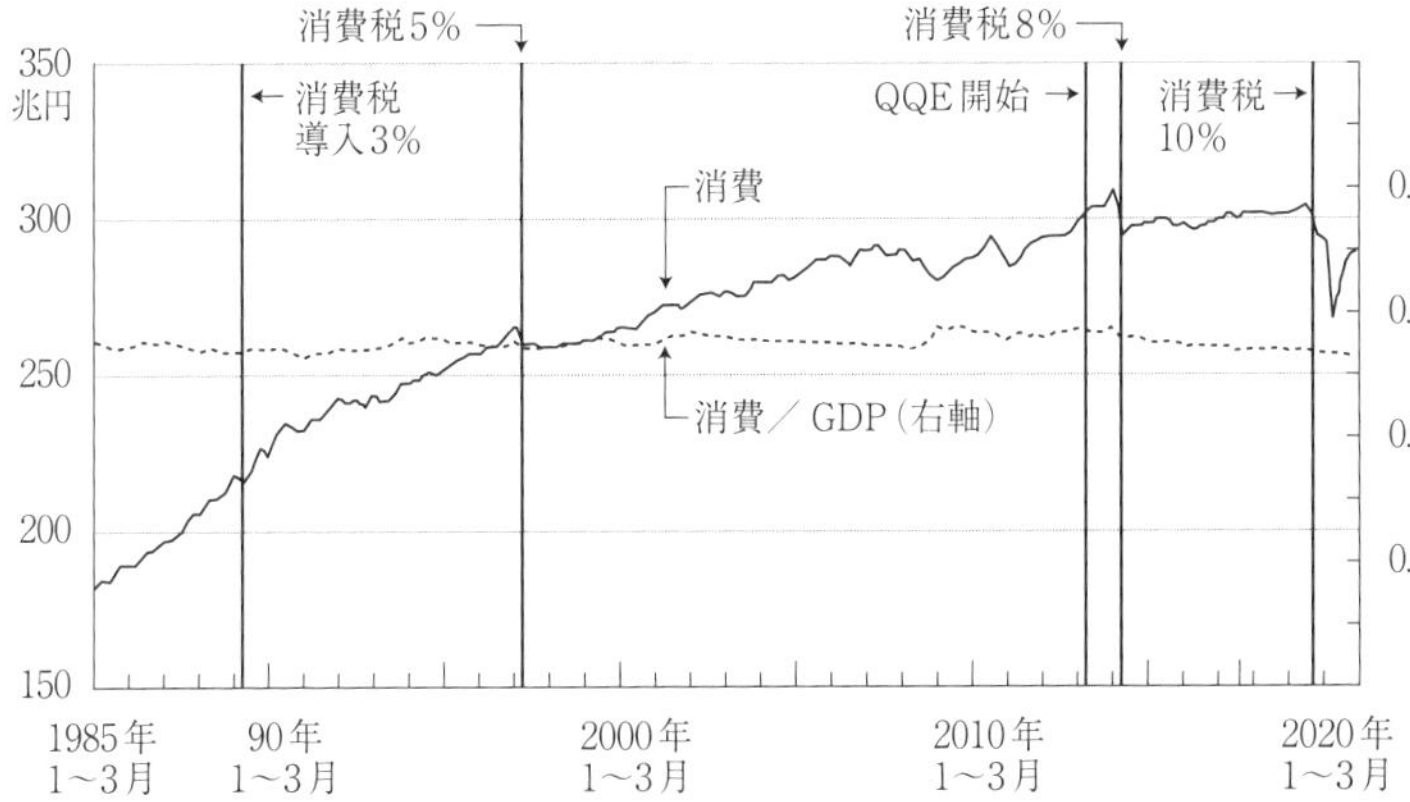

図2－2　消費税増税の影響
（出所）内閣府「国民経済計算」．1993年以前は，「平成23年基準支出側GDP系列簡易遡及」のデータを接続した．
（注）消費は季節調整済実質民間最終消費支出．

でに時間がかかる。

しかし、消費税増税後、経済回復のモメンタムは低下した。図2－2はQQE開始、消費税増税前後の実質民間最終消費支出を示したものである。1985年からという長期の系列を示しているので、ややわかりにくくなっているが、QQE開始後、消費が盛り上がったが、消費税増税後、その勢いが低下してしまったことがわかる。5%から8%への消費税増税直前の駆け込み需要による急拡大の後、反動減があり、そのまま消費の回復が見られなくなった。

駆け込み需要もその反動も予測できたことだが、その後の回復の遅れは、私にはまったく予測できないことだった（多くのエコノミストが、消費税増税による景気悪化は小さいと予測していた〔宮嵜〔2018〕図表6－3参照〕）。もちろん、3%分の消費税増税は実質消費を3%押し下げる（実際は課税されないものがあるので2%程度）とは私も予想していたが、それでも楽観的すぎた。消費は低下

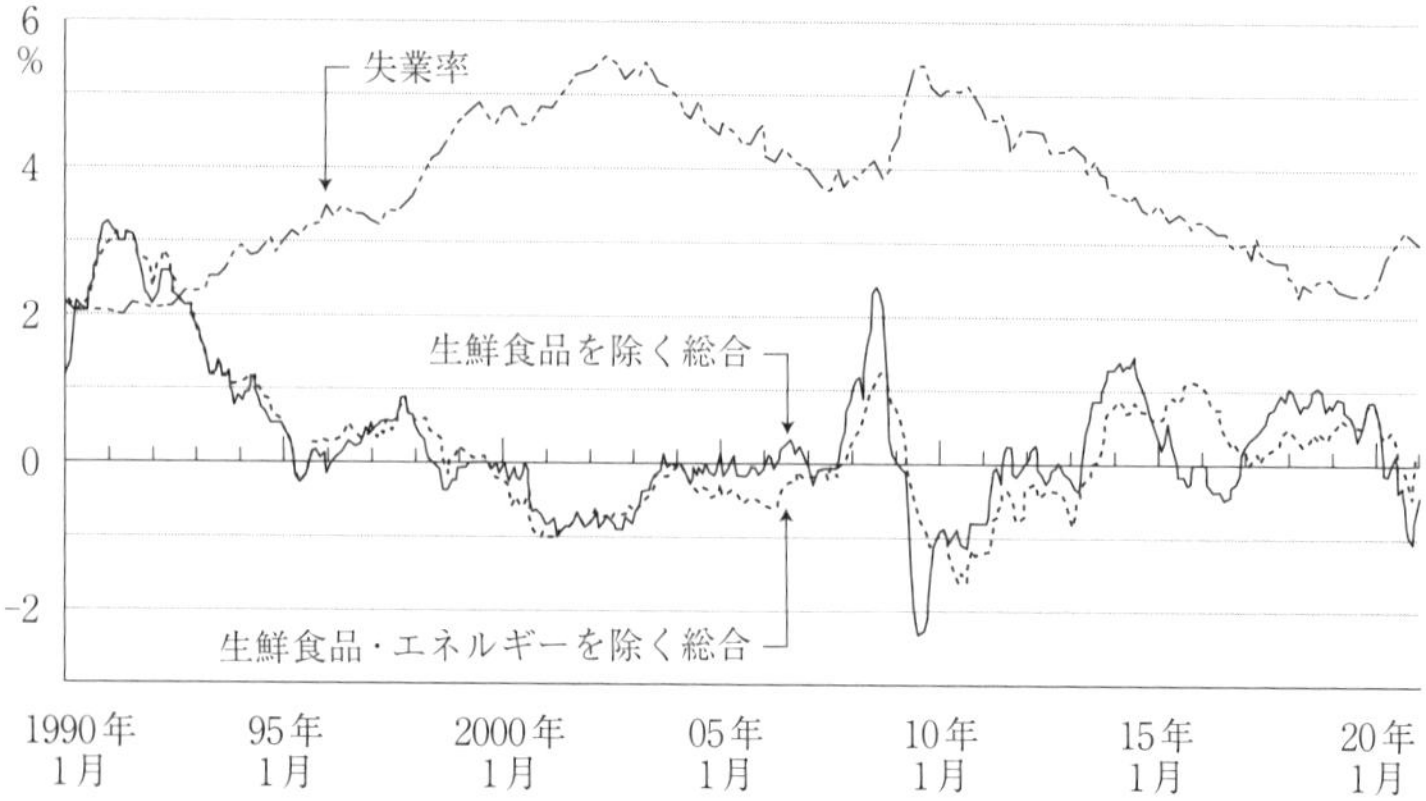

図2－3　消費者物価上昇率と失業率の推移
（出所）総務省統計局「消費者物価指数」.
（注）消費税増税の影響を取り除くために，1997年度には1.5％，2014年度には2％を差し引いている.

したところから元のトレンドに戻るのではなく、低下した後、長期にわたって横ばいとなってしまった。消費が、駆け込みの影響があまりないと思われる2013年10～12月期の水準を継続的に上回るのは2019年4～6月期のことである。元に戻るのに5年半もかかったことになる。しかも、その後には消費税の10％への引き上げ（およびコロナショック）で、再び消費が低迷することになる。

物価上昇のモメンタムも失われ、図2－3に見るように、消費税増税前、マイナス0・4％程度からプラス0・9％程度にまで上昇したエネルギーと生鮮食品を除く消費者物価上昇率（前年同期比）も消費税増税後の消費の低迷とともに下降し、0・3％程度にまで低下してしまった。消費者物価には、海外要因で決まるエネルギー価格が含まれていて、国内の需給要因で決まる物価の基調がわかりにくくなる。そこでエネルギーと生鮮食品を除く消費者物価上昇率で物価の基調を判断している。

消費税増税後の経済と物価の停滞に対応して、日銀は、２０１４年10月31日に「量的・質的金融緩和」の拡大を決定した。これは、マネタリーベースの増加額を年間60兆～70兆円から80兆円に、長期国債の保有残高の増加ベースを年間50兆円から80兆円に引き上げることだった。この政策変更は金融政策決定会合で、賛成5、反対4のぎりぎりで可決された。また、政府としても、消費税増税後の景気悪化を見て、２０１５年10月に予定していた消費税の再増税（8％から10％への引き上げ）を17年4月に延期し、さらに16年6月にはその後明らかとなった世界経済の停滞を見て２０１９年10月にまで再延期した。

ただし、雇用は一貫して改善している。図２－３に見るように、QQEが始まる前の２０１３年3月の失業率は3・6％だったが、消費増税前の２０１４年3月には3・3％となり、２０１８年からは2％台の前半が続いていた。

物価が上がらないことがどれほどの失敗なのか

以上が、私が審議委員に任命される少し前の経済状況である。リフレ派の岩田規久男学習院大学教授は、２０１３年3月から日銀副総裁として活動していた。岩田氏と私の考えに違いがあるとしたら、私は、物価が上がらないことをそれほど失敗と考えなくてもよいのではないかと思っていたことだ。消費税増税で、実質成長率が低下したことは失敗だが、物価が上がらないことが、それほど決定的な失敗なのかということだ。もし、物価が上がるだけで、生産も増えず、雇用もよくならず、実質所得も上がらなかったのなら、リフレ政策は大失敗だと非難されていただろう。そう考えれば、2年で2%の物価目標を達成できなかったことを、そう苦にしなくてもよいのではないかと思っていた。

もちろん、物価が上がらないことによって、実質金利が低下せず、それゆえ、景気拡大が遅れ、物価も生産も伸びなくなってしまうという危険があるのはわかる。さらに、当時はあまり気が付かなかったが、物価がなかなか上がらないと、名目金利が上がらず、それが銀行部門の不満を蓄積するという問題があることがわかった。それについては後述する。

第3章　日銀審議委員になる――2015年

早稲田大学の方々にはご迷惑をかけてしまった

私が日本銀行政策委員会審議委員になるにあたって、官邸からは人を介して内々の打診はあった。私は、指名されれば喜んでお受けするとの意向は伝えていたが、最終的な確認が2015年1月にあり、安倍総理にもお会いすることになった。総理任命の人事なのだから、総理にお会いするのは当然だろう。以前も2014年4月2日に官邸に行って、金融政策でデフレから脱却し、経済停滞を終わらせることができるという説明をしていたが、今回も同様の話をなるべく簡潔に説明した。

総理は、「リーマンショック後の日米のマネタリーベースの伸び率の差が日本の円高を招いた」と、以前私がした話を記憶されていた（この図は原田［2013］143頁、図5‐2、図5‐3にある）。審議委員になる意向を確認され、私は、もちろん、謹んでお受けしたいとお答えした。自分が正しいと考えていたことを、実際に行えるのだから、これほど嬉《うれ》しいことはないと思った。後に、私の大学時代の恩師、荏開津典生《えがいつふみお》東大名誉教授も、2015年5月24日、先生の傘寿《さんじゅ》のお祝いの会でお会いしたとき、「学者が自ら自分の理論を現実に適応できるなんて幸運はあり得ない。その幸運を胸に頑張りなさい」と励ましてくださった。

このことは、正式な任命があるまで秘密にしておかなければならない。急なことで、私が勤務する早稲田大学には、授業やゼミの都合などで、大変な迷惑をかけてしまったが、後述するように、野党が、事前に名前が漏《も》れたら反対すると言っているので仕方がない面がある。これが半年以上前にわかっていれば、大学は新任の教官を採用するなど、さまざまな対応策が取れた。大学と学生には大変な迷惑をかけたが、大学関係者には、「本学にとっても名誉なことなので、是非、しっかりと金融政策の舵《かじ》取りをするように」と送り出していただいた。政治経済学術院の先生方には2月25日、歓送会までしていただき、記念に、大学の創立者、大隈重信《おおくましげのぶ》侯を模した大きなクマのぬいぐるみをいただいた。ぬいぐるみは孫娘のお気に入りとなった。大学の方々には感謝するしかない。

ただし、その後、たまたまの機会に会った中央官庁出身の方々には、私と親しいわけでもないのに、審議委員になると給料はどれだけ上がるのかと聞く人もいた。会社の顧問などもして、それなりの収入もあるだろうに、こんなこと、普通聞かないだろうと思った。他にも、中央官庁出身の方が、私に、審議委員とは羨《うらや》ましい、などと言った。

2月25日（水）　国会で同意を得られる――審議委員任命の顚末

審議委員は、国会で同意を得られることが必要な人事である。私の人事は、2月4日の議院運営委員会理事会に提示される予定だったが、『日経新聞』がその当日、「日銀審議委員に原田氏を起用へ」と報道したことにより、提示が1週間遅れる事態となった。

名前が漏れたら同意人事に反対するというのは、２００７年７月の参議院選挙で多数を取った民主党の西岡武夫参議院議院運営委員長が人事案の事前報道に反発し、衆参両院とも、人事案の国会提出前に報道された人事案は、審議が形骸化するという理由で提示を受け付けないとしたことに始まる。この方針に、剛腕と言われた小沢一郎氏（民主党代表）も強く賛同したので、名前が漏れたら反対という方針が確定したようだ。

専門家としての能力識見に不足があれば、いくらでも疑問を呈すべきだが、人事案が漏れたといって反対するのは筋が通らない。専門家としての能力がある人、チームプレーのできる人、スキャンダルがない人などを認定して任命しなければならないが、それらをさまざまなルートから確認していれば、当然に名前は漏れる。名前を漏らすなというのは、政府は慎重に人事を行うなというのと同じである。つまらないことを問題にするものだと思う。

同意人事

同意人事に反対なら、理由を付けて反対すればよい。ただし、国会同意人事は、日本銀行、会計検査院、原子力委員会、公正取引委員会など39機関２７５人もある（２０２０年６月１日現在の数字）。いちいち反対理由を考えるのも面倒だから、漏れたら反対というのが、野党の嫌がらせ戦術になったのではないかと私は思う。しかし、これで行くと、任命させたくない人物の名前を漏らせば人事を潰せるということになる。さすがに、２０１３年２月19日には与野党合意で、これはまずいから止めようということになったのだが、いまだにその慣行が残っていたということだ。

一方、アメリカの中央銀行であるＦＲＢ（連邦準備制度理事会）の人事は、それらしい人物の名前が新聞紙面に踊る。政府が、どんな人物かを調べていれば、当然情報は漏れてしまうものだ。漏れるということは、慎重に検討していることと同じである。

そもそも同意人事が多すぎるのではないか。その割には、国民の積み立てた年金を運用する年金積立金管理運用独立行政法人（GPIF：Government Pension Investment Fund）の運用責任者が同意人事になっていないのは不思議である。国民なら、自分の年金を運用しているのがどんな人か、当然の権利として知りたいのではないか。

同意人事は、内閣が衆参両院の議院運営委員会理事会に人事案を提示後、10日程度後に本会議で議決するのが慣例となっている。本会議の日程、議題、発言者、時間、採決方法などを決定する議院運営委員会で同意人事を審査するというのもわからない。日銀総裁、副総裁は、議院運営委員会での審査を受けることになっているが、他の同意人事は形式的なものとなっているようだ。同意人事を数十人に絞り、関連の委員会で、衆参手分けしてヒアリングをすれば、国会の監督を実質的なものにできるのではないだろうか。

審議委員は、国会で同意を得られなければならない。私の場合、野党の民主党、共産党、社会民主党などは反対だったが、与党の自民党、公明党、それに維新の党などの賛成で、2月25日、無事、衆参両院とも同意を得られた。

原田審議委員の同意人事に対する反対討論

2月25日、参議院本会議で、民主党の大久保勉《つとむ》議員が、原田の同意人事に対して、反対討論を行った（この全文は、「第189回国会参議院本会議　第8号　平成27年2月25日議事録」にある。さらに、大久保氏が参議院議員であったときには、反対討論の全文が、同氏のホームページに掲載されていた。大久保氏は２０１６年の参議院選挙に出馬せず、２０１８年、故郷の福岡県久留米市長になった）。

同意人事に対し、反対討論を行うというのは異例のことである。自民党が与党から滑り落ちる直前の２００８年には、参議院で過半数を維持していた民主党が、日銀総裁、副総裁、審議委員についての同意人事をたびたび否決したが、簡単な理由を付して否決しただけで、反対討論というものはなかった。原田に対する反対討論とは、閣僚の問責決議案なみの扱いである。であれば、私も反対討論への反対討論をしたかった。民主党は、野党になって、２０１３年３月の黒田東彦総裁、岩田規久男副総裁の同意人事に反対したが、反対討論というものはなかった。黒田総裁、岩田副総裁、私とも、金融政策についての著書があるので、これらを読んで長い反対理由を述べることはできただろうが、私にだけ反対討論をしたのは謎である。

大久保氏の反対理由は３つある。第１は、原田が「日銀が国債を買えば政府債務を減らすことができる」と書いているが、これは財政ファイナンスの容認である。第２に、国債の買い入れ額を減額すれば（国債価格が下落して）日銀は含み損を抱えるが、大丈夫と答えている。第３に、著書（原田［2004］）のなかで「貸出をせずに国債ばかり持っている銀行は、日本経済のためには役に立っていない銀行である。そのような銀行が破綻しても日本経済になんのマイナスにもならない」と書いている。これでは金融システムの安定に大きな障害をもたらすことになる、として反対だと述べた（大久保氏の言うとおりではないが、私は、それに類したことを上記の著書の２３６〜２３９頁で書いている）。

記者会見──敵味方論の好きな記者たち

残念ながら、参議院では、私は反対討論に反対する機会を与えられなかったが、3月26日18時半からの就任時の記者会見で、第1の点については質問されたので、私の答えを書いておこう。私は、「国債を買い入れること自体が金融政策で、景気がよくなって税収が増え、結果的に財政赤字を減らす。（だからといって）財政をいくら出してもよいという意味ではなく、財政当局や国会が、財政の制約を判断することだ」と答えた。

第2、第3の論点はすぐには答える機会がなかったが、後には繰り返し問題になった。これ以外にも、記者会見では、金融政策の作用と副作用、構造失業率の水準、追加的な金融緩和の手段、日本銀行のシニョレッジ（通貨発行益）、2%物価目標達成の後ずれなどについても質問された（原田[2015.3]）。構造失業率の水準を除いては、私が審議委員の任期中にずっと問題となる論点である。

なお、この記者会見で、「黒田総裁を支えていきたいと思っているのか」と聞かれた。私は「物価安定を通じて日本経済の健全な発展に資するのが日本銀行の使命であり、私は、その使命を果たすために審議委員に任命されたと思っております。目標について、総裁と齟齬《そご》はないわけですから、結果的に総裁のお考えと一致することが多いだろうと思います。それは、誰それを支持するとか、支持しないということではなく、あくまでも物価の安定を通じて日本経済をよくする、そのために（審議委員に）選ばれたという責任感を持って、仕事を進めていきたいと思います」と答えた。日本では、誰が誰に味方するかどうかということを気にしすぎではないか。誰が誰に賛同するかではなく、どういう目的のために何をするかが問題だ。このことはまた後で考えたい（《２０１８年1月12日　財務官僚は、なぜ次期総裁に次官の名前を挙げるのか》など参照）。

預金があっても貸出先がない

大久保氏の反対理由のうちの第3、貸出をせずに国債ばかり持っている銀行は、日本経済のためには大して役に立っていないという私の発言についてだけ、ここで答えを書いておく。

銀行とは、預金者からお金を預かって、それを平均すれば十分に利益となる貸出に回し、利鞘《りざや》を取って預金利子を払う仕事である。この人に貸しても大丈夫かどうかをチェックするのは難しいが、国債を持っているだけなら誰でもできるので、あまり世の中の役に立っていないのではないか。もちろん、銀行であるから、あまり役に立っていなくても、うまく退出してもらわないと多少の混乱は起きる。しかし、そのような銀行が破綻しても日本経済には大きなマイナスにはならないというのが私の考えである。

第2の、日銀の含み損については、その後も繰り返し問題となったので《2016年12月28日　金融岩石理論を批判する》で答える。

大久保氏は、モルガン・スタンレー証券の債券部門の出身である。銀行の国債運用部門は大久保氏のかつての大事なお客さんだったわけで、私が、銀行が国債を運用するのは意味がないと言ったのにカチンと来たのではないかと思う。

しかし、大事なのは、国債価格の変動（量的・質的緩和によって価格が大変動しているわけではない）よりも日本経済そのものである。QQEによって、雇用も実質GDPも順調に伸びている。民主党に経済がわかっていないことを縷々《るる》書く必要もないだろうが、民主党の後継政党が、債券運用者の都合よりも雇用を増やすことが大事だと思わないなら、政権復帰の見込みはないだろう。

3月26日（木）　日銀に行く

国会で同意を得られたので、私は、2015年3月26日に審議委員に正式に任命された。3月26日、安倍総理のところに辞令をいただきに行く。総理は、「原田委員は、たくさん著書があるが、これから自由に書けなくなるね。残念ですか」と言われた。こんなことまで気にされているのか、総理大臣になるほどの政治家は大変だと思ったが、「書けないのは残念ですが、金融政策で経済をよくするほうが大事です」とお答えした。

総理は、「景気は客観的にはよくなっているのに、主観的によくなっていると思ってくれないのは残念だ」とも言われた。この発言は、後に活字になっているのを見たので、引用してもかまわないだろう。この言葉は頭に残って、主観的な景気についても考えることになる。答えは、そう難しいわけではなくて、客観的に景気のよい状況が長く続けば、いずれ主観的にもよくなるということにすぎなかった。また、実感はそう簡単には変化しないものでもあるようだった。「景気の実感」については、《2017年11月18日　国民には、景気改善、生活向上の実感がない⁉︎》で説明する。

これに関連して、別の政治家が、「年金受給者に景気がよくなっているかと聞いても、よくなっているとは答えてくれない。景気を聞くなら、働いている人に聞くべきだ」とも言った。確かに、景気がよいとは仕事があって、給与やボーナスが増えることなのだから、それももっともと思ったが、高齢で働いていない人も日本国民で選挙民なのだから、やはり全員に聞いたほうがよいと思いなおした。また、長く景気回復が続いていれば、やがて働いていない人にも、子どもや孫の給与や就職状況がよくなることを通じて、景気がよいという実感が広がるものではないかと思う。

新任の審議委員は、まず新任の記者会見を行うが、その後、落ち着くとマスコミのインタビューを受けることになっている。私は、6月4日にブルームバーグ、6月10日に『産経新聞』のインタビューを受けた。

就任記者会見の繰り返しのようなものであるが、ブルームバーグからは、「（原田委員は多くの著書があるが）ものを書くことについての思いを教えてほしい」と質問された。「書くことは自分の考えを深めることだ。書きたいことはいろいろあるが、自由に書くわけにはいかない。金融政策についての分析は仕事そのものだから書くことができるだろう」と答えた（「原田審議委員――過度の円高は修正」ブルームバーグ、2015年6月4日。ただし、「ものを書くことへの思い」の部分は省略されてしまった）。

今、本書を書いていて、書くことは考えを深め、真実を明らかにすることだとあらためて思う。なお、このインタビューでは、金融緩和政策の手段として付利の引き下げがあるということを明確に述べた（この件に関しては《2015年6月12日　付利について考える》で説明する）。

4月8日（水）　2年間の金融政策の総括

審議委員に任命され、国会や内閣府、財務省、金融庁など関係省庁への挨拶回り、事務説明を受けているうち、すぐに2015年4月7〜8日の金融政策決定会合となる。私の初めての金融政策決定会合である。

財務省にご挨拶に行ったとき、ある高官が、震災復興策を批判的に分析した私の本（原田〔2012〕）を読まれていて、「なるほどそのとおりと思った」と褒《ほ》めてくださった。この本は、政府の行っている東日本大震災からの復興策が、いかに無駄が多く効果的でないかを書いたものだ。震災地域にも、危険ではないやや高台の土地はいくらでもある。人口も減少しているのに、土地をかさ上げする必要はない。そんな無駄なことをするより、人々に住宅再建費を配ったほうがよいと主張したものだ。私の本を褒めていただけるのは嬉しいが、財務省なのだから、予算をチェックして無駄なことをしないようにしていただきたいものだと思った。

さて、金融政策決定会合とは、字義どおり、金融経済情勢を議論し、金融政策を決定する会議である。決定するのは日本銀行政策委員9名――総裁、2人の副総裁、6人の審議委員の計9人――である。この9人は、それぞれ総裁、副総裁、審議委員と呼ばれるが、同時に全員が政策委員である。初日は午後、2日目は午前と2日間にわたって行われる。2日間にわたって行われるのは、金融政策の決定がほぼ午前中になされ、午後にはマーケットに伝わり、マーケットが政策の変更ありなしの情報をその日のうちに消化できるようにするためだ。まず、執行部からの金融経済情勢の説明があり、政策委員がそれに基づいて議論する。続いて、各委員が自らの金融経済情勢の認識を述べ、それに基づいて、どのような政策を行うべきかを議論する。

金融政策決定会合での発言は、1週間後に公表される「主な意見」（2016年に金融政策決定会合が年14回から年8回になるのに応じて、決定会合の「議事要旨」が公表されるまでに時間がかかるようになることから、新設された。「議事要旨」の公表は次の決定会合の議決を得て公表すると決まっているので、決定会合の間隔が伸びれば公表が遅れる）、次の政策決定会合後に公表される「議事要旨」、10年後に公表される「議事録」の範囲内でしか、自分の発言も含めて、公表してはいけないことになっている。当時、私が考えていたことを書いておきたい。

ＱＱＥは大成功している

私は、ＱＱＥへの故《ゆえ》ない批判が高まっていることに反論したいと考えていた。また、これまでの金融政策に対する私の評価を整理しておきたいとも考えていた。

経済情勢に対する認識は、短期的には誤るし、プラスであれマイナスであれ、景気についてのデータが蓄積されれば考えを変える。しかし、金融政策の効果に関する基本的認識は、それほどは変わらない。この認識は、私がすでに著書（特に原田［2014］）で書いたこと、後の「金懇」（原田［2015.11］）などで述べたことと同じである。なお、金懇（金融経済懇談会）とは、日銀の政策委員が地方に行って金融政策について説明し、地元の経済人と意見交換をすることである。金懇の後では記者会見を行い、記者たちの質問も受ける。

話を戻して、これまでの金融政策に対する私の評価を要約すると以下のとおりである。

ＱＱＥの効果に懐疑的な見方が多々あったが、円の異常な高騰を抑え、株高などの資産効果により消費の増大をもたらした。さらに、雇用の改善によって安定的に雇用者総報酬が増加している。失業率は低下し、倒産件数は減り、自殺者も減少して、ブラックと言われた企業は人が採れなくなっている。企業の利益も伸びている。２０１４年４月の消費税増税により、景気は一時的に停滞したが、２０１４年10月の追加緩和もあり、その後、緩やかな成長を続けている。金融政策は、さまざまな経路を通って経済を刺激することが確認された。しかし、２％のインフレ目標は予想したとおりに達成できるかが難しい状況にある。

当時の私の景気認識は、景気は緩やかな拡大を続けているが、あくまでも緩やかな拡大であって、早期に2％の物価目標に達するような勢いは感じられない、というものであった。2015年4月以降、消費税増税の影響が弱まり、実質所得の上昇が景気の持続と物価上昇につながることを期待するが、そうでない場合には、遅滞なく追加的緩和策を打つことが必要と考えていた。

4月12日（日）

2月から3月にかけてのお祝いの会
——債券から株式運用に転じて大成功

話が前後するが、審議委員の国会同意が得られた後、さまざまな友人たちがお祝いの会をしてくれた。その席で、ある省の古風な先輩は、「清廉《せいれん》は志《こころざし》に通ず」という言葉を送ってくれた。志のある人は、人に謗《そし》られるようなことはしない、という意味だろう。私は、贅沢《ぜいたく》は好きだが（戦前のスローガン「贅沢は敵だ」というポスターに、1文字加えて、「贅沢は素敵だ」と落書きしたという話が好きである）、自分の資力の範囲内でしかしていない。そもそも、エコノミストの性《さが》か、すぐにコストパフォーマンスを考えてしまうので、時刻の合わない機械式時計に高いお金を払うという趣味は理解できない。まあ、たいした資力もないので、たいした贅沢もできないというだけだが。

お祝いの会の参加者のなかに、それまでは債券運用を行っていたが、安倍総理誕生が確実になるとともに株式運用に転じたという人もいた。前述のように、安倍総理が自民党総裁選で勝利した2012年の9月から、円は下落、株は上昇を始めていた。

『屋根裏部屋のマリアたち』（２０１０年）というフランス映画があった。そこに、１９６０年代のパリで、小さな証券会社を経営するジャン＝ルイが、出稼ぎに来て、フラン札を丸めて床下に貯めておくだけだったスペイン人のメイドたちに、資産運用を教えるシーンがあった。「私の会社は、大きな儲けも大きな損もさせない。景気がよいときには株が有利で、悪いときには債券が有利になる（金利が下がると債券価格が上がるからだ）。両方を組み合わせて、安定した収益を得るのが資産運用だ」と教えていた。

日本の場合、１９９０年代からほぼずっと不景気だったので、金利が低下し、債券運用がずっと有利だった。債券運用とは不思議な商売である。経済全体が悪いときに儲かる仕事だ。安倍総理誕生が確実になるとともに債券運用から株式運用に転じたこの人は、フランスの小さな証券会社のアドバイスどおりに動いて、大成功したらしい。

4月22日（水）――審議委員就任を祝う会での原田挨拶

４月22日には、私が審議委員になったことで、リフレ政策を唱えていた友人たちに、お祝いの会をしていただいた。そこで私は、次のように挨拶した。

＊

本日はお忙しいところ、遠くから、また雨のなか、私のためにお集まりいただきまして大変ありがとうございます。

金融政策の大転換、日本銀行が量的・質的緩和に踏み切ってから、経済は好転、雇用は増え、生産は増大、賃金も上がり、輸出も増えはじめています。失業が減り、倒産が減って、自殺者も減っています。株は、本日、2万円台をキープしました。物価は上がっていませんが、物価以外はすべて想定どおりです。

日銀に参りましたので、あまり言えませんが、物価が上がらないで、景気がよいのだからいいじゃないかという気分です。物価が上がっていないと責めなくてもよいではないかと思います。日本は復活し、人々の気持ちは明るくなっています。

奇跡の誕生まで

このようなことが起こりましたのは、ここにいらっしゃる方をはじめとした多くの方々、また、ここに来られることができなかった方々のお蔭です。来られることができなかったのは、亡くなられてしまったからです。はじめに、亡くなられ、金融政策の大転換を見ることができなかったお二人の方についてお話ししたいと思います。

クレディスイスのエコノミストをされていた岡田靖《やすし》さんと、私の先輩で経済企画庁におられた新保生二さんです。お二人とも、1990年代の初期に、ここに来ておられる岩田副総裁、嶋中（雄二）さん、そして私もですが、マネーサプライの急激な縮小に警鐘を鳴らしていました。しかしながら、これは孤独な戦いで、警鐘が実際に力を持つことはありませんでした。

新保さんは、この間、ワルラス法則――すべての財とマネーを含む資産の需給は一致する――のとおりで、デフレは財の超過供給、貨幣への超過需要で起きているのだから、貨幣の供給を増やせば、デフレは終わると明確に述べていました。日本では新保さんが、このことを最初に明確に述べたと思います。当たり前のことなのに、この法則で他の経済学者たちを説得することはできませんでした。岡田さんは、貨幣の不十分な供給が円高をもたらし、それが不況、物価下落、デフレを引き起こすことを強調していました。

金融政策の転換を求める人々は圧倒的少数派でした。政治の世界では山本幸三先生、金子洋一先生、また、政治の世界にメッセージを伝えてくださる方として、中原伸之先生、高橋洋一先生、本田悦朗《えつろう》先生がいました。本田先生は、今日は高熱を出されたということで欠席されています。また、中原先生は、実際に金融政策決定の一翼を担っておられました。

学会のなかでは、昭和恐慌研究会に集まった方々、中村宗悦《むねよし》先生、野口旭《あさひ》先生、若田部昌澄《わかたべまさずみ》先生——本日の会合の幹事をしてくださいまして大変ありがとうございます——、田中秀臣《ひでとみ》先生、安達誠司さん、飯田泰之先生、中澤正彦さん——本日はご欠席ですが——、中山英貴《ひでき》さん、また、岡田さんの薫陶《くんとう》を受けた岡田チルドレンの方々が、金融政策の転換を求めていましたが、学会エスタブリッシュメントに対しては、圧倒的な少数派でした。

この間、宇沢弘文《ひろふみ》先生、小宮隆太郎先生という両巨頭が、金融政策の効果について否定的だった影響は大きかったと思います。

岩田先生は、アカデミズムのなかでは原田しか味方がいなくて——私は、その頃《ころ》まだ役人をしておりましたが、役所の研究所にいることが多かったので、アカデミズムの真似事のようなことをしていました——大丈夫かと心配になっておられたとのことです。このような状況で、イェール大学の浜田宏一先生にリフレ派として参戦していただいたのは大変心強いことでした。

けれど、私は心配していませんでした。限界原理と一般均衡論を打ち立てたレオン・ワルラスが間違っているはずはないと思っていたからです。ワルラスは宇沢先生、小宮先生よりずっと偉いですし、ワルラス方程式は恒等式です。恒等式が間違っているはずはないと確信しておりました。

特に孤独な戦いを強いられたのは中原伸之先生です。1998年から2001年にかけての日銀政策決定会合では、常に正しいことを発言されていながら否定され、半年後、ないしは1年後にその正しさが認められて、日銀は理由もなく緩和方向への政策転換に踏み切る。しかし、結局、金融政策の効果を正しく説明していた中原理論は無視され、日銀はデフレ的な政策を取りつづけます（この間の顚末は、中原［2006］にある）。民主党が政権を取って、一部の民主党の方はデフレの害悪に気づいていたと思いますが、金融政策の転換は起こせませんでした。

しかし、ここについに奇跡が訪れます。ここにいらっしゃる方々、デフレ脱却議連、山本幸三先生、中原先生、高橋洋一さん、本田悦朗さん、岩田先生、浜田先生たちのお蔭と思いますが、安倍総理が――総理になられる前ですが――デフレの害悪と金融政策の力を認識し、そのために日本銀行総裁、副総裁、金融政策決定会合のメンバーを変えて、金融政策を転換させようという認識に至り、そのことを強い決意をもってやり抜かれたことです。

安倍総理がデフレ脱却議連の会長になり、山本先生が安倍総理に、「国民の最大の関心事は経済、それに焦点をあてなければ天下は取れません」と説得しました。中原先生は、「日銀の政策が間違っているから、それを正さないといけない。そのための材料を提供する」と説明されました（私が作った、リーマンショック後、世界の中央銀行がマネタリーベースを急激に拡大したのに、日銀だけはそうしなかったというグラフをお見せしたそうです）。その結果、安倍総理は「日本の金融政策が間違っているという考えに至った。そのため、政権をとってこの政策（大胆な金融緩和）を進めていけば、日本経済は大きく変わる、そう確信していました」と述べています（NHKスペシャル「証言ドキュメント　永田町・権力の興亡　そして〝自民一強〟に」2013年12月22日放送）。

現在、私は金融政策決定会合の場にいて孤独を感じません。今後、ますますそうなっていくでしょう。すべて皆様のお蔭です。孤独を感じるのは、デフレの好きな方になるでしょう。

なぜデフレが好きなのか

さて、なぜ日本銀行、あるいはその政策を支持して来た学者、エコノミスト、ジャーナリストたちは、金融緩和政策に反対してきたのでしょうか。

第1は利益です。債券運用者の利益があります。債券運用者とは奇妙な職業で、日本が不況のときに得をする仕事です。不況が続けば金利が低下しますから、持っていた債券の価格が上昇します。野党も不況で得をします。好況では票が集まりません。野党というのは、与党がうまくいっていないことによって票が集まります。好況では票が集まりません。しかし、社民党や共産党ならそれでよいのですが、民主党は政権を取りましたし、また政権に復帰したいと思っているのでしょう。与党になったとき、どうやって好況にするのかを考えておかないといけません。マスコミは政権を批判するものですから、野党と同じような面があるのでしょう。

第2は、繁栄が嫌い、資本主義が嫌い、繁栄する元気な日本が嫌いという人がいるということです。安倍総理は、日本がお好きでしょう。普通の人々は日本が好きでしょうが、そうではない人がいるということです。

亡くなられた岡田靖さんは、資本主義は素晴らしいと言っていました。グーグルは無料であれだけのサービスをしているのです。資本主義が、人々の自由な試みを許す分権的なシステムだからこそ、そういうことが可能になります（もちろん、その情報収集力や情報拡散力が、人々のプライバシーやフェイクニュースという問題を引き起こすという問題もあります）。

中原先生は、日銀が世界の経済学の知見を取り入れず、自分の金融理論を押し付けようとすることに触れて、「寛政《かんせい》異学の禁」（1790年、老中松平定信《まつだいらさだのぶ》が、上下の秩序を尊ぶ朱子学以外の儒学を禁じたこと）だと言われていました（中原［2006］120頁）。しかし、世界の優れたものを取り入れようというのが日本の本来の姿です。

ここにいらっしゃる方は、皆、新しい考え、楽しいこと、自由に振る舞うことがお好きだと思います。資本主義は、自由を可能にします。資本主義が機能するためには、金融政策によって景気をよくしておかなければなりません。1930年代の大不況から戦争までの歴史は、金融政策が正しくなければ資本主義は死んでしまうことを示すのだと思います（原田［2015.7］第5章参照）。

本日は、お集まりいただきまして大変ありがとうございます。お招きいただきましてとおっしゃった方もいらっしゃいましたが、申しわけないですが、会費制です。私が現在、孤独を感じないで金融政策を考えることができるのは、すべて皆様方のお蔭です。本当にありがとうございました。

4月23日（木）　国会に呼び出される

国会の参議院財政金融委員会に呼ばれた。国会議員から質問を受けて、事前に答えを用意し、質問に臨むわけだ。磯崎哲史《いそざきてつじ》参議院議員（民主党新緑風会）からの質問は、「就任記者会見の内容について」だった。記者会見の内容について聞かれても、ほとんど同じことを繰り返すしかない。

岩田副総裁も一緒だった。岩田副総裁は、民主党の前川清成《きよしげ》参議院議員から、相変わらず、「２年で２％達成できると言ったのになぜできないのか」と嫌がらせのような質問を受けていた。嫌がらせをするより、経済がデフレから脱却し、失業率が民主党政権時の４％からほとんど３％（当時）に低下したことを素直を認め、なぜ自分たちにはできなかったのかと考えたほうがよいのに、と私は思った。岩田副総裁への嫌がらせ質問については、岩田規久男［2018］（第４章「「経済音痴」の民主党国会議員の対応に追われる日々」）に詳しいので、これ以上は書く必要がないだろう。

時間がなくなってしまって、私への質問は出なかった。これを役人用語で「空振り」という。審議委員は、ブルームバーグやロイターの経済通信欄では注目されるが、一般には、何をしているのか知られていない。副総裁をとっちめたと言えば注目される可能性があるが、審議委員をとっちめても誰にも注目されないので、時間切れで空振りとなってしまったのだろう。私としては準備もしたのに残念だったが、日銀のスタッフとしては、ともかく問題発言もなく安心したというところだったと思う。

4月25日（土）

なぜリフレ派に転向する人々は少ないのか――パーティでの話題に関して考えたこと

私は、リフレ政策の成功で、デフレ派（金融緩和に反対していた人々）陣営から、転向者が続出すると思っていた。エコノミストは、ＱＱＥで経済が好転していることは事実で、事実を否定しても商売にならないので、多くの人が第１の矢は「これまでは成功」と言うようになった。しかし、アカデミズム、ジャーナリズムではリフレ派に転換した人々はきわめて少ない。４月22日の私のお祝いの会でも、これはなぜかという話題が出た。

そもそもリフレ派とは、過去のデフレ不況が金融政策の失敗によるものであり、２％程度のインフレ目標を定め、大胆な金融緩和政策への転換によって、実質金利を引き下げ、デフレ不況から脱却するべきだと考える人々である。

このように考える人々は、浅田統一郎《とういちろう》中央大学教授によれば、２０１２年では30人前後しかおらず、そのなかで、アカデミックな経済学者は10人前後にすぎなかったという（浅田［2015］１５６頁）。一方、経済学者は、主な学会の会員数から考えて５０００人はいるだろう。リフレ派とは、５０００人のなかの10人という圧倒的少数派なのである。

「既得権仮説」と「既得観念仮説」

浅田［2015］は、「経済学界・政界・ジャーナリズムの圧倒的多数派は、理論的・政治的・思想的な相違を越えて、新古典派も、ケインズ派も、マルクス派も、非理論派も、「物価は主としてマネーの量で決まる」「金融政策が所得や雇用に影響を及ぼすことができる」というありふれた命題を、全力で否定し続けるというのは外国に例を見ない特殊日本的現象である」と述べて、この現象を説明する仮説としては、「既得権仮説」と「既得観念仮説」があるとしている（同書、１６１～１６２頁）。

「既得権仮説」とは日本銀行が「黒く」なる以前（白川総裁から黒田総裁に代わって2013年4月に大胆な金融緩和を行う以前）に、権力と権威を持つ日銀の「日銀流理論」に表立って反対することは、学者・エコノミスト・ジャーナリストにとって不利益であり、逆に、この説に従順であることで利益が得られる機会が増えるからというものである。

しかし、利益と言っても、日本銀行審議委員の椅子《いす》や顧問などに採用してもらうこと、セミナーなどに呼んでもらうことがどれほどの利益なのかよくわからない。確かに、審議委員になりたい学者やエコノミストは多いようであったが、その後、反日銀、非日銀の学者から審議委員を選ぼうとすると、5年間の任期の後に元の大学の職に戻れるか心配で、なりたくない人が結構いるらしいと聞いた。つまりは、それほどの利益ではないらしい。

「既得観念仮説」とは、個人的利害とは必ずしも一致しない共同体内部での観念が、経済政策の評価に特定のバイアスがあるというのである（野口・浜田［2007］）。例えば、インフレを極度に警戒するが、デフレの害悪には無頓着な「反インフレ・親デフレバイアス」があるという。

日本では、このような人々は、左派に分類されることが多いと思われるが、このような認知バイアスは、世界的に見れば逆である。マルクス経済学者の松尾匡《ただす》立命館大学教授は、日本では右派に分類されている安倍政権が採用しているリフレ政策は西洋では「左派」が提唱する政策であると指摘している（松尾［2018］「〔左派の〕大物がこぞって「アベノミクス」支持を表明」192頁）。確かに、ポール・クルーグマン、ジョセフ・スティグリッツなどの政治的に左派、ないしリベラル派の海外の経済学者は、リフレ政策を支持している。日本の場合は、左派がなぜ金融緩和政策に敵対的なのかは、依然として謎である。これについては、私の早稲田大学時代に、大学院生だった安中《あんなか》進《すすむ》氏が後に興味深い論文を書いてくれた《2019年11月15日　どうしたら日本の左派は金融緩和に賛成するようになるのか》参照）。

以上を前提として、なぜ転向者が少ないかが説明できるだろうか。まず、利益だけが問題であれば、日銀が変わったのなら、すぐ転向者が続出してしかるべきである。それが少ない理由として考えられるのは、次にまた「黒」から「白」に変わるかもしれないということがある。よくわからないのに「白」から「黒」に変わったのである。であるなら「黒」から「白」に変わるかもしれない。それなら「白」のままでいたほうがよいと考えるのは不思議ではない。また、そもそもわずかな利益のゆえに「白」でいたのなら、「黒」になることの利益もわずかである。であるなら、「白」のままでいたほうがよいというのは理屈である。

既得観念仮説が正しいのなら、共同体の構成員のすべての認識が変わらなければ変えようがないのだから、変わらないということになるだろう。

日銀はすでに転向している

日銀内部のエコノミストは、ＱＱＥは効果があると、現在は言っている。量的緩和に効果がないと言っていたのだが、転向している。日銀内部のエコノミストにとって、総裁が一番のお客なのだから当然だ。白川総裁が量的緩和は効果がないと言っているから、効果がないという分析を持ってきて、黒田総裁がＱＱＥに効果があると言えば、効果があるという分析を持ってくるだけだ。

ただし、効果がないという論文は、２００１年から２００６年まで続いた量的緩和政策を、２００４年までのデータで分析した論文だ（Fujiwara［2006］）。この論文でも、２００６年までのデータを入れると効果があるという結論になると思う。なぜなら、Fujiwara論文とかなり似た方法で、２００６年までのデータで分析した本多・黒木・立花〔2010〕、原田・増島〔2009〕では効果があるという結果が得られるからだ。現在、日銀において、効果があるという分析が示されているが、それについては《２０１５年４月30日　金融政策決定会合と「展望レポート」――ＱＱＥの効果をポジティブに分析》の記述を参照されたい。他にも、日銀スタッフによる、効果を認めたよりアカデミックな分析を岩田規久男〔2019〕（２１２～２１６頁、２７７～２８１頁）が紹介している。

また、私の前任の宮尾龍蔵審議委員は、退任の後、非伝統的金融政策と言われる、金利操作以外の政策（ＱＱＥなど）の考え方を整理して、日銀の行った政策の実証研究をしている（宮尾〔2016〕）。これによると、ＱＱＥによって、実質金利が低下、為替が下落、株価が上昇し、目標と紐《ひも》づけられたオープンエンドの政策（２％を達成するまで金融緩和を続けるということ）に効果があったという。さらに、２００１～06年に実施されたＱＥ（量的金融緩和）よりも２０１３年からのＱＱＥ（量的・質的金融緩和）のほうが効果が高かったとしている。

私は、この時点（２０１５年前半）で、エコノミストで唯一残っている反リフレの理屈は、「出口は危険」論と、それと多少関係があるが、財政ファイナンス論、つまり「財政規律を弱める」論だと思っていた。

「出口は危険」とは、消費者物価が安定的に２％になって、現在の金融緩和を手じまいするときに、混乱が必至だという議論である。これについては後述する。物価が２％に近づかないと出口に行けないのだから、エコノミストは、「出口は危険」論で、かなりの期間食っていける。財政ファイナンス論、「財政規律を弱める」論については、《２０１５年５月16日　金融学会で金融緩和に反対する人々と議論する》で説明する。

明治維新では、世論や風潮は攘夷《じょうい》から文明開化にすぐに変わった。太平洋戦争でも敗戦を機にすぐに変わった。鬼畜米英から日米英会話手帳だ。それに比べるとリフレ政策への転向者はわずかだ。理由として考えられるのは、デフレが長すぎ（1990年から考えればほとんど4半世紀）、既得観念が浸透しすぎたのかもしれない。黒船が1853年に来てから明治維新（1968年）まで15年だ。太平洋戦争は1941年から45年までの4年間にすぎない。

日本では、1930年代末までアメリカ映画を見ることができた。日本人は皆、アメリカに憧《あこが》れていた。1938年にディアナ・ダービン主演の『オーケストラの少女』（1937年）を日本で見ることができた。可愛い少女が、明るく前向きに生きる姿を、日本の観客はうっとりと見ていたに違いないと私は思っている。日本人の反米感情は、戦前、アメリカが日本移民を排斥《はいせき》したことから生まれたとされている。しかし、移民したいというのはアメリカがなんらかの意味で日本よりよい国だと思ったからだ。鬼畜米英はわずか数年のことだったから、すぐに変わったのだろう。一方、共産圏では、長い共産主義体制の下にあったのに、体制の崩壊後、一瞬にして転向者が続出した。理由は、おそらく、人々がそのバカらしさをすでに知っていたからだ。デフレ政策については、そのバカらしさが共産主義ほど明確ではないということかもしれない。

リフレ政策以来、景気はよくなっているが、消費税増税の影響もあり、景気の足取りは今一つだ。これが、転向者を増やしていないのかもしれない。経済を持続的によくしていくことが、転向者を増やすことになる。私としては、多くの人にリフレ派になってほしい。素直に事実を見れば、当然だと思う。雇用、特に若者の雇用が格段によくなったからだ。

４月30日（木）

金融政策決定会合と「展望レポート」――ＱＱＥの効果をポジティブに分析

４月30日の金融政策決定会合では、年に２回（２０１６年より年４回となる）の「経済・物価情勢の展望」（展望レポート）を発表する会合となる。「展望レポート」とは、金融経済情勢について議論すると同時に、各委員が実質ＧＤＰ成長率と消費者物価上昇率についての見通しを明らかにし、かつ、事務局が経済情勢についてのより詳しいレポートを公表するものだ。「展望レポート」にはさまざまな分析が付随しており、それが話題になることも多い。

当時は、８％から10％への消費税引き上げが、２０１７年４月に実施されるとされていた（２０１４年11月に、２０１５年10月に予定されていた消費税引き上げを２０１７年４月に延期決定。さらに、２０１６年６月に、消費税引き上げを２０１９年10月に再延期決定）。それを前提として経済を見通すことが求められていた。

ＱＱＥで需給ギャップは３％ポイント、消費者物価は１％ポイント上昇と分析

この「展望レポート」には、ＱＱＥの効果を、当たり前であるが、肯定的に捉えた分析が掲載されていた。それ以前、日銀が「白かった」ときには、ＱＥの効果を肯定的に示した分析は掲載されなかった。

４月30日の「展望レポート」（34～37頁）Ｂｏｘ２、３で「『量的・質的金融緩和』の効果の検証

（1）（2）」がなされている。「検証（1）」では、①量的・質的金融緩和の波及メカニズムとして、「2％の物価安定の目標」の実現に向けた強く明確なコミットメントによって予想物価上昇率を引き上げるとともに、②巨額の長期国債買い入れによって名目金利に下押し圧力を加え、③実質金利を低下させることと説明されている。これらを起点に、④低下した実質金利が民間需要を刺激することで需給ギャップが改善する。⑤需給ギャップが改善すれば①の予想物価上昇率の上昇と合わせて、現実の物価上昇率が上昇する。⑥現実の物価上昇率が上昇すれば予想物価上昇率がさらに上昇する、と説明されている。

次に、実質金利低下効果の定量的検証がなされ、大まかに言えば、実質金利はマイナス1％ポイント弱低下したとしている。

では、実質金利の低下が、経済物価にどの程度の影響を与えたのだろうか。「検証（2）」では、日銀のマクロ経済モデルQ-JEMを用いてシミュレーションを行うと、需給ギャップが1・1％ポイント、消費者物価（生鮮食品を除く）前年比が0・6％ポイント押し上げられるとしている。さらに株高・円安がモデルで説明できる以上に進んだことを考えて、株高・円安の効果を入れると、需給ギャップは3・0％ポイント、消費者物価（生鮮食品を除く）前年比は1・0％ポイント上昇との結果になった。この間、現実の需給ギャップの改善幅は、2・0％ポイント（マイナス2・1％→マイナス0・1％）、消費者物価前年比はプラス1・0％ポイント（マイナス0・3％→プラス0・7％）であるので、経済・物価は、数量的にも、おおむね「量的・質的金融緩和」が想定したメカニズムに沿った動きを示している（この内容は、日本銀行企画局［2015］でも説明されている。こちらのほうがわかりやすいかもしれない）。

メカニズムの説明も、その数量的効果についても、私に違和感はなかった。いわゆるリフレ派とされる人々が唱えてきたのと同じようなことが書かれている。岩田副総裁が執行部にいるのだから、当然でもある。

この時期、私は、所得と支出（消費と投資支出）の関係に関心があった。企業の利益は過去最高水準、家計の雇用者所得（賃金×雇用者数）も順調に伸びている。しかし、利益の割に投資は伸びず、所得の割に消費は低調だった。収入があるのに、企業も家計も使わないということだ。多くのことが言われているが（青木・鹿野［2018］が諸説を整理している）、2008年のリーマンショック後の世界景気の大収縮、円の暴騰という過去の災厄《さいやく》が、人々を過度に慎重にしているというのが答えのような気がする。この答えが正しいとすると、景気回復が長く続いて、過度の慎重さが解消するのを待つしかないということになる。であれば、なおさら、現在の金融緩和を続ける必要がある。

5月2日（土）

物価の決定のメカニズムの理解は審議委員に共有されていなかった

金融政策についての議論が審議委員の間で深まらないのは、物価がどのように決まるのかということについて審議委員の間で共通の理解がないことが大きいと私は思った。

物価の実力論

木内登英審議委員は、物価上昇率は、「経済の実力」で決まる、としている。それは同氏の断片的発言から理解できたが、後に、その考えを講演で明確に述べている（木内［2015.12］）。

木内講演は、「「物価安定の目標」の考え方」として、以下のように述べている。

「企業や家計の中長期の予想物価上昇率は、日本銀行が掲げる物価目標の水準や、財・サービスおよび労働市場の需給関係、実際の物価上昇率の動向などの要因よりも、潜在成長率や労働生産性上昇率など供給側の要因、いわば経済の実力とも言える成長力によって決まる部分が大きいと考えています。この点から、私自身は、２％という物価目標水準は、現時点では日本経済の実力をかなり上回っていると思います……。したがって、物価上昇率の基調を高めるような構造変化が一段と進まない限り、金融政策のみで安定的に２％の物価目標を実現することは、現時点では難しいと考えています。こうしたなか、金融政策を通じて短期間で経済の実力以上に物価を押し上げようとすれば、経済・物価の安定をむしろ損ないかねないと考えています。

また、経済の実力を高めるためには、企業の技術革新とそれを生産性向上に繋《つな》げる設備投資の積極化が必要となります。企業の国内での設備投資活動を積極化させ、資本ストックの蓄積を通じて潜在成長率の上昇に結びつけるためには、企業の中長期的な内需の成長率見通しを高めるような政府による各種施策も必要となります」

さらに、２０１５年４〜６月時点で、「需給ギャップが概ね解消された局面」と評価し、「成長は実現しにくくなると考えられるほか、人手不足などの供給制約が経済活動に抑制的な影響を及ぼしやすくなる」とも述べている。

要するに、木内物価理論は、①物価は、潜在成長率や労働生産性の上昇などの経済の実力で決まる、②経済の実力を上げるには企業の技術革新と設備投資の積極化が必要である、③現状は需給ギャップが解消された局面である（当時の失業率は3・3%程度）、という3つの主張からなる。

物価の実力論への反論

まず、③の主張は誤りである。需給ギャップとは、資本と労働の双方にどれだけ生産を拡大する余地があるのかという指標である。ところが、そのうちの少なくとも労働については、《2015年5月17日　構造失業率3・5%説が日銀文書から消えるまで》に示すように、この数字自体が誤りだからである。

②の設備投資の積極化が必要だという議論は、木内氏の金融緩和に反対のスタンスと矛盾している。設備投資が伸びないのは不況のときで、特に、リーマンショック後の円高で、企業が販売量の激減と価格の暴落の両方を経験したことが、設備投資が伸びない要因である。すなわち、デフレ的な金融政策こそが投資が伸びず、それゆえ生産性も上がらない原因である。

①の物価の経済の実力論について、岩田副総裁は、「物価が経済の実力、潜在成長力で決まるとして、金融政策で潜在成長率を動かすことはできない。であるなら、金融政策で物価を動かすことはできないことになる。とすると、木内委員は、なぜ、金融政策に関わって、金融政策について議論するのか。時間の無駄だ」と何度か言っていた。まったくそのとおりである。そもそも、木内氏は、2013年2月の政府とのアコード、2013年4月のQQEへの大転換には賛同している。これらは、政府の協力が必要としても、物価は金融政策でコントロールできることを前提としている。物価の実力論は、政府とのアコードやQQEへの大転換への賛同とは矛盾している。

また、物価を上げるためには生産性上昇率を上げないといけないとして、どうしたら生産性上昇率を高めることができるのだろうか。日本銀行の審議委員は、金融政策の決定が仕事で、生産性上昇率を引き上げることが仕事ではないし、そのための何の権限も与えられていない。また、木内氏は、どうしたら生産性を上げることができるかについて具体的なことは何も言っていない。一方、後述するように、金融緩和政策が結果的に生産性を引き上げることは多々ある（《2017年8月2日　布野委員は、金融緩和と構造改革は協力すべきものと考えている》など参照）。

そもそも、需給要因はあるが、生産性が高くなれば企業はその製品価格を上げずに済み、生産性が低くなれば企業は価格を上げるしかない。生産性の高い企業は高い給料を支払えるとしても、生産性が高いのだから価格を上げる必要はないわけだ。さすがに、生産性が高くなれば物価が上がるという奇妙な理論は、日銀のなかからも消滅していっている（《2017年2月2日　舟岡先生の銘酒の会――物価決定の変てこ理論の否定》参照）。

2015年の時点では、金融政策決定に関わる少なからぬ人々が、物価は金融政策では決まらない、潜在成長率で決まる、経済の実力で決まる、物価は基礎体温のようなもので、個人差がある、などと議論していた。物価と金融政策との関係を認めていなかったのだ。

5月4日（月休）　審議委員は日銀のなかでどう扱われているのか

民間企業では当たり前のことだが（役所や大学ではそうでもない）、日銀では名刺を作ってくれる。事前に情報を伝えていたので、初めて日銀に行った3月26日に名刺を渡された。もらった名刺を見ると、肩書きと名前だけがあって、連絡先が書いてない。昔もらった小宮隆太郎東大教授の名刺にも、「東京大学教授　小宮隆太郎」とだけしか書いていなかった。三島由紀夫の名刺は名前だけが書いてあったと聞いたことがある。連絡先のない名刺はあまりにも偉そうだと言って、連絡先のある名刺も作ってもらった。ただし、連絡先のある名刺を軽々しく配るなとくぎを刺された。

資産公開、兼職規定も厳しい。資産公開は公職としては普通の厳しさだろうが、兼職規定はかなり厳しい。同窓会の役員もダメだという。そんなことないだろうと言うと、弁護士意見を持ってくる。確かに、高名な弁護士の名前で、そういう意見が書いてあった。

日銀に入ると、秘書や警備員が丁寧に挨拶してくれる。廊下を通ると、女性職員が後ずさりして挨拶してくれる。丁重に扱われているのだが、日銀職員のすべてが、本当に丁重なのかはわからない。講演のために独自のグラフの作成を頼むと、「面倒だから日銀がいつも審議委員に説明している図表だけで講演してくれるとありがたい」と言われた。肝心なことでは丁寧ではないようだ。日銀スタッフの説明資料だけで講演していれば、講演内容自体が日銀スタッフに誘導されてしまう。それでは、審議委員が独立していることにはならない。

審議委員は政府からも、日銀事務局からも独立していなければならない。4月7～8日、私の最初の金融政策決定会合の前には、日銀スタッフが会合のための発言メモを作ってくれた。もちろん、いらないと言ったが、使っていれば日銀審議委員は日銀事務局から独立ではないことになる。他にも、いろいろとメモを作ってくれる場合がある。

一番不思議だったのは、『にちぎん』という広報誌での対談メモを作ってくれたことだ。広報誌での対談は、経済学者などではなく、まったく異なる分野の人と対談するようにと指示される。これが任期中の5年間に2回巡ってくる。私は、大地の芸術祭、瀬戸内国際芸術祭などで高名なアートディレクター、北川フラム氏と、黒澤明、溝口健二、小津安二郎の評伝、日本映画史など多くの映画論の著者である佐藤忠男氏に対談をお願いした（お二人とも、その後、文化功労者に選ばれたのは慶賀のことだった）。事前に聞くことを整理したメモを作らないといけないが、そのメモまで作ってくれた。

金融政策なら執行部でコントロールするために発言メモを作るのもわかるが、なんでこんなことまでするのだろうか。まあ、委員を無力化するためとしか考えられない。どんなことでも、スタッフに頼らせれば、独立性は低下するものだろう。

ＪＦＫ空港、あわや飛行機乗り損ね事件

その後、２０１６年11月12日のことだが、ニューヨーク出張からの帰りの飛行機に乗り遅れそうになった。ハイヤーでＪＦＫ空港（ジョン・Ｆ・ケネディ国際空港）まで行くように手配されていたのだが、当時、反トランプデモでマンハッタン市内がとてつもなく渋滞し、まったく進まなかったのだ。私の指示で車を降り、スーツケースを担いで地下鉄でマンハッタンの南端まで行き、そこで車を拾って空港まで行き、ぎりぎりに間に合った。

車はタクシーではなく、ウーバー（Uber）と張り紙してある車だった。「ウーバーはやってない」と私が言うと、「構わないから乗れ」と言う。「カードはダメだ。キャッシュで１２０ドル払え」と言う。たまたま現金があってよかった。現金は王様だ、と思った。

ニューヨークに日銀事務所があるのだが、反トランプデモがどんな具合か知らなかったわけだ。その前日、11月11日のベテランズ・デイ（復員軍人の日）が休日だとは知っていたが、市内がどの

くらい混むのかを知らなかった。金融政策についての情報は詳細に送ってくれるが、現地の生活はあまり知らないようだ。

民間企業や外務省、公的機関の現地事務所が役員の送迎で失策をすれば、これは大失策ということになると思うが、日銀現地事務所は、あまりそう思っていなかったようだ。友達にこのことを話すと、「それはお前、役員と思われていないんだよ」と言われた。そういうことなのだろう。ただし、この失策以来、審議委員の海外出張の際の帰りの車が早めになり、空港で長く待たされることになったそうだ。

空港にはぎりぎりに着いたので、土産《みやげ》を買う時間がなくなってしまった。東京駅の大丸にニューヨーク・キャラメル・サンドというお菓子を売っていて、いつも行列ができているので、帰国後、このお菓子を買って日銀へのニューヨーク土産とした。好評だったが、後から、日本の東京玉子本舗というところのお菓子で、ニューヨークでは売っていないものだとわかった。

不思議なことはいろいろとある。日銀には、民間金融機関が広く使っている経済データベースで入っていないものがある。このデータベースの便利なところは、新しいデータが発表されるとワンクリックでグラフが最新時点まで伸びることだ。導入すれば便利だと言うと、調査統計局の担当者は、「そんな外部のデータを使って間違っていたら困る」と言う。「日銀だって間違えることはあるし、皆が使っているものだから、間違いがあったら誰かがすぐ気づくから大丈夫」と言っても、導入には至らなかった。

日銀メールに英文スペルチェック機能が付いていないのも不思議だった。タダのメールシステムでも付いているのだから、付けてもらったらどうかと言うと、これは賛同をいただけて、次のメールシステム更改のときに直すという。日銀に来た年の5月に提案して、4年後の2019年5月にスペルチェック機能が付いた。

5月6日（水休）　審議委員とは何をしているのか

「審議委員とは何をしているのか」と聞かれることがよくある。委員というので、審議会の委員のような非常勤の仕事と思われることもよくある。財務省や経産省のOBの方からも非常勤の職と思われたことがあるから、一般の方がそう思うのも当然だ。

審議委員は、金融政策の決定をするとともに、民間企業の役員と同じ役割をしている。役員であるから、当然、重要な財産の処分および譲受け、重要な使用人の選任および解任、支店その他の重要な組織の設置、変更および廃止などについて、善良な管理者の注意をもって判断しなければならない。といっても、日本銀行は、金融政策の決定だけでなく多様な仕事（後述）をしているので、そう簡単ではない。

後の2016年5月に、韓国銀行（中央銀行）で、大学教授から委員に任命された方の訪問を受けた。私も、大学教授（3年間しかしていないのだが）から委員になったということなので、ぜひ聞きたいことがあるという。質問は、「自分は、金融政策決定だけに関わりたいのだが、中央銀行という組織の内部管理にも責任を持っているので面倒だ。日本ではどうなっているのか。また、これを変えることができるのか。また、自分の研究に部下の支援があるか」ということだった。私は、「スタッフは、グラフなどは作ってくれるが、本格的な分析の手助けをしてくれるというわけにはいかない。日銀の審議委員は取締役でもあるので、内部管理にも責任を持っている。内部管理もする委員と金融政策だけの委員を作ったらよいと思うが、法律で決まっているので改正しないとできない。イギリスなど、そうしている国もあるようだが、そう簡単に法改正はできない」と答えた。その委員は、「韓国と同じだ」と言って残念そうだった。

同委員は、コロンビア大学のフレデリック・ミシュキン教授の下でPh. D.を取ったということだ。ミシュキン教授の金融論は、オーソドックスなものだ。韓国は日本よりグローバル化が進んでいるので、独自の奇妙な金融論を振り回す人が審議委員になる可能性は低い。それは、韓国にとってよいことに違いない。中原伸之審議委員（１９９８～２００２年）は、「日銀理論のみを正統視し、外国人には日本経済の実体がわからないと言ってはばからない」日銀執行部を、金融政策についての「寛政異学の禁」「尊皇攘夷論」を行っていると指弾しているが（中原［2006］１２０頁）、韓国ならそのようなことは起きないだろう。

韓国は、アジア通貨危機の後、日本のようにデフレになることもなく、リーマンショックの後、日本のように自国通貨ウォンの高騰を見ることもなかった。日本のエレクトロニクスメーカーに戦略の失敗があったのは確かだが、円の急騰がなければ、現在ほどの凋落《ちょうらく》はなかったのではないか。あの時代、ミシュキンの弟子が日本の金融政策の舵取りをしていれば、あんなことにはならなかったのではないか。なぜなら、ミシュキンの教科書には、金利がゼロになっても、やれることはいくらでもあると書いてあるからだ（Mishkin［2018］Chapter 26）。

金融政策を決定する金融政策決定会合の他に、役員としての決定をする、および決定の前提となる情報を報告してもらうための、会合や説明がある。当然、日銀業務と組織のすべてを知らないといけなくなる。

審議委員になる前は、日銀の金融政策にしか関心がなかったので、政策を担当する企画局、経済状況を調べる調査統計局、金融研究所、銀行の経営状況をチェックする金融機構局があるとしか知らなかった。しかし、日本銀行は、15局（室、研究所を含む）、32支店、14国内事務所、7海外駐在員事務所、職員5000人からなる大組織である。金融機関の経営状況を調べるとともに信用秩序の維持に努め、実際に現金のやり取りとコンピュータで銀行間の決済をしているわけだから、大組織になるのは当然である。したがって、審議委員のところにはしょっちゅう「ご説明」がある。関係の機関、財務省、金融庁、内閣府、銀行協会などの幹部の方々もご挨拶に来てくださる。金融政策以外の多くのことは常識で判断するしかないが、誠意をもって役割を果たしてきたつもりである。

5月10日（日）

実務家はどれだけのことを知ることができるのか

日銀が多様な仕事を持つ大組織であることはすでに述べた。金融政策に関わりを持つ部局で働いている人は全職員の10％もいないだろう。また、組織において実務を経験することで、金融政策に関してどれだけのことを知ることができるのだろうか。

多くの人は民間銀行にいれば金融政策のことがわかり、日銀にいればなおさらわかると思うようである。しかし、前述のように、日銀のなかで金融政策に関わりを持つ部局を動いている人はわずかしかいない。しかも、金利を動かしたとき、市場がどう反応するかを見ているわけで、経済がどう反応するかを見ている人はほとんどいない。

日銀に在籍していたことのある人が、金融政策と実体経済の関係をどう理解しているか、という観点でそれらの人々の著作を読むと、いささか心配になってくる。１９９８年3月から２００３年3月にかけて日銀総裁であった速水優氏の本（速水［1995］）には、「自国通貨の対外価値が上がることは、それだけその国の交易条件がよくなることを意味し、日本への信頼を増す要因となる。ただあまりに急激な円の上昇はそれによって日本の輸出産業や安値輸入品と競合関係にある国内産業が打撃を受け、マクロ経済にも悪影響を及ぼすことになる」（5頁）とある。しかし、２００８年には、円が高くなりすぎて、肝心の日本企業が日本経済への信頼を失い、国内での投資を忌避することになったのではないか。速水氏が総裁だった１９９８年の金融危機後の１９９９年から２０００年にかけても円高になっている。バブル崩壊後、１９９０年から95年にかけての円高に続き、これで、「日本は危機でも円高」が定着したのではないか。そしてもちろん、急激な円高は企業の利益を激減させ、設備投資意欲を挫《くじ》くものである。

後に、日銀の内部情報にも詳しい金融関係者から、速水氏の評価を聞いた。もう十分にお酒も入った後の会話である。

「日銀内の人はさすがに、ＱＱＥがうまくいかないとまずいと思っていますが、日銀から外に出た人はＱＱＥが失敗するとよいと思っている人が多いようだ」と私が言うと、彼は、「そのとおり。日銀ＯＢには自分だって総裁になれたと思っている人が多いから大変だ」と言う。

「なるほど、速水優さんがなったから、おれでもできるという人が多くなったと聞きました。何しろ、円を高くするのが金融政策の役割と思っている人ですからね」

「あのときはスキャンダル（１９９８年に発覚した大蔵省接待汚職事件。官僚7人が起訴され、有罪判決が確定。三塚博《みつづかひろし》大蔵大臣と松下康雄《まつしたやすお》日銀総裁が引責辞任。日銀独立の1つの要因となった）もあって、財務省（当時は大蔵省）は、財務次官と日銀プロパーを交代で総裁にすることだけを考えていて、次は日銀でしょうと言った。そこで日銀が、（日銀を）辞めてから20年も経って孫の世話をしているような人を連れてきた。スキャンダルの後だから、クリスチャンでタダ酒飲んでなさそうな速水さんに回ってきた。速水さん、その次は福井俊彦さん（2003年3月～2008年3月）と日銀が続いてしまったので、日銀は、次は武藤敏郎さんにしたかったのだけど、（民主党が財務省出身の武藤さんに反対したので）白川さんになってしまった。福井さんを除いては、日銀のなかで当然そうなると思われていない人がなったので、自分だって総裁になれたはずだと考えるOBが増え、現総裁への遠慮が消え、公然と批判するようになった」

役人の人事などたいしたことではない

そもそも5000人の日銀職員で金融政策の専門家は何人いるのだろうか。金融政策の専門家とは、金融政策が金融市場と経済全体にどのような影響を与えるかを理論的・数量的に認識している人だろう。ところが、そんなことを知っている人は日銀内にほとんどいなかった。だから速水氏しかいなかったということだろう。

仕事についての本来あるべき知識を持ちあわせている専門家は日本にほとんどいないと思う。特に、量的な知識はなかった。考えてみれば、財務、経産、農水、外務、厚労、私がいた経済企画庁（現・内閣府）を含めて、日本の役人に専門家はいるのだろうか。例えば、財務省は、どれだけ赤字になればどれだけ金利が上がって有益な民間投資が押しのけられるのか、何も知らない。

彼はさらに続ける。「総裁として日銀に来たとき、速水さんは、ここに来たのは「召命《しょうめい》」だと挨拶したと聞いた。皆、「召命」がわからなかった。どうもキリスト教のコーリング（calling）のことらしいと、しばらくしてわかったようだ」。神にこの仕事をするようにと召されたということらしい。そして、速水氏が理解していた召命とは、円を強くすることだった。

日銀総裁を含めた役人の人事など、この程度のことで決まっている。内閣人事局が各省庁の人事を壟断《ろうだん》しているから、役人が官邸に忖度し、本来の業務がおろそかになっている、というマスコミ（例えば、「官僚の忖度、背景に内閣人事局　異を唱えれば「クビ」」『朝日新聞』2018年3月15日）は何を考えているのだろうか。

なお、官邸主導に関し、別の政府高官は、「証拠に基づく政策と言ったって、官邸が気に入る証拠しか出せないんだから意味がない。真面目にやるのが馬鹿らしくなる。政治家の言うことを聞くのならともかく、官邸にいるだけの役人の言うことをなぜ聞かないといけないんだ」と言った。これには私も納得する。

書物から得られるものは大きい

私は、日銀に何十年といるよりも、ミルトン・フリードマンの「金融政策の役割」（Friedman［1968］）やアンナ・シュウォーツとの共著『大収縮1929-1933』（フリードマン、シュウォーツ［2009］）を読んだほうがずっと金融政策について多くのことをより深く知ることができると思う。あるいは、ウォルター・バジョット『ロンバード街』（バジョット［2011］）は1873年に書かれた本だが、現在もハッとする指摘に満ちている。また、それらの要点は、多くの教科書のなかに取り込まれている。例えば、マンキューのマクロ経済学の教科書（マンキュー［2019］）、ミシュキンの金融論の教科書（Mishkin［2018］）である。

「金融政策の役割」は、金融政策の発動と効果の間の複雑なラグ、失業率と物価のトレードオフ関係が短期的にしか成立しないこと、金融緩和が長期的には物価の上昇を介して高金利をもたらす（逆の場合は低金利をもたらす）という、金利と物価のダイナミズムを説明している。『大収縮』は、大恐慌時のＦＲＢ（アメリカの中央銀行にあたる）が、いかに恐ろしい失敗をして、通常の不況に終わるべきものを世界大恐慌にしてしまったかを、疑問の余地なく説明したものだ。

これらの偉業は、本来、学者であれば誰もが誇りに思うべきことだ。学問は、実務以上の知恵を授けてくれるということを示すものだからだ。ところが、日本の学者は、フリードマンの金融論よりも、わけのわからない実務家の議論が正しいと思っているようだ。学者が、自ら学問を貶《おとし》めているとしか思えない。

岩田規久男日銀副総裁から何かの折に、「小宮隆太郎先生が、マーケット・エコノミストの本を読めと言っていた」と聞いて、私は、心底がっかりした。そのような本を読んでも、低金利で短期金融市場の機能が麻痺《まひ》している、量的緩和政策は効かない、過大な金融緩和は危険（後に説明する岩石理論）などと書いてあるだけだ。金融政策は効果があり（これについては本多・黒木・立花［2010］などの、効果があったという実証分析がある）、過大な金融緩和に危険はない、というのが私の実証と観察から得られた結果で、それらは本書と原田・片岡・吉松［2017］に書いてある。

日銀のなかで、金融政策について突き詰めて考えた人は少ない

かなり後になって、ある日銀高官から、「日銀のなかで、金融政策について突き詰めて考えた人は少ない」と聞いた。日銀に来てしばらくして、私は、そもそも「金融調節」という言葉がよくないと思った。金融調節とは、市場で債券を売買することだが、これを調節というのは、何らかの作用を及ぼしているのではないという意味であろう。

新日銀法になって、政策を決めるのは政策委員であって、現場は調整しているだけだというのは、建前としてはわかる。しかし、独立以前は、形式的にも実体的にも日銀が政策を行っていたのだから、調節ではなく、政策を行っていたという自覚が必要である。市場に介入すれば作用がある。その作用によって景気を刺激したり冷ましたり、物価を上げたり下げたりする。景気も物価も自分たちの政策の結果、動いているのだと思ってもらわないと困る。

これも後になって、ある日銀職員は、「日銀は銀行であって、金融政策をする組織という意識は薄かった。新日銀法で、やっと金融政策をするという気が出てきたが、標準的な経済理論を理解し、それに基づいて政策をしようという気は弱かった」と言う。確かに、速水氏の金融政策論を読むと、標準的とは言えない。「財務省は、政治家と握ってなんぼのいい加減な世界だが、金融庁は金融監督とは何かを理解しようとしている。そうなると、日銀の考査の出番はなくなるのではないかと心配だ。企画局で、想定問答、総裁スピーチを書いていても潰しが効かない」と言う。

どうしたって金利は下がってしまうものだ

ずっと後になってだが、山本謙三元日銀理事が、日銀が国債を買いすぎるのが民間銀行の経営を悪化させていると書いているのを読んだ。これによると、「リーマンショック後の10年度から9年間の日本の名目成長率は年平均で１・３％だった。本来なら長期金利は１％強になっていても不自然ではない。これ（長期金利が１・３％）なら地銀も利益を確保できた。ところが現実の長期金利は今やマイナスだ。２０１３年４月からの異次元緩和で日銀が大量の国債を購入し、長期金利を抑え込んだため」だそうだ（山本謙三［2019］）。

しかし、リーマンショック後、ＱＱＥ前まで（２００８年１～３月期から２０１３年１～３月期まで）の名目ＧＤＰ成長率は年率でマイナス１・２％である。山本氏の主張するように、長期金利がほぼ名目ＧＤＰの成長率と等しくなるなら（私も、長期的にはそうなると思っている）、長期金利はマイナス１・２％にならないといけないわけで、いずれにしろ民間金融機関は儲からない。ＱＱＥ後（２０１３年１～３月期から２０１９年４～６月期まで）では、名目ＧＤＰの年平均成長率は１・８％になっている。元日銀理事氏は、ＱＱＥによって名目成長率が復活したのを忘れているのである。同氏が、なぜ２０１０年度から９年間の数字を取ったかわからないが、２０１０年１～３月期からＱＱＥ直前の２０１３年１～３月期までを取ると、名目成長率は０・２％にしかならない。いずれにしろ名目金利はゼロ近傍で、金融機関の経営状況にたいした変化はなかったのではないか。

５月15日（金）　中央銀行の独立性を巡る混乱した議論

速水氏は、日銀が１９９８年４月に中央銀行としての独立性を得られてから最初の日銀総裁であったことから、独立性にこだわる人だったようである。しかし、そもそも、中央銀行の独立性とは何だろうか。まず、アメリカの中央銀行であるＦＲＢ（連邦準備制度理事会）が、独立性をどう考えているかを見てみよう。

ＦＲＢは、２０１２年１月25日、アメリカの金融政策を決定するＦＯＭＣ（連邦公開市場委員会）で、２％のインフレ目標政策を採用することを決定した。その際のＦＯＭＣの発表文書（２０１２年１月25日）で、インフレ目標政策の関連部分は、「ＦＯＭＣは、最大の雇用、安定的な物価、そして適度の長期金利を促進するという議会より与えられた法的な使命を果たすことを堅く約束している。……長期的なインフレ率は主として金融政策によって決定される、それゆえ、本委員会はインフレの長期的な目標を特定する能力を持っている。委員会は、個人消費支出物価指数での年率で計って、２％のインフレがＦＲＢの法的な使命ともっとも調和すると判断した」となっている。

日本では、２％インフレ目標にのみ注目が集まっていたが、この文書からは、アメリカのＦＲＢが中央銀行の独立性をどう考えているかもはっきりわかる。この文書には、

①アメリカの中央銀行であるＦＲＢの目標は議会により、すなわち国民から与えられていること。
②その目標は最大の雇用、安定的な物価、そして適度の長期金利であると明確にされ、
③それを達成することと調和的なインフレ率は２％であると目標が具体化され（インフレ目標政策の採用）、
④物価は金融政策で決定されるものだから、連邦準備は２％のインフレ率を実現できる（黒田総裁が任命されるまでの日銀とその関係者は、本章の前半で説明したように、物価は金融政策で決定されるものではないので日銀は２％のインフレ率を実現できないと主張していた）、

と記されている（カッコ内は筆者による）。

すなわち、「最大の雇用、安定的な物価、そして適度の長期金利」という抽象的な目標は議会によって与えられている。その目標を、ＦＲＢが専門家の組織として、２％の物価目標と具体化し、自らに与えられた金融政策の権限でその目標を達成するというのである。

日本の場合は？

ひるがえって日本のことを考えると、２０１２年末に安倍政権が成立するまで、国会が日銀に何を目標として与えているのか、国会も日銀も意識しておらず、その具体的な目標も示されず、国会も日銀も金融政策が長期的なインフレ率を決めると認識していなかった。

そもそも日銀法のなかで、日銀の独立がどのように書かれているかというと、第１章総則に「第３条　日本銀行の通貨及び金融の調節における自主性は、尊重されなければならない」とあるが、同時に「第４条　それ（通貨及び金融の調節）が政府の経済政策の基本方針と整合的なものとなるよう、常に政府と連絡を密にし、十分な意思疎通を図らなければならない」とある。さらに、「第５条２　日本銀行の業務運営における自主性は、十分配慮されなければならない」とある。

要するに、通貨および金融の調節は、政府の経済政策と整合的でなければならないとしているのだが、政府がデフレにしろと言っているならともかく、デフレから脱却せよと言っているのだから、デフレになるような金融調節を自主的にしてはならないに決まっている。独立は、日常の金融調節（金利の乱高下を防ぐなど）・業務運営に関わるもので、独自の政策目的を独立に追求してよいとは読めない。また、業務運営における自主性に配慮というのは、政府（財務省）が日銀の日々の業務に、重箱の隅を突っつくようなことをするな、ぐらいにしか私には読めない。

国民、具体的には国会または政府が、専門家に何を委託しているのか、専門家の側にも何を委託されているのかの自覚がなく、手段についての認識がなく、それでも何ごとかを動かしている日本という国には、何か根本的欠陥がある。

速水優総裁は、日銀退任後、『中央銀行の独立性と金融政策』（速水［2004］）を上梓《じょうし》している。そのなかに、《2015年5月10日　実務家はどれだけのことを知ることができるのか》の記述とやや重複するが、「通貨は強くて安定し、使い勝手のよいことによって信認を得るのであって、先進諸国の中央銀行では皆このような通貨の強さを目指していると思う。その国の通貨の強さが国力や発言力に直接間接に影響を持つことを、私は半世紀をこえる経験から強調したいと思う」（v頁）とある。ここで通貨が強いとは円の対外価値が上がること、すなわち円高になることである。

しかし、日本銀行法には「物価の安定」とは書いてあるが、「円高にせよ」とは、書いていない。日銀総裁という公務に携わる人が、自分に与えられた目的を勝手に変えて、新たな目的を独立に追求するとは恐るべきことである。さらに恐ろしいのは、金融政策を考えている金融論の学者やエコノミストが、これを恐ろしいことだと考えていないようであることだ。中央銀行の目的は、政府や議会によって明確に与えられなければならず、中央銀行の独立性はその手段に限られるべきである。

もちろん、速水氏は日銀の主流ではなく、速水氏に反対の日銀スタッフも多々いたと日銀内部の多くの人から聞いたが、いやしくも総裁なのだから、日銀スタッフが総裁を無視して、まともな金融政策を行えるはずがない。

戦前は、軍を動かす権利、統帥権は政府から独立であった。独立した軍隊が勝手に戦争をして止まらなくなったのが、戦前の歴史である。戦前、統帥権が独立していたのは、政党や藩閥が国内政治に軍を使ってはならないということで、統帥権が政府から独立していたという説がある。これはわかる。軍隊を使って政党同士や藩閥が争ったら内乱になってしまう。しかし、それが戦前には、軍が中国やモンゴルで勝手に戦争する状況を創りだしてしまった。会計検査院や検察の政治からの独立も、本来、同じ意味を持つだろう。政治を汚職から遠ざけ、政敵の攻撃に検察を使わせないためであろう。

中央銀行の独立は何のため?

では、日銀は何のために政府から独立しているのだろうか。日銀はいくらでもお金を作ることができる。お金に困った政府が日銀にお金を刷らせれば、とんでもないインフレになってしまう。中南米やアフリカにはそんな中央銀行がいくらでもある。また、選挙のために景気をよくしてほしい政府が、中央銀行に金融政策での刺激を求めれば、短期的にはよくても、長期的には必ずインフレになる。だから、日銀は政府から独立していなければならないというのだろう。

しかし、まず、政治家は景気がよい状態が好きだが、インフレも嫌いである。なぜなら、選挙民が、景気のよい状態は好きだが、インフレも嫌いだからである。これは今日ではより明確になっている。2013年1月の政府と日銀のアコード(第2章「量的・質的金融緩和〔QQE〕政策の開始」参照)によって、物価目標は2%と決められ、これ以上のインフレは望まないと、政府は自らの手を縛っている。政府も議会も、中央銀行の目的はハイパーインフレによって政府の債務を「チャラ」にしてしまうことだ、などと指示するわけはないのだから、心配する必要はない。

さらに言えば、「黒い」日銀への反対派は、金融を大胆に緩和しても景気はよくならないし、物価も上がらないと言っていた。であれば、日銀が独立していようが、独立していまいが、何も変わらないではないか。

日銀の独立を語る議論に、独立した日銀は何をするのかという論点が欠けているのは不思議に思っていたが、これでわかった。何をするかを明確にすれば、責任が発生するからだ。しかし、何をするかは、政府とのアコードによって、物価の安定を通じて経済を良好な状態に保つことに決まった（具体的に言えば、２％の物価目標を達成する。経験的に言えば、２％の物価上昇率の下で、経済活動は活発で過熱もしないという状況にあったからだ。これは経験則にすぎないから、２％で何か不都合があれば、それは考えなおしてもよい）。こう言えば、金融政策は、景気をよくしたり悪くしたり、物価を上げたり下げたりできることを認めなければならないからであろう。

「白い」日銀は、金融政策の力を認めず、その役員が責任を取ることが嫌いなサラリーマンなら、責任を取る人が目標を決めなければならない。「人事を決めるのは下の人ではなく、上の人」という母の言葉を思い出す（あとがき参照）。多くの経済学者もエコノミストも奇妙な集団思考に陥っている。総理が、責任を取れる人を任命するより仕方がない。

ＦＲＢ副議長も務めたアラン・ブラインダー（プリンストン大学教授）は、「皮肉なものである。中央銀行が選挙で選ばれた政治家たちから独立性を与えられているのは、おそらく政治プロセスが近視眼的になりがちだからだろう。それがわかっているから、政治家たちは賢明にも金融政策をめぐる日常的な権限を独立した中央銀行に快く委譲し、インフレを監視しつづけるように命じた。しかし、中央銀行がマーケットのご機嫌取りに力を注ぎすぎると、マーケットの持つ極端に短期的視野を暗黙のうちに採用してしまう可能性が高い」と書いている（ブラインダー［1999］108〜109頁）。

中央銀行が政府から独立しても、マーケットや金融機関の利益や、彼らの超短期的な視野から独立できるわけではないというのだ。これは私も日銀にいて実感した（《2016年4月28日　日銀は日銀と仲良くやっていかなければならないという日銀ＯＢ》参照）。官邸が強くなりすぎると官僚が総理に忖度するからいけないとマスコミは言うのだが、官僚は政治家にばかりではなく、業界にも忖度するものである。

5月16日（土）　金融学会で金融緩和に反対する人々と議論する

日本金融学会（於東京経済大学）の中央銀行パネルディスカッションで、私は報告をするとともに、討論に参加した。参加者は、私に加えて、明治大学政治経済学部の飯田泰之准教授、ＢＮＰパリバ証券チーフエコノミストの河野《こうの》龍太郎氏、富士通総研エグゼクティブ・フェローの早川英男氏、司会は大阪経済大学の高橋亘《わたる》教授だった。

私は、「ＱＱＥは効果を上げている。雇用と生産が拡大している。自殺者も減っている。物価は上がっていないが、生産も雇用も増えずに物価だけ上がっていたら、大失敗だと非難されているだろう。ＱＱＥへの批判が絶えないのは、最終的には金利が上がって債券価格が下落するからである。しかし、日本経済全体のことを考えれば、債券での損失よりも、雇用拡大の利益が大きいことは自明である」などと話した。

飯田氏は、私と同じ立場であるが、さらに雇用拡大の余地が大きいことを強調した。河野氏は、「アグレッシブな金融緩和は財政規律を弛緩《しかん》させる、物価2%のみを追求するとマクロ経済を不安定化させる」と主張した。

早川氏は、「現在の雇用水準はNAIRU（物価上昇率を加速させない失業率）を下回っている。このタイミングであわてて追加緩和してしまうとオーバーシュートしてしまう。2%に戻すためには、今度は極端な引き締めが必要だ」と主張した。発言だけでは不十分だと思うので、早川氏の著書からも引用しておくと、「賃金上昇率はまだ低いが、失業率が3・5%に達したころから徐々に伸びを高めている。これは、構造失業率が≒自然失業率≒3・5%という関係がおおむね成り立っていることを示唆する」と2016年の著書にも書いている（早川［2016］144頁）。

河野氏の言うように、金融緩和で財政状況が改善しているから、追加財政支出の誘惑があるのは事実だろうが、増税して財政状況が改善しても同じ誘惑があるはずだ。河野氏の主張は、財政状況が改善すれば財政拡大の誘惑が高まると言っているのと同じで、これでは絶対に財政再建できないことになる。

河野氏、早川氏とも成長率を高める構造改革が必要だと強調していた。それには飯田氏も私も賛成だ。ただし、問題は、どんな構造改革をしたらよいのか、これらの構造改革論者は、具体的には何も語れないことだ。

また、飯田氏は、「構造改革は、（効率化には雇用削減の要素もあって、雇用問題を引き起こすから）景気がよく、雇用が拡大していないと難しい」と指摘した。もっともなことで、金融緩和と構造改革は、両方同時にすればよいだけだ。この考えは、日銀においても広まり、2015年7月1日に就任した布野幸利《ふのゆきとし》審議委員も、これをさまざまな具体例を入れて強調している（例えば、「金融環境が極めて緩和的で労働需給がタイトである今は、構造改革と成長戦略を進める好機であり、これを逃すべきではありません」と述べている〔布野［2017.8］〕）。

アベノミクスの3本の矢、①大胆な金融緩和、②機動的な財政政策、③民間投資を喚起する成長戦略（構造改革で成長力を高める）でも、第1と第3の矢は両方するべきだという意味だ。

なお、早川氏は、「付利水準の引き下げ、マイナス金利政策は今後取り得る政策だ」とも述べた。これは慧眼《けいがん》と言ってもよいだろう。

このパネルの模様は、ブルームバーグでも報道された（「アベノミクスの先に潜む財政危機のリスク──量的緩和に批判の声」2015年5月29日）。私は気にならなかったのだが、会場にいた専修大学の野口旭教授によると、会場は金融緩和に敵対的な雰囲気に包まれていたという。ブルームバーグ記事の見出しによるとそうだったのかもしれない。

後に私は、2017年3月18日、金融学会本体ではなく、中央銀行部会で、その後の状況変化を踏まえて金融政策の効果について報告したが、そのときはそれほど敵対的ではなかったと野口教授は言った。3回目は、どんな具合になるか、任期が終わる前にもう一度報告したいと思い、金融学会関係者にお願いもしたのだが、私の任期中には呼んでいただけなかった。

5月17日（日）　構造失業率3・5％説が日銀文書から消えるまで

金融学会で早川氏の述べた「現在の雇用水準はNAIRU（物価上昇率を加速させない失業率）を

下回っている」という主張は、誤りだが重要なので、これについて考えたい。

ＮＡＩＲＵも構造失業率も同じような概念で、経済の構造的要因で決まる失業率で、それ以下ではインフレ率が加速してしまう。これは、私が審議委員になる前、２０１４年12月４日のＷＳＪ（ウォール・ストリート・ジャーナル）日本版５周年記念イベント「３年目を迎えるアベノミクス──今後の課題と日本経済の行方《ゆくえ》」（早川英男、原田泰がパネリスト、ピーター・ランダースＷＳＪ東京支局長が司会。於シャングリラ・ホテル東京）でも、早川氏が主張していたことだ。そのとき、私は、「そもそも物価上昇率が加速していないのだから、（当時２０１４年10月の）４・１％の失業率がＮＡＩＲＵを下回っているはずがない」と言ったのだが、早川氏は答えなかった。前述の金融学会でも、私は同じことを言ったが、今度も早川氏は答えなかった（その後、失業率は２０１８年９月以降、ほぼ２・５％が定着した）。

私が審議委員に任命された翌日、３月27日には、すでに日銀の業務や金融政策上の重要事項に関しての説明の日程が入っていた。私は、そこでかねて気になっていることを聞いた。当時、日銀は構造失業率を３・５％程度としていた。「構造失業率とは、経済がインフレにもデフレにもならない、ちょうど均衡した失業率のことだ。しかし、物価が上がっていないのだから、構造失業率はもっと低いはずで、この推定値は誤りではないか」と尋ねた。また、この件で、「前にＷＳＪのコンファレンスで、早川英男氏に同じことを指摘したが、早川氏は答えなかった」とも言った。すると、日銀の担当者はあっさり誤りだと認めた。「（調査統計局長、理事まで務めた）早川さんが答えられないものを私たちが答えられるはずはない」と言う。構造失業率は、金融政策において重要な概念だから、その後の顚末を含めて説明する。

3・5%前後が構造失業率だという議論は、政府や日銀、民間エコノミストを通じて、私が審議委員になる前から盛んだった。私は、それは誤りだと指摘していた（それについて私がもっとも包括的に書いたのは、北浦・原田・坂村・篠原［2003］である）。これは、2001年末に5%台半ばまで上昇した失業率のうち大半（4%程度）が構造的失業率である、という当時の通説が誤りであることを示したものである。

日本の構造失業率は若干上昇している可能性があるが、1990年代以降に生じた失業率の上昇の多く（2〜3%）はデフレーションの影響を含む循環的要因であり、2001年の構造的失業率の水準は2%台半ばから3%台半ばというのがそのときの結論だった。その後、私が編著の本（原田・片岡・吉松［2017］）で、現在、日銀審議委員の片岡剛士《ごうし》氏の行った分析（片岡［2017］）では2・8%程度という結果を得ている。後に、片岡氏は自ら、この分析は不十分で、働き盛りの男性の労働力率（［労働者＋失業者］／人口）が低下していることなどから、賃金・物価が十分に上昇するための失業率は2%程度という、中川［2018］の主張を引用している（片岡［2019］）。

今になってみると、直近の消費税増税以前、コロナ以前、2019年夏の失業率は2・2%で、消費者物価（生鮮食品を除く）上昇率は0・5%にしかなっていないので、私たちの推計した構造失業率も高すぎた。物価は上がっていないのだから、構造失業率はさらに低いのだろう。3・5%の失業率が構造失業率という主張は、まったくの誤りだったと言うしかない。

事実は日銀スタッフの考えも変える

さすがに日銀のスタッフも、2015年3月時点で、あっさりあきらめたほうがよいと思ったのだろう。結果、日銀における構造失業率の扱いは、徐々に小さくなっていった。この数字は私の指摘の直後、２０１５年４月30日の「展望レポート（基本的見解）」の本文から落ち、注において「構造失業率を一定の手法で推計すると、このところ３％台前半から半ば程度であると計算される」と記されるようになる（なお、それ以前は構造的失業率であったが、２０１５年４月以降は構造失業率となっている）。

２０１６年４月以降は基本的見解の注からも削除され、背景説明の文章と注のみで説明されるようになった（展望レポートの基本的見解は、私を含む政策委員の了承を必要とする文書だが、背景説明は日銀事務局作成の参考文書である）。その後、２０１６年７月以降は、注から構造失業率の数字が落ち、かつ「ここでの構造失業率はＮＡＩＲＵ（Non-Accelerating Inflation Rate of Unemployment〔インフレ率を加速させない失業率〕）の概念と異なり、物価や賃金との直接的な関係を表す訳ではない」という説明が加わった。ただし、背景説明の本文には構造失業率の数字があり、グラフも掲載されていた。ここで本文の説明は、「（失業率は）構造的失業率の近傍である３％台前半で推移している」となっていた。すなわち、構造的失業率は３％台前半の近傍であることになる。また、グラフからは構造失業率が３％台前半から徐々に低下していることが読み取れた。

しかし、２０１８年４月のグラフで構造失業率が２・７％程度に急低下したときには、「失業率も足もとでは構造失業率をやや下回る２％台半ばとなっている」という説明になった。さらに、２０１８年７月、背景説明から構造失業率という言葉もそのグラフも削除された。私が誤りだと指摘してから、３年４か月経っている。誤りを認めたのなら、一挙に削除すればよいのにとも思ったが、そう追い詰めなくてもよいとも思った。

構造失業率の扱いが徐々に小さくなっていったことは、理屈よりも現実が人々の考えを変えるということの証拠である。社会主義や共産主義は、いまやきわめてマイナーな思想で、それを信じている人は、ロシアや中国にも（権力者を含め）ほとんどいないと思うが、それは、社会主義はうまくいかないと考える自由主義の経済学者たちが、人々の説得に成功したからではない。社会主義も共産主義もうまくいかず、人間の自由も、経済的福利も向上させなかったという事実が、人々の考えを変えたのである。現在、ロシアや中国の政治エリートはその強権によって彼らの国家から資金を絞り出しているが、その資金を持って、アメリカをはじめとする、より安全で自由な社会で暮らしたいと思っている。一言で言えば、アメリカ人になりたいと思っているロシア人や中国人は多いが、その逆はいないということだ。

構造失業率3・5％説は2015年4月には否定されていた

私が初めて参加した2015年4月7〜8日の金融政策決定会合後の総裁記者会見で、黒田総裁は、「日銀は構造失業率は3・5％程度と言っているが、原田委員は2・5％程度と見ていると言っている。これについてどう思うか?」という質問を受けた。

黒田総裁は、「この違いが直接的に金融政策の違いをもたらすことにはならない」と答えた。なぜなら、金融政策の目標は2％の安定的な物価上昇であり、それをもたらす失業率がいくらであるかの違いによって、金融緩和の程度を強めるか弱めるかの判断が直ちに異なるわけではないからだ。物価が2％を明らかに上回りそうであれば引き締めなければいけないし、明らかに物価が下降していれば金融を緩和しなくてはならない。そのときの失業率が何％であろうが、優先的に見る指標は物価上昇率であるからだ。日銀の文書から構造失業率という言葉が消えるのは、２０１８年７月のことだが、実質的には、このときの総裁記者会見で消えていたということだ。

そもそも、構造失業率が３・５％だという議論は、緩和を止めるべきだという人々が、止めるべき根拠の１つとして言い出したものだ。総裁の答えは、構造失業率３・５％論に何の意味もなく、かつ、政策委員（正副総裁、審議委員）の間に対立があるという記事を面白おかしく書きたい記者の意向を挫《くじ》く答えだった。

後に、「構造失業率３・５％論は、完全雇用でないのに金融緩和政策を止めるための口実に使われている」という説を日銀内で聞いた。まったくそのとおりである。早川元理事のみならず、白井さゆり審議委員も、「日本は需要不足ではない。失業率や資本稼働率を見ればスラック（余剰資源）はほぼない」と言っていたが（野口・白井［2016］）、まったくの誤りである。

ではなぜ、金融緩和政策を止めたいという考えが生まれるのか。それは、彼らが、短期金利を上げれば長短金利差が拡大して銀行経営が楽になると考えているからだろう。しかし、短期金利を上げても長期金利が上がるとは限らない（《２０１８年７月16日　市場との対話とは何か》の「短期金利を上げても長期金利が上がるとは限らない」参照）。

6月12日（金）　付利について考える

付利とは日本銀行が民間銀行から預かっている当座預金（そのうちの必要準備以外の預金）に金利を付けることである。前述のように、この金利の引き下げは、５月16日の金融学会で早川英男氏も、可能な追加的金融緩和策の1つとして述べていた。

金融政策とは、基本的には、金利の付かないマネタリーベースで金利の付いている国債を買うことである。金利の付かないマネタリーベースを持っていても仕方がなく、利益の見込める運用先をなんとか見つける（ポートフォリオ・リバランス効果）。結果として金利は下がり経済は刺激される。

しかし、金利が低下していけば、マネタリーベースと国債の違いはどんどん小さくなる。0・1%でも金利が付けば、その分だけポートフォリオ・リバランス効果を阻害する。この阻害効果は、金利が低くなればなるほど大きくなる。10年物長期金利がマイナスのとき、0・1%の金利が付き、現金と同様の流動性を持つ当座預金は宝物のようなもので、リバランスが起きるはずがない。

さらに、日本銀行が民間銀行に金利を支払うわけであるから、日本銀行の通貨発行益は減少し、政府への納付金も減少する。日銀の財務を心配している人々の立場からすれば、とんでもないことだと思うが、彼らは日銀が銀行にプレゼントするのは構わないらしい。なお、《2016年12月28日　金融岩石理論を批判する》の「誰が中央銀行の赤字を気にするのか」で述べるように、私自身は日銀財務の悪化は何の問題もないと考えている。ただし、それが政治問題になるのは避けたいという日銀の人々の心情は理解できる。

付利は、QQEを開始するにあたって、ポートフォリオ・リバランス効果を阻害するという観点から廃止するべきだったが、そのような議論はなされなかった、と後に日銀高官から聞いた。当時、少なからぬ委員が、ポートフォリオ・リバランス効果の阻害と財務悪化という問題を認知せず、0・1%の付利は当座預金を積み上げるために必要と考えていたことから（《2016年1月29日　金融政策決定会合でマイナス金利を決定》の「反対の委員の理由説明」参照）、付利をそのままに、国債の買い入れ額を増やして当座預金を拡大するという提案への賛同を求めたのではないかと思う。もし、付利の廃止、または追加的な当座預金の拡大分についての付利の廃止を同時に提案していたら、審議委員の全員一致でのQQEへの賛同は得られなかっただろう。また、当時、10年物国債利回りは0・7%以上であり、0・1%の付利のポートフォリオ・リバランスの阻害効果は小さいと考えられていたのかもしれない。

付利の開始

そもそも付利はなぜ始まったのだろうか。付利（補完当座預金制度、当座預金付利制度）は、2008年10月31日に導入された。これが導入されたのは、1つには、リーマンショック後の金融の混乱に対処するためとして、アメリカが同じ制度を2008年10月3日に採用したからである。

日本での採用理由を、当時の白川総裁は、後に次のように説明している。

「導入が必要と判断した理由は2つあった。ひとつは2001年3月〜06年3月の量的緩和政策時の経験から、マクロ経済の安定のために最適な短期金利水準は文字どおりのゼロではなく、若干のプラス水準であると判断していたことによる。……（金利がゼロになるとインターバンク市場で――筆者注）取引が極端に細り……金融機関が必要な時に必要な額の資金を市場で調達できるという安心感がなくなるという副作用も生じた。……

……もうひとつの重要な理由は、……「出口戦略」に関連していた。2006年の量的緩和からの「出口戦略」の際は、……量の圧縮を図ったうえで、政策金利の引き上げを行った……。この時は、……量の圧縮も約4カ月と比較的短期間で終わったが、当座預金残高が大きく増加したりオペレーションの満期が長期化した場合には、量の圧縮に相当の期間を要することになり、金利引き上げを機動的に行うことが難しくなる可能性がある」と（白川［2018.10］251〜252頁）。同じ説明は、別の日銀高官、職員からも聞いた。

要するに、量的緩和で資金を潤沢に供給し、その結果、金利が低下しすぎてゼロになると困るので、金利の下限を0・1％に定めたということらしい。しかし、資金の供給が増えれば金利が下がるわけで、金利に下限を付けたら、供給が十分に増えないことになる。潤沢な資金供給と金利の下限の設定を同時に行うのは矛盾している。

金利が低すぎると、インターバンク市場での取引が細り、金融機関が必要なときに必要な額の資金を市場で調達できなくなる問題があるというのだが、金利が今やマイナスにまでなっているが、それでマクロ経済の安定が脅かされるということは起きていない。資金調達でも、何も問題が起きていない。短期金融市場の関係者によると、マイナス金利でもなんら困らない。なぜなら、大きなマイナスと小さなマイナスで鞘が抜けるし、資金の調達もできるからだ（《2019年2月22日 短資会社は金利がマイナスになっても構わない》参照）。

そもそも、アメリカのFRBが2008年に付利を採用することを決めた理由として、バーナンキ議長、イエレン副議長、ニューヨーク連銀（連邦準備銀行）のダドリー総裁は、付利によって、「大量の資金供給後も米経済の過熱を防止できる」「（付利の）引き上げは、銀行が貸し出しを通じてインフレをあおることがないよう、資金を準備預金にとどめておくように促す」ものだと説明している（「FRBによる準備預金への付利、政策手段としての有効性めぐる議論も」ブルームバーグ、2011年4月25日）。インフレ抑制の手段が、なぜ日本では、マクロ経済とマーケットの安定のためにプラスの金利が必要だという話にすり替わってしまったのだろうか。日銀は、「寛政異学の禁」を行うと同時に、異学を誤った解釈で導入してもいる。

「出口」のときに、付利が必要だというのはそうかもしれない。しかし、付利があるから、量の効果が低下し、より多くの量が必要なわけで、付利がなければ、量の効果が強まり、より少ない量でより強い景気刺激効果を持つだろう。量が少なければ、出口もより簡単になるはずである。

私は、付利を下げれば金融緩和効果を強めると考えているが、金融機関は、この0・1%の付利によって2000億円の収入を得ている。2008年からもらっているものを、今さらもらえなくすれば、金融機関から日銀への大ブーイングになることは間違いない。

6月23日（火）　日本の経営者の認識

日銀に来ると、さまざまな機会に、日本の経営者たちから話を聞く機会がある。経営者たちが、リーマンショック後の円高で困っていたというので、「皆さんは政治力があるのに、なぜ金融政策の転換で円高の是正を求めなかったのですか」と伺《うかが》うと、「当時は、日本の企業経営の6重苦という言葉があり、円高、高い法人税率、自由貿易協定への対応の遅れ、製造業の派遣禁止などの労働規制、環境規制の強化、電力不足という問題があった。円高についても要望したが、何を言っても経営者の言い訳と言われてダメだった」と答えた。「誰が経営者の言い訳と言ったのか」とさらに問うと、「みんなだ」と言う。高い法人税率、自由貿易協定への対応の遅れ、製造業の派遣禁止などの労働規制、環境規制の強化、電力不足という問題の解決に比べれば、金融緩和なんて簡単なものだと思うが、それは難しいものらしい。

他人ごとのように書いたが、それは私が経験したことでもある。QQE開始後の経済成果を見ると、なんで金融緩和に反対する人が多く、難しかったのかわからない。ケインズが言うように、恐ろしいのは既得権益ではなく、既得観念かもしれない。しかし、《金融緩和に反対の経済学者たち①～⑦》で後述するように、既得観念はいまだに払拭できていない。

7月15日（水）地銀協主催の頭取懇談会のパーティで

麻生太郎《あそうたろう》副総理・財務相・金融担当大臣が、7月15日の地銀協（全国地方銀行協会）主催の頭取懇談会のパーティに来られて挨拶された。いわゆる麻生節で、必ず面白いことを言われる。私は麻生節のファンで、できる限り麻生財務相のスピーチを聞くことにしている。

財務相は、開口一番「ここで10分待たされたが茶も出ない」と挨拶を始めた。「頭取にいくつ貸出先企業を開拓したかと問うと答えられない。起業が減っている。サラリーマンの子は起業しない。サラリーマンが3代続けば起業は起きない。事業承継で税制上の優遇措置をしたのだが、どのように有利になったか、地銀の頭取は答えられない」。新たに貸出先企業を開拓しなければならず、そのためには起業が大事で、事業承継も貸出先企業を維持するために大事。頭取自らが動かなければならず、税制にも詳しくなければダメだと言う。

麻生副総理の言うとおりだが、銀行が事業承継を手伝ってもうまくいかないと私は思う。まず第1に、事業に魅力があれば子どもやその会社の従業員が継ぎたがるだろう。韓国財閥の跡目争いはいつも激しい。承継に魅力がありすぎるからだ。

第2に、魅力はあるが、相続税を払ってまでの魅力はない場合に、相続税を負けて継がそうというのが事業承継税制だが、これは特定の財産だけを優遇するという意味で、不公平かつ非効率な税ではないか。

第3に、銀行が、この企業は魅力があるから継がないかと勧《すす》めても、後継者は疑うのではないか。銀行の仕事は、債務の保全であって、企業の発展ではない。中小企業への多くの銀行貸出が個人財産を含めた個人保証に頼っている。死ねば個人保証はなくなってしまうから、銀行としては、後継者に個人保証をしてほしい。しかし、税を払い、個人保証をしてまで魅力的な企業は少ないのではないか。そもそも、銀行に頼まれて、簡単に個人保証に応じるような人は、経営者としての警戒心に欠けている。実際、銀行の事業承継ビジネスはほとんど成功していないらしい。

7月16日（木）　金融政策決定会合の議論はどのように進むのか

金融政策決定会合は、本来、各自の専門的知見を持ち寄り、議論を深化させるものだろう。前述のように、業務上知りえたことは秘密にしなければならないのだから、議論の中身は書くことができない。しかし、どのように議論が進むかについてなら、守秘義務の範囲を超えずに書くことができるだろう。

元日銀高官が、「金融政策決定会合の議論は、自由闊達《かったつ》で、少数意見が多数意見になることもある。今回説得できなくても、次回は説得できることもある」と述べていたが、多くの人は持論を述べるだけで議論と言えるものにはならず、議論や説得によって考えを変えるように思えなかった。

後に、別の元日銀高官と話をしたときに、元高官氏が、「(審議委員同士で)ちゃんとした議論がないみたい」と言うので、「していますよ」と言うと、「同じ土俵で議論していないのじゃないの」と言う。「いや、例えば、リスクがあると言うので、どんなリスクですか、と聞いています。同じ土俵でしょ」と言うと、「証拠を見せろと言ったでしょ。証拠を見せろとか言ったらダメ」。「証拠を見せなきゃ議論にならない」と言うと、「どんなリスクがあるかわからないじゃないの。証拠を見せろと言ったら議論にならない」と元高官。

これでは議論にならない。確かに、審議委員同士の議論がきちんとしていないというのは事実であったかもしれない。

議論なく中原委員に追随する

ただし、1998年4月から2003年4月まで審議委員を務めた中原伸之氏の著書(中原[2006])には、確かに意見が変わっていくさまが書かれている。景気状況を深刻に見て、金融緩和を求める中原氏に、他の委員が近づいていくという構図である。しかし、説得されたのではなくて、景気がどんどん悪くなっていくのに、何もしなかったら日銀が政府の圧力を受けて組織として持たないから、緩和をするしかなかったという構図が見えてくる。

具体的に言うと、中原審議委員は1998年11月27日の金融政策決定会合で、「消費者物価上昇率の年平均変化率を0%(当時、インフレ率はマイナスだった。中原氏は、その後の提案で物価目標を1%程度に変更)にまで上昇させることを企図してコールレートを0・15%」にすると提案している。物価目標政策と実質的なゼロ金利政策の提案である。この提案は否決されたが、１９９９年２月12日の金融政策決定会合では、コールレートを０・１５％にすることが決定された。

さらにそのすぐ後、同年２月25日の金融政策決定会合で、「消費者物価の変化率の目標を１％と定め、第４四半期のマネタリーベースが前年比10％程度に上昇するよう、量的緩和を図る」と提案した。量的緩和の提案である。このときも否決されたが、２００１年３月19日の金融政策決定会合では、あっさりと量的緩和と物価目標（０％だったが）が可決された。量的緩和の始まりである。中原氏は、経済情勢について先見の明を持つと同時に、金利がほとんどゼロになっているから金融政策の手段が限られているという議論を跳ね除ける理論的見解も述べている。

コチャラコタ総裁の回心

一方、アメリカでは議論が考えを変えるという理想的な展開が見られる（以下の顛末は“How a Fed inflation hawk changed his mind,” Reuters, October 9, 2012による）。ミネアポリス連銀総裁のナラヤナ・コチャラコタ氏（２００９～16年）は、リアルビジネスサイクル（金融政策ではなく、実質的な要因が経済を動かすという理論）の論文を多数書いている学者（ミネソタ大学教授）出身であり、ＦＲＢ（連邦準備制度理事会）のなかでタカ派（金融緩和に反対の立場に立つ人）であると思われていた。

ところが、２０１２年９月20日の講演で、「インフレーションの中期見通しが２・２５％を超えない限り、あるいは失業率が５・５％を下回らない限り、政策金利を上げるべきでない」と述べ（Kocherlakota［2012.9.12］）、聴衆を驚かせた。これがなんで驚かれたかというと、５か月前の２０１２年４月には、「２０１３年中のどこかで、あるいは２０１２年の終わりには利上げを正当化する条件が整うだろう」と述べていたからである（Kocherakota［2012.4.12］）。

コチャラコタ総裁が「利上げを正当化する条件が整う」と述べたのは、「失業率は現在（2012年4月）の8・2％から2012年末には7・7％に、2013年末には7％に低下する一方、インフレ率は2012年に2％に、2013年には2％を超える」と予想していたからである。しかし、失業率が低下しても物価の上昇は限られていた。そこで彼は、考えを変えた。

また彼は、自分の考えが変わったことについて、シカゴ連銀のチャールズ・エバンス総裁の影響を認めている。エバンス氏は著名な経済学者で、もっともハト派、雇用重視で金融緩和に賛成のFOMC（連邦公開市場委員会）メンバーと考えられている。「私の考えがエバンスの考えによって大きく影響されていることがわかるだろう。このことは少しも驚くことではない。なぜなら彼はFOMCの会合でいつも私の隣に座っているからだ！」と書いている（Kocherlakota［2012.9.12］）。

後に、岩田前副総裁から、「原田さんは、（金融政策決定会合で）木内審議委員と一緒に座っているのに、なぜ考えを変えさせることができないんだ」と言われた。その後も、同じネタで何度かからかわれた。私は、「私はエバンス総裁ではないし、木内委員もコチャラコタ総裁ではない」と答えたものだ（岩田副総裁も同じテーブルに座っていたのだが）。

これについて、2017年5月24日、日本銀行金融研究所の国際コンファレンスに来られたエバンス総裁に「あなたがコチャラコタ総裁の考えを変えさせたのですか」と聞いた。総裁は笑って、「私ではない。彼は現実から学んで考えを変えたのだ。金融緩和政策のような簡単なことで失業率がこれほど下がって、インフレの危険もないなら、金融政策を使えばよいではないか、と考えるようになった」と言う。アメリカの経済学者は現実から学ぶが、日本の経済学者は学ばないようだ。

ただし、２０１５年９月１日の昼食時に、木内委員は、近隣窮乏化政策について、「すべての国が金融緩和によって為替安競争をすれば、すべての国が金融緩和で自国経済を刺激したことになる」と発言した。残念ながら、日本の学者、エコノミスト、ジャーナリストは、各国が金融緩和政策で為替安競争すれば、ゼロサムゲームで誰も得しないと議論する人が多い（《２０１５年11月26日　物価が上がらないのは、物価が上がらないからだ》の工藤教孝《のりたか》名古屋大学教授の発言参照）。しかし、金融緩和は自国通貨を引き下げることにもなるが、自国の経済を刺激することでもある。金利が低くなっているので、金融緩和に懐疑的な人がいるのだが、インフレ体質の途上国では金利が高い国も多い。そういう国で金利を下げれば景気が刺激されて投資や耐久消費財の消費が増え、為替が下がるが同時に輸入が増えることが通常である。すべての国が金融緩和すれば、すべての国が景気刺激効果を得られる（原田・中川［2017］）。日本の審議委員同士の議論も進歩することがあるようだ。

7月17日（金）　審議委員はどのように選ばれるのか

日本人は人事が大好きだから、審議委員の人事も話題になる。金融政策決定会合の議事録は、10年後に公表される。ある日銀職員から、金融政策決定会合の議事録に関連して、審議委員についての評価を聞いた。なお、２０１５年７月だから、２００５年の７月以前の議事録が公表される。量的緩和が経済を拡大しているときである。「うまくいっているのだから、そのままの金融政策を続けていればよいと思うのだが、何かと政策に難癖《なんくせ》をつける委員が多い」と、この職員は、審議委員について批判的なことを言う。確かに、自分の狭い経験と思い込みで金融政策を判断したがる委員はいたのだろう。

私が、「（安倍政権以前の）審議委員は、日銀・大蔵が、経歴が立派で金融政策の知識がなく、執行部の言うことを聞く人を選んでいると思っていた」と言うと、「金融政策を理解せず、特定のことに固執する人が委員にいる」と言う。議事録を読むと、私も確かにそう思うが、審議委員の人事が官邸主導になる前は、日銀と財務省のトップ（どこまでのトップかは知らないが、担当局長級以上の人。ただし、当然部下にも相談するだろうから、部下もある程度はわかる）が相談して決めていたはずなので、日銀がまともだと思う人を選べばよいではないか、選びそこなったら自業自得である。

後に、課長レベルの人、また、元日銀高官氏からは、審議委員を日銀・財務省が選んでいたという証言を得た。「ただし、あの頃は、日銀が審議委員候補の名簿を出していたが、決める上でより力があったのは財務省だ」と言う。

街エコには困る

ある日銀高官は、「街エコ（街のエコノミスト。金融機関に雇われているエコノミスト）には困る」と言う。私も、なんて言われているかわからない。高官は、「審議委員の議論を聞いていると若い人はやる気を削《そ》がれるのではないか」という。「金利の四半期の会計締めごとの動きなど、細かいことを聞く。（会計のお化粧は困るかもしれないが――筆者注）それで金利が数日動いてどうなるのか。金融政策と経済全体の動きを考えてほしい」と言う。私が、「だって、そういう人を、財務省と相談して日銀が選んできたんじゃないんですか」と言うと、「そんなことはない。誰が審議委員になるかなんて、日銀事務局はまったくわからない」と言う。

しかし、彼は言わなかったが、日銀の若手も金融政策と実体経済の関係について真剣に考えていたら、円高歓迎論の速水総裁や人口デフレ論の白川総裁の発言などには、がっかりしていたのではないだろうか。

なお、速水総裁は山口泰《ゆたか》副総裁と仲が悪くて部下は大変だったらしい。仲が悪いとは、個人的な確執もあったのだろうが、山口副総裁は、もちろん大胆な金融緩和論者ではないのだが、速水総裁の円高歓迎論には辟易《へきえき》していたということだろう。総裁と副総裁の仲が悪くて大変だと日銀高官が愚痴《ぐち》ったら、中原伸之審議委員に「会長と社長の仲が悪い会社なんていくらでもある」と言われたとのことである。

白川総裁の「人口が物価を決める」はあり得ない理論である。なぜなら、人口は需要要因であるが、供給要因でもあるからだ。人口が減少したとき、どちらの要因が大きいか、そう簡単にはわからない。私がある日銀職員に、「日銀は、人口が物価を決めると言ってたね」と言ったら、彼は、「日銀は人口デフレ論、構造デフレ論を唱えたことはない」と言う。「だって総裁が言っていたよ」と言うと、「曖昧《あいまい》にしか言っていない」と頑張る。これも日銀職員の一種の転向である。その後、白川氏の８００頁の大著（白川［2018.10］）を見ると、ますます人口デフレ論に固執している。しかし、その前の人口減少がデフレをもたらすという素朴な議論とは異なって、随分と手の込んだものになっている（《２０１８年12月６日　白川前総裁の大著とその思考法》《２０１８年12月９日　白川総裁の過去の人口減少デフレ論》参照）。

さて、話を戻すと、審議委員は、第２次安倍政権になってからはともかく、それ以前は日銀と財務省が相談して選んでいたに違いない。そもそも、審議委員は総理人事だが、安倍総理以前の総理は、金融政策は日銀や財務省がするものと思っていたのだから、審議委員もなんの疑いもなく日銀と財務省に決めさせていたに違いない。私は、後に、ある講演の後の懇親会で、財務省から自分の上司に、審議委員の打診の電話があったという証言を得た。「俺が電話を受けたのだから間違いない」と言うのだ。ところが、『日経』が名前を出したので、小沢一郎氏が、名前が漏れたと激怒し、上司の審議委員就任は潰れたとのことである。彼は、「上司が委員になれば、自分は金融政策で上司へのアドバイスを通じて影響力を持てたのに」と残念そうだった。

第2次安倍内閣以前の自民党政権時代は、第1章の「自民党は日銀に任せていた?」で触れたように、加藤紘一元自民党幹事長の証言のとおりだったのだろう。民主党政権時代は微妙だが、審議委員は、民主党が官僚の協力なしで何でもできるという自信を失いつつあったときに選んだのだから、日銀と財務省の影響力があったに違いないと思っている。

佐藤健裕委員と木内登英委員は金融緩和派という触れこみだった

鳩山由紀夫内閣(2009年9月~2010年6月)のときの財務相は、藤井裕久氏(2009年9月~2010年1月)と菅直人《かんなおと》氏(2010年1月~6月)である。菅財務相の時代には、宮尾龍蔵神戸大学教授(任期2010年3月~2015年3月)を選んでいる。時点を考えると、ほとんど藤井氏のときに選ばれていたのだろう。藤井氏は政治家だが、財務省の出身で、後輩を大事にする人だから、財務官僚の推薦によって選んだに違いない。金融政策について著書、論文のある大学教授のプールのなかから選んだ穏当な人事であろう。

菅直人内閣、野田財務相(ともに2010年6月~2011年9月)のときには、森本宜久委員

（２０１０年7月～２０１５年6月）、白井さゆり委員（２０１１年4月～２０１６年3月）、石田浩二委員（２０１１年6月～２０１６年6月）を選んでいる。森本氏は東京電力の出身、石田氏は三井住友銀行の出身、白井氏は慶應義塾大学の教授であった。野田財務相は金融政策についての特段の考えを持っている人ではないので、日銀と財務省が選んだとしか考えられない。白井氏は、国際経済学の専門家なので、金融に限らない女性の経済学者ということであれば人材のプールはある。財務省の研究会の委員などを務めていたので、財務省の推薦があったのかもしれない。

野田内閣（２０１１年9月～２０１２年12月）時代の財務相は安住淳《あずみじゅん》氏（２０１１年9月～２０１２年10月）と城島光力《じょうじまこうりき》氏（２０１２年10月～12月）である。野田氏も2人の財務相も金融政策について特段のアイデアのある人ではない。日銀、財務省からも、民主党内からもさまざまな推薦があったのではないかと思うが、佐藤健裕委員（２０１２年7月～２０１７年7月）と木内登英委員（２０１２年7月～２０１７年7月）となった。両氏は、金融緩和派だという触れこみだった。当時、エコノミストのレポートでは、「現在の金融政策の最大の課題は、政策効果の限界をどう突破して、効果を拡張させるかにある。（木内、佐藤両氏には）金融政策の限界に果敢に挑戦することが望まれる」などと評価されていた（熊野［2012］）。

だが、両氏は一転して、金融緩和に慎重な態度を示すようになる。佐藤氏は、モルガン・スタンレーMUFG証券チーフエコノミスト、債券調査本部長、木内氏は、野村證券金融経済研究所チーフエコノミストであった。そもそも、債券エコノミストが、金融緩和に賛同するはずはない（《２０１５年12月1日　大和投資セミナーでボンド村についての話題が出る》を参照）。民主党にはリフレ派の議員もいたのだが、党の執行部は、日銀出身の議員や外資系の債券運用担当出身の議員の主張のほうを信じたのだろう。

なお、佐藤氏と木内氏の前任は、三菱商事副社長だった亀崎英敏氏と、商船三井フェリー社長だった中村清次《せいじ》氏であったから、エコノミストを審議委員にするということでは、民主党の意志があったのかもしれない。

その後、7月22日、東洋経済新報社で行われたパーティで野田忠男氏（元審議委員、元みずほフィナンシャルグループ副社長）にお会いした。氏からは「毎日外へ出て30分歩くとよい」と言われ、実行することにした。健康のためにもよいが、街の様子を見るのもよい。日銀は日本橋三越のすぐ近くで、そのあたりには三井不動産の開発している最新のオフィス、ショッピング・ビルがたくさんある。一方、三越から（銀座）中央通りを神田側に歩いて行くと徐々に華やかさが消えていく。さらに裏道に入ると安い飲食店がいくらでもある。デフレ脱却は容易ではないという気になってくる。

7月20日（月祝）　白い日銀と黒い日銀の間での議論は嚙み合わない

2015年7月1日に審議委員に就任された布野幸利委員は、「景気が悪くなると言っている人が早期の引き締めを主張している。これはヘンだ」という疑問を述べた。岩田副総裁からも、「布野さんは、経済を悲観的に見ている人がなぜ金融緩和に反対するのか、と言っていた」と聞いた。

この疑問はもっともだ。日本の金融政策決定会合（MPM：Monetary Policy Meeting）にアメリカで対応するのは連邦公開市場委員会（FOMC：Federal Open Market Committee）である。アメリカでは、経済を悲観的に見ている人が金融緩和に賛同し（金融引き締めに反対し）、経済を楽観的に見ている人が金融引き締めに賛成する（金融緩和に反対する）。当たり前である。経済がよくなりすぎるなら引き締めて、悪くなるなら緩和しなくてはならない。ところが、日本の場合は、日本の経済成長率が低くなるという人が金融緩和に反対している。もちろん、景気が悪いか悪くないか、どれだけ悪いかについても、どれだけ金融政策を動かすかについても議論の余地はあるが、議論の方向は同じである。

また、実体経済はそれほどよくなくても、バブルが起きて株価や地価が異常なほど高くなっていれば、引き締めなければならない場合もあるだろう。しかし、現状で株価や地価がバブルだという主張はしない、というかできない。当然だろう。株価と1年分の利益の比を示す株価収益率はせいぜい13程度であった。1980年代末のバブルのときには、100を超えていたのだから、この程度の状況でバブルと言うのは無理がある。そもそも、現状がバブルだというならカウンター・シクリカル・バッファー（CCyB）を活用すべきである（《2017年1月20日　定義のない言葉の蔓延》参照）。ところが、彼らはこれに言及しない。現状がバブルだということを示唆するいかなる証拠も持っていないからだろう。

「白い」日銀と「黒い」日銀の間での議論は、まったく噛み合わないものだった。それは物価が何で決まるかについての基本的な認識が異なるからだ（《2015年5月2日　物価の決定のメカニズムの理解は審議委員に共有されていなかった》参照）。

新しい委員が任命されるとともに議論は噛み合うように

しかし、新しい委員が任命されるにつれて、物価決定のメカニズム、経済についての基本的見方について、審議委員の間でコンセンサスが出てきたように思える。布野幸利委員は、「イノベーションを起こすには、需要が適度に刺激されること」が重要という考え方を強調する（布野［2017.11］）。布野委員の話は具体的なので、需要が大事と考える委員にとっても強力な援軍を得られるものだと思っている。

物価上昇が遅れているのは、思わぬところで生産性上昇の余地があったからだと、多くの政策委員が議論するようになった。中曽宏副総裁は、２０１７年10月５日のロンドン講演で、「人手不足は生産性を改善する契機となる。失業率が低くなっていくと、生産性の改善に向けた企業部門の自発的な取り組みを促進し、潜在成長率を高め得る」と発言している（中曽［2017］）。

また、２０１６年４月１日に任命された櫻井眞《まこと》審議委員は、「賃金・物価に対しては、こうした（労働市場に参加する人が増え、設備投資が増え、非効率なビジネス・プロセスを見直すなど）供給面の拡大の動きは、短期的に需要の増大に伴う上昇圧力を緩和する方向に作用しています」と述べている（櫻井［2018］）。政策委員同士の議論も少しずつ嚙み合うようになってきた。新しい審議委員が任命されるにつれて、議論した上で、お互いの考えを取り入れていくことが起きるようになった。

8月9日（日）　日本銀行の赤字とは何か

複数の日銀高官と、たびたび日銀の赤字問題について議論した。日銀は、通常は金利の付かないマネタリーベースで金利の付く国債を買うことができるので、必ず利益が上がるようになっている。これは通貨発行益と呼ばれ、この利益は、日銀が業務を遂行するコストを差し引いた後で政府に納付することになっている。しかし、景気が回復し、物価が上がれば、短期金利を引き上げて景気の過熱を抑える必要がある。

短期金利の引き上げは付利の引き上げ（付利については、《２０１５年６月12日　付利について考える》を参照）で行うが、これは日銀が金融機関に金利を払うということである。景気回復の結果、金利が上昇しても、日銀が過去に買った長期債の金利は低いままであるので、低い金利収入しか得られないのに高い金利を払っていれば、日銀には赤字が生じうる。これは問題だというのである。

しかし、低い金利の長期債もいずれ高い金利の長期債に置き換わるので、長期的には日銀の収益は増加するはずである。だから、長期的に考えれば何も問題はないというのが私の考えである。もちろん、政治家に赤字は問題だと言われるのは面倒というのはわかる。

日銀の利益、通貨発行益は、ＱＱＥの拡大局面では増加し（利子の付く債券をたくさん買うのだから当然利益が増加する）、金利が低下することで減少し、出口になって金利を引き上げなければならないときにはさらに減少、赤字になることも考えられる。しかし、やがて金利上昇とともに利益が増大するというパターンをたどる。最終的には、ＱＱＥ以前の低金利時代の数倍の利益が得られるので何の問題もない。

また、ＱＱＥ導入後、税収が拡大している。２０１２年度の一般会計の税収は42・８兆円だが、２０１９年度には62・５兆円と19・７兆円も増加している（財務省「日本の財政関係資料」２０１９年10月より、一般会計における歳出・歳入の状況。コロナ以前の税収である）。うち、消費税増税分は８兆円で、残りはＱＱＥで景気がよくなったからである。しかもこれは毎年の数字であるから累積して評価しなければならない。日銀の数年の赤字だけを取り出して議論するのは意味がない。

これについては、日銀高官も賛同してくれたと私は思うが、政治家に問題だと言われればやはり困るだろう。私は、政治家を説得できると思うのだが、日銀高官氏たちは嫌そうである。私は、政治家や政府高官の説得に行くのは大好きだが、審議委員はそのようなことは期待されず、日銀事務局と正副総裁・理事で説得しなければならないと日銀の人々は考えている。自分がしないことで大丈夫だというのも気が引けるし、日銀事務局が心配するのもわかる。しかし、税収の全体と日銀損益の全過程を説明すれば政治家もわかってくれると私は信じている。このように税収が動くという話を、何人かの政治家にも話したことがあるが、「そうなるとよいですね」という反応だった。

この問題は、日銀内部でも繰り返し問題となった。当面、収益の一部を資本に入れてバッファーを増やすことが望ましいということになった。自己資本を積み上げれば、一時的に赤字でも問題ないと、説得しやすくなるからだろう。私は、中央銀行の自己資本に何の意味もないと考えるが（この理由は《２０１６年12月28日　金融岩石理論を批判する》参照）、世間を説得する方法として何がよいか、一般の人々はどう考えるかついて、私の認識が必ず正しいという自信はないので賛同する。

日銀が赤字になる可能性については、元日銀副総裁の岩田一政《かずまさ》日経センター（日本経済研究センター）理事長が、「日銀の赤字を政府が補填《ほてん》すべきだ。日銀が赤字になるなら、赤字になることを説明する説明責任がある」と言っていた。岩田一政氏はこの件に熱心で、3冊の本で、ほとんど同じような日銀赤字危険論を書いている（岩田一政・日本経済研究センター［2014］、岩田一政・左三川・日本経済研究センター［2016］、岩田一政・左三川・日本経済研究センター［2018］）。

これに対し、日銀赤字の政府補填となれば、むしろそのほうが日銀の死になるのではないかと言う日銀の人もいた。確かに、政府とごちゃごちゃ議論すれば、面倒なことになるのは目に見えている。私は、赤字になってもそのままほかって置けば何の問題もないと考えている。

一方、木内委員は、日銀の赤字は大変だとたびたび述べていた。日銀の自己資本比率は重要だとも述べていた。ただし、日銀の自己資本比率とは自己資本（資本勘定＋債券取引および外国為替取引損失引当金）の日銀券発行残高に対する比率であって、何の意味もないものである。私が審議委員になったばかりのときに、これを説明してくれた日銀職員に、後に、「何の意味もないでしょう」と言うと、彼は、「そういう議論があるのはわかるが、これまで自己資本比率と説明してきたものを今さら意味がないとは言えない」と言う。それは役人の立場としてはもっともだと私も思う。その説明で納得してくれた多くの人々に失礼と言うしかないからだ。

9月3日（木）

バジョット・ルールに従わないことを問題とは思わない日銀の人々

9月3日の青森県の金融経済懇談会（金懇）後の記者会見で、木内審議委員は、「（仮に——筆者注）グローバルな金融危機となれば、金融機関は安全資産にシフトし国債の需要が非常に増え、日銀の（国債買い入れの——同）増額で国債需給がさらにひっ迫。QQE政策の持続性がさらに落ちてしまう」と述べたとのことである（「中国発の金融危機起こらない、買い入れ減額は妥当」トムソン・ロイター、２０１５年9月3日、木内［2015.9］）。これでは、金融危機のときには人々が国債を求めるから、日銀が国債を買ってはいけないことになる。危機のときには、中央銀行が断固として流動性を供給しなければならないというバジョット・ルールからの逸脱である。

バジョット・ルールについては、黒田総裁も説明している。「中央銀行が設立された当初、その主な役割は、金融危機によって流動性が枯渇した場合に、金融機関に「最後の貸し手（Lender of Last Resort）」を実施することでした。その背景には、ウォルター・バジョットの古典的な「最後の貸し手」論があります。彼は、いわゆる「バジョット・ルール」と呼ばれる中央銀行の行動原理、すなわち、中央銀行は危機時において、懲罰《ちょうばつ》的な金利で、しかし無制限に貸出を行うべき、との考え方を提唱しました」と説明している（黒田［2014］、バジョット［2011］216〜226頁）。

バジョットは、銀行中心の金融システムを前提にしているので、中央銀行は、預金者が銀行に不安を持つような危機のときには、銀行の持っている、平常時には優良と見なされる債券を担保にしていくらでも貸し出せと言っている。人々が怪しげな金融商品の価値に疑念を抱いたときにも、債券を担保にいくらでも貸し出すべきである。このとき、バジョットは、貸付を必要としない人々が用心のために資金を借り入れることがないように、非常に高い金利で貸せと言っている。

私は、いざとなれば中央銀行が助けてくれるということで、銀行が自ら流動性を保有しないというモラルハザードに対処するために高金利で貸し出すべきだと考えているのだが、バジョットの理屈は少し異なる。２００８年のリーマンショックのときには、資本市場が中心になっている金融システムのなかで、アメリカＦＲＢは、国債や優良とされる債券ばかりか危機の原因となった住宅担保証券まで大量に買いまくって、流動性を供給した。私は、モラルハザードの問題があると思うが、危機を抑えつけたことは評価されるべきである。この後、アメリカは、自らが危機の震源地であるにもかかわらず、ヨーロッパよりも日本よりも順調な回復を遂げた。バジョット・ルールは正しかったのである。当時、木内委員は日銀にいなかったが、日銀の対応が遅かったのは、バジョット・

ルールがわかっていなかったからかもしれない。

数日後、日銀職員に「木内審議委員が、危機のときに日銀が国債を買うと、民間の欲しい国債がなくなってまずい、と言ったが、これはヤバい発言だ、日銀はバジョット・ルールに従わないのか」と言ったが、彼は当初はピンと来なかったようだ。しばらくして、木内発言を読み直して、さすがに「やはりまずい」と訂正した。さらに、日銀高官に、木内審議委員の反バジョット・ルール発言を紹介したのだが、必ずしも「とんでもないね」という感想ではなかった。話を変えて、「マーケットに木内ファンは多い」と言った。

マーケットだって、危機のときに、流動性を供給する代わりに、国債を売り出されても困ると思う。危機とは、国債が足りないことではなくて、手持ちの資産をたたき売ってもお金が欲しいという状況だ。だから、中央銀行は、危機のときには債券を買わなければならない（その後、２０２０年初のコロナショック時には、日銀はさまざまな債券を買っている。《２０２０年3月16日　私にとって初めての臨時会合》参照）。

マーケットで売買の経験を通じてわかることよりも、バジョットを読んでわかることのほうがずっと多い。実務よりも学問が偉い。バジョットは実務家だが、多くの事例から学び、抽象的思考を重ねて見事な結論にたどり着いた。考えてみると偉大な経済学者であるデヴィッド・リカードも実務家だが、きわめて高い抽象的思考力を持っている。具体的な事例に基づいて抽象的思考ができることがイギリス人の偉大さなのだろう。

10月9日（金）

10月頃の景気認識――経済は下降しかねない状況にあった

２０１５年初から上昇を続けていた中国株は6月に入ると急落し、10月になってようやく落ち着いた。この急落の動きは、チャイナ・ショックと呼ばれた。当初、この下落が意味するものがよくわからなかったが、単に成熟していない株式市場の投機的な動きではなく、中国経済の変調を示すシグナルであり、日本経済にも相応の影響を与えていた。当時、私は経済を、以下のように見ていた。

まず、海外経済は、新興国が減速しているが、先進国を中心とした緩やかな成長が続いている。中国経済は、一部のエコノミストが言うほど悪くはないが、民間調査機関のＰＭＩ（Purchasing Managers' Index、購買担当者景気指数。企業の購買担当者の景況感を集計した指標）が発表を取りやめるなど、中国のわかりにくさはさらに悪化していると思った。

日本経済を見ると、輸出、生産の動きが弱くなっている。東アジア向けの輸出は、中国経済の減速を受けて、マイナスとなっている。足元の経済状況は、生産、輸出、設備投資にさえない情報が相次いでいる。中国の今後は予想がつきがたく、日本の輸出の好転も難しいかもしれない。物価を継続的に押し上げる雇用と賃金の改善傾向に陰りが出るリスクもありうる。特に、雇用が遅行指標であることに注意する必要があると考えていた。

後でわかったことだが、世界貿易量の伸びは停滞し、回復するのは２０１６年の終わり頃であった。鉱工業生産は２０１５年末から明確に下降し、それが２０１６年の中頃まで続いていた。経済は下降しかねない状況にあった。

10月15日（木）　成長戦略はどこに行ったか

成長戦略、構造改革が大事だというエコノミストは多いが、では何をしたらよいのかというと、心もとない話ばかりだ。具体性のある話のできる経済学者、エコノミストは、八田達夫大阪大学名誉教授、鈴木亘《わたる》学習院大学教授、飯田泰之明治大学准教授、八代尚宏《やしろなおひろ》昭和女子大学特命教授、竹中平蔵東洋大学教授くらいしかいないのではないか。岩田副総裁主催のこの日のランチ勉強会に参加された先生方（最初の3人の方が参加）の話を伺って、私が考えたことを少し書いておきたい。

先生方の発言に私の考えを追加していくつか紹介すると、

①ＴＰＰ（環太平洋経済連携協定）は大きな成果だ。その後、アメリカが不参加となったことは大変残念だが、これまでアメリカに言われてしぶしぶ自由化してきた日本が、自らのイニシアチブで11か国をまとめてＴＰＰ（アメリカがいなくなってしまったのでＴＰＰ11〔イレブン〕と言っている）を実現したのはさらに大きな成果だと私は思う。自由貿易とは、日本にとっては、自動車を穀物や石油に変える錬金術以上のものだ。

②電力改革で少しは進展があったのかもしれない。

③医療制度改革は難しいが、保険医療と保険外医療を併用できる混合診療もＯＫにすべきだ。

④農地も企業が買えないという問題がある。農地を購入できなければ、高度の資本や技術を投入しにくい。

⑤労働市場は変わらない。企業は、何でもできそうな若い優秀な人を雇うが、失敗したら戻れない。解雇の金銭補償を認めるべきだという。

一方、構造改革が必要だという経済学者、エコノミストの構造改革論にはまったく具体性がない。福田［2018］も、「成長戦略による構造改革への期待と課題」という副題が付いているが、例えば、投資の低迷は、予備的動機に基づく保守的な投資行動が大きな要因であった、と言うだけで、予備的動機を引き下げるための成長戦略は何も書いていない。私はむしろデフレ的な金融政策が予備的な動機を強めていたのだと考える（《２０１８年12月６日　白川前総裁の大著とその思考法》の「日銀が白川思想で固まっているわけではない」参照）。

日本企業の生産性が低い理由として、森川［2018］は、「生産性や賃金が低い地域の振興、中小企業や低生産性企業の底上げといったタイプの政策は政治的に支持されやすい政策である。しかし、経済全体の人口移動のダイナミズムや市場の新陳代謝機能を弱め、日本全体の生産性を引き上げる上ではマイナスに働く」と書く（９頁）。アトキンソン［2018］（第６章）も企業の数を減らせ、中小企業保護を止めろと言っている。中小企業の経営に詳しい税理士などに聞くと、「中小企業が発展しないのは、発展すると損するような中小企業保護の制度があるからだ」と言う。これらは正しいと思うが、自民党から共産党までが衰退地域と中小企業の保護を唱えるのだから実行は難しい。

この当時はそれほど明らかではなかったが、２０１８年頃には、ＱＱＥのもたらした人手不足が、労働市場の流動化をもたらしていることがはっきりしてくる。ＱＱＥに批判的なエコノミストが、２０１８年に外資系証券会社を解雇されたが、半年ほどして別の証券会社に職を見つけた。その数か月後に会ったとき、「ＱＱＥのお蔭で職が見つかった」と言ってくれた。

11月5日（木）　浜田先生傘寿の会

浜田宏一先生が２０１６年1月に傘寿（満80歳）になられるのを記念したパーティが開かれた。以下は、そこでの私のスピーチである。

＊

浜田先生おめでとうございます。先生には２０００年から２００３年まで内閣府経済社会総合研究所の所長をしていただき、私は２００２年からご指導を受けました。

それ以前の経済企画庁経済研究所長から、役人的に申し上げると格上げのポストになるということで、それに相応《ふさわ》しい立派な方にお願いしようと、浜田先生にお願いすることになったわけです。所長になられる前、堺屋太一《さかいやたいち》経済企画庁長官（１９９８年7月〜２０００年12月）が、先生に接触されていたと思います。

堺屋大臣は、１９９０年代末、日本が円高になったときに、非不胎化介入が必要だと発言されています（非不胎化介入については、《２０１７年1月11日　堺屋太一元大臣、日本のマスコミの知的無責任さを突く》参照）。この頃、堺屋大臣は浜田先生と相談されて、この政策を提案されていたのではないかと私は憶測しています。非不胎化介入という言葉を大臣レベルの方で初めて発言されたのが、堺屋大臣だと思います。これは、大臣レベルの人が金融政策に関して、理論的、批判的に発言したという意味できわめて重要だったと思います（政治家は金融政策について発言してはならないと加藤紘一氏は言っていたわけだから。これはもちろん、安倍総理の金融政策が重要という認識にもつながる）。

先生は、デフレについては、マネーと他の財、資産との一般均衡を考えます。デフレは財の超過供給で起きるのだから（財が多すぎるから財の価格が下がる）、マネーを超過供給すればデフレは収まるはずだと考えます。まったく当たり前すぎる議論だと私は思います。しかし、この考えは、内閣府内ではあまり理解されませんでした。学界、エコノミスト、日銀でも理解されなかったのですから、仕方がないことですが、大変申しわけないことです。浜田先生は、孤独な思いをされていたのだと思います。この頃のことは、先生の『アメリカは日本経済の復活を知っている』（浜田［2013］第5章）に書いてあります。

研究所では、浜田先生と堀内昭義先生の編で『論争　日本の経済危機』（浜田・堀内他［2004］）、浜田先生と原田の編で『長期不況の理論と実証』（浜田・原田他［2004］）の2冊の本を上梓いたしました。『論争　日本の経済危機』では、1990年代以降、日本経済がなぜ停滞したのかという問いに対して、リフレ派（浜田先生他の執筆者）と反リフレ派（堀内昭義中央大学教授他の執筆者）の両方の論文を掲載して相互に討論しています。

浜田先生と堀内先生の考えはかなり異なりますが、「浜田・堀内ともに金融政策は重要であり、マネーサプライを増大させることが重要だと考えている。大きな差異は、浜田が、マネーサプライが上昇しない要因は、デフレ期待を作りだしてきた金融政策そのものにあると考えるのに対し、堀内は、（不良債権による）銀行機能の低下が、ベースマネー（マネタリーベース）の増大にもかかわらず、マネーサプライが上昇しない理由と考えているところにある」（338頁）というのが結論です。2000年以降について考えれば、銀行は不良債権を抱えておらず、銀行機能の低下はないのですから、銀行機能の低下がマネーサプライの伸びない理由というのは無理です。とすると、残るはデフレ期待そのものにあると考えるべきだと私は思います。

停滞が構造要因であるというなら、生産性の低下のみで停滞を説明しなければなりませんが、実際に起きたことは失業率の上昇です。失業率が上昇しているのに、構造要因のみで停滞したと頑張るのは、私は無理があると思いますが、反リフレ派の人々は本当に頑張ります。『長期不況の理論と実証』では、「期待インフレ率は過去の期待インフレ率（過去デフレでしたので予想は、実際にはデフレ予想になります）と足下の物価動向に依存する」（230頁）と書いてあります。これは現在私たち、日銀が言っていることと同じです。実際にインフレにならなければ予想はインフレに傾かないのですから、2％インフレの達成には時間がかかることになります。

物価は思いどおりに上がっていませんが、失業率は着実に低下しています。浜田先生とともにデフレ脱却を目指して頑張っていきたいと思います。

11月26日（木）
物価が上がらないのは、物価が上がらないからだ

東京大学金融教育研究センターと日本銀行調査統計局は、2年に1回、共同でシンポジウムを開催している。本年5月に行われた金融学会ほどではないが、ここでも学界の反リフレ度を感じた（この模様は、日本銀行調査統計局［2015］に紹介されている）。

反リフレというわけではないが、渡辺努東大教授の「ノルム」の議論はシンポジウムの基調となっているようだった。物価が上がらないのは、物価が上がらないことがノルム（正常な慣習）にな

っているからだという議論である（渡辺［2016］）。外国は物価の2%上昇がデフォルト（パソコンの設定で何も変更しない初期値がデフォルト、転じて、普通の状態程度の意味で使われる）だが、日本は0%になっている。ノルムを打ち破るには、最低賃金を3%ずつ上げるのはよいかもしれないという議論があった。

しかし、1990年代から続く、デフレ的な金融政策によってノルムが形成されたことを忘れているのではないだろうか。そもそも2000年8月には消費者物価上昇率がマイナスであったのに、金利を引き上げた。2006年3月、06年7月、07年2月にも、エネルギーを除く物価はマイナスなのに、それぞれ、量的緩和政策の解除、金利の引き上げを行っている。物価がマイナスのときに金融を引き締めるとは、日銀は0%またはマイナス物価目標政策を採用していたということだ。これがノルムの背景にある。

QQEの効果があったとは認めたくない日本の学者たち

もちろん、QQEに好意的な論文も報告された。宮本弘暁《ひろあき》東大特任准教授は、量的緩和が雇用を改善したことを構造VARとDSGEモデル（説明しだすと長くなるので、きちんとした方法とだけ言っておく）で分析した結果を報告した。結果は、マネタリーベースの増加（QQEそのものだ）が生産の増加、失業率の低下、物価の上昇をもたらすというものだ。ただし、物価2%上昇への効果は小さい。

討論者の工藤教孝名古屋大学教授は、インフレ率2%にするには、VARモデルで1京2000兆円、DSGEモデルで3000兆円のマネタリーベースショックが必要とコメントした（当時のマネタリーベースは５００兆円程度。これほど大きくするのは無理がある）。しかし、この結果は、過去のデフレ的な金融政策によって、物価のノルムが低下しているので、多少の政策ではなかなか物価上昇率２％にならないということを表しているのだと思う。

池尾和人《かずひと》慶應義塾大学教授は、「変化をもたらすのは相対価格であって、交易条件の悪化がデフレの原因」と主張した。この主張は、梅田［2013］（95頁）に説明されているが（この説明は簡単すぎるので、片岡［2014］の解説参照）、日本にとって、交易条件が低下するときは、石油価格が上昇するときである。１９７０年代前半の石油ショックで物価が高騰したことを覚えており、現在も石油価格が上がると日本の物価が上がることを経験している私としては信じられない奇妙な議論である。

福田慎一東大教授は、「デフレの症状は複雑に絡《から》んでいる。金融政策は効果がないとは言えないが、金融政策頼みには懸念。金融政策には限界がある」と言う。どんな政策だって限界はあるだろう。金融政策頼みに懸念があると言いながら、何をしたらよいのかは言わなかった。

工藤教授は、「円安は近隣窮乏化政策で、これができるのは強い政府があったからで、これはＱＥの効果から除くべきだ、金融政策は気づいたら踏み過ぎになる」とも言う。

これらの発言を縷々引用したのは、学界の主流は反リフレだと言いたかったからだ。日本銀行の関根敏隆調査統計局長が、「金利がゼロになっても金融政策が効果をもたらすチャネルはある」と言ってくれたのには安心した。そのチャネルとは、為替や株価など資産価格のチャネルだ。日銀のほうが、学界よりもリフレ派になっている。なぜ学界がこれほど反リフレ派なのか不思議である。

11月28日（土）　ケインズは金融政策の効果を認めていた

ケインズ学会会長の平井俊顕上智大学名誉教授のご厚意で、ケインズ学会第5回年次大会（2015年11月28日、於立正大学品川キャンパス）で、「ケインズと金融政策」と題した講演をさせていただいた（最終的に発表した論文は、原田［2016.2］）。

私が特に言いたかったことは、ケインズは、金融政策を軽視していると一般に理解されているようだが、それは誤解だということである。財政政策の効果を強調しているとされるケインズ『雇用・利子および貨幣の一般理論』においても、資本の限界効率（実物資本投資の収益率）の概念の説明に続いて、「貨幣価値低下（物価の上昇）の期待は投資、したがって雇用を一般に刺激する」（ケインズ［1983］140頁）と書いている。また、ケインズは、より早い時期からさまざまなところで、投資が落ち込んだ理由として、「金利が高すぎ、このような高金利を支払えるほどの収益を生むような新規投資は期待できなくなっている」「米国での高金利政策のさらなる結果として、世界中の金を米国に引き寄せ、世界的な信用縮小を招きました」（ケインズ［2013］25頁。41頁、44頁でも低金利の必要性が強調されている）と書いている。

もちろん、ケインズは「産出と所得は貨幣数量の増加により増大させうると考えているらしい人もいる。しかし、これはより長いベルトを買うことによって太ろうとするようなものである」（ケインズ［2015］341頁）と、金融政策に否定的なことも書いている。しかし、すぐその後に、「太るにしたがってベルトを自由に緩めること（も必要）」（同342頁）ともある。

確かに、ケインズは政府が直接支出する必要を強調していたが、同時に、金融緩和が必要だともしていた。ケインズは、金融緩和政策を伴わない財政拡大策は、金利や為替の上昇をもたらして景気刺激効果を阻害すると考えていたわけである。これは、今日のリフレ派が強調するところであるが、経済学の教科書でも説明されている（例えば、二神・堀［2009］第11章、第12章参照）。

ケインズ学会参加者の反応は、残念ながら芳《かんば》しいものではなかった。ケインズが金融政策も重視していたことを信じられないようであった。しかし、ケインズが金融政策を重視していたことは事実で、それについては、松川周二編訳の文庫本（ケインズ［2013］）で簡単に読むことができる。なお、後から気が付いたことだが、ケインズは、１９３３年にルーズベルト大統領に宛てた公開書簡で、「ＦＲＢ（連邦準備制度理事会）が長期債を購入して短期債を売却するだけで、長期国債の金利は２・５％かそれ以下に低下（する）」とも述べている（ケインズ［2013］１０６〜１０７頁）。２０１６年９月21日の日記で説明する長短金利コントロールのうちの長期金利の操作を提案していたわけだ。

12月１日（火）　大和投資セミナーでボンド村についての話題が出る

大和証券の大和投資セミナーで、さまざまな投資家の方々と議論した。大和証券の三宅一弘《かずひろ》氏に招待されたものだ。セミナー参加者は、株式運用担当の方が多い。彼らは、「ボンド村（債券運用者）が損をしても、日本全体のためには緩和すべきだ。債券運用者は日本経済のことを考えず、自分の商売しか考えていない。株式運用者の利益は、まだ日本経済全体と関係がある。売上が上がって利益が上がれば株価も上がる。そうなれば雇用が増えて、賃金も上がる」と言う。

多くの人が、自分自身の思い込みと利害で発言しすぎている。債券運用者は、不況になれば金利が下がり、保有債券の価格が上昇して利益を得る。不況のときに儲かる商売である。金融政策と景気の関係はもちろん複雑である。景気がよくないときに金利を上げて景気を冷やせば、金利は一時的には上がるだろうが、不況になって長期的には低下する。金利を下げて経済を刺激すれば、一時的に金利が下がっても、物価の上昇とともに長期的には金利、特に長期の金利が上がる。金利が上がれば、債券保有者は損をする。

株式運用者は、当然、景気がよいときに利益が上がる。株式と日本全体の利益はほぼ比例するが、債券運用者は、不況のときに得をする。日本の金融政策は債券運用者の利益にからめとられているのではないかというのである。

もちろん、株式と日本全体の利益はほぼ比例するだけで、完全に比例するわけではない。資産価格の上昇は所得分配を歪《ゆが》めるかもしれないし、過度の金融緩和はバブルを生むかもしれない。一方、債券運用者の利益が出るのは日本が不況のときである。しかし、不況が続けばどうなるか。金利がゼロになってマイナスになれば、債券運用者も運用手段に困り、所詮《しょせん》、誰の利益も上がらなくなってくる。

第4章　マイナス金利政策の採用――2016年

1月3日（日）　経済企画庁の大先輩たち

宮崎勇さん（1923〜2016年）が1月3日に亡くなられた。その後、8月1日には下河辺《しもこうべ》淳《あつし》さん（1923〜2016年）が、かなり後になるが2018年の5月30日には香西泰《こうさいゆたか》さん（1933〜2018年）、2018年9月15日には金森久雄さん（1924〜2018年）が亡くなられた。企画庁の大物エコノミスト（下河辺さんは別のカテゴリーだが）が相次いで亡くなられてしまった。さらに、2020年6月21日には吉冨勝さん（1932〜2020年）が亡くなられた。

大物エコノミストという意味は、『日経新聞』を読む人なら誰でも知っていて社会的評価が高いということだ。金森さんは、勲一等より難しいと言われている「私の履歴書」も書いたし、宮崎さんは村山富市《とみいち》内閣時代、1995年に経済企画庁長官も務めた。5人の方々の思い出を語りたい。

宮崎さんは、多くのことで先駆的だった

宮崎さんには、退官後は、一番個人的にお付き合いをさせていただいた。『毎日新聞』(2016年3月7日)と『自由思想』(2016年2月号)には、追悼文を書かせていただいた。

私が経済企画庁に入庁したとき、宮崎さんはすでに局長で雲の上の人だったが、下の人にも丁寧な宮崎さんには、その頃からよくしていただいた。退官されてからも、ずっとご指導をいただいて多くの研究会で勉強させていただいた。

一番深く、宮崎さんと議論をさせていただいたのは、宮崎さん、小峰隆夫さん(経済企画庁の先輩。現・大正大学教授)他との論文集(小峰・原田・宮崎[2001])の編纂《へんさん》を通じてである。宮崎さんの立場は一貫して市場を活用するということだった。しかし、当然ながら、市場がすべてを解決するわけではなく、政府の役割は重要である。それは、効率を高めることと景気変動を安定化させることである。規制緩和も早くから主張していた。この本は、宮崎さんのこの立場に沿った論文を紹介し、その意義を論じたものである。

なお、宮崎さんは、景気安定のためには、財政政策のみを主張していたように語られることがあるが、1990年代以降、金融緩和の必要性も述べていた(前掲の小峰・原田・宮崎[2001])。加藤裕己[2001](51頁)は、1990年代、「宮崎も経済回復のために金融緩和の必要性を主張してきた」と証言している。

環境問題や社会保障も政府がしなければならないことである。政府は、市場にできることは市場に任せ、市場にできないことをしなければならないと宮崎さんは主張していた。また、1990年以降の低成長の時代に、若い役人が「先輩たちの時代は成長したのに私たちになったらダメです

ね」と言ったら、宮崎さんは、「成長なんていうのはするときにはするものなんだ」と返した。中国がよい経済政策をしているとは私は思わないが、それでも高い成長をしている。習近平《しゅうきんぺい》の行っていることが世界のモデルになるようなものではなくて、たまたまそういう時代だったということになる。日本の高度成長もそうだったのかもしれない。たまたまを、うまくやったと己惚《うぬぼ》れないほうがよいということだろう。

日本では今日でもなお反成長的な議論、またはもう成長できないという議論が根強いが、宮崎さんは高度成長の力を用いてこそ、環境、福祉、社会保障、消費者保護、物価（当時はインフレが問題だった）などの問題を解決できる、成長を止めれば問題が片づくわけではないと主張していた。反金融緩和派は、反成長派でもあるような気がする。日本はすでに完全雇用だ、だからこれ以上金融緩和は必要ない、という言いぶりには反成長派の臭いがする。宮崎さんなら、金融緩和で生まれた利益（雇用増、税収増）――高度成長の利益に比べればわずかだが――を用いて、少しでも環境や福祉のために役立てるべきだと主張すると思う。

下河辺さんには都市論を学んだ

下河辺さんは国土開発の専門家として国土庁（建設省、運輸省、国土庁が統合して現・国土交通省）次官の他、数々の要職を務め、1995年からは阪神・淡路大震災復興委員会委員長も務めた。下河辺さんは、エコノミストではないが、私は1982年から2年間、総合研究開発機構（NIRA）に出向し、当時同機構の理事長だった下河辺さんの薫陶《くんとう》を受けた。

大学時代に、ジェイン・ジェイコブスの『アメリカ大都市の死と生』（ジェイコブズ［2010］）、

『都市の原理』（ジェイコブズ〔2011〕）に触発されて、都市がどうあらねばならないかという小論（残念ながら、これを公刊することはできなかった）を書いていた私は、下河辺さんの下で、建築と都市計画が趣味となった。都市計画というより、活気のある都市はどのようなものでなければならないかを考えるというものだが。上司の専門を趣味にしたということは、私が、下河辺さんを好きだったということだと思う。

香西さんの恩義は大きい

宮崎さんと金森さんは財政拡張積極派だったが、香西さんは財政拡大には慎重な立場だった。香西さんとは私は、Kosai and Harada〔1985〕、原田・香西〔1987〕という共著がある。その時点で直属の部下ではなかったのだが、経済企画庁の広報誌『ＥＳＰ』に私が書いた論文などを読んで、手伝うように誘われたのだ。

まず、Kosai and Harada〔1985〕の英語論文を書いた。当時は、日本異質論——日本は政府の広範な介入によって成功した異形の資本主義であるという議論——が盛んだったが、この論文は、日本は市場経済で発展したのだと主張している。これによって、日本異質論者、チャルマーズ・ジョンソン氏（ジョンソン〔1982〕の著者）、現在日本で戦略の専門家として名高いエドワード・ルトワック氏（ルトワック〔2014〕の著者。彼は日本異質論者ではないが、日本の産業政策が有効だったと主張していた）と論争したのは懐かしい思い出である。日本経済が停滞するとともに、日本異質論も影を潜めて、誰も日本経済が恐ろしいとは言ってくれない。これはこれで残念なことである。

原田・香西〔1987〕は、英語論文にデータを拡充して1冊の本の長さにしたものだ。香西さんには、原田を第1著者にしていただいた。「香西・原田」と並んでいたら、原田が手伝いをしただけと思われるだろうが、逆に「原田・香西」となっているので、実質的な仕事をしたと思われたようだ。それ以来、信用が付いて、論文の発表がしやすくなったと実感した。本の内容は、要約すれば英語論文と同じで、日本経済は市場への介入ではなくて、自由な市場を活用することによってこそ発展したというものだ。

英語で書けば世界につながる

このとき、英語で論文を書けば世界とつながるということに気が付いて、もっと一生懸命に英語で論文を書けばよかったが、日本語でばかり書いていたのは失敗だったと思っている。１９９０年代初には、早稲田大学のトラン・ヴァン・トウ教授、東洋大学の中北徹教授のお誘いで少し海外に目を向ける機会をいただいたが、そこで活動はストップしてしまった。

ただし、２０１０年頃から、東京大学の政治学者、猪口孝教授のお誘いで、英語で論文を書くことを始めた。遅かったが、無駄ではなかったということを経験する。これらの論文を見て、*Corporate Ownership & Control* という雑誌から論文の執筆を求められた。それを通じて、クローバックという発想を学んだ。クローバックとは、実際には儲けていないのに儲けたとして高給を得た経営者からは、高給を取り戻すということである。リーマンショックでは、会計操作で高給を食《は》んだ経営者がいくらでもいた。彼らから高給を取り戻せば、次回にはリーマンショックのようなことが起こりにくくなるはずだ。実際にイギリスとスイスで実行されている。

私はこのアイデアを紹介したのだが（原田［2015.2］94～99頁）、あまり世間に広まらなかったのは残念だ（その後、「役員報酬返還、日本企業もじわり　巨額損失や不正時「クローバック条項」経営責任明確に」『日本経済新聞』２０１９年11月21日、という記事があった。日本でも少しは広まったようだ）。

他にも上智大学の平井俊顕先生などの方々から、英語論文の執筆を誘われた。審議委員になったときにはラルス・クリステンセン氏のブログ "The Market Monetarist Markets Matter, Money Matters..." で、Harada［2010］（*Japan Echo* 誌が翻訳してくれたもの）を引用して、「日本のデフレを終わらすために役に立つ人材」と紹介された。２０１８年10月にアルゼンチンに出張したときには、面談をお願いしたサンアンドレス大学のロベルト・ボーザス教授に、私が猪口教授のお誘いで書いたHarada［2018］をお送りしたら、同大学で講演するように依頼された。多少は、英語論文の効用を経験できた。

なお、香西さんも、ジェイン・ジェイコブスが好きで、『市場の倫理　統治の倫理』（ちくま学芸文庫、２０１６年）などを訳している。ジェイコブスの、人々の自由な試みが社会を発展させるという根本的発想が好きなのだと思う。この年（２０１６年）の4月1日入行式で、黒田総裁は新入行員に対して、「自ら考え、それを発表することで組織外の人脈もできた」と訓示していた。そのとおりである。日本でも世界でも、書くことは人脈を広げることである。

金森さんには失礼なことを申し上げてしまった

金森さんとは、経済企画庁での接点がないが、エコノミストは狭い世界なので、何度もお話しする機会があった。私がタイの日本大使館に出向しているときに、金森さんが来られたことがある。おそらく１９８７年のことである。

私は財政拡大論者ではないので、ぶしつけにも、「公共事業で有効に使われるものを建設するならよいのですが、あまり車の走らない道路や橋を作るのは無駄が多いのではないでしょうか」と言ってしまった。金森さんは不愉快な顔をされることもなく、「経常収支の黒字でアメリカの国債を買ったら（円建てでは）大暴落だ（１９８０年代央は円が上昇したときだ）。公共事業の効率が低いというが、どちらの効率が低いのか」と言われた。確かに１９８５年、１ドル＝２５０円のときに米国債を買っていたら、１９８７年では１ドル＝１４０円になって大損になる。私は一言もなかった。

吉冨さんは低成長移行の困難を分析した

吉冨さんは東京大学経済学部の大学院の博士課程を本当に修了して、１９６２年に経済学博士になってから経済企画庁に就職した。当時は、博士号を取得するのが大変だったことは《２０１６年５月９日　櫻井眞審議委員の濡れ衣《ぎぬ》》に書くとおりである。１９８４年にはＯＥＣＤ一般経済局長に就任した。日本人が国際機関の重要ポストに就任することなどほとんどない時代だった。《２０１９年２月15日　重原久美春《くみはる》氏の回顧録と事実の真摯な確認》で述べる重原氏の先駆的存在と言ってもよいと思う。

独特の風格のある人で、１９９１年頃のことであるが、国会答弁に行っても、「吉冨博士はどうお考えか」と国会議員に聞かれていた。また、議員の発言の後、「それはご質問ではなくコメントであると思います」と言い放って、質問に答えないで済ませたこともある。当時、大蔵省でそれを目撃した黒田総裁は、「びっくりした」と言っていた。今なら、考えられないことだと思う。

吉冨さんは、石油ショック、バブル崩壊後の経済低迷、アジア通貨危機など、その時々の重大な経済問題に貴重な分析を提供してきた。僭越《せんえつ》ながら私がもっとも重要と思うのは、経済が高い成長から低い成長に陥ったとき、それに対応した設備投資の減少は大きなものとなり、それゆえかなり長い間経済を苦しめるという分析である（吉冨［1978］第2章、第3章）。

1月7日（木）

金融緩和に反対の経済学者たち①

2013年4月からの大胆な金融緩和、あるいは、その前の2012年9月に選出された安倍自民党総裁（民主党政権の評判は地に落ちていたから、選挙があれば安倍氏が必ず総理になると思われていた）が大胆な金融緩和をすると言っていた頃から、為替は下落、株は上昇を始め、雇用状況が継続的に改善してきた。にもかかわらず、大胆な金融緩和に反対の経済学者は多い。それも、いわゆる高偏差値大学の経済学者に多いようだ。日銀にいれば、そのような経済学者とも話す機会は多い。

高偏差値大学のある高名な経済学者と会うと、「2年で2％にすると言ったのに、なっていないではないか」と盛んに言う。私は「4半世紀のデフレを終わらすには、かなり時間がかかっても仕方がない」「消費税増税の影響は大きかった」と答えた。彼は、「（無理に金利を抑えて）金利機能を殺すと経済情勢を知るために必要な金利変動がなくなって金融政策を誤る」と言う。私は、「現在の中国の経済不安、北朝鮮の核武装、サウジ - イラン対立などの危機に対応して、金利は低下している。情報は流れて金利は変動している。過去の金融政策で、金利機能が低下していたがゆえに誤ったことがあったか。ゼロ金利の解除、バブルの醸成とバブル潰しのための過剰な金融引き締めなどは金融政策の誤りだったと思うが、それと金利機能の低下とは関係しているのか」と聞くと答えはなかった。

また、「物価は人口で決まる」とも言う。その理由として、「若い人が多いと将来のためにマネー（この経済モデルではマネーは老後の貯蓄手段）を求めて保有するので、デフレになる」と言う。であるなら、「マネーを増やしてあげればよいでしょう」と言うと、やはり答えはなかった。そもそもこのモデルが正しいと、日本は高齢者が多いのでインフレになるのではないか。

経済学者の間で、日銀が２０１３年以来採用してきたＱＱＥは評判が悪い。別の学者からも、「学界の先生方のＱＱＥ批判は厳しい」と聞いた。学界は、ＱＱＥ反対派なので、「白」から「黒」への政策転換を否定的に捉えている。これは、《２０１５年５月16日　金融学会で金融緩和に反対する人々と議論する》でも書いたとおりである。経済学者の金融緩和への反発ぶりは異常なほどである。これがなぜなのかは、何度も考えてみたが、今一つわからない。

1月7日（木）夜　日銀の先輩方には困る

経済学者から反リフレ論をさんざん聞かされた日の夜に、日銀高官たちとの会食があった。そこである高官は、「2％目標は、ポツダム宣言受諾と同じ。今さら反対はない。そもそも、政府の求めた2％目標を受け入れたのは白川総裁の時代なのに、日銀の先輩方は現在の日銀に批判的、特に影響力のある先輩が批判的で困る。山口廣秀副総裁（２００８年10月～２０１３年3月。２０１３年7月より日興フィナンシャル・インテリジェンス理事長）も批判的。横山昭雄さんの本（横山［2015］）の出版以来、特にそうだ（横山本の内容については《２０１７年３月６日　日銀に対する日銀ＯＢの非難》で述べる)。先輩たちは、なんで黒田(総裁)なんかの言うことを聞いているんだというノリ。先輩はボロクソに批判しながら再就職先を頼んでくる」と言う。

別の高官は、「先輩たちが現役に文句を言うのは高齢化で長生きして文句を言う機会が増えたからだ。江戸時代の隠居は権限がないが、今の高齢者には隠居しないで元老院に入ったつもりの人もいる。現在の社長を呼び捨てにして、あいつの言うことなんか聞くなという先輩もいる」と言う。日本の大企業がおかしくなるのは、「元老院」が強すぎるからかもしれない。

また、「QQEに反対するのは債券運用者と短資業者だ」とも言う。確かに、債券運用者と短資業者には日銀OBがいっぱいいる。付利の0・1%で息をついているのかもしれない。ただし、後に、短資業者の低金利に関する考えは変わった(《2019年2月22日　短資会社は金利がマイナスになっても構わない》参照)。

「債券運用者は不況のときほど儲かるというヘンな商売」という私の発言は皆に認められた。

1月13日(水)　アレン・サイナイとの対話

日銀では、多くの国際的なエコノミストとも対話する機会がある。多くはその時々の短期的な経済問題について話すので、後になってみると普通の読者には面白くない場合が多いのだが、アレン・サイナイとの対話は今になっても有益だった。サイナイ氏は、現在、ディシジョン・エコノミクスCEOだが、リーマン・ブラザーズのチーフ・グローバル・エコノミストなどを歴任し、レーガン、ブッシュ、クリントン政権にアドバイスをしてきたという経歴を持つ。

彼は、「中銀バランスシートのGDPに対する適正比率なんてものはない。中銀関係者が心理的に心配しているだけで、理論的にも実証的にも意味がない。お金を印刷すれば超インフレを招くというのだが、どこにインフレがあるのか。QE、QQEは日本でも欧米でも効果がある。中国の状況はわからないが、わからなければその資産は売る。隣の人が売る前に売る。円はアジアの安全通貨、中国元は買えない。元では自由に資金を動かせないからだ。株を売ったら国債にしておくのは通常のこと。ドルはグローバルな安全資産。独マルクはヨーロッパの安全資産だったが、今はユーロだ。日本の財政がいくら悪くても短期的には円は安全資産だ」と言った。

1月22日（金）　2015年の末からの円高騰、株価下落をどう見るか

当時、私は経済の現状を以下のように見ていた。2015年の後半から、経済情勢がよくないことは多くの指標から理解できた。

2015年の末以降、円の高騰、株式市場の下落から、景気の先行きが悪化し、物価の予想が崩れる可能性があり、追加緩和が必要ではないかと考えていた。もちろん、株式市場の動きが実体経済と乖離《かいり》している可能性も常にあるが、それが予想に与える影響もある。中国の株価が実体経済を表しているのかわからない。しかし、影が現実を動かすかもしれない。資源国の政府系ファンドSWF（Sovereign Wealth Fund）の売りだけなら、証券会社の用語で、「絶好の買い場」なのかもしれない。しかし、その売りが、需要減のもたらした原油価格の下落や資源国の財政困難がもたらしたものなら、長期に続く株価下落を予想しないといけない。実体経済は3月には認知できるので、そ

こまで待って動くという手もありうるとは思った。しかし、1月に先行きを読めず、認識が遅れて3月に緩和、となると批判を浴びるのではないかとも思っていた。

この件は、日銀スタッフとも議論したが、「物価は3月までは上昇が続くから、追い込まれて緩和という批判は浴びない。物価は、前年のウラで動き（注目されるのは前年同月比なので前年の動きで今月の動きがある程度わかる）、価格設定行動もある程度は事前にわかる」と言う。一方、ある記者からは、官邸は当時の株価下落を不安に思っていると聞いた。

1月29日（木）　金融政策決定会合でマイナス金利を決定

金融政策決定会合に関連した議論については、先述のように、書いてはいけないことになっているのだが、どんな組織でもどんな決定でも、根回しなしということはあり得ない、とは言ってもよいだろう。

金融政策決定会合（1月28～29日）の前、私が考えていたことは、経済情勢が悪化し、物価の上昇も危ぶまれているのではないかということだった。言うまでもないが、実体経済のデータは遅れる。足元の景気情勢は実はわからない。金融政策は、現在の温度がよくわからないなかでサーモスタットを調整しなければならないようなものだ（1994～96年にFRB副議長を務めたプリンストン大学のアラン・ブラインダー教授の比喩［ブラインダー［1999］27～28頁］）。温度を決定するモデルも実はよくわかっていない。

ただし、だからと言って何もしなければ、経済は悪化するばかりだ。経済が悪化するとは、物価が下がり、成長率が下がり、金利が下がるということだ。経済に変調があるのだから、金融政策によって対応すべきだ。その手段として何をするべきか。

私自身は、理論的な可能性として、同じ量であれば付利を引き下げたほうがポートフォリオ・リバランス効果を高め、より強い効果があると指摘してきた。今回、付利の引き下げ、量の拡大などの追加的緩和を検討すべきであると考えていた。一方、執行部の提案は、緩和の手段としては、量の緩和、質の緩和、金利の引き下げによる緩和と３つの考え方があるが、今回は金利の引き下げによる緩和だった。私自身は、金利をさらに引き下げて短期金利をマイナス０・１％にするという方法を事前には（２０１５年末までの時点においては）あまり考えていなかったが、ヨーロッパ諸国の経験から、効果や実務的な問題についても経験値が上昇し、適切に運営するだけの知見が集積されているとも思っていた。ヨーロッパ諸国の経験については日銀スタッフの協力を得て情報を集めた。これで、金融政策は、量、質、金利と３つの次元を持つので、より機動的、かつ微調整も可能な政策手段が開発されたと考えた。

金融政策決定会合の評決は、緩和賛成５票、反対４票だった（マイナス金利政策の実施は２月16日）。反対者は、景気と関わりなく反対なのだから、彼らが新奇と考える政策に反対なのはある意味当然でもある。反対派は、いつものように経済情勢を悲観的に見ている。そこで金融緩和に反対したら経済はなお悪くなるだろうと思うのだが、相変わらずである。

マイナス金利政策の仕組み

短期金利をマイナス０・１％にするというのは、民間銀行が日銀に持っている預金の金利をすべてマイナス0・1％にするというわけではない。金融機関が日本銀行に持っている当座預金残高を3つに分け（3層構造）、①基礎残高（0・1％の付利が付く部分）、②マクロ加算残高（ゼロ金利の部分）、③政策金利残高（マイナス0・1％の金利の部分）の3つに分けて、0・1％の付利が付く部分は210兆円で固定、マイナス金利が適応されるのは政策金利残高の部分10兆～20兆円でほぼ固定、当時40兆円の当座預金は、今後増加する部分も含めてゼロ金利とするというものだ（仕組みの解説は、黒田［2016］参照）。

後になって気が付いたのだが（《2019年11月16日 日本経済政策学会での講演――低金利と付利の問題点を説明する》参照）、マイナス金利政策の導入には、3つの意味があった。①マイナス金利そのものの効果、②付利対象預金を210兆円に固定したこと、③210兆円を超えた部分には付利が付かないのだから、その部分のポートフォリオ・リバランス効果の強化である。

当時（2015年末）40兆円のゼロ金利部分が2016年末には120兆円になることになっているのだから、それなりの効果はあるはずだ。しかし、マイナス金利導入時に、このような議論はなかった。私は、金融緩和政策強化の手段として付利の引き下げという方策をたびたび指摘していたが、3層構造のマイナス金利政策が付利の引き下げそのものであることに当初は気が付かなかった。ある委員は、「マイナス金利導入は、金融機関の国債売却意欲を低下させ国債買入れの安定性を損ねる」と発言していた（日本銀行［2016］）。何のために国債を購入しているのか、理解していないのである。

マイナス金利政策は、短期の金利を低下させる政策であるにもかかわらず、長期金利も低下し、イールドカーブ（短期から長期の金利を同じ時点で横軸に書いたもの。長期金利がより高くなれば「イールドが立つ」という）が全体として低下したことが日銀内部も含め、多くのエコノミストが謎として論じた（黒田総裁は「イールドカーブのフラット化が想定以上に進んだ」と述べている〔黒田［2017.3］2頁〕）。また、多くのエコノミストが、このフラット化をサーチ・フォー・イールド（少しでも金利のあるものを探して、より長期の債券、またはリスクの高い債券を購入していくこと）の結果などとして説明しているが（例えば、井上哲也［2016］）、210兆円を超える新しい買い入れの分の効果が強まったと考えれば、金利に対する効果が強まったことは理解できる。

ただし、同じ量の準備預金の金融市場に対する効果は高まり、金利がより低下したのに、それが生産や物価に与える影響が強まったようには見えない。2016年中の景気はさえず、回復が強まったのは2017年になってからだからである。もちろん、世界経済の停滞を考慮すれば、外的環境が悪かったからだという説明は可能である。

反対の委員の理由説明

マイナス金利政策に反対した委員は、その理由を後の金融経済懇談会（金懇）で以下のように説明している。ただし、石田委員は2月18日の金懇（石田［2016］）で、まったく反対理由を説明していない。

木内委員は2月25日の金懇（木内［2016］）で、マイナス金利は「国債買入れの安定性を低下させることなどから……反対」と述べている。これでは簡単すぎてわかりにくい。白井委員は3月31日に退任し、金懇での発言の機会を与えられなかった。退任後に書いた本（白井［2016］）でマイナス金利の得失を134頁から189頁まで56頁にわたって縷々書いてある。総合するとどうなのか、私にはよく理解できなかったが、効果はマイナスであるという気分は伝わってきた。

木内委員の説明よりも、佐藤委員の説明が詳しい。佐藤委員は6月2日の金懇（佐藤健裕［2016］）で、マイナス金利政策に反対した理由を、①「マネタリーベースの拡大とマイナス金利の採用は本質的に矛盾があり持続性に欠ける」。また、②「マイナス金利政策は緩和効果をもたらすどころか、むしろ引締め的である」。さらに、③「マイナス金利政策は金融システムの安定性に影響を及ぼす可能性がある」と述べている。

①について、マイナス金利という一種のペナルティを課しつつマネタリーベースの増加目標を維持するのは論理矛盾と説明している。これは、木内委員のマイナス金利は「国債買入れの安定性を低下させることなどから……反対」と同じことであろう。しかし、マネタリーベースを増やすこと自体が目的ではなくて、増加したマネタリーベースを他のこと、貸出でも国内外の投資でも何にでも使ってください（ポートフォリオ・リバランス）というのが目的である。その意味では、マネタリーベースのうち、現行210兆円分に0・1％の付利をしていること自体が矛盾であり、マネタリーベースの緩和効果を弱めている（《2015年6月12日　付利について考える》で説明）。

②と③については明確に分けた説明はないが、「1月会合後ほどなくして株式市場は銀行株を筆頭に急落し、為替市場は円高となった。……これらを受け、マインドも悪化した。預金の目減りへの不安感はもとより、マイナス金利という奇策を取らねばならないほど日本経済は悪化しているという誤った認識が浸透したことが要因と思われる。／金融機関はイールドカーブの極度のフラット化と長期ゾーンまでの利回りのマイナス化から限界的な資産の逆鞘リスクに直面している。逆鞘化はバランスシート拡張ではなく圧縮が合理的な経営判断となることを意味する。先行きは、潜在的

な信用コストの高い貸出先への融資抑制、資金アクセスの乏しい企業への貸出金利引上げなどの動きが広がる可能性がある。さらに、収益・体力面に課題を抱える金融機関がリスク検証をおざなりにした投融資を行う危険性もある」と説明している。マイナス金利の後、銀行株以外の株価も低下し、円高になったのは、マイナス金利が悪いのか、その後の世界経済情勢がさらに悪化したのが原因か判断は難しいが、銀行が儲からなくなったのは事実である。しかし、貸出先がないのにお店を開いていては経営が悪化するのは当然で、仕方がないことなのではないだろうか。

ポートフォリオ・リバランスなんてものはない

石田委員は、よく、ポートフォリオ・リバランスなんてものはない、と言っていた（ポートフォリオ・リバランスについては、《２０１５年6月12日　付利について考える》参照）。後に、ある金融機関の債券担当部長から、「俺には30人の部下がいる。こいつら食わしてやらなきゃならないのに、債券以外に投資できない。短期の金利が下がったら、まだ金利のある長期の債券を買っていくしかないんだ」と聞いた。だから、短期の金利が下がれば、長期の金利もどんどん下がってしまうというのはよくわかった。

しかし、ポートフォリオ・リバランスとは、債券がダメなら貸出、株式、不動産、それらの海外資産と、幅広い資産への投資を考えるものだ。債券担当部長ではなく、その上の経営者が考えるべきものだ。

ただし、この年の11月にアメリカに出張した際、金融環境が変わったとき、金融機関がすぐさまポートフォリオ・リバランスできないのはアメリカも同じという話を聞いた。債券、株、貸出の運用部隊は異なり、組織内の意思決定主体が分かれている場合が多いため、組織が同じままでは、ある資産から別の資産に運用先を移すことはそう簡単ではないというのである。もちろん、組織を変えればできるようになるのだが、それには時間がかかる。ポートフォリオ・リバランスには時間がかかるということである。そうであれば、日本ではさらに時間がかかるのは仕方のないことかもしれない。

後に、あるアジアの外資系ファンドの運用者から、「ほぼ30年前から日本での投資を始めた。最初は債券だけだった。金利が低下していったので債券価格が上昇し、順調に利益を上げていった。しかし、金利低下余地が少なくなったと判断した時点で、株と不動産投資に資金を振り向けた。不動産投資のリターンは安定しており、世界的な不動産価格と比べて日本は割安と考えたので投資額を拡大した」と聞いた。

外資系ファンドの運用者は、儲かる理由がなくなったと考えれば、別の投資を考える。日本の金融機関は、過去に儲かったのだから、同じことをしても、これからも儲かるようにしてくれと政府や日銀に言う。変化に対応する国と、過去の成功に固執する国では成長率が異なるのは当然である。日本はOECD諸国のなかで成長率が最低に近い。1人当たり購買力平価GDPで見て、アジアで日本より豊かな国・地域は、シンガポール、香港、台湾、韓国となっている。資金運用者の心構えが異なるからだろう(本書図1-2の説明参照)。

低金利、マイナス金利については、多くの市場関係者が、金融市場の機能が低下すると言うが、市場は日本経済を復活させるために機能しなければならない。日本経済が停滞したままでも市場が機能するほうが大事だ――機能するという意味がまったく不明だが――というのは本末転倒である。

日本経済のために金融市場があるのであって、市場のために日本経済があるのではない。

マイナス金利の導入は、私が審議委員になってから初めての大きな金融政策変更であった。

2月8日（月）　ある製造業経営者の発言

金融関係者は日銀に文句を言うが、製造業経営者はそうではなく、金融業に批判的な発言をする。金融業や金融政策にも詳しい、ある製造業経営者は、「リスクオフの（リスクから離れていることのできる）企業なんてない。いつでもリスクオンだ。銀行は、金利が下がって国債の運用で儲からず困っているなんて言うが、国債を持っているだけで儲かっていたこと自体がおかしい」と言う。私も、「０・１％の付利が既得権益で、金融関係者が困らないように、いろいろとプレゼントしている」と答えた。

「銀行業には、国債売却益とマイナス金利の損失を統合して考えられない企業組織の課題がある」とも言う。金利が下がれば保有する債券の価格は上がる（これは金利がマイナスになっても同じ）。しかし、これから買おうとする債券の金利は下がる。前者は得だが後者は損。損得合わせて考えるべきだが、それが考えられない銀行業ではダメだという話だ。

「リーマンショック後の円高で企業が海外移転。それによって日本の潜在ＧＤＰは低下した」とも言う。リーマンショック後の円高は、日銀の金融緩和政策が不十分だったからだが（第3章「日銀審議委員になる――２０１５年」参照）、それを認識していない日銀関係者が多いのは困ったものだ。

4月13日（水）　ゼロで不十分ならマイナスにすればよい

私は1月の金融政策決定会合では単純に考えた。ゼロで不十分なのだからマイナスにすればよい、と。しかし、そうではなかったと今になってみれば思う。そのことについては、アメリカ、スイス出張時の日記で書くことにして、当時しばらくしての、私のマイナス金利についての理解をまず述べよう。

金融政策に、市場、金融界、経済界の方は大きな関心を持つが、一般の方の関心はそれほど強くないのが通常である。しかし、マイナス金利政策については、マイナスという言葉にインパクトがあったのか、かなり幅広い層からの関心が高まった。1月末から2月初のテレビでは、預金金利がマイナスになると誤解されて、家庭用金庫が売れるとか、面白おかしく扱われてしまった。

マイナス金利政策が発表されたとき、これまで量で考えていた金融政策を金利に戻したのだから、これは量的・質的金融緩和政策の失敗だという意見があった。しかし、マイナス金利付き量的・質的金融緩和は、量的・質的金融緩和政策の延長線上にあるものだ。

やや理論的な話になるが、自然利子率（通常、実質金利で考えている）という概念がある。これは経済を不況にも過熱にもしない、ちょうどよい実質利子率があるという考え方だ。金融政策の目的は、現実の利子率をこの自然利子率との関係で適切な水準にコントロールすることで、経済をちょうどよい状態にしておくことである。これを物価との関係で具体的に言えば、消費者物価上昇率を長期的に2％程度にしておくということだ。この2％の物価上昇率の下で、失業率も低下し、成長率もそれなりに高く、景気が良好という状態を保てると考えている。

しかし、長いデフレと経済停滞が続いて、金利はほとんどゼロになってしまった。名目金利だけを考えていたのでは、金利をこれ以上下げることには限界があり、経済をちょうどよい状態にすることができなくなってしまった。

そこで行ったのが、２０１３年４月の量的・質的金融緩和（ＱＱＥ）である（２００１年から06年に行われた量的緩和政策〔ＱＥ〕も同じような試みと考えられるが、そこには２％という明確な物価目標も、予想物価上昇率に働きかけるという考えもなかった）。これは、マネタリーベースを拡大し、予想物価上昇率を引き上げ、実質金利すなわち名目金利マイナス予想物価上昇率を引き下げて、経済をよい方向に持っていこうというものだ。

さらに２０１６年１月には、マイナス金利政策に踏み込んだ。これは名目金利をマイナスにするわけだから、実質金利も当然に低下する。実質金利を下げて、経済をよい状態にするという意味では、同じである。

自然利子率を高めるべきか

ここでは実体経済をよくするために、なんとか金利を下げようという発想で考えているが、そもそも自然利子率が低すぎるのが問題で、それを正さなければならないという議論もあり得る。日本経済の効率を高めて成長率を高くすることができれば、自然利子率も高まるので、金融政策でなんとかして金利を下げなくてもよくなる。そのためには成長戦略が大事だという議論である。実質成長率を高めて、自然利子率を高めるというのは、議論としてはわかる。しかし、ではどうやって、どのくらい成長率を高めることができるのかという具体論はほとんどない（現実に行われている成長戦略を見ると、効果的なものはほとんどないようである〔村上［2018］〕）。

そもそも、先進国のなかで、日本の実質経済成長率は低いが、人口当たりでは中くらい、経済活動人口（15〜64歳人口）当たりでは高い国になっている。１９７０年代までの中国、１９８０年代までのインドのように、きわめて非効率な統制経済を自由化すれば容易に成長率を高めることができるが、かなり自由な経済をもっと自由な経済にして、一挙に成長率を高めることは難しい。もちろん、私は自然利子率を引き上げることのできる正しい成長戦略の実行には大賛成である。金融政策で実質利子率を引き下げ、経済を刺激することと両方実行すればなおよいだけである。この考えは、その後、多くの政策委員に共有されるようになっている（《２０１５年７月20日　白い日銀と黒い日銀の間での議論は嚙み合わない》参照）。

また、金利をなんとか下げようという発想に対して、金利を下げれば債券市場の機能が低下するから、金利を下げるべきではないという議論もある。しかし、そのような議論は、債券市場が、金利が実体経済を良好な状態にもっていけるだけ金利を低下させることができない、という機能不全を起こしているということを忘れている。

ゼロ金利政策と長短金利差の縮小

ゼロ金利政策の導入後、長短金利差が縮小、つまり、同時点での期間ごとの金利を横軸に書いたイールドカーブが寝てしまった。これについて、金融機関の利益を損ない、ひいては金融緩和効果をかえって阻害するものだという議論がある。確かに、金融機関とは資金を短期で調達して長期で運用するものだから、イールドカーブが立っていれば利益は大きく、寝ていれば利益は小さくなる。しかし、これだけでは本来銀行が期待されている金融仲介機能として十分ではない。

金融仲介機能とは、貯蓄超過部門である家計から貯蓄を集め、貯蓄不足部門である企業に、その投資プロジェクトの収益性を審査して貸し出すことだ。ところが、現在、企業は貯蓄超過部門になり、お金を借りてくれない。企業が貯蓄をため込んで投資をしないのは、デフレが長期にわたって続き、投資意欲を減退させているからでもある。デフレが終われば、企業は投資意欲を取り戻し、銀行からの借入需要も増大するはずだ。すなわち、銀行の貸出も増大し、銀行の利益も上がる。

また、量的・質的金融緩和の開始以来、銀行の利益は高い水準で安定している（これは2017年まで続いた。原田［2017.11］図6参照）。これは景気好転によって貸出先企業の経営が改善し、貸倒れコスト（信用コスト）が減少しているからだ。

さらに、量的・質的金融緩和以来、銀行貸出は増えている。貸出が増えているのだから、銀行には量的・質的金融緩和を歓迎していただきたいのだが、銀行にとっての問題は、貸出以上に預金が増えてしまっていることだ。もちろん、信用創造のメカニズムによって貸出が増えれば預金も増えるのだが、それにしても増えすぎである。

4月14日（木）熊本地震の発生

読者にも熊本城が破壊されたシーンが生々しく記憶に残っておられるだろう。日銀は金融政策だけでなく、実際に民間銀行を通じて現金を流通させたり、日銀ネットというコンピュータシステムを用いて銀行同士のお金のやり取りを便利で安全確実に行うという実務を行っている。資金のやり取りに齟齬を生じさせては大変な混乱が起きてしまう。そういうことがないようにしなければならない。

天変地異が起きると、間違ってはいけない業務を間違えずに行うことは大変である。個人的にも不幸に遭われた職員もおられたなか、職員は懸命に働き、近隣支店、本店からも人を送って業務が混乱なく行えるように尽力した。危機時には現金が必要になる。災害のなかで現金を運ぶだけでも大変である。

熊本地震の前でも後でも、地震、台風、洪水、自然災害のたびに、非常事態においての業務継続の努力が遂行される。私は、たまたま2016年2月17～18日に熊本支店に出張していたので、なおさら実務を取り仕切る方々の大変さについての感慨がある。

その後も、災害が起こるたびに、日銀支店、それを支える本店は大変な努力を要請される。日銀は、金融政策だけでなく、通貨という国民のための基本インフラを提供するという実務を行う大組織なのだと実感する。

4月28日（木）

日銀は銀行と仲良くやっていかなければならないという日銀OB

経済同友会創立70周年記念懇談会（於帝国ホテル）で会った日銀OB氏は、「（マイナス金利政策に関連して）日銀は市場との対話に失敗した。株は下がっている。日銀は金融機関との関係で何でもできるというわけではない。日銀にはそんな権限を与えられていないのだ」と言う。大胆な金融緩和に反対の日銀OBは多いが、これまで反対の理屈がよくわからなかった。しかし、これでわかった。日銀は銀行と仲良くやっていかなければならない。銀行が金利を下げたら困ると言うなら下げてはいけないし、上げたらいけないと言えば上げてはいけないのである。

しかし、デフレで最終的に困っているのも銀行である。もっと早い時期に金利を下げていれば、デフレにもならず、名目金利も上がっていたが、金利下げに反対していたから、こうなってしまった（金利がこのように動くことを《2018年1月4日「そろそろ緩和を止めたら？」》で説明している）。銀行も早い段階での利下げを求めていればよかったのに、過去の自分の誤った判断で困っているのである。ある日銀高官は、「デフレ脱却と言ったって、1990年代の早いうちにやっていれば簡単だったが、これだけデフレが続くとそう簡単ではない」と私に言った。

金本位制への復帰もつまらないノリでしてしまったこと

今から考えると、なんであんな判断をしたのかわからないということは歴史上いくらでもある。第2次世界大戦の前も、日本がアメリカと戦うなんてことをせず、中国の北のはずれでちまちまと戦争をしているだけだったら、今でも軍人は大威張りでいられただろう。1980年代末の不動産バブルも、適当なところで止めていれば、金融業は気楽な商売だったかもしれない（国際化と自由化で気楽とはいかないが、不良不動産の処理で苦労せずに済んだ）。いい加減なアパートローンやシェアハウスへのローンで大失敗したスルガ銀行も途中で止めておけばよかった。行員にとっては雲上人だったスルガ銀行のオーナーは、ほぼ全財産を失って追い出された。

1930年代の金本位制復帰の大失敗も、なぜそうなったのかはよくわからない。当時、東洋経済新報社の社主で、ジャーナリスト、エコノミストの石橋湛山《たんざん》（戦後、短期間だが、蔵相、首相を務めた）は、1930年の昭和恐慌の原因、その回復策について見事な分析と提言を残しているが（実際に回復策を行ったのは高橋是清《これきよ》蔵相。原田・和田［2016］参照）、なぜ金本位制への復帰（割高の為替レートを採用するデフレ政策）、緊縮政策が行われたかについてはよくわからない（原田［2019.3.6］参照）。

その理由について、石橋は1929年9月に次のように書いている。

「いずれの国でも同様であるが、近頃の経済界の世論は、大金融資本家閥に作られている。金解禁問題（金本位制への復帰）にしてもそのとおりで、大金融資本家の手先であり、代表である東京及び大阪の大きな銀行が動き出すまでは、政府も一向この問題に気を留めず、新聞も雑誌も騒がない。しかるに実は4、5の大銀行が、金解禁即行すべしと政府に建議すると、それが全国何千何百の銀行の一致した意見であり、財界全体の世論でもあるように、世人は受け取る。あえて大銀行が、左様に受け取ってくれと世に強制するわけでもなくても、彼等の経済界における勢力が、自らその様な結果をもたらすのである。我が国の新聞雑誌の大多数が旧平価金解禁即行論を主張しているのも、自ら覚《さと》らずして、記者の頭が大金融資本に同化され、彼らの代弁を務めているのである。正直な、しかし経済問題に就《つい》ては全く素人の浜口首相が、大金融資本家の意見すなわち経済界の世論すなわち国利民福を増進する第一策と思い込んだのも無理ではない。井上蔵相に至っては、もとより初めより大金融資本閥内に遊泳せる人で、その思想が一歩も外に出でないことは問うまでもない。以上のごとき次第で、現内閣の金解禁策及びその準備とし実行せられている緊縮政策は、大金融資本閥の要求を代表するものであるから、其《そ》の政策の結果が大金融資本家以外の者にいかなる利害を与えうるかについてはほとんど考えられていない。……多数の中小銀行には実ははなはだ迷惑だ。では彼等はなぜ金解禁に反対せぬかと云えば、下手に反対意見でも出したら、彼の銀行は内容が怪しいから、金解禁を恐れるのだなど、とんでもない疑いを世間から受ける危険があるからである」と。

石橋は、この後、金解禁が生糸価格を下げて養蚕を危機に陥らせ、地方の銀行に困難が生ずることを説明する。「その様な混雑が経済界に起これば、その都度事業を併合し、勢力を増して行くは、いわゆる大金融資本閥だけである」と述べている（石橋［1971］64～67頁）。

しかし、実際には経済全体が急激に縮小し、大銀行にも利益はなかった。石橋が、大銀行が金本位制への早期復帰を求めた理由を、「その都度事業を併合し、勢力を増して行」くことができるからだとしているが、結果としては、昭和恐慌は、大銀行にとっても犠牲が大きすぎた。

5月9日（月）　櫻井眞審議委員の濡れ衣

櫻井眞氏は、日本輸出入銀行（現・国際協力銀行）入行後、三井海上基礎研究所国際金融研究センター所長などを歴任した後、4月1日、審議委員に任命された。

ところが、任命後まもなく、同氏の「東京大学大学院経済学研究科博士課程修了」との経歴が学歴詐称《さしょう》であるとの『週刊ポスト』記事（2016年5月9日号）が出て大騒ぎになった。しかし、これはまったくの誤解である。

現在の若い学者は、ほとんどが博士号を持っているが、1990年以前、日本の博士号は退官間もない教授の大著に対するご褒美のようなもので、ほとんどの学者が博士号を持っていなかった（これは文系の話で、理系においてはかなり早くから博士号を取得できるようになっていた）。しかし、博士課程には進学しているので、「博士課程修了」と略歴に書くことが慣習化していた。

その後、文部科学省の解釈が厳密になり、博士論文が認められて初めて修了なのだから、博士論文のないものは「博士課程単位取得退学」と書くようにとの指導があった。２０００年頃から、この指導が実効性を持つようになり、若手学者の著者紹介欄では徐々に、「博士課程単位取得退学」という学歴が使われるようになった。しかし、「博士課程修了」という略歴も依然として残っていたのである。

この問題で、日銀事務局は振り回され、釈明に時間をかけていた。私は、図書館に行って著者紹介欄をコピーしてくれれば誤解であるとすぐわかると日銀事務局に提言したが、受け入れてはくれなかった。自分でざっと調べたが、２０１５年頃にはかなりの人が、「博士課程単位取得退学」と書くようになっていたようである。この騒ぎ以来、おそらく１００％になったのではないかと思う。

このような騒ぎが起きるのは、ＱＱＥに対する悪意があるからだと思う。櫻井氏は任命当初、リフレ派として送り込まれたと書かれていたので、あらゆることをＱＱＥの否定に結び付けたい人々からの攻撃を受けたのであろう。しかし、博士課程単位取得退学で「博士課程修了」という略歴を使っていた学者は、ＱＱＥに批判的な学者にも多かったのだから、なんでこんなことで騒いだのかわからない。週刊誌記者が、ＱＱＥに批判的な学者かジャーナリストに、ほとんど取材なしで楽に評判になる記事を書けると焚き付けられて書いたのではないかと思う。

ただし、櫻井委員はその後、リフレ派ではなくむしろタカ派に近いと見なされるようになった。

5月19日（木）

マイナス金利の導入以来、金融機関の日銀に対する不満が高まり、それを公然と述べるようになった

マイナス金利導入直後、マーケットや金融機関の不満の発言は聞かれたが、政策委員（総裁、両副総裁、６審議委員）を含む日銀高官の大勢は、そのような発言はあまり気にしていないように思えた。日銀内から漏れ聞く議論を私なりにまとめると、「マイナス金利で銀行が困ることはわかるが、０・１％のマイナス金利が適用されるのは20兆円、２１０兆円分には０・１％を付利されている。差し引きでは大変な既得権益だ。金利が下がれば国債売却益が出る。金利収入と売却益を総合して考えられないのは銀行経営の欠陥だ。改革が必要なのは銀行業。国債を持っているだけで儲かること自体がおかしい。量的・質的金融緩和以来、短資市場は10分の１になったから、短資会社に雇われているエコノミストが怒るのはわかる。しかし、ＦＸという新しい仕事で儲けている短資会社もある」ということだった。

また、マイナス金利に銀行が怒ったのは、「銀行は、１月から来年度の収益計画を考える。そのときに、マイナス金利などをされては残業して作った計画案がダメになる。だから怒ったのだ」という話も聞いた。当時、自民党政策調査会長だった稲田朋美衆議院議員には、３月のＩＮＥＳ（Institute for New Era Strategy、新時代戦略研究所）研究朝食会で、「マイナス金利は２％物価目標達成のための日銀の不退転の覚悟を示したもの」と言っていただいた。

当初は、それほど敵対的なものではなかった

マイナス金利導入直後の銀行界の公式な反応は、それほど敵対的なものではなかった。2016年2月18日の定例記者会見で、全国銀行協会会長（佐藤康博《やすひろ》みずほフィナンシャルグループ社長）は、マイナス金利政策について、「様々なリスクが増大するなか、日本経済の下振れを未然に防ぎ、デフレからの脱却を確実にするという日本銀行の強い決意を反映したもの」と答えていた。ただし、地銀などではもっと早くから金利低下への不満が聞かれていた。金利が下がると長短金利差が縮小して困ると言っていた。

5月19日の定例記者会見で、全国銀行協会会長（國部《くにべ》毅《たけし》三井住友銀行頭取）は、「マイナス金利の導入により、預貸金利鞘が縮小するため、……銀行の損失吸収力が低下し、……金融仲介機能の制約につながっていく可能性も否定できない。……ただし、金融政策の効果が実現されていけば、わが国経済がデフレから脱却し、……中期的には銀行収益にもポジティブな影響が出てくると見ている」と、マイナス金利についてはある程度前向きに答えている。

しかし、後になってわかったことだが、4か月後の9月15日の会長（國部会長）定例記者会見では、「マイナス金利政策についてであるが、……前向きな投資等の動きは増えていない。……日本の銀行はいわゆる預超状態（貸出より預金が多いということ——筆者注）にあって、……マイナス金利の下で、預貸金利鞘が縮小し、収益のマイナス圧力となっている。わが国がすでに歴史的な低金利水準にあるなかで、私どものお客さまからは、マイナス金利政策によって前向きな活動を促進するという声はあまり聞こえてこない」となる。

つまり、最初はマイナス金利政策の景気刺激効果に期待していたのだが、その効果があまり見ら

れないことを感じるにつれて、マイナス金利の利鞘縮小効果に反発が強くなっていったのだろう。しかし、貸出以上に預金が増える状態だからマイナス金利が困ると言われても困る。貸出以上に預金が集まるとは、商品が売れないのに商品を仕入れている状況だ。まともな企業なら在庫整理をしないといけないのに、銀行は在庫整理をしないで日銀に文句を言っている。このことについての私の考えは、《２０１８年11月６日　長期の金融緩和と金融機関経営の関係》でまとめて論じたい。

学者もマイナス金利に反対する

海外投資家と同行して日銀を訪問してきた河野龍太郎ＢＮＰパリバ証券チーフエコノミストは、「マイナス金利が金融機関の負担になっているから政治的な反対が強い。０・１％の付利が貴重な収益源」と言った。

マイナス金利政策導入には、エコノミストばかりでなく、金融学者の反発も強かった。２０１６年３月４日の「フジプライムニュースの夕べ」という会合では、高偏差値大学のある学者は、マイナス金利にして「地銀が潰れたらどうするんだ。ヤバいものに手を出したらどうするんだ」と私に言った。後に２０１６年12月１日のロイター金融経済有識者懇談会で、やはり高偏差値大学の別の教授は、「学生は銀行に就職活動に行って、量的・質的金融緩和のお蔭で金利が低下し、利鞘が取れなくて困っているという話を聞き、皆が反金融緩和政策になって帰ってくる」と言っていた。経済学者に反リフレ派が多いのは、このような学生の意見に影響されているのかもしれない。ＱＱＥのお蔭で、新卒の雇用状況がバブル期並みに改善しているにもかかわらず、高偏差値大学の学生は、その恩恵を認識できないらしい。

雇用状況の改善をどう認識するかは、高偏差値大学と低偏差値大学（申しわけないが）の学生および教官では違いがある。高偏差値大学では、いつも一定の求人があるので、雇用情勢の改善をなかなか認知できない。一方、低偏差値大学では景気によって求人が大きく変動するので、QQEの恩恵を認識できるようだ。

実際、2018年9月、私が慶應義塾大学で日本の財政について報告した機会に、セミナーにご参加いただいた教官に景気と新卒雇用の関係を聞いたら、一橋大学のある教授は「景気によって学生の雇用状況が変動することを認識できない」と言っていた。一方、高偏差値でない（ごめんなさい）大学の先生たちには、QQEのお蔭で学生の雇用がよくなっていることを認めていただいた。

5月30日（月）金融緩和に反対の経済学者たち②

日銀のスタッフがある大学のセミナーで、金融経済学者たちにマイナス金利政策について報告したところ、きわめて否定的な反応を得たと聞いた。マイナス金利で金融機関の経営が大変になるという反応である。すると、コーディネーターを務めていた学者が、「そんなに批判的なことを言うと、もう説明に来てくれないよ」ととりなしたという。日銀のスタッフを呼ぶことに意味があり、国民にとってどのような金融政策が望ましいのかを議論することより大事だというのである。

この月には、金融緩和に反対の経済学者と話す機会が何度かあったので、そのことをまとめて書いておきたい。月の初めに会った経済学者は、イールドカーブのフラット化（長短金利差の縮小）が銀行収益を押し下げること、外貨調達コストが高くなることを盛んに懸念していた（なぜそうなるかは、《２０１７年３月１日　失敗した市場関係者が文句を言う》の「円転コストが高いのは日銀のせい!?」参照）。私は、「お金を借りる人がいないのに銀行がお店を開いていても儲けるのは無理。商店街はシャッター通りになっているのに、昔そこにお金を貸していた金融機関はまだお店を開いている。無理なことをしているから儲からないのだ」と答えた。

さらに、「金利を下げても将来の需要を前倒しするだけで、長期的に経済を改善することにはならない」という議論も聞いた。この議論は、多くの金融学者やエコノミストに支持されている（翁［2016］、河野［2016］）。

しかし、金利を引き下げたことによって雇用が継続的に改善している。実質ＧＤＰも、消費税増税のマイナスのショックはあったものの、ほぼ継続的に増加している。ＱＱＥによって、株価が上がり、為替が安定している。株価は長期の利益の期待で決まるものだから、ＱＱＥが将来の需要を現在に持ってきているだけなら株価が上がらないはずである。もちろん、株価が将来の利益をいつも正しく予測しているとは思わない。しかし、ＱＱE以前、７０００円にすぎなかった日経平均が、1万５０００円を超えている。株価が長期にわたって間違えているとは思えない。

為替の安定で、多くの外国人観光客が日本に来ている。これは、将来来るべき観光客が今来ているだけで、今後は来なくなるのだから、将来はかえって貧しくなると理解すべきだというのだろうか。およそ馬鹿げた議論だとしか思えない。現実感覚を持つことが一番大事なエコノミストとしてどうかしている。

6月1日（水）

消費税増税の延期決定

２０１４年４月に消費税を５％から８％に引き上げ、さらに２０１５年10月に10％に引き上げることが予定されていたが、２０１４年11月には10％への引き上げを２０１７年４月に１年半先延ばしすることが決定されていた。消費税８％引き上げ後の消費の落ち込みを見れば、当然の措置だったろう。しかし、すでに述べたように、２０１６年も景気は今一つの状況が続いていた。そこで２０１６年６月１日には、10％への引き上げを２０１９年10月にと再度１年半延期し、さらに軽減税率を導入することが正式に決定された。

決まっていることを変えるには、総理といえども政治的エネルギーがいる。２０１６年５月の主要国首脳会議では、各国首脳に、世界経済に危機が迫っていると説明し、Ｇ７首脳宣言では、財政金融の拡張策で危機を克服するという言葉が入った。財政保守派のメルケル独首相とキャメロン英首相以外は賛同したようである。消費税の引き上げ延期の前哨《ぜんしょう》戦を行ったことになる。

私はこの件の経緯に詳しいわけではないが、５月頃には、何人かの方々から意見を求められた。「事実として景気はよくなく（２０１５年の後半からマイナス成長が続き、２０１６年１～３月期にはプラスになったが、平均すれば３四半期でゼロ成長だった）、物価上昇のモメンタムは低下している、財政支出は人口の増加や人的資本の質を高めるものであることが大事、特に、働くことを妨げる制度を改正し、労働力を増やす改革（女性や高齢者の労働意欲を削ぐ制度を改善）が必要。これは短期的にも効果が大きいはず」と述べた。財政が拡張的であれば、金融政策の効果は高まるので、増税延期は心強い。

財政拡張と言えば公共投資の増額となるが、私は、公共投資は、一般的には効率が低く望ましいものではないと思っている（理由は、原田［2012］に具体例を入れて縷々述べている）。ただし、その後の外国人旅行客の増加で、到底採算は取れないと思われていた空港までもが活況を呈している。金利が下がっているので、採算の取れる公共事業は増加しているとは思っている。また、後知恵であるが、八田達夫アジア成長研究所理事長が提案しているような、既存のインフラをうまく組み合わせて効果を高めるような公共投資を見出すことは望ましいと思っている（八田氏は、福岡空港と北九州空港をトンネルの新幹線で結び一体運用することを提言している。八田［2019］参照）。

そもそも財政拡張については、政府支出を増やしても税収を減らしても同じだから、減税が望ましいと思っている。であれば、消費税であれなんであれ、増税しないことが、とりあえずは一番よいことになる（日本のこれまでの財政赤字をどうするかということについては、《２０１８年４月14日　リフレ政策が財政再建に役立っていることを認めない財政学者たち》を参照）。

この前後、岩田規久男副総裁から、櫻井眞審議委員も含め、追加的金融政策についての相談を受けた。これは岩田規久男［2018］第5章に詳しいので、ここでは簡単に書くだけでよいだろう。さまざまに議論したが、消費税増税が延期されたこと、7月のＥＴＦ（上場投資信託）の買い増し、9月に向けての「検証」（9月21日の記述を参照）などが決定されたこと、株価の下落と円の上昇が一服したことなどから、議論を整理するだけで終わった。

岩田副総裁は、金融政策だけで物価目標を達成するのは困難で、財政政策との相乗作用に頼る必要があるという考えを強めたようである。この考えは、岩田規久男［2018］第6章、岩田規久男

［2019］第5章で説明されている。私自身の考えは、《2019年6月16日　世界的低金利のなかで日銀は何ができるか》にある。

6月17日（金）　黒田総裁の険しい顔をマスコミが載せるようになった

マスコミが、金融政策がうまくいっていないと書いて、総裁の険しい顔の写真を載せるようになった。後になってからだが、日銀の広報に、「これはよろしくない。ジャニーズ事務所は所属スターの不愉快そうな顔がマスコミで掲載されたら潰しにかかるだろう」と言ったら、「当行はジャニーズ事務所ではありませんので、なかなか難しい」と答える。マスコミは批判するのが仕事だから、批判は構わないが、それが的外れであるのは困る。

三菱東京UFJ銀行（現・三菱UFJ銀行）が6月17日にプライマリーディーラー（PD、国債市場特別参加者）を返上するということも、QQEの限界を示すものと報道された（限界論のよくまとまった記事は、「特集　もう買えない！　国債」『週刊エコノミスト』2016年11月22日号）。実際の返上は、7月15日のことである。

PDとは、アメリカ国債市場のPD制度にならったもので、国債の発行主体である財務省と国債市場の動向に関して意見交換することができるが、毎回の国債の入札に参加して、一定の応札・落札の義務を持つというものである。PD返上は銀行のマイナス金利への反乱だ、などという報道もあったが、QQEとは、金融機関に国債なんか買わないでもっと頭を使って儲かる投資先を探してくださいと促すものなのだから、PD返上は、QQEの効果が浸透していることを示すものである。

なんでこれがQQEの限界を示すことになるのかまったくわからない。

一方、その後会った新聞社の編集委員は、「マーケットの人が言っていることはすべてポジショントーク（株式市場や為替市場にポジション、資金を張っている関係者が、自分の利益になるように話をすること。一般に、自分の立場に有利になるような発言）」「日銀を批判するのは、債券運用と短資の人」と言う。その利害関係はすでに説明している。私は、「報道機関が公衆に伝えるべきは、市場関係者の発言は、まずポジショントークにすぎないということであるべきだ。『朝日』『毎日』『東京』が安倍嫌いでアベノミクスを非難するのはよいが、非難の根拠が債券運用者の発言ではさみしい」と言ったが、本当にさみしい。

日銀職員が、「新聞はなんで銀行の言うことを聞いて日銀の批判ばかりを書くのか」と愚痴っていたが、まったく私も愚痴りたい。おそらく、何か政府・日銀の批判をしなければならないが、自分では考えつかないので、銀行の言うことをそのまま書いているのだろう。銀行の立派な肩書きの人の意見を書いていれば、自分は何も考えなくてよいし、責任も取らなくて済むからだろう。

後に、ハーバード大学教授の書いたファイナンスの本（デサイ［2020］）を読んだが、その第3章には、マーケットに流れている言論が、いかに歪んだインセンティブに駆られたものなのかをきちんと説明してある。ハーバード大学は、大人をつくると感心した。日本のマスコミ人にも、この程度のものは読んでいただきたい。

マスコミではないが、民進党（現在は立憲民主党、国民民主党、無所属に分裂）は7月10日の参院選向けの公約で、「マイナス金利を撤回させます」と言っている。直前まで、日本銀行の独立性を守れと言っていたはずだが、日銀の独立性とは矛盾しないのだろうか。民進党は、選挙の結果、62

議席から13議席減らして49議席となった。

7月8日（金）　為替レートについて議論する

日銀高官と為替レートに関して議論する機会があった。一部の経済学者やエコノミストには、「円高と言っても実質為替レートでみれば高くない」という議論がある。円高になっても、日本の物価がアメリカよりも上がっていなければ、競争力は落ちず、実質的には円高になっていないという主張である。

しかし、これは因果関係が逆だ。円高になれば、製品が売れなくなる。やむなく製品価格を切り下げる。そのために、利潤が圧縮され、従業員の賃金、特にボーナスもカットし、下請け企業にも価格引き下げを求める。結果として、物価が下がって、競争力がそれほど低下していないように見えるだけである。円高で利潤が圧縮されれば投資、特に研究開発投資が削減され、従業員の士気も下がる。さらには、円高には、工場をたたむ、海外に移すという臨界点がある。臨界点を超えた円高は、工場のある地域経済を疲弊させる。

後に、政井貴子審議委員が、故郷、愛媛県今治《いまばり》市の造船業の話を書いているのを読んだ。「早くから世界を相手にした造船業も、実は為替に翻弄されてきた歴史が長い。1971年のニクソン・ショック、85年のプラザ合意。円高を機に不況の荒波にもまれ、市民生活にも影を落とした」（政井［2018］）と書いている。政井委員は、因果関係を取り違えるような経済学者ではなく、地に足が付いた人だ。地域経済を疲弊させないためにも、為替の安定が重要だと信じている人だと思った。

また、日本以外の国は、為替レートが上下に変動しているだけで元に戻っている。日本では、円高のトレンドがある。トレンドがあるなら、企業は早め早めに工場をたたんで海外に移転しようとする。２０１６年には円高が進み、経済も停滞したが、16年後半から回復を始めた。幸いなことに、大胆な金融緩和の実施以来、長期的に見れば、円高のトレンドは消えたようである。

7月29日（金）
金融政策決定会合――ＥＴＦの買い入れ額を倍にする

当時の日本経済は輸出、生産に回復の兆しはあったが、力強さには欠けていた。円高と株安も続き不安定な状況にあった。雇用は伸びていたが、コストと需要の両面から物価を引き上げる賃金上昇率は頭打ちとなっていた。生鮮食品とエネルギーを除く消費者物価上昇率も１％を割っていた。これには世界経済への不安もあった。このような危険に対処する手段としては、「量」「質」「金利」と３つの次元での対応が考えられるが、今回、世界経済のリスクが大きいことを考えると、「質」の面のリスク対応型の手段として、ＥＴＦのさらなる買い増しが考えられた。

ＥＴＦを購入するとは、民間企業の株式を購入することであるから、おのずと限度がある。個々の企業の経営に容喙《ようかい》するわけではなく、上場されている株式の平均を購入するだけであるが、その比重が大きくなれば、市場経済の原則と背反する可能性はある。しかし、当時年３兆円の買い入れだったＥＴＦの買い入れ額を６兆円に増やすことは容認できると考えた。問題はあるが、世界経済のリスクが国内に波及し、物価の基調を危うくいものにするリスクを避けることがより重要と考えた。

金融政策決定会合（７月28～29日）の議決は、買い入れ増額賛成７票、反対２票だった。反対は佐藤、木内委員である。反対者は、景気が悪くなると予想しているときにも緩和反対なのだから、いつでも反対するのは当然である。その後、株価は落ち着き、世界景気の回復とともに経済も株価も上昇している。

8月25日（木）　サンフランシスコに行って日本の弱さを知る

金融政策のグローバル化のお蔭か、金融政策決定会合もだいたい主要国中銀の同様の会議日程に合わせるようになった。夏休み期間中はこの会議がないので、それなりに長期休暇を取れる。娘夫婦と孫に会いにサンフランシスコに行った。個人的なことを書くのは、どうしても伝えたいことが5つあるからだ。

第1は、サムソン製の大型洗濯機だ。洗い物から出てくるほこり取り機能が優れており、大量の洗濯物が簡単に乾く。ただし、音はうるさい。日本のものは小型化や細かな機能を考えすぎて、基本的機能が犠牲になっているのではないか。

第2は、スマホ（スマートフォン）の広範な活用である。テレビはスマホと同期して選局、ビデオ・オン・デマンド（見たい過去の番組や映画の呼び出し）をしてくれる（これは現在日本でも一般的になった）。カーナビ（カーナビゲーション）もスマホで、カーナビ自体は単なるスクリーンである。日本のように、近くで案内を終了されることはない。スマホのグーグルマップが出て目的地まで連れて行ってくれる。スマホの性能が高いのか、通信衛星がよいのか、道が広くて碁盤目だからかはわからない。

第3は、孫の保育園探しで出会った、アメリカの保育園の園長である。2001年、大阪教育大学附属池田小学校で児童8名が殺害され、児童13名、教諭2人が傷害を負った事件に触れ、「小僧1人に職員は何をしていたのか。私の職員には、子どもたちが襲われたとき、あなたは助ける覚悟があるのか、と問いただした」と言う（ただし園長の発言は誤解で、日本でも教諭2人が傷害を負ったのだから、もちろん覚悟があったのだ）。誤解ではあったが、戦う民主主義の国であることに感銘を受けた。

第4に、高級レストラン（ステーキハウスであるが）でも子どもOKで、塗り絵とクレヨンをくれる。日本ではファミレスでもプラスチックのおもちゃだけだ。アメリカは、子どもを大事にしている国だと思った。

第5に、娘の「ママ友」のご主人の言葉である。『トイ・ストーリー』『ファインディング・ニモ』『インサイド・ヘッド』などのアニメを制作したピクサーに勤務している彼は、日本のアニメの大ファンなのだが、スタジオ・ジブリの宮崎アニメについて、「過去に成功した自分を真似て、新しい才能を導入していない。それでは新しいものほど劣化する」と言った。日本の組織のすべてに言えることではないだろうか。

9月21日（水）

「総括的な検証」と「長短金利操作付き量的・質的金融緩和」政策

QQE後の日本経済を見ると、前掲図2－3にも見るように、物価の上昇は頓挫《とんざ》している。20

14年10月にはマネタリーベースの増額、2016年1月にはマイナス金利政策、7月にはETFの買い入れ額の倍増などの金融緩和を行ったにもかかわらず、物価の増勢は鈍化したままだ。デフレではない状況は作れたものの、2%の物価上昇の目標は達成できていない。

雇用環境の改善はすでに何度か述べたとおりだ。雇用の改善は大都市だけのことではなく、全国に波及している。2016年6月には、すべての県で有効求人倍率が1を超えた。

このような状況のなかで、9月21日の金融政策決定会合において、「『量的・質的金融緩和』導入以降の経済・物価動向と政策効果についての総括的な検証」という文書を発表するとともに、この文書の分析に基づいて、「長短金利操作付き量的・質的金融緩和」政策という新しい金融政策の枠組みを公表した。

日本銀行の「総括的な検証」の概要

日本銀行の「総括的な検証」は、概略、以下のように述べている。QQEは、まず、第1に、予想物価上昇率を引き上げて実質金利を低下させた。その結果、経済は好転し、物価の持続的な下落という意味でのデフレではなくなった。

第2に、にもかかわらず、2%の目標は実現できなかった。その理由は、予想物価上昇率が、消費税増税後の需要の弱さ、世界経済の減速と国際金融市場の不安定な動きにより、現実の消費者物価の下落が続いたことがある。この足元の物価が適合的に予想物価上昇率に影響を与え、予想物価上昇率の低下が、現実の物価も下落させてしまった。

第3に、なぜ予想物価上昇率が低下したかというと、現実の物価上昇率が低いからである。このなかで物価を上げるには、フォワード・ルッキングな（先を見越した、将来を考えた）期待形成の役割が重要になる。マネタリーベースの拡大は、「物価安定の目標」に対するコミットメントと合わせて、金融政策レジーム（金融政策全般の考え方、体制。レジームという考え方については、《２０１８年10月２日『デフレと戦う――金融政策の有効性　レジーム転換の実証分析』が発刊された》を参照）の変化をもたらし、予想物価上昇率の押し上げに寄与したと考えられる。

第４に、マイナス金利と国債買い入れの組み合わせにより、中央銀行がイールドカーブ全般に大きな影響を与えられることが明らかになった。

第５に、イールドカーブ引き下げと形状の変化が、経済全般にさまざまな影響を与えるということである。ここで、超長期の金利が下がるより、中短期の金利が低下したほうが経済への刺激効果は、少なくとも、これまでは大きかったとわかった。

「長短金利操作付き量的・質的金融緩和」政策について

以上の「総括的な検証」に基づき、９月21日、日銀は「長短金利操作付き量的・質的金融緩和」政策を決定した。この政策と私の考えを次に述べる（原田［2016.10］による）。

新たな政策として、①長短金利を同時にコントロールするため、短期金利にこれまでと同じマイナス０・１％の金利を適用するとともに、10年物の国債金利がおおむね現状の０％程度で推移するように長期国債を買い入れることとした（つまり、「長短金利操作付き量的・質的金融緩和」政策、イールドカーブ・コントロール政策である）。これは、マイナス金利政策がイールドカーブを過度に寝かせてしまい、それが銀行の収益に悪影響を与えることへの対処である。長期金利の上昇は経済にマイナスであろうが、経済をより刺激するのは中短期ゾーンの金利の低下なので、イールドカーブがわずかに急になっても経済を悪化させることはほとんどないだろうと私は考えた。

②オーバーシュート型コミットメントを行う。これは、消費者物価（生鮮食品を除く）の前年上昇率の実績が安定的に2％を超えるまでは、すなわち、一時的に2％を超えたとしても、マネタリーベースの拡大方針を続けるということである。これは、2006年3月の量的緩和の解除において、0％を少しでも上回ったなら解除すると誤解されてしまったように思われることから、是非とも必要なメッセージである。

当時、私は、「長短金利操作付き量的・質的金融緩和」政策により、2％のインフレ目標に向けて、着実に進むことができると考えていた。また、世界経済の急激な変化など、この達成が困難になる事態が生じれば、躊躇《ちゅうちょ》なく追加緩和をすべきだと考えていた。

ただし、イールドカーブ・コントロールは、経済にポジティブショックがあったときには、金利が上がろうとするのを、ゼロ金利に固定していることでショックを拡大して景気刺激効果を増幅するが、ネガティブショックのときには、金利が低下しようとするのを、80兆円の国債買い入れの目途が付いていることで受け流せるだけである（景気低下で金利が下がっても無理にゼロに戻そうとしないという意味である）。イールドカーブ・コントロールは、やや他力本願の性質がある。

9月30日（金）

金融緩和に反対の経済学者たち③
——第3回カナダ銀行・日本銀行共催ワークショップで

日銀は、さまざまな研究会を開催している。そのなかの１つ、９月30日に開催された第３回カナダ銀行・日本銀行共催ワークショップの終了後のパーティで、東大の植田和男教授は、通常の歓迎スピーチの機会に、わざわざメモを用意して、「長期金利の０％の金利のペッグ（マイナス金利政策とイールドカーブ・コントロールで、長短金利をある程度固定していることをペッグと表現した――筆者注）がハイパーインフレを引き起こす。金融機関経営が厳しくなり、金融仲介機能を壊して経済を悪化させる」と述べた。

私は、スピーチの順番を当てられていなかったのだが、すぐさま発言の機会を求めて反論した。「そもそも長期金利０％は２％インフレ目標を達成するためにしているのだから、２％に向けて物価が確実に上昇すれば金融政策は引き締めに向かう。いつまでも０％にしているわけではない。銀行の利鞘が縮小するのはトレンドで、必ずしも金融緩和をしているからではない。日本では事業会社が貯蓄超過で、２００兆円以上もの現預金を持っている。借りる必要がない。構造改革が一番必要なのは銀行だ。金融仲介部門が多すぎることがむしろ金融仲介機能を阻害している」と述べた。海外の出席者からは賛同を得られたが、残念ながら日本側の出席者からは反対も賛成もいずれの反応も得られなかった。

マスコミも金融緩和は嫌い

経済学者の影響だろうか、マスコミでも大胆な金融緩和が嫌いな人は多い。原真人《まこと》『朝日新聞』編集委員は、大胆な金融緩和への反対論を多々書いている。その内容は、原［2019］にまとめられている。この本で、フィッシャー方程式を逆に読んで、日銀が金利を下げるから自然利子率も下がる、失業率の低下は人口減少のためで金融政策は関係がないと言い張っている（フィッシャー方程式を逆に読むのを新フィッシャー主義という）。

フィッシャー方程式とは、インフレになれば名目金利もいずれ上がるというものである。それを逆に読むのは、人々の超合理的行動を仮定する合理的期待派の経済学者の一部が言い出したことだが、金利を上げればインフレになり、金利を下げればデフレになるといういかなる実証的証拠も見出せない。

そもそも、左派の人々に人気の故宇沢弘文東大教授は、「フリードマンとか、マネタリズムとか、合理的期待とかは、アメリカシロヒトリ（１９７０年代から80年代にかけて大発生したアメリカ原産の毒蛾）と同じで、駆除しなければいけない」と言っていたとのことである。私は、この発言を、経済企画庁（現・内閣府）の先輩の故新保生二氏から聞いた。新保さんは、マネタリズムに依拠した新保［1979］という著書があるので、宇沢教授からは、「新保君はフリードマンに騙《だま》されているんだよ」とも言われたという。

合理的期待派の経済学の嫌いな日本の左翼が新フィッシャー主義に依拠するなど、何を考えているのかという気がする。合理的期待学派から出発したコチャラコタ前ミネアポリス連銀総裁は、その意見を変えて、新フィッシャー主義は宗教的信仰と言っている（Kocherlakota［2016］。もう少しフォーマルな解説は、佐藤綾野［2020］参照）。

ともかく、よいことを大胆な金融緩和のお蔭と言いたくない人は多い。先述の原氏の本でも、「雇用環境の好転はアベノミクスの成果ではなく、明確に人口動態の問題である。１９９５年から減少に転じている日本の生産年齢（15～64歳）人口は、今も急ピッチで減っている」（１４７～１４

8頁）と書いている。

しかし、日本の人口が減り出したのは２００７年から、生産年齢人口が減り出したのは１９９６年から、若者（20～24歳）人口が減り出したのは１９９５年からだ。人口が減っていても１９９０年代央から２０００年代央（２００６～08年頃を除く）、リーマンショック後の数年間は就職氷河期だった（いつが氷河期かについて確たる共通認識があるわけではないが、連合総合生活開発研究所［2016］参照）。

新聞はなぜ銀行の言うことを聞くのか

この少し前、日銀の職員が私に、「新聞はなぜ銀行の主張に賛同するのか」と聞いてきた。私は、「おそらく、反安倍のマスコミとしては、安倍政権のしていることは、大胆な金融緩和を含め、なんとしても非難したいのだろう。しかし、なかなか非難のポイントも思いつかないので、銀行の批判に乗っているのだろう。新聞も、人口が減っていても雇用が悪化した時代があるのに、雇用改善は人口減のお蔭だと言い張るだけでは無理があると自分でも思っていたのではないか」と答えた。

さまざまな場面で、金融機関経営者からマイナス金利への不満を聞く。マイナス金利では、貸出金利や長期金利まで下がってしまい、預金金利をマイナスにするわけにもいかないので、利鞘が縮小し、儲からない。なんとか、マイナス金利を止めてほしいというのだ。日銀高官のなかには、「儲かるように考えるのが経営者の仕事」とこうした批判をあまり気にしない人もいたが、日銀の大勢は、だんだんと弱気になっているようだ。これには、マスコミが銀行の主張をそのまま書くからというのもあると思う。

この1か月ほど後、高偏差値大学のある先生に「東大でも一橋でも反金融緩和派の先生が多いのはなぜか」と問うと、「そんなことはない。一橋では反金融緩和派は約1名で変わっている人だし、東大で強硬なのはそもそも財政学者で、金融論やマクロ経済学の学者ではない」と言う。私は具体的に名前をあげて反論したが、受け入れてはもらえなかった。そもそも、金融緩和で財政状況が大幅に改善している（《2018年4月14日　リフレ政策が財政再建に役立っていることを認めない財政学者たち》参照）。財政均衡の大好きな財政学者は、なぜ金融緩和に反対なのだろうか。

10月21日（金）　危機でなぜ円高になるのか

危機で円高になるという不思議な現象がある。地震があったり、北朝鮮のミサイルが飛んできたりすれば、当然に円が下がるのが普通だろう。しかし、2011年3月11日の東日本大震災、2016年初頭、米国や世界の景気後退懸念が拡大したとき、円高となっていた。この理由は理解できないことが多いが、本日、面談した外資系投信会社のエコノミスト、投資責任者との議論は、この問題についてのもっともまとまった議論だったと思う。この議論（リパトリエーション）について、ここで説明しておきたい。

避難通貨論とリパトリエーション

円高になるためには、皆が円資産を買わなければならない。そのときの円資産は、とりあえず日本国債である。そもそも、なんで日本国債を持っているのかも不思議である。しばらく前に会った外国の民間および政府系投資ファンドの資産運用者たちは、これに関して、「世界での資産配分上、日本国債（ＪＧＢ：Japanese Government Bond）を持っている。ＪＧＢは米国債に次ぐ規模の世界的な資産。持たないわけにはいかない。ＪＧＢが危ないなら、他の国の国債はもっと危ない」「ＪＧＢは買ってもまた売れる。世界は日本よりも不安定」などと言う。

「日本経済の危機で円高になるのはなぜか」という私の問いに、彼らは「円が避難通貨になっている」と言う。「地政学的に脆弱《ぜいじゃく》で、高齢化が進み、財政赤字も大きい国がなぜ、いざというときに安心な避難通貨になっているのか」と問うと、「他の国はもっと危ない」。さらに、「日本が経済危機になれば、日本の会社は、その膨大な海外資産を売ってドルを手に入れ日本に持ち込む（リパトリエーション）。外貨の流入があるのだから、外貨の下落、すなわち円の上昇が起きる」と言う。

私が、「しかし、例えば大地震のことを考えてみると、壊れたものを立て直すために、外貨を円に換えて持ち込もうとするのはわかる。だが、その円で、外国のものを買って立て直す必要がある。結局、円を持ち込んでドルにしないといけない。震災で破壊された原子力発電所のことを考えてみれば明らかである。原子力発電所が動かなくなれば、石油やＬＮＧを輸入して、火力発電所を動かさなければならない。外貨が入って来ても、いずれ出ていくものだ」と言うと、「そんな先のことまで考えていない」と言う。

私には、むしろ、リーマンショックのような危機のときでも金融緩和をしなかったことが円高をもたらしたのではないかと思う。丸三証券経済調査部長の安達誠司氏（現・日銀審議委員）は、「金利が低くて、これ以上、何もできないと思われているから円高になる。量の拡大など、できるところをガツンと見せるべきだ」と言っていた。

外資系投信会社のエコノミストたちとは、国債金利の低下についても議論した。彼らは、日本の国債を買う理由として、「そもそも一定部分を円資産で持つことになっている。次にもっと高く買ってくれる人（日銀）がいるからだ」という。低金利については、「少しでも正の金利を持つ債券を探すという絶望的な競争がある」という。

10月25日（火）　原稿を書きたいと言って日銀事務局に断られる

たまたまある雑誌の編集者と会って、「金融政策の成果について書きたい」と言ったら、快く受諾された。もちろん、日銀事務局の承諾を得ないといけない。すぐさま日銀事務局に聞くと、しばらくして「この雑誌には執筆を控えてほしい」と言う。この雑誌は日銀の金融政策を非難ばかりしているので、控えることを求められたようだ。私は、「他の雑誌も新聞も同じで、『朝日新聞』の論説委員は、雇用がよくなったのは人口が減少しているからだと、わけのわからないことを言っている（《2016年9月30日　金融緩和に反対の経済学者たち③》参照）。日銀を非難していない雑誌はほとんどないのだから、日銀非難の雑誌には書けないと言っていたら、どこにも書けない」と言ったのだが、弁護士意見まで動員してダメだという。仕方がないので、ここに書くのはあきらめ、『週刊エコノミスト』誌に書くことになった。しかし、掲載は2017年1月24日号までかかった（《2017年1月16日　やっと掲載された「我々は皆リフレ派」》参照）。

10月26日（水）日銀は世間の動向を気にしている

日銀は世間の動向を気にしていて、新聞・雑誌・経済通信社報道、はてはネットまで、どんな報道があるかを包括的に調べ、審議委員にも教えてくれる。これ以上の金融緩和は無理という緩和の限界論、国債の大量買いは実質ヘリマネ（ヘリコプターマネー）ではないか、国債を大量に買ってインフレになったらどう制御するのかというコントローラビリティ問題、「消費税増税でインフレ・レジームが崩れ2％の物価目標が実現しない」論は2％達成ができないことを人のせいにしている、要するに「リフレ派の敗北だ」論、などという議論があると説明された。

前日の日記で金融政策の成果についての原稿を書きたかったと書いたのは、これらの議論に反論したかったからだ。上記の議論にはかなりテクニカルなものもあって、経済誌でも十分に反論を書くのは難しい面がある。私は、それよりも、大胆な金融緩和は雇用を拡大し、経済を成長させ、財政も改善していることを説明したかった。

11月6日（日）〜13日（日）アメリカ出張——トランプ新大統領の政策で確実なことは不動産価格を下げないこと

２０１６年11月6日から13日にかけて、アメリカ出張の機会を得られた。ワシントンとニューヨークを訪問し、ＦＲＢ、ＮＹ連銀、ＩＭＦ幹部、民間エコノミストらと面談した。これに加えて、ニューヨークでは、コロンビア大学で特別講義、同大教授陣との意見交換会、民間エコノミストとの討議も行った。

11月8日は大統領選挙の投票日なので、8日の前には、当然、ドナルド・トランプとヒラリー・クリントン、どちらが当選するかが話題になった。基本的には、東海岸のリベラル、グローバリストに面談したのだから、ヒラリーびいきだと思うのだが、勝敗の行方を占うのは皆慎重だった。結果、大方の予想を裏切って、トランプ大統領が誕生した。多くの方々との面談のうち、印象に残ったものについていくつか書いておく。

低金利とマイナス金利

なぜ米国および世界の金利が低いのかについては、さまざまな答えをいただいたが、「あまりよい答えは持っていない」という率直な答えが正しいようだ。低成長を反映して自然利子率が低く、インフレ期待も高まらないとすれば、マイナス金利は当然の選択である。コロンビア大学の先生からは、「インフレ率が2%と預金金利0%の組み合わせは、それぞれが0%とマイナス2%の組み合わせとは、実質値で見てまったく同じだ。なんで不満が出るのか」という力強い言葉をいただいたが、マイナス金利はアメリカでも受け入れられないようである。

「マイナス金利を受け入れるかどうかは文化の問題」との意見もあった。2016年1月の日銀のマイナス金利の決定は、文化の問題について鈍感だったのかもしれない。それに対応する方法は、付利の引き下げであったのかもしれない。もちろん、付利を引き下げても短期金利がマイナスになるかもしれないが、自然となるのと、日銀が意図してするのでは、社会の反応が異なるだろう。

アメリカのインフラはお粗末

アメリカのエコノミストのほとんどが、財政拡大でのインフラ整備に賛同していた。これには、ワシントン－ニューヨーク間の鉄道のお粗末さ、ニューヨークの空港への鉄道でのアクセスの悪さ、穴の空いている高速道路などを経験した日本の読者も同意いただけるだろう。日本はともかく、米国では公共事業がサプライサイドの強化のために必要である。日本で効率的な公共投資をできないのであれば、日本がアメリカの効率的なインフラに投資するのが日本にとって効率的、すなわち、アメリカの公共投資の拡大による需要増大を日本が経常収支の黒字によってファイナンスするのが最善となる。これは、安倍政権のインフラ輸出政策とも合致する。しかし、これは日本の経常収支黒字を拡大することだから、政治的な問題を招く可能性もある。

コロンビア大学のデイヴィッド・ワインシュタイン教授は、「トランプ新大統領の政策で1つ確実なことは、自分の不動産の価値を下げるようなことはしないということだ」と言う。地価を下げないとは株価を下げないというのとほぼ同じだろう。これを聞いて安定した経済政策を行ってもらえるものと私は期待した。

日本でもアメリカでも、新しい大統領は分別をもって仕事をするに違いないと思いたい心理がある。しかし、希望的観測が常に正しいとは限らない。ここでFRBに2％にインフレ率を保つというマンデート（Mandate、委任された権限という意味だが、権限の内容、すなわち2％インフレ目標を指すことがある）があるのは救いである。この目標を覆すのは難しいからである。政策上の明確な数量的歯止めは、政策を安定させるものである。

その後、中国との関係で予想不可能な関税政策を何度も繰り出すことになったトランプ大統領も、2％の物価目標を無視した金融緩和をしろとは言っていない。しかし、中国との経済関係では、トランプ大統領は、株価の乱高下を引き起こしている。

中央銀行の資本に意味がないというのは、アメリカのエコノミストの主流の考えだ。しかし、議会や政府との関係でさまざまな問題が生じうるのも事実だともいう。

失業率が下がって物価が上がらないというフィリップス・カーブ（フィリップス曲線）のフラット化は、本来はよいことで、これについてもっと時間を取って議論すべきであった。フィリップス・カーブとは、物価を縦軸、失業率を横軸に書くと右下がりのグラフになるというものである。フラットであるとは、失業率が低下しても物価がなかなか上がらないことを意味する。日本においても「高圧経済」を続けることが2％インフレ達成のために重要と考えた（高圧経済については、《2017年6月23日　金融緩和に反対の経済学者たち④》を参照）

日本の現在の金融政策批判の源流の1つはＩＭＦにある

アメリカ出張中に、日本の現在の金融政策批判の源流の1つはＩＭＦにあると認識した。多くのエコノミストから、ＩＭＦの見解を紹介されたが、それには、「構造改革がないとインフレにならない」論（《2017年2月2日　舟岡先生の銘酒の会――物価決定の変てこ理論の否定》参照）、「中銀バランスシート毀損《きそん》の危険」論（《2016年12月28日　金融岩石理論を批判する》の「誰が中央銀行の赤字を気にするのか」参照）、「緩和の限界」論、「日本は成長しなくてよい」論等々、私に言わせれば間違い理論ばかりだった。

うち、最初の理論については明確に否定したが、逐次反論するのも、相手の考えを聞くという面談の趣旨に反するのでできなかったのは残念だった。上記のうち、緩和の限界論とは、日銀が国債発行残高を上回る国債を購入することは不可能であり、金融機関には国債に対する一定の需要があるので持続できないという議論である（テクニカルすぎるのでこれ以上は書かないが、ご関心のある方は嶋津［2018］を参照されたい。ただしＩＭＦの緩和の限界論はまだまともで、それを解釈する日本のエコノミストはもっとヘンである）。

「日本は成長しなくてよい」論とは、日本の左翼インテリによくある、日本はもう豊かなのだから、これ以上あくせくしなくてよい（しかし、俺の年金と医療費と介護費は確保しろ）というのと同じ議論である。こう言ったのは韓国出身のエコノミストだった。図１‐２の主要先進国の１人当たり実質購買力平価ＧＤＰで見たように、日本の成長率は低下を続け、シンガポール、香港、台湾、韓国は今や日本より豊かだ。私は、「では、韓国も成長しなくてよい」と答えた。図１‐２を見た方は、私のぶっきらぼうな言い方も当然と思ってくださるだろう。私は、日本の金融政策の意義をより海外に発信することが必要と思った（11月10日のコロンビア大学での特別講義はその努力の一端）。

ＦＲＢ高官には、「一段の金融緩和によって長短金利差が縮小し金融機関収益を損なうことをどう考えるか」と聞いた。高官は、「米国でもイールドカーブのフラット化（すなわち長短金利差の縮小）が金融機関収益を下押しする面はあるが、現時点では大きな問題にはなっていない。その上で考えてみると、問題は中長期の金利をいかに引き上げていくかではないか。インフレ期待を維持し、成長率をしっかりと引き上げることが重要だ。そのためには財政政策が有効だと考える。ただし、需要面の量的な財政刺激ということではなく、例えばインフラ投資、よい教育への支出を拡大するなど、生産性向上に資するような財政支出拡大は投資効率が高い。加えて、労働参加率の引き上げに資するような施策も必要である。米国もインフレ期待の下押し圧力に晒《さら》されつづけている。フィリップス・カーブがフラット化しているなかでは、いかに2％のインフレ期待を維持しつづけるかが大きな政策課題と言える」と答えた。

要するに、インフレ期待を維持し、成長率を引き上げれば、いずれ金利も高まるというのである。私が考えていたことと同じなので（私の考えは、《2019年11月16日　日本経済政策学会での講演――低金利と付利の問題点を説明する》にまとまっている）、大いに安心した。

コロンビア大学の特別講義

コロンビア大学の特別講義では、「名目変数の力――日本の4半世紀のデフレの経験」（"Powers of Nominal Variables- Japan's Experiences of a Quarter Century Deflation"。長野金懇論文〔原田［2016.10］の1.～3.までをアメリカの学部学生向けに修正したもの）という講義を行った。物価や名目GDPという名目変数が、実質GDPや雇用という実質変数にも影響を与えると論じた。すなわち、過去4半世紀にわたるデフレーションが、日本の実質低成長の主要な要因の1つであると述べたものである。

私の主張に対してワインシュタイン教授は、「講義では、現在、日本の経済成長がなかなか高まらない要因として「デフレ」が強調されていた。それもあるが、私はむしろ、ローレンス・サマーズ（元財務長官、ハーバード大学教授）らが長期停滞論で言及しているが、人口動態の影響が大きいのではないかと思う。また、日本では若年人口が減少し、高齢者が増加している。近い将来にさらなる高齢化が進展することを見越して、貯蓄を増やしている。低金利の背景にはこうした人口動態の影響もあるのではないか」と問う。

私は、「人口動態の重要性には異論がないが、人口減少によって需要が減少するとともに供給も減少する。したがって、インフレにどのような影響を及ぼすのかは一概には言えない。2つ目の指摘についても、そのとおりだと思う。ただし、私は、国内の金利が低いのであれば、海外投資を増やすべきだと思う。そうであれば為替は円安化し、インフレ要因となる」と答えた。

さらにワインシュタイン教授から、トランプ政権の政策について感想を求められた。私は、「現時点で確かなことは言えないが、トランプ氏の政策は、反グローバル主義的なもののほか、財政拡張、減税などがある。金融政策についてトランプ氏がどういうスタンスなのかわからないが、もともと不動産デベロッパーであったことを考えると、低金利が好きなのではないか。大きなリスク要因は、本当のところは安全保障だと思うが、本職のエコノミストとしてお話しできる反グローバル主義についてコメントしたい。グローバル主義によって、米国中西部の製造業はかなりの痛手を負った。従業員は従来の暮らしを根本的に変えることを余儀なくされ、大きなフラストレーションを抱えている。一方で、非常に安価な製品を購入できるなど、グローバル経済の恩恵を受けている。すべては関連している。どちらかを選ぶわけにはいかない。トランプ氏も夫人はスロベニアから迎えている。グローバル化は避けられないものだ」と答えた。夫人の部分は学生たちに大受けだった。

他に、コロンビア大学の教官、民間エコノミスト・投資関係者を対象とした講義を行ったが、3つのレクチャーでほぼ同じような質問を受けた。日本経済の低成長と人口動態、低成長と物価上昇の難しさ、低成長が低金利をもたらし、低金利が金融政策を難しくすることについてである。

最初の2つについてはすでに答えている。最後の問題について、私は、「確かに、金融緩和政策は金利を低下させ、支出を刺激するものであるが、特にデフレによって生じた低金利下で緩和政策を行うと、さらなる金利の低下によって、金利の付く債券と金利の付かないマネーの違いが縮小してしまう。これは金融政策の効果を抑制する。この問題に対処するためには、予想物価を上げる、為替レートを固定して海外のインフレを輸入する、政府支出を拡大するなどの方策が考えられるが、正直言って、苦戦している」と述べた。

11月19日（土）　日銀内部で弱気が広まる？

失業率は低下し、経済は弱いながらも改善が続いているのだが、物価は上がらない。もっとも、金融政策の大転換以前のマイナス1%からプラスの0・5%へと、デフレではない状況を達成できたのだが、日銀内部はだんだんと弱気になっているように思えた。

1月末のマイナス金利政策では、銀行の打撃を小さくするようにしているのだから問題は小さいと考えていたようだ。当時の、民主党政権時代に任命された審議委員はいずれにしろ反対なのだからどうしようもない。大事なのは、経済が回復していること、銀行があまり文句を言わないこと、物価がプラスに向かうこと（物価がプラスに向かえばいずれ金利も上昇し、銀行の不満も収まる）が大事だと考えていたと思う。しかし、だんだんと、弱気になっているようだった。

民主党政権時代に任命された審議委員はいずれにしろ反対なのだとは、金融政策決定会合では多数決で政策が決まるので、反対が少数なら構わないということだ。速水優総裁時代には、総裁と山口泰副総裁とは仲が悪くて大変だった、ということだから、日銀の大勢は審議委員の反対派など大して気にしていないのだろう。

その後、前述の銀行業のマイナス金利政策への反感、銀行に預けるよりもと金庫が売れるなどというマスコミの面白おかしい報道、銀行に雇われているエコノミストの非難、マイナス金利にもかかわらず株価が下落、円高も収まらず、世界貿易が回復する2016年後半まで続いた景気の弱さなどから、自信を失ってきたようである。

日銀のなかでも、「これ以上の量的緩和は疑問だ、長く続けるためには買い入れ量を減らすべきだ。マイナス金利が長期金利を引き下げてイールドカーブを寝かせてしまっている。銀行の利益が減少して、経済に影響を与えている。イタリアでも同様の問題が起きている。QQEの効果とメカニズムを再度整理する必要がある」などという声が聞こえてきた。その声はマスコミにも漏れている。

私は弱気になり気味のある日銀高官に、「財政支出を金融緩和で支えるヘリコプターマネーがあれば効くはずだ」と言った。日銀高官は、「バーナンキの背理法はいつかそうなるということで2年から3年の話ではない」と答える。

バーナンキの背理法とは、次のようなものである。日銀が提供したお金でいくら財政支出を賄ってもインフレにならないなら、税金も社会保険料も取らなくてもよいことになる。そんなことはあり得ないのだから、金融緩和のある段階で必ずインフレになる。すなわち、中央銀行は究極的にインフレを起こす力を持っているというものである。

同じ高官は、「潜在成長率が落ちているから低金利になっている。金融政策によってではない」

とも言う。私は、「実質金利についてはそうだが、物価が上がれば名目金利は上がる」と答えた。さらに、日銀高官は、「低金利は将来の需要を現在に持ってくるだけにすぎない」と言う。これが正しいとすると、低金利を続けると、将来の投資先がなくなってしまって、将来の所得はかえって下がることになってしまう（この考えが間違いであることは《2016年5月30日　金融緩和に反対の経済学者たち②》で説明済み）。この認識はかなりヤバい。私は懸命に反論したが、十分に説得できたかはわからない。

このかなり後、雨宮正佳《あまみやまさよし》理事（現・副総裁）が、「非伝統的金融政策がいけないとかいうエコノミストは多いが、伝統ったって、せいぜい20年くらいの歴史しかないんだ」と私に言った。この考えは整理され、翌2017年1月11日に雨宮［2017］として発表された。この論文は、「一般に、中央銀行による金利操作については、『短期金利の操作はできるが、長期金利の操作はできないし、すべきではない』とされてきました。このため、イールドカーブ・コントロールはこのような伝統的考え方と対立するのではないかとの受け止め方もありました。しかし、歴史を紐解きますと、こうした『伝統』が明確に定着したのは、実は、最近20年ほどの短い期間に過ぎない」と論じたものだ。

確かに、アメリカで、1950年代まで国債価格維持のために長期金利はコントロールされていたし、その後は、景気刺激のために長期金利を下げようというオペレーションツイストという政策が採用された。さらに1960年代の末には、マネーをコントロールするという考え方が採用され、短期金利のみをコントロールするという考えが生まれたのは1980年代の末になってからだ。

この論文は、これらの事例を踏まえ、金融政策は、わずかな期間しかない伝統よりも、状況に応じて開発されていくべきだ、と主張している。私も、日銀内部の風潮に多少影響されて弱気になっていたかもしれない。この論文には勇気づけられた。

11月28日（月）

潮吹くくじらは銛を打たれる

審議委員のところには定期的に「ご説明」がある。ご説明役の日銀職員とは、時々慰労会を行っていた。仕事の話をすることもあるが、ほとんどは雑談である。そのなかの１人が、「原田さんはずっと目立っていたのになぜ偉くなれたんですか？」と聞く。私は率直な人間は好きである。出る杭は打たれる、潮吹くくじらは銛《もり》を打たれる、出すぎる杭は叩かれない、抜かれてしまう、という言葉もある。

日銀は５０００人の組織だから、毎年１００人以上の人が入行する。そのうち30人がいわゆる総合職でエリート予備軍ということになる。局長ポストは15あるが、１人４年ぐらいしているようだから、局長になれるのは15÷４で30人のうちの４人ということになる。理事は６人だが１人は財務省から来る。理事になれるのは５人である。１人が４年は理事をしているから、理事になれるのは５÷４で１・２５人ということになる。すなわち、30人の総合職行員のうち、理事になれるのはほぼ１人ということになる。審議委員は、形式的には理事の上であるから、偉くなれたということになるのだろう。もちろん、本当に偉いかどうかはわからない。これについてはすでに書いたとおりである。

私が審議委員になったのは、日本銀行のこれまでの政策がデフレを生み出しており、それを改めて大胆な金融緩和をしなければならないと、一貫して主張してきたからだ。その主張に、私としては根拠があると考える分析を提供してきたことが、デフレ脱却を目指す政権から認められ、任命されることになったのだろう。

前述のように、日本の金融エリートは、このことを認めなかった。日銀と財務省が審議委員を選んでいたのでは、私が選ばれることはなかっただろう。政権が金融政策を変えなければならないと認識したのは、かなり偶然の要素がある。「何が起きるかなんてわからないのだから、自分が好きなように、自分が正しいと思うことをしたほうがよい。また、上司であれ他所《よそ》の偉い人であれ部下であれ、誰に対しても、質問されたことには真剣に答えることだ」と私は答えた。ただし、後に財務省の文書廃棄事件を知って、日銀はまだ風通しのよい組織だと思うようになった。

12月1日（木）　トムソン・ロイターのパーティで

経済通信社のロイターが、よく登場するエコノミストや取材先、顧客である金融市場関係者を招いてパーティを開いた。ロイター日本支局長のウィリアム・マラード氏のスピーチは、「ここにいる人は日本でもっとも知的な人々」という皮肉から始まった。「なぜなら、ヒラリーではなくトランプが当選したら、円高株安で大変なことになると予測したから」と言うのだ。聴衆は苦笑しながら聞いていた。確かに、よくわからないトランプ氏が大統領に当選したら、経済は悪化するという説が流れていた。ところが、トランプ当選後の2016年の末には株が上がり、円は下落していた。

黒田総裁の任期は2018年4月まで、次に交代する佐藤健裕・木内英登両審議委員の任期は2

017年の7月までであるのに、もう次の総裁や審議委員を話題にしていた。日本人は人事が大好きだ。著名なエコノミストたちが、「次の総裁は誰?」と私に聞く。「知らない。誰だと思う?」と逆に聞くと、総裁には、財務次官の名前と日銀高官の名前を挙げる。審議委員にはメガバンクの著名なエコノミストの名前を挙げ、「メガとの和解の象徴になる」とか言う。日銀と財務省が相談して決めていた時代から、官邸主導でデフレ脱却のために必要な人材を選ぶようになった、という変化にまったく気づいていない。あるいは、気が付きたくないのかもしれない。

12月6日（火）　トランプ政策への期待――「王様はよい人であってほしい症候群」

日銀高官とトランプ政権への期待を議論した。2017年初からトランプ政権が発足するわけだが、当然、選挙期間中に主張していた、公共事業拡大と減税が実施されるだろう（その後、減税は実現したが、公共事業の拡大はほとんど実現していない）。そうなれば財政赤字が拡大して金利は上昇、結果としてドル高になる。日本円は安定または円安で日本経済は好転する。もちろん、アメリカの景気拡大も続く。アメリカのインフラはお粗末だから、そこへの投資は効率的である。したがって、公共投資は、一時的な需要増をもたらすだけでなく、長期的にも効率を高めるものだ。

過激な発言を繰り返す大統領の下で、先を読む経済指標が好転したのは、大統領に決まった以上は分別のある政策を行うに違いないという期待があったからである。「王様はよい人であってほしい症候群」と言えるかもしれない。これには根拠もある。大統領といえどもアメリカの統治機能の一部であり、彼が唱えてきた減税、公共投資は分別のある規模に抑えられ、保護主義も合理的な範囲に収まるという期待があった。環境や金融規制の緩和は、少なくとも短期的には経済を活性化する。しかし、王様が本当によい人であるかどうか、誰にもわからない。保護主義がサプライチェーンを分断して、世界貿易に混乱をもたらすリスク、個別企業への介入が経済を非効率にするリスク、しかもそのリスクがすぐに表れてくる可能性も小さいとは言えない。

トランプ新政権の唱える公共事業増額、大規模な減税が、金利を引き上げ、ドル高をもたらしている。ドル高はアメリカの製造業のコストを引き上げ、かえってアメリカの製造業雇用を削減する。また、中国の為替操作に対するトランプ政権の認識にも誤解がある。中国は確かに為替操作をしているようだが、それは人民元を安くするためではなく、高くするためである。誤解に基づく、矛盾した政策を採用しても、アメリカ経済を偉大にすることはできないだろう。

現状、トランプ政権の経済政策は、まだわからないことが多い。ここで日銀が現在行っているイールドカーブ・コントロール政策を続けていけば自動的に金融政策の増幅効果が働く。長期金利をゼロにしているので、景気が拡大したときにゼロを維持していれば、経済が活発になってインフレ圧力が働く。このとき、インフレ圧力が過大にならないように、しかし過小にもならないように少しずつ金利を上げていけば、2％物価目標に近づくことができるのではないかと思った。2017年は、実際に物価が少しずつは上昇していったが、物価目標には遠いままだった。

12月9日（金）

物価水準の財政理論

２０１６年冬から物価水準の財政理論（Fiscal Theory of Price Level、以下ＦＴＰＬ）が注目を浴びていた。これ自体は古くからある理論だが、日本で注目を浴びたのは、なんと言っても内閣参与の浜田宏一イェール大学名誉教授がプリンストン大学のクリストファー・シムズ教授の講演録「財政政策、金融政策と中央銀行の独立性」（Sims［2016］）を高く評価したことだ。

浜田教授は「講演録を読んで、私は大きな衝撃を受けた。日本の量的緩和が足踏みしていることも、マイナス金利が市中金利のイールドカーブには効いても、経済主体の株式市場には現在その効果が及ばない。将来のバランスシートに与える効果がぎくしゃくして、国際金融市場にも神経質な影響を示していることもシムズ教授の「物価水準（決定）の財政理論」でよく説明できるからである」（浜田［2016］）と書いている。

ＦＴＰＬという、学者のなかだけで議論されていた理論がにわかに注目を浴びて、経済誌のみならず一般紙にも解説記事や浜田教授、シムズ教授へのインタビューが多数掲載された。２０１４年のパリ経済学校のトマ・ピケティ教授の格差についての大著『21世紀の資本』（ピケティ［2014］）を巡るブームを思い起こす。

物価水準の財政理論であるから、物価を決めるのは財政であって、金融政策ではないと理解され、リフレ派の敗北とか、浜田教授の変節とかとも受け取られた。しかし、大雑把《おおざっぱ》に言えば、金融政策だけではデフレから脱却できず、財政政策の協力が必要という議論であるから、金融政策無効論ではない。浜田教授も「シムズ氏は、金融緩和が有効であることを認めたうえで、「より強い効果を出すためには、減税など財政拡大と組み合わせよ」と提唱しています」（浜田［2017］）と説明している。

通常の金融理論では、財サービスの供給力に対して、マネーが多すぎればインフレに、少なすぎればデフレになるという。これに対して、FTPLとは、物価は財政で決まるというものである。

まず、政府の債務（国債とマネタリーベース。マネタリーベースは日銀の負債だが、日銀も政府も統合して政府と考えている）は究極的には政府の財政余剰で返却しなければならないと考える。ところが、政府が返せない、返す気がないと見なされれば、物価を上げて返済することになる。すなわち、物価は財政によって決まるというものである。なお、ここでの政府は中央政府、地方政府、社会保障基金を集計した一般政府、あるいは公企業も含んださらに広い概念の政府である。

確かに、中南米の政府債務は、インフレによって「チャラ」にされているから、財政赤字が物価を決めると言えるのかもしれない。もっとも、私は、債務の返済に困った政府が中央銀行に圧力をかけてお札を刷ったからインフレになり、それゆえに物価が上がって政府債務が「チャラ」になったのではないかと思う。すなわち、物価はマネーで決まると私は思っているのだが、マネーの量自体よりも人々の政府の行動に対する認識のほうが重要だというのである（FTPLについて関心のある方は原田［2018.10］を参照）。

確かに、マネーを拡大しても物価が上がらない状況では、日本の財政状況が改善していることが、物価が上がらない一因なのかもしれない。多くの人々は日本の財政状況が悪化していると思っているようだが、実は、改善しているのである（《2018年4月14日　リフレ政策が財政再建に役立っていることを認めない財政学者たち》参照）。

岩田副総裁も財政政策を強調するようになっていた

ＦＴＰＬが話題になるかなり前、２０１６年の中頃から、岩田規久男副総裁も財政政策を強調するようになった。それについて、櫻井眞委員、片岡剛士委員（２０１７年７月の着任後）とともに、しばしば議論の相手をしていた。

岩田副総裁は、概略、「消費活動とインフレ予想が十分に高まる前に消費税増税をしてしまったのは失敗。その結果、日本はリフレ・レジームからデフレ・レジームに逆戻りしてしまった。特に子育て世代を中心にした若年層の教育費負担、年金生活者や非正規労働者の増加により、消費税増税のネガティブなインパクトが大きくなっている。若い世代の可処分所得を増やし、消費性向の低下を食い止めるためには、財政と金融が一致協力して、お金を民間に流すべきだ。それによって、フォワード・ルッキングな（先を見越した）予想形成を促すリフレ・レジームの再建が必要だ。こうした対応は、日銀による財政資金のファイナンスとの批判が強まる可能性があるが、今の政策はすでに財政ファイナンスである。これ以外にデフレから脱却できる方法はないし、物価２％目標が歯止めになるため、ハイパーインフレになる心配はない」と言っていた。この考えは、岩田規久男［2018］第6章、岩田規久男［2019］第5章にまとまっている。

私は、物価は2％に達していないが、大胆な金融政策の効果は上がっていると思っていた。雇用の改善、自殺者の減少、格差も縮小、財政赤字も縮小など素晴らしいことが起きている（後に、麻生副総理兼財務相も、物価が「2％にいっていないからといって、怒っている一般の庶民がいるかというと一人もいないと思う」と述べた由《よし》である（『読売新聞』２０１９年３月13日））。

しかし、物価が上がらなければ金利も上がらず、金利が上がらなければ銀行の不満は高まるという問題が生じてくる。私は、物価上昇は、徐々にでもよいと考えていたのだが、それは誤っていたかもしれない（金融政策の効果を上げるための私自身の考えは、《２０１９年6月16日　世界的低金利のなかで日銀は何ができるか》でまとめている）。

12月28日（水）　金融岩石理論を批判する

多くのエコノミストと協力して執筆した原田・片岡・吉松［2017］が発刊され、出版社から見本が送られてきた。奥付の発刊日は、２０１７年1月10日となっているが、実際に入手したのは２０１６年の12月なので、この年の記録として書いておこう。「岩石理論」とも言うべきものがＱＱＥの開始以来、流行《はや》っていた。

量的・質的金融緩和政策が成果を上げていることは確かなので、さすがに、金融政策に対する批判は、「今は起きていないが、将来大変まずいことが起こるかもしれないから危険だ」という議論になってきたようだ。私は、このような議論を、故岡田靖氏（クレディスイス証券チーフエコノミスト）に倣って、岩石理論と呼んでいる。岩石理論とは、図４－１にあるように、坂に大きな岩があって道を邪魔している。しかし、岩を動かそうとしても、なかなか動かないのだが、いったん転りだしたら止まらない。だから、岩を取り除かないほうがよいのだという議論である。

金融政策に話を戻すと、いくら金融緩和をしても何も起きないのだが、あるとき、急にハイパーインフレになる、金利が暴騰する、円が暴落するから金融緩和はしないほうがよい、という議論である。これは、金融緩和の副作用論である。

出口の危険岩石理論

岩石論者の種々の批判は、だんだんと、「金融緩和の出口の危険岩石理論」に収斂《しゅうれん》してきたように思える。実際、しばらくしてからだが、『週刊エコノミスト』誌は、出口の危険に焦点を当てた「出口の迷路」という記事を2017年10月から2018年7月にかけて40回にもわたって連載する（他の岩石理論にもご関心がある読者は、前掲の原田・片岡・吉松［2017］を参照されたい）。これは、ハイパーインフレも円の暴落も起こりそうになく、批判しても世間に受けないと岩石論者が考え出したからだと思う。

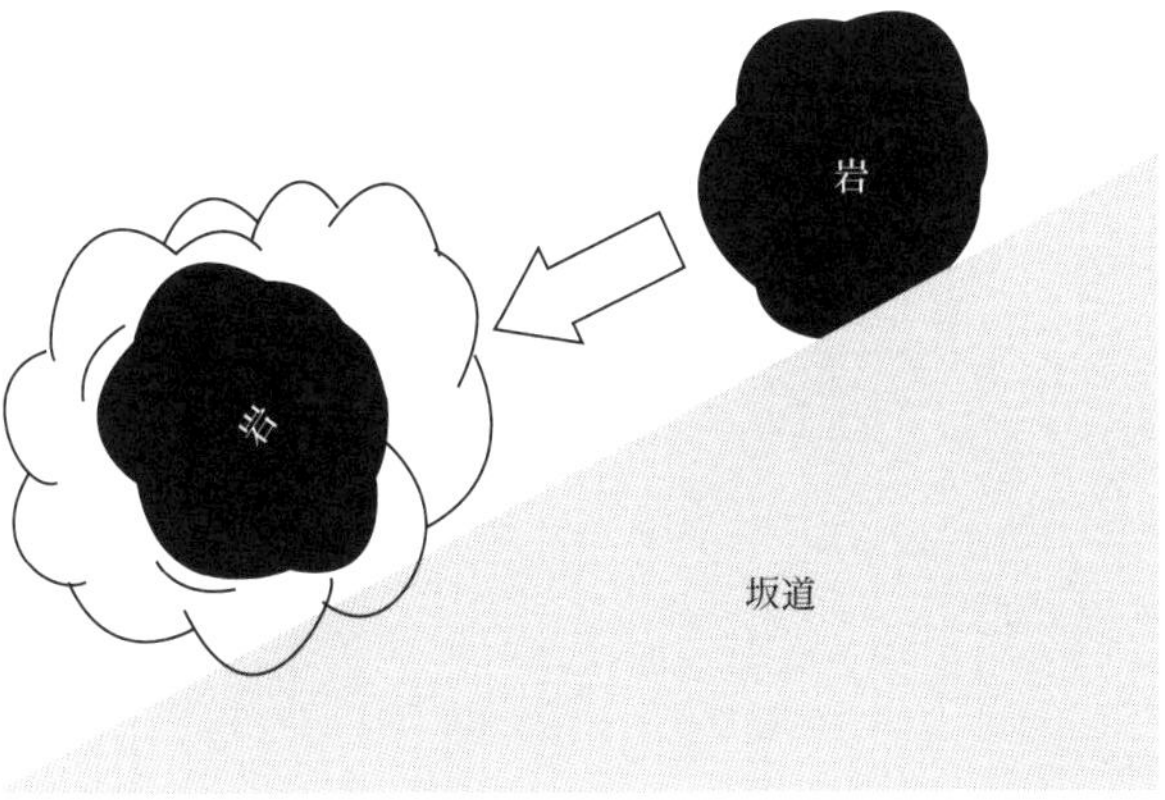

図4－1　岩石理論．邪魔な岩を動かそうとしてもなかなか動かないが，いったん転がりだすと止まらない

出口とは、金融緩和の結果、物価上昇率2％の達成が見えるようになるので、金融緩和を止めて金利を引き上げ、マネタリーベースを縮小するということである。考えてみると、出口の危険岩石理論とは、金融緩和の結果、物価が上がり、金融を引き締めなければならない状況になるということを前提としている。ということは、いくら金融緩和をしても何も起きないという議論ではないわけで、量的・質的金融緩和政策の成果を認めた議論になる。私としては、成果を認めてくれただけ、歓迎すべき議論だと思う。

出口では金利を上げなければならなくなるが、その方法として、現在日銀が行っているマイナス金利政策を取りやめて、超過準備に課す付利を引き上げる、または、日銀保有の国債を売却する、の2つの方法が考えられる。

付利の引き上げで考えたほうがわかりやすいので、これで説明する。出口の危険岩石論者によると、日銀が付利を引き上げていっても、過去、日銀が購入した国債の金利は低いままだから、日銀の収益が大変な赤字になるという。確かに、高い金利を払いながら、低い金利を受け取るのだから、赤字になる可能性がある。この結果、日銀の収益が赤字になれば、通貨の信認が失われ、ハイパーインフレ、円の暴落、金利の高騰が起きるというのである。

誰が中央銀行の赤字を気にするのか

しかし、そもそも、中央銀行の損益が赤字かどうかや、その自己資本が十分であるかを気にしてお札を使う人がいるだろうか。また、中央銀行は、市中の国債を購入する代わりにお金、マネタリーベースを供給している。今は長期国債でも利回りは0%近傍だが、1990年代の中頃までは3%だった。実質経済成長率が高く物価も少しは上がっていたからである。

物価が上がればいずれ金利も上がる。ということは、より高い利回りの国債を買えることになる。もちろん、そうなるまで、低い金利の国債を持ちつつ、景気の過熱を抑えるために銀行に対して高い金利を支払わなければならないという局面がある。しかし、最終的には、ほとんどコストのかからない当座預金と現金とで高い金利を得られる国債を買うのだから、中央銀行は長期的には必ず利益を得られる。日銀が長期的に損失を負うことによる危険は存在しない。また、政府と日銀が、日銀の一時的な債務超過を埋めるための何らかの取り決めをすることも必要ない。

このことを、吉松［2017.1］は、次の卓抜な思考実験で説明している。日銀の債務超過を解消するために、政府が日銀に贈与を行うとしよう。政府はこの資金を賄うために国債を発行し、これを日銀が購入するとする。まず、債務超過はこれで解消される。国債には金利を払わなければならないが、日銀が購入するので、この国債の利払いは日銀の追加的な収入となる。この収入はそのまま日銀が政府に収める国庫納付金の追加額となるので、結局、政府はゼロ・コストで日銀への贈与の資金を調達したこととなる。政府は、何のコストもかけずに日銀の自己資本をいくらでも増やすことができるのだ。これは、中央銀行の自己資本には何の意味もないことを表している。

ただし、この理屈を説明する日銀スタッフは面倒だろうと思う。しばらく前に、政井貴子委員が「日銀のバランスシートは、金融政策の結果を示しているのであり、その説明責任は、事務局ではなく、政策委員にある」と言ったのは、経営者としての審議委員の覚悟を述べたもので感銘を受けたことを思い出した。政策の結果は、政策委員が説明すべきことなのだ。政井委員は、何ごとによらず独自の考えをする人で、大学に入学したときまでは詩人になりたいと思っていたとのことである。「（作曲家の）メンデルスゾーンのような詩人になりたかった。日々の苦しみを表現するツールとしての詩には興味はなかった。私小説のような詩ではなく、言葉の古典的骨格と抒情《じょじょう》性を示したかった」と言っていた。

後に、２０１７年７月に審議委員になった鈴木人司《ひとし》氏も、「日銀の自己資本比率なんて何の意味もない」と言っていた。ただし、鈴木委員の「自己資本に意味がない」論は、私のものとは異なる。自己資本比率を考えるなら、分母に日銀の保有する長期国債、ＥＴＦ、社債などのリスク性資産のすべてを入れるべきだが、日銀の自己資本比率の分母は日銀券発行残高である。これでは何の意味もないというものである。植田和男元審議委員、岩田一政元副総裁、木内委員、佐藤委員も、もちろんかつては日銀スタッフも自己資本比率が大事だと言っていたのに、様変わりである。

第5章　緩和の「出口」論が盛んになる——2017年

1月6日（金）　昔の銀行では仕事をしていなかった

住友銀行元取締役の國重惇史《くにしげあつし》氏の書いた『住友銀行秘史』（國重［2016］）の感想として、「昔の銀行は仕事をしていなかったんですね」と昔銀行にいたかなり上の先輩に言ったら、「銀行に入ったら、支店では仕事をしていたが、本店では森繁久弥《もりしげひさや》の東宝サラリーマン映画「社長漫遊記シリーズ」と同じことをしていた。三木《みき》のり平《へい》のように、パッといきましょうと宴会好きの奴がいた。あれは映画だから、現実は違うと思っていたら、現実が映画のとおりで驚いた」と答えた。

『住友銀行秘史』は1990年のバブル崩壊後の住友銀行のイトマン事件を巡る裏話を、当時、業務渉外部の部長であった國重氏が記したものだ。不良債権を処理しなければならないのに、していることは権力闘争だけである。誰と誰が会って、どう動いたかの記録である。自分を裏切ったか、裏切らないかにしか関心がなく、少しでも早く、傷口を小さくして処理しようという意欲はまったく感じられない。國重氏が頭取たちのスケジュールを知ることができたのは、社長室の秘書と仲が良かったからだと週刊誌に報道されていた。

まったく、東宝のサラリーマン物と同じである。東宝映画は明るく、ちょっぴり猥雑《わいざつ》だが、おどろおどろしいところがないだけ、現実と違っている。

1月11日（水） 堺屋太一元大臣、日本のマスコミの知的無責任さを突く

経済評論家の堺屋太一氏は、経済企画庁長官（1998年7月〜2000年12月）を務めたことから、経済企画庁のOB会にはほぼ毎回出席されて、スピーチをしてくださる。2019年2月に亡くなられたが、大変な才能の持ち主であったことは誰でも認めているだろう。経済企画庁長官として、デフレではダメだ、物価が下がることはよくないと明確に述べられ、為替の非不胎化介入が必要だと指摘された。

為替の非不胎化介入とは何かというと、日本では金融政策は日銀の役割、為替レートの乱高下に対応するのは財務省の役割となっていることから話を始める必要がある。円の急騰を抑えるためには、財務省が短期証券を発行して、そのお金でドルを買う。ドルを買うと同時に円が供給されるのだから、世の中に出回るお金は増える。すると、日銀ではなくて財務省が金融政策を行うことになる。日銀としては、金融政策は自分の役割なのだからとして、短期証券を売り出して資金を吸収する。これが不胎化介入である。

しかし、為替レートが上昇するとは、世界の人々が円を求めているということなのだから、円を

増やさないと円は上昇してしまう。だから、財務省が為替市場に介入するときには、日銀が資金の吸収、すなわち、不胎化を止めないと（不胎化をしないで介入するのだから、非不胎化介入）、十分な円高抑制にならないということである。学者の間では議論されていたが、デフレとの闘いのなかで、大臣レベルの政府高官では、初めて問題を指摘し、具体的な政策に即しての提案だったと思う。

当日のスピーチでは、「日本のマスコミは、世界が反移民になっていてけしからんと社説で書いているが、それは日本が現在採用している（移民を入れないという）政策を、世界も採用しようとしているにすぎない。日本の新聞は、欧米が寛容さを失っていると批判しているが、日本がどうしているかは考えない」と発言した。自分は何をしていて、何をしたいのかを考えない人間は無責任だと批判したのである。

1月16日（月）

やっと掲載された「我々は皆リフレ派」

私の「我々は皆リフレ派である」（原田［2017.1.24］）が、やっと『週刊エコノミスト』誌（2017年1月24日号）に掲載された。この経緯についてはすでに書いたとおりである。言うまでもなく、週刊誌は発行日より前に発売される。

この論文は、2％の物価目標が達成できていないことによってQQEが失敗したとする議論があるが、QQEによって、経済状況が好転していることを指摘したものだ。その内容は概略以下のようなものだ。

そもそも、リフレ派とは、大胆な金融緩和政策によって予想物価上昇率を引き上げ、日本経済をデフレから脱却させ、新たな成長軌道に乗せようという考え方に賛同する人々である。私は、すべての人々、日本銀行のスタッフも、政府で経済政策を担当しているスタッフも、そして国民のほとんどが、日本経済をデフレから脱却させ、新たな成長軌道に乗せたいと思っていると考える。あなたはデフレ派ですかと問われて、「はいそうです」と答える人はいないと思う。そういう意味では、すべての人々がリフレ派である。

なぜほとんどの人がリフレ派になっているのかといえば、ＱＱＥによって失業率が低下し、雇用が拡大し、賃金×雇用の雇用者所得が着実に伸びているからだ。大学、高校の新卒の就職状況は大幅に改善している。就職氷河期と言われた時代に比べて様変わりである、と論じたものである。

では、なぜ反リフレの論調が強いのか。リフレ政策に反対する人々は、人手不足に悩む人々、低金利で収益が上がらない銀行、今は大丈夫だがハイパーインフレのマグマがたまっていると考える人々、金融政策よりも成長戦略で経済を強くするべきだという人々くらいしか思いつかない。

これらの人々の主張について具体的に考えてみよう。確かに社長の立場で考えると、人手不足は困ったことである。しかし、仕事があるのに人が集まらないから人手不足なのである。社長の立場で考えても、仕事がないよりはよい。働いている人の立場で考えれば、人手不足のほうがよいに決まっている。そもそも、社長より、雇われている人のほうが多いのだから、人手不足に貢献したリフレ政策に味方してくれる人がほとんどのはずだ。失業や倒産が減って自殺者も減っている。

低金利で収益が上がらない、低金利はＱＱＥのせいだと考える銀行が、ＱＱＥに反対するのは理解できる。しかし、長期的に考えれば、銀行は貸出先があって初めて利益を得られる。企業が貯蓄をため込んで投資をしないのは、デフレが長期にわたって続き、投資意欲を減退させているからで

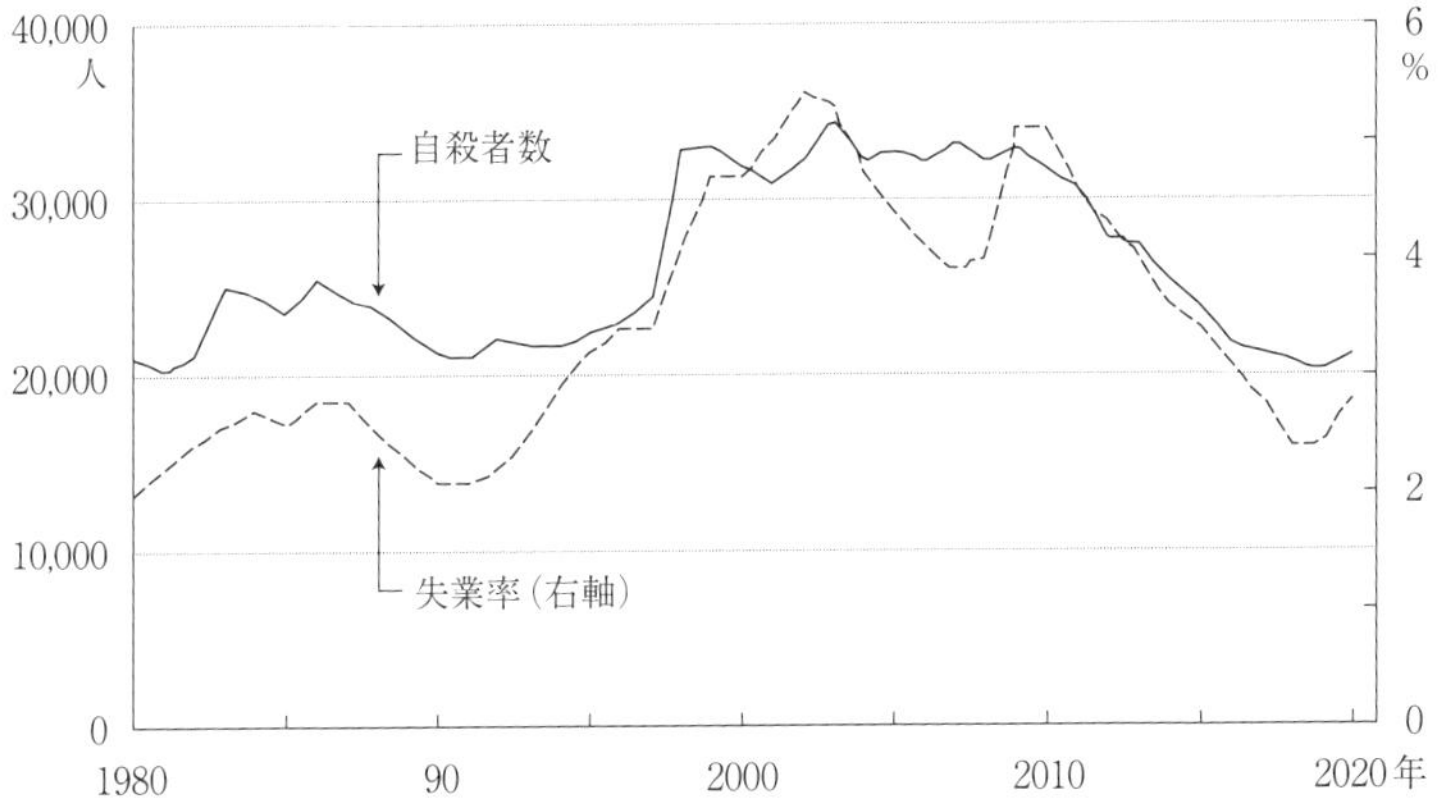

図５‐１　失業率と自殺者数の推移
（出所）総務省「労働力調査」，警察庁「自殺の概要資料」．

もある。デフレが終われば、企業は投資意欲を取り戻し、銀行からの借入需要も増大する。すなわち、銀行の貸出も増大し、利益も上がるはずだ。私は、自分はデフレ派であるという人を見たことがないので、いまやすべての人がリフレ派だと思っている。

後になるが、生命保険会社の方から、「自殺者、特に中小企業の社長の自殺が減って、生保の利益が増加した」と聞いた。実際に、大胆な金融緩和によって自殺者が減っている。図５‐１は、失業率と自殺者数の推移を示したものだが、大胆な金融緩和で失業率が低下するとともに自殺者数も減っている。景気拡大は人命も救っているのである。なお、失業率の低下が自殺者を減らすということは澤田・上田・松林［2013］の厳密な分析によっても支持されている。死ななければ保険金を払わなくてよいのだから、利益が上がる。死ななくて済んだ方はもちろんだが、生保の方にもリフレ派になっていただきたい。

しかし、反リフレの人は尽きないものである。しばらく後の１月25日、岩田一政日本経済研究センター理事長（元日銀副総裁）の瑞宝重光章受章叙勲パーティでお会いした民進党（2016年3月〜2017年10月）の古川元久衆議院議員に、「なぜ民進党はデフレが好きなのですか」と聞くと、「今はよいがそのうち大変なことになる」と答えた。先述の金融岩石理論に多くの人が囚われているのを残念に思った。

1月20日（金）　定義のない言葉の蔓延

エコノミストが、「低金利が続くことの危険とリスク」と盛んに発言する（例えば、『日本経済新聞』「連載コラム　ポジション」2016年4月2日）。しかし、危険とリスクについて具体的に説明したものはない。低金利が続けば、インフレになったり、バブルになったりするからよくないと言うのだろうが、少なくともインフレにはなっていない。バブルになっている、というのもこの時点では無理だろう。株や土地が収益還元価格では説明できないほど上がっているわけではないからだ。

そもそも現状がバブルであると考えるなら、カウンター・シクリカル・バッファー（CCyB）の導入を考えるべきである。CCyBとは、景気が過熱、資産価格が過度に上昇していると考えるときには、銀行の自己資本比率を高めるということだ。これによって資産投資への貸出の拡大を抑え、バブルを抑制するものである。これはBIS規制（国際業務を行う銀行の自己資本比率についての国際統一基準。バーゼル合意）でも導入され、イギリスやスイスなどでは実際に使われている。1980年代末の日本のバブルのときにこれが導入されていれば有効だったのではないかと思う。

また、CCyBはバブル崩壊の後にも有効な政策手段だと思う。不況期に自己資本規制をどれだけ厳密に維持させるかは難しい問題である。そもそも危機を起こさないためのバッファーなのだから、危機のときには緩めなければ、不況が深化してしまう。しかし、これは国際基準でもあるのだから、いつまでも適用しないわけにもいかない。であれば、好況期に上乗せで規制を強め、不況期にははずすのがよいのではないか。「現状はバブルだ」論者が、ＣＣｙＢの導入に熱心でないのは理解できない。

話を戻すが、ゼロ金利導入後しばらくしてから、低金利が銀行収益を低下させるから困るというエコノミストが現れてきた。なぜ低金利で銀行収益が低下するかと言えば、預金金利をゼロ以下にするのは難しいから、貸出金利が低下すれば、どうしても利鞘が減ってしまうからだ。「低金利が続くことの危険とリスク」などと抽象的で意味不明のことを言う人よりも、「低金利が銀行収益を低下させるから困る」と正直に言ってくれる人のほうが私は好きである。正直に言ってくれれば、どうしたらよいのかを、少なくとも考えることができる。意味不明のことを言っていても混乱するばかりだ。

ある日銀高官は、「リフレ政策に批判的なマスコミはネットのお蔭で構造不況業種」と言う。銀行、特に地銀も構造不況業種だから、仲がよいのではないかとも思う。マスコミは、言葉を扱う仕事なのだから、少なくとも、その言葉はどういう意味か、定義は何なのかと考えてほしいものだ。

２月２日（木）　舟岡先生の銘酒の会――物価決定の変てこ理論の否定

信州大学の舟岡史雄《ふみお》先生には大変お世話になっている。日本統計協会の雑誌『統計』の編集委員にもしていただいた。日銀に入って編集委員は辞めていたのだが、編集委員の方を含む、ワイン、日本酒、ビールの銘酒（回によって酒の種類は異なる）と凝った酒肴《しゅこう》の提供される雑談会で、前日銀理事の門間《もんま》一夫みずほ総研エグゼクティブ・エコノミストが、「生産性が上がれば物価は上がらない」と述べた。

生産性の低い産業で需要が増えれば物価は上がる。だから、直感的に、経済全体で生産性が下がれば物価が上がり、生産性が上がれば物価が下がると考えるのが当然だと思うが、エコノミストの間では生産性が上がらないから物価が上がらないという奇妙な理論が流行っていた。例えば、みずほ総合研究所［2016］（53頁）には、「デフレ脱却に向けて生産性向上が求められる」とある（《2015年5月2日　物価の決定のメカニズムの理解は審議委員に共有されていなかった》の「物価の実力論」参照）。門間氏の発言は物価決定の変てこ理論を明確に否定するものだった。

舟岡先生からは、「雇用の調整弁となっている3分の1を超える非正規労働者の時給が上がってきているから、そのうち全体の賃金水準に波及して、物価も上がる」と力強い言葉をいただいたが、残念ながら生鮮食品・エネルギーを除く物価でも、なかなか一本調子には上がらない。

2月16日（木）　マイナス金利の実施から1年

2月16日はマイナス金利が実施されてから1年になる。この前後には、ほぼ全紙がマイナス金利の特集を組んだ。多くは、それなりの効果はあったが、さまざまな副作用があり、2％達成はできず、9月にはイールドカーブ・コントロールという修正を余儀なくされたと論じている。マスコミの論調は、効果はそれなりに認めるが、金融機関の運用難、生命保険会社で一部の保険商品の値上げなどがあったことにより、消費者に不安をもたらしたというものだったろう。

これらの論調に対し、私は、次のように考えた。マイナス金利に関して、本当に残念だったのは、導入後、かえって円高・株安になったことである。その理由として、世界経済に対する悲観論が高まり、世界的に金利が低下し、マイナス金利の効果が打ち消されたことが挙げられる。マイナス金利には、住宅投資の拡大、貸出の増加、企業の低金利での社債の発行など、それなりの効果はあったのだが、世界経済の変調で世界的に金利が低下、円高、株安を招き、輸出、生産が低迷、かえって景況感が低下し、プラスの効果を打ち消してしまった。

その後、世界経済が回復し、アメリカが大規模な公共投資、減税を行うとの期待もあって、世界的に金利が上昇し、現状、円安、株高となっていることから、私は、マイナス金利のプラスの効果が世界経済の変調で打ち消されてしまったという解釈が正しいと考えている。

ただし、長期金利の予想外の低下に関しては、なんとかしたいとも考えていた。国債10年物金利をゼロにするというイールドカーブ・コントロールは、長期金利の過度の低下を避けて、金融機関の経営にも配慮したものと言えるだろう。２０１６年度前半の弱いながらの景気回復（２０１６年1～3月期のマイナス成長の後の連続プラス成長）が、10年物金利をプラスにする余裕をもたらしたとも言える。マイナス金利政策については、社会的受容性についても考えなければならなかったと今は思っている。このことについては、《２０１６年11月6日～13日　アメリカ出張――トランプ新大統領の政策で確実なことは不動産価格を下げないこと》《２０１７年9月2日～6日　スイス出張――中央銀行のバランスシートの損失は、理論的には意味がない》で書いている。

2月25日（土）

2017年初め頃の金融経済状況

2016年9月にイールドカーブ・コントロール政策を導入した後しばらくしてから、停滞していた世界経済は拡大を続け、それに応じて、輸出も、生産も順調に伸びるようになった。為替も円高が修正され、株も上昇していった。一時0%になっていた物価（生鮮食品・エネルギーを除く消費者物価）の対前年比も上昇しはじめた。ただし、その率は0・5%程度で2%には届かない。この状況のなかで何をすべきだろうか。金融緩和政策は続いている。マネタリーベースは、伸び率を低下させてはいるが、ともかくも伸びつづけている。景気が失速しなければ、雇用の逼迫《ひっぱく》は続き、やがて賃金が上がりはじめ、生産性の上昇によって物価上昇を吸収できなくなって、物価は上がるはずだと私は考えていた。

ただし、これでは金融政策の役割は受動的になってしまっている。海外経済の好調が続けば、金融政策の支援によって経済は拡張を続け、いつか賃金と物価が上がりはじめるというシナリオである。より能動的に物価を上昇させる方策はないだろうか。

金融政策とともに財政政策への人々の関心が深まっていった（《2016年12月9日　物価水準の財政理論》参照）。私は、財政政策は非効率なものだと考え、財政支出の拡大には賛同しなかった。するなら減税である。物価水準の財政理論（FTPL）で物価に影響を与えるのは、財政支出ではなく、財政赤字である。財政赤字を増やせば、物価を上げる効果がある。財政支出の増大ではなくて、財政収入の減少、すなわち、減税が赤字を増やす方策である。しかし、日本では、低中所得の人々の税負担は軽いので（重いと思われている方が多いと思うが、源泉徴収票を見ていただければ、重いのは社会保険料負担であるとすぐにわかるはずである）、普通に減税すれば、金持ち優遇と言われるだろう。それくらいなら、消費税増税をしないのが一番よい。

3月1日（水）　失敗した市場関係者が文句を言う

日銀では、金融関係者とさまざまな交流を行っている。3月1日には、為替市場関係者との懇談会（東京外国為替市場懇談会）が開かれたのだが、そこにおける雨宮正佳理事（現・副総裁）の挨拶はウィットに富んだものだった。

＊

オペレーションを自動車の運転にたとえると、例えば時速40キロで走行する。道がスムーズでまっすぐであればいいんですが、下り坂もあれば上り坂もある、道路が曲がりくねっていたり、舗装《ほそう》道路かと思ったらでこぼこだったり、条件がいろいろ変わる。そのもとでブレーキやアクセルやギアチェンジを組み合わせて、40キロをキープする。その操作がオペレーションです。

したがって、個々のオペレーションの操作には意味はなくて、あくまで、全体として目的を達成できているかどうかだけが大事なのですが、どうも、運転に詳しくかつ親しい人が助手席に座っているとたいへんうるさい。

だいたい、皆さんもご経験がおありでしょうが、運転に一番うるさいのは、休日のドライブで隣に乗せている奥さんですね。ちょっとブレーキ踏むと、「なんでこんなときにブレーキ踏むの、事前に言ってよ」、これを専門用語で言い換えると、「市場とのコミュニケーションに失敗」。ちょっと速度をオーバーして様子を見ていると、「あなた40キロ超えているわよ、大丈夫？」、これを専門用語で言うと「日銀の金利抑制姿勢に疑念」。坂道なので、ギアをセカンドに落とすと、「ついに奥の手に追い込まれた」と、こうなるわけです。

2016年10月のポンドのフラッシュ・クラッシュについても日銀が悪いと言われる（ポンドのフラッシュ・クラッシュとは、10月7日、日本時間午前8時すぎに1ポンド＝1・26ドルから1・14ドル台に、数十秒の間に9％近く急落した事件だ。後に国際決済銀行〔BIS〕はこれに関するレポートを公表したが〔日本銀行［2017.1］〕、真因はわかっていない）。

まあ日銀と市場というのは夫婦みたいなものなのでしょうがないです。しかも、これ、カトリックの夫婦であります。要するに、離婚はできないわけです。どっちが夫でどっちが奥さんかわかりませんが。

いずれにせよ、我々のオペは、あくまで誘導目標を達成するための技術的な対応であり、個々のオペで先行きの政策スタンスを示すとか、特別な意味合いをこめるということはありません。今後とも、金利の誘導目標を安定的に達成するためには、さまざまな手段を用いていきますし、金利誘導という政策意図は明確かつ確固としたものである、ということは申し上げておきたいと思います。

＊

市場関係者は、これにいたく感心したようだ。私もそうだった。

円転コストが高いのは日銀のせい!?

この交流会で、市場関係者に「円転コスト（「円投ドル転」と呼ばれるドルの調達コスト）が高いのは日銀のせいだ」と言われたが、「為替リスクをヘッジして、円をドルに換えてドル債を買っても、そもそも儲かるはずがない」と答えると、彼は、「期間の利益を取る（一般に、短期金利よりも長期金利のほうが高いので、短期で調達して長期で運用すれば利益が得られる）」と言う。「日銀の低金利のお蔭で国債運用で儲からない」とも言われたので、「そもそも国債で儲かるはずがない」と言った。

ヘッジ付きの外債運用や国債運用が儲からない理由は、もし確実に儲かるなら誰もが同じように運用するから誰も儲からなくなるということだ。国債は誰でも買える。いくら商売の下手な政府でも、なるべく有利に売りたい、つまりなるべく安い金利で売りたいと思っている。買いたい人同士の競争があるので、金利は安くなってしまう。もちろん、少額の取引と多額の取引では差があるが、小さな額の預金を集めて大きな額にするにはそれなりのコストがかかる。国債で大して儲かるはずはない。

外債運用も同じである。外債の金利は通常は日本国債の金利よりも高いから外債を買えば儲かるような気はする。しかし、金利が高くても、円が高騰すれば、円に直した後では損をしてしまう。それを避けるために、為替を予約してから外債を買うわけだが、それで儲かるはずがない。もし儲かるなら、皆同じことをするわけで、結果として誰も大して儲からなくなってしまう。彼らは、文句は言うが、儲からない理由はわかっている。儲からない理由がわかっている人は、それ以上文句は言わない。

また、「日銀が国債を買っても、代金を当座預金に積み上げているだけでお金は回っていかない。いくらやっても無駄だ」と言う人もいた。私が、「なるほど、では日銀が、準備に払っている0・1%の付利を止めれば回るでしょう」と言ったら怒ってその場を去っていった。

銀行の債券運用者は日銀にどうしてほしいのだろうか。金利を下げると、買える債券がなくなるから困ると言うが、金利を上げても、保有債券で損失が出るのが困ると言う。期中に上げて、帳簿に書かなければならない期末に下げてほしい、と言う。

後に、ある日銀高官は、『日経』マーケット面（株式面の2頁目、コラム「大機小機」のあるところ）は、市場関係者が日銀の悪口を言う「捨て台詞の収集所」だ」と言っていた。「Losers have bigger mouths（負け犬の遠吠《とおぼ》え）」という言葉も聞いた。失敗した市場関係者が文句を言う、というのだ。

3月2日（木）　モリカケ問題と仕事の遊戯感覚

2017年2月以降、野党が「森友《もりとも》学園に国有地が安く売られた！　これは安倍総理や昭恵《あきえ》夫人が関与しているに違いない！」と安倍首相を追及しはじめた。いわゆる森友学園問題の始まりである。安倍首相は関与を完全否定し、「もし自分や妻が関与していたら首相も国会議員も辞める」と発言した（2017年2月17日）。これで野党は総理の首を取れるかもしれないと張り切り出した。

これに関し、財務省の佐川宣寿《さがわのぶひさ》理財局長が2017年2月24日の衆議院予算委員会で、国有地の価格は適正だったし、やましいことはやっていないが、近畿財務局と森友学園の交渉や面会の記録は「売買契約の締結をもって事案は終了した。記録は速やかに廃棄した」と答弁。そして決裁文書の都合が悪いところと野党に揚げ足を取られそうな部分（政治家の名前など）を消したり、書き換えたりした（２０１７年２〜４月）。しかし、その後、捨てたはずの文書が出てきたり、書き換え前の文書が出てきたりした。

「棄てた」という佐川局長の答弁に、さすがに財務省でも、「あんなことを言って大丈夫か」という疑問も上がったと後に聞いた。その後しばらくしてだが、また別の財務省の人から、某大物ＯＢが、「局長が「ない」と言ったらないんだ。財務省は、文科省みたいなやわな組織とは違うんだ」と一喝したという話を聞いた。このＯＢの発言については、その後、日銀高官からも著名な女性エコノミストからも、同じ話を聞いた。もちろん、噂《うわさ》を聞いたという話だが、あのＯＢなら言ったに違いないというコメント付きだった。

文科省についても書かないといけない。やや遅れて、加計《かけ》学園の獣医学部新設計画が問題になった。文科省は、獣医団体の要望で、これ以上獣医学部を新設しないとしていたが、愛媛県今治市が獣医学部の新設を求め、加計学園がそれに応じて２０１７年１月、新設を申請したところ、２０１７年11月、最終的に認可された。これに関し、２０１７年３月13日の参議院予算委員会で、「安倍首相が友人である加計学園理事長のために文科省に圧力をかけたのではないか」と追及した野党に対し、安倍総理は「理事長から頼まれたことはないし、働きかけていない」「もし働きかけて決めたのなら責任を取る」と答弁した。責任を取るとは辞任するという意味である。これにも野党は張り切りだし、前述の森友学園問題と合わせ、モリカケ問題と言われるようになった。

さらに５月から、「これは総理のご意向」という文科省の文書が出回りだした。ここに前川喜平《きへい》前文科次官が絡む。前川氏が5月17日に記者会見をして、「あったことをなかったことにはできない」「この文書は確実に存在していた」と述べた。これに対し、文科省は、この文書は存在が確認できないということで処理しようとした。松野博一《ひろかず》文科相は、5月22日、「文科省内の共有フォルダを調査したが文書の存在を確認できなかった」とした。

私は、文書は間違いなくあったと思う。しかし、獣医学部新設問題の担当である藤原豊内閣府審議官が、文科省の担当官に「これは総理のご意向」と述べたという、文科省側のメモがあっただけだと思う。霞が関の噂では、藤原なら間違いなく言っているだろうということだった。上の意向だと言って自分の主張を通すタイプとの評判らしい。しかし、安倍総理は、アベノミクスの3本の矢の3本目の、民間投資を喚起する成長戦略に関し、「あらゆる規制を私のドリルで打ち砕く」とたびたび発言していたのだから、どんな規制を取り除くのも、「総理のご意向」で間違いはない。藤原審議官は、嘘《うそ》をついていたわけではない。

獣医学部新設の過程に何ら不正がなかったことは、八田達夫アジア成長研究所所長（大阪大学名誉教授）が証言しているとおりである（八田［2017］）。その後、2017年6月19日の通常国会閉幕時の記者会見で、安倍総理は「私がドリルの刃となってあらゆる岩盤規制を打ち破っていく」と発言してはいるが、加計学園事件以来、総理は規制緩和にあまり熱心でなくなってしまったように見える。私としては残念であるが、岩盤規制を守りたい側としては、印象操作に成功して、総理のやる気を奪ったのだから大成功である。なお、岡山理科大学（学校法人加計学園傘下の大学）獣医学部（今治キャンパス）は、多くの学生を集め、成功しているようである。新しい獣医学部は作るべきだったのである。

前川喜平氏は、文科省の再就職等規制違反（いわゆる不法な天下り斡旋《あっせん》）で処分された人である。天下り批判が大好きなマスコミが、前川氏を英雄扱いするのはご都合主義の極みである。アベノミクスを批判するためなら金融独占資本とも手を結ぶご都合主義とも似ている（《2017年11月30日『朝日新聞』、金融独占資本の味方をする》参照）。

あーら、男ってバカね

話を、財務省の対応に戻したい。財務省には仕事の遊戯感覚がないと私は思った。私がいた役所は経済企画庁（現・内閣府）で、さまざまな役所からの出向者が多かった。昔は、5時になると役所で酒を飲んでいた。国会待機で帰れないのに残業代はいくらもつかない。酒ぐらい飲んで何が悪い、という気分だったのだろう（なお、少なくとも1960年代までは、アメリカの会社でもオフィスで酒を飲む風習はあったようだ。オフィスの昼飯時に、フランス人はワイン、イギリス人はビールを飲む。これは今でも細々とは続いているようだ）。

酒を飲みながら、大学を卒業して間もない私に、各省庁の先輩たちは本からは学べないことを教えてくれた。「霞が関に偉い局長は3人いる。一番が賞勲局長、2番が道路局長、3番が主計局長だ。予算を決める局長は偉いが、どこに道路を作るかを決める局長はもっと偉い。人間の値打ちを決める賞勲局長はもっともっと偉い」というのだ。ここには、人間の偉さに対する冷めた目がある。

あるいは、「憲法よりも電話が偉い」というのもあった。「憲法に書いてあるのは建前で、実際にどうしたらよいかは法律にしか書いていない。法律を読んでもわからないから、政令や省令を読まないとわからない。さらに具体的にどうしたらよいかを知るには通達を読まないといけない。最後は、電話で聞かないとわからない、あるいは、電話の指示が一番重要である」。だから、「憲法よりも法律が、法律よりも政令・省令が、政令・省令よりも通達が、通達よりも電話が偉い。だから、憲法よりも電話が偉い」と言うのである。

その後、私も多少の経験を積んで大人になったが、経済企画庁外の先輩・友人たちからは多くのことを教えていただいた。私は、外部の役所への出向も多かった。環境庁、外務省、郵政省、財務省に出向している。霞が関で4つの役所に出向している人間はそう多くないはずだ。

私が古手の役人になってから一番印象的に覚えている話は、扇《おうぎ》千景《ちかげ》国土交通大臣（2001年省庁再編により初代）にまつわる話だ。国交省の末端の役人が、下着泥棒で捕まり、マスコミにも報道されることになったので、大臣にも一言耳に入れておかないといけないとなって、ご説明した。すると、扇大臣は艶然《えんぜん》と笑って、「あーら、男ってバカね。下着なんて、私のをあげるのに」と言ったという。これに対して、建設省出身の役人が、真面目な顔をして、「大臣、それだけはおっしゃらないでください。そんなお言葉が漏れましたら、欲しいと言う人が殺到して大変なことになります」と言ったという。同席していた運輸省出身の役人は、「それ以来、建設省の役人ばかりが出世するようになった。そんなことを言ってまで出世したいのか」と後で私に話してくれた。

扇大臣が本当にそう言ったのか、私は知らない。しかし、私が、さまざまな先輩方から教えられたことは、出世すれば嬉しいが、それが人間の本当の価値とは違うのかもしれないということだ。これが、出世についての遊戯感覚というものである。民間の人も、よく「出世は運だ」という。「モノには、売れるときと売れないときがある。売れないときに担当して売れるようにするのは至難の業《わざ》だし、逆に、楽していても売れるときもある」というのである。

役所のできる男というのは、それが社会にとって本当によいことをしたのかどうかわからない、あるいは関係がないことが多い。また、民間でも、できる男ができるがゆえに利益を上げたかどうかはわからないことも多い。経営判断が正しかったか誤っていたかは、偶然の要素に左右されることが多い。

天知る、地知る、己知るだよ

嘘をついても出世したいというのは、出世がすべてだと思ってしまうからで、出世に対する遊戯感覚がないからだろう。そうなってしまうのは、財務省が、辞めたときのポストとその後の待遇が強く結びついているからだと私は思う。

他の役所では、民間に行って業績を上げてのし上がる人もいる。日銀でも、オーナー企業の経営者から見込まれて社長にまでなった人もいる。一代で大企業を作ったような人は普通ではない。遠くから見ていれば偉いし面白いが、仕えるのは大変だ。そこで仕えて社長になるのは並大抵のことではない。外資系金融機関に転職して高給取りになった人もいる。辞めたときのポストとその後の所得は比例していない。財務省は、それが比例しすぎているのだろう。

外資系金融機関の役員から聞いた話だが、「財務省の女性官僚に、外資系企業の人事制度を説明してくれと頼まれて話をしたのだが、当の女性官僚たちは外資系企業の人事制度に何の関心もなく、話も聞かず、誰それさんがどこ行ってどう出世したのかという噂話をずっとしていた」とのことである。女性幹部を登用するのは、ダイバーシティ（組織の多様性を高め、さまざまな意見が交差するようにして、単一思考に陥ることを防ぐ）のためだろうが、財務省の女性官僚は組織に順応しすぎて、組織の多様性を増すことにはなっていないようだ。

公文書を捨てたり、平気で嘘をついたりする人々には、私は、本書のあとがきに書いた母の言葉を聞かせたい。「天知る、地知る、己知るだよ」。嘘は必ずばれてしまって、うまくいくものではないということだ。

その後、2017年10月頃から、日本の大企業の品質不正問題が話題になった。神戸製鋼所のアルミ製品の性能データの改竄《かいざん》問題がおそらく最初だと思うが、次から次へと発覚するようになった。当時、日銀は本店本館（重要文化財）の耐震工事をしていたのだが、2018年10月にはその耐震部品にも性能データの改竄問題が見つかったという事件もあった。『日経新聞』電子版が「品質不正」というテーマ特集をしているが、そこには211件の記事がある（『日本経済新聞』「品質不正」 https://www.nikkei.com/theme/?dw=17101900）。

3月6日（月）　日銀に対する日銀OBの非難

日銀高官との会話で、日銀に対する日銀OBの非難が話題になった。OBが元いた会社や組織を非難するのはよくあることだが、日銀は多すぎるというのである。発言や論文は多すぎて引用できないが、著書を上げてみると、横山［2015］、河村［2016］、早川［2016］などがある。横山氏は考査局長、岐阜銀行頭取、早川氏は、調査統計局長、理事の経験もあり、日銀で金融政策に携わる経験もあったが、河村氏は金融政策に関わる部署にいたことはないとは日銀高官の証言である。

もちろん、《2015年5月10日　実務家はどれだけのことを知ることができるのか》に書いたように、組織にいたこととその組織の行う政策についての知識とは関係がないのだから、それは何ら問題にはならない。横山氏には、横山［1977］という著書もあって、当時、日銀の職員は、これを読んで金融論の勉強をしたとのことである。これらの本の非難の論点は多岐にわたるが、現行の日銀の政策が続けば、財政破綻、ハイパーインフレなどが来る、などというメッセージが一番迫力のあるところだろう。

後で、日銀ＯＢは日銀に批判的すぎるとの話を日銀職員にしたところ、「日銀ＯＢは、白川総裁の時代から批判的だった」と指摘された。「白川さんの中途半端な量的拡大、株の買い入れにも批判的だった。金融拡大に反対だから、中途半端な拡大にも批判的だった」と言うのだ。

別の職員によれば、「日銀の正しい組織文化は東大法学部のものであって、東大経済学部の白川さんは、それだけでダメなんだ」。また別の職員は、「日銀で海外留学してPh.D.を取ってきたような人は、経済学がわかっても国会の想定問答が書けない」と言う。「法学部が企画の局長なら、上司（総裁、副総裁になる）が何をしてほしいかわかる」とも言う。法学とは何か高度な法の精神に基づいた学問ではなく、統治システムに順応するための技術であることを、これほどあからさまに表現するのを初めて聞いた。私は率直さは美徳であると思った。

日銀内で聞いた話をまとめると、日銀ＯＢが声高に日銀を批判するようになったのは、ここ５年、10年のことのようだ。別の日銀高官も、「白川時代からＯＢは日銀を攻撃していた」と言う。「福井時代、白川時代にも、中途半端に量的緩和をしていたし、株を買ったりしていたのは伝統的ではなかった。それ以前は銀行に再就職して実務についていた。ところが、実務の再就職先が減って、エコノミストになり、マスコミに出て目立ってナンボの商売になった」と言う。だから声高に非難するようになったのだという。もちろん、黒田体制は、それまでの日銀の金融政策を全否定することから始まったのだから、それに対して、すでに日銀を退職した人々が批判的なのは当たり前でもある。ただし、日銀内部にいてQQEを進めている人々が、この政策が成功してほしいと思っていることは確実だと私は思う。失敗したら日銀OBとそれが代表する金融政策文化に対する単なる裏切り者だが、成功すれば国民と日本経済のためにOBを裏切った英雄になるからだ。

横山氏は、QQEでよいことがあったことは認めている

先に挙げた3冊の本には重複もあり、すべてを紹介するのは煩瑣《はんさ》なので、1970年代から日銀の金融政策思想に影響を与えていたであろう横山氏の著作のみを紹介する。

横山［2015］に何が書いてあるかと言えば、「すべては銀行の信用創造から始まる」（80頁）という言葉に尽きる。銀行が貸し出して初めて預金通貨（すなわちマネーストックの主要部分）が増える。マネーは内生であって、中央銀行が自由にコントロールできるものではない、というのである。確かに、企業が借り入れるかどうか、銀行が貸出をするかどうかは、そのときの経済情勢や金利動向に依存する。しかし、中央銀行は、そのときの経済情勢や金利動向に影響を与えることができる。デフレからの脱却（不十分なものだが）で実質金利が低下したこと、異常な円高が是正されたこと、将来の期待が好転したことで株価が上昇し、雇用と企業利益が改善された。横山本は、この経済改善の利益を無視している。

ただし、無視しているというのは正しくない。「何が何でもQQE反対」論者とは異なって、QQEへの一定の評価はしている。「株価、為替レートなど資産価格に好影響をもたらすことを通じ

て、これまで長らく世を覆っていたデフレ期待均衡とでも言うべき、硬直した状態に一撃を加え、デフレマインド鎮静・除去に、貢献しつつある事実は大きい。これに誘われて全般的に、前向きの企業行動、賃上げのムードも醸成されつつある模様」と評価している（２３２～２３３頁）。さすがに、日銀において実体経済を観察してきただけのことはあると感心した。「何が何でもＱＱＥ反対」論者には、この程度の現実認識を持っていただきたいものだ。

なお横山本は、今後現れる副作用を、財政規律を弛緩させるなど10項目、２３３～２５０頁にわたって解説している。これらに反論する私の論点の多くは、本書全体で述べているので省略する。

横山本には、銀行が今までいかに預金を集めたがっていたかの貴重な証言があるので、これを引用しておこう。「各金融機関の定例支店長会議などで、頭取は預金増強について訓示して曰《いわ》く、「預金獲得にあたっては、可及的に純預金吸収に努力してほしい。（目標達成のために企業向け貸出に伴って生じる預金に頼ることを戒めて）家計の貯金や、非債務者法人の純預金は、真に諸子が額に汗して集めた本源的預金と言うべき、誠に尊いものであり、これを基礎にしてこそ、我が行の真の業容拡大が可能になるのである」と書いてある（83頁）。今や、預金を集めることはコストでしかないのに、現在のこととして書いてある。確かに、これまでと異なることをするのは難しい。

ところが、横山本では、銀行以外の産業には変われと言う。大胆な金融政策が一定の成功を収めたことで「（成長戦略に）取り組む意欲・覚悟が減退しかねない」と書いている（２４７頁）。成長戦略が所期の効果を持つなら、その本筋は規制緩和と競争の促進である。銀行以外の産業には変われと言いつつ、銀行には変わらなくてよいというのだから、矛盾しているというか、本気でないことは明らかだ。

横山氏の証言を読んで、山崎豊子《やまさきとよこ》氏の小説『華麗なる一族』（新潮文庫）を思い出した。頭取が、死ぬ気で預金を集めろと命令して、本当に死人が出てしまったというエピソードがある。次は、弔《とむら》い合戦だとして、預金獲得目標を達成する。1960年代の話である。当時なら、高度成長と金利規制の下で、預金があれば必ず利益が上がった。現在、預金は過剰在庫でしかない（《2019年1月4日　貸出以上に預金が増えている》参照）。

4月5日（水）　異次元緩和の出口の議論が盛んになる

2017年春頃から、異次元緩和の出口の議論をするべきだという議論が盛んになった。前述のように、世界経済の拡大で国内経済も順調に成長し、消費者物価（生鮮食品を除く、生鮮食品・エネルギーを除く、ともに）もゼロからプラスの領域へと戻っていたからである。しかし、物価上昇率は0・5%にも満たないので、ここで出口に行っては0・5%の物価も維持できない。

そもそも金融機関、そこに雇われているエコノミストは、なぜ、出口、金融緩和の中止を求めるのだろうか。金利が低いと銀行経営に差し支えるからだが、景気が十分に過熱しないときに金利を上げれば、またデフレに戻ってしまう。デフレになれば、金利はまた下がる。銀行経営がデフレでうまくいくはずがない。彼らはこのことがわかっていないのか、それとも、わかっているのだが、待ちきれないのか、どちらだろうか。待ちきれないのかもしれない。「金利が10ベーシス（0・1%）でも上がってくれたら助かる」という銀行もあると聞くので、それほどぎりぎりの状況なのかもしれない。しかし、10ベーシス上げても、その分だけは（大きくはないだろうが）景気は悪化する。ぎりぎりの状況が直るわけではない。

日銀のなかにも、信金、地銀は無理、多すぎると見ている人は多いだろう。日銀の発表している「FSR（金融システムレポート）」で銀行の退出を議論してもよいのではないかと私は思う。ただし、銀行の将来の利益が先細りになることは書いてある。儲からない仕事を続けることの価値はあるのかと問うべきである。原発、公共事業、金融機関、止めることができないという点で、皆同じではないだろうか。日本では、止めるという選択が少なすぎる。

4月11日（火）

銀行は博打を打てる

ある外資系証券会社のアナリストが、「地銀は怪しげな仕組債を買っている。為替アナリストは必ず円高懸念を言う。なぜなら先物予約で手数料を取れるから」と言う。怪しげな仕組債を作って売っているのが外資系なのだから、間違いないだろう。仕組債とは、例えば、ある企業の株価が一定程度に下がらない限り高い利率を払うというものだ（実際にはこれほど単純なものではないが、これに関して複雑なものを簡単に説明するのは私の能力を超える）。それなら、株を買えばよいと思うのだが、株を買ってはいけないとされるので債券という名の付いたものを買うのだろう。少し前には、彼らは、「銀行が博打《ばくち》を打つ」とも言っていた。

１９９０年代の不良債権問題で議論されたことが忘れられている。構造不況業種が博打を打とうと思っても、金を貸してくれる人がいないから通常はできない。しかし、銀行はできる。預金保険機構があって安心だと人々が思えば、預金が集まるからだ。例えば、不動産会社に貸し込んだ資金も、地価バブルが起きれば返してもらえる。起きなければ、返してくれない。どうせ自分の銀行も破綻するならばと、一か八かやって傷を大きくする。だから、銀行については、早期是正措置が必要だ。つまり、儲からない銀行には早く退出してもらう必要がある。これは１９９０年代に銀行の不良債権が拡大してしまったことから得られた教訓である（池尾［1995］第３章がアメリカの経験、第４章がそれに基づく日本への提言である）。

しかし、現在、日本の金融学者は、１９９０年代の教訓を語らず、日銀を非難するようになった。「日銀が低金利政策を行うから銀行が儲からず、したがって、彼らはヤバいものに手を出すのだ」と言うのである。だが、銀行が儲からないのは借りる企業がないからだ。一方、彼らは、「（金融ではない産業の）破綻必至のゾンビ企業が問題だ」と言う。私は、基本的には、ゾンビ企業などたいしたことはないと思う。破綻必至の企業は原則としてお金を借りることができないからだ。ゾンビ企業が問題になるのは、銀行が貸してくれるときだ。だから、銀行が危ないところに貸さなければ、問題は起きない。

後に、公正取引委員会の高官に、「銀行は多すぎるから合併するしかない」と言うと、「銀行の合併審査は、現状の市場範囲と独占力に基づいて決める。どちらも国際基準。銀行は地域内の独占利潤を求めるより、他地域への進出でコスト低下を求めるべきだ」と反論された。理にかなってはいるが、地銀はすでに他の地域にも進出しているのだから、独占力は広域で考えるべきではないか。その後、地方の銀行やバス会社の合併を、形式的な審査によらず、競争の実態を総合的に見て合併を認めるようにする法改正がなされることになった（「経営難の地銀・バス、統合促進　独禁法特例法案を閣議決定」時事通信、２０２０年３月３日）。

4月17日（月）　メールにスペルチェック機能が付く

着任しばらくして、メールに英文スペルチェック機能をつけてほしいと依頼していたが、２０１９年７月から付くようになると報告された（実際には5月の連休明けから付いた）。私が依頼してから４年かかったことになる。無料のメールソフトでもしてくれるのに、なぜできないのかと聞いたら、「セキュリティに厳しいので汎用ソフトを使えない」とのことである。汎用ソフトが日銀内で閉じていれば大丈夫ではないかとも思ったが、セキュリティでよくわからないことは言わないほうがよい、と考えてそれ以上は言わなかった。

他にも私が改善できたことがある。後の5月19日に、審議委員の講演原稿が、本文と図表が混じるスタイルが可能になるとの報告を受けた。文章と図表が別々にあるのでは読みにくい。民間エコノミストのレポートも文章と図表は一緒になっているのに日銀は遅れている。これも２０１５年から言っていたのだが、やっと実現するという。ホームページのサーバーの容量の問題で困難だったとのことである。これは私の２０１７年11月30日の福島金懇の原稿から実現した。残念ながら、私以外の政策委員は、皆文章と図が別々のままのスタイルで、文章と図表が混じるスタイルを私以外で初めて使ってくれたのは、片岡審議委員の２０２０年2月27日の滋賀金懇からである。

4月30日（日）

人手不足なのになぜ賃金が上がらないのか

２０１６年の終わり頃から、人手不足なのになぜ賃金が上がらないのかという議論が盛んになってきた。東京大学の玄田有史《げんだゆうじ》教授が編纂した『人手不足なのになぜ賃金が上がらないのか』（玄田［2017］）が２０１７年４月に出版されて、この議論がますます盛り上がった。

この本では、その理由を医療・介護・育児など福祉産業の料金が規制で決まり労働需給の逼迫が十分に反映されないこと、就職氷河期世代の賃金が低いこと、賃金の下方硬直性の裏返しとしての上方硬直性（好況期に賃金を上げたら、不況期に賃金を下げられずに困るから、賃金を上げない）、パート労働者比率の高まり、労働組合の賃上げ要求の消極化などが挙げられている。これらの指摘は、いずれも正しいのだろうが、私は、現状の労働需給の逼迫度合いでは、賃金を上げるに十分でないからだと考えた。

後から、私の考えをきちんと分析してくれたのが中川［2018］である。内閣府の中川藍《なかがわあい》氏は、まず、現在（２０１８年中頃）の労働力の逼迫状況を示す指標が、有効求人倍率を除いて、過去２％の物価上昇率を達成していた時期（１９９０年代初）の指標よりも弱いことを指摘する。有効求人倍率は、前述のように、福祉産業の賃金が規制で決まり、賃金が低いことから求人が求職を大幅に上回り求人倍率が高くなる。しかも、福祉産業の比重が高まり、有効求人倍率を実勢よりも高めてしまう。その上で、男性の労働参加率が低下していることを指摘している。長期の不況が、男性の労働意欲を削《そ》いだと考えられる。中川氏は、労働参加率が１９９４年並みになるときの失業率は

２%であり、失業率がここまで低下すれば賃金も上昇し、物価も上昇するとしていた。

同時に、私は、人出不足でも賃金が上がらないのは、賃金を上げるより、そのサービスを止めてしまうということが起きるからだとも思った。近所のクリーニング店が、人を雇って年中無休でやっていたのが、休日と昼休みを作って一人で営業するようになったことに気が付いた。賃金を上げて人を雇うより、仕事を減らそうとしているわけだ。チェーンの飲食業でも、賃金を上げるより、深夜営業を止めて人手不足に対応する場合が多いようだ。その後、この年の10月に、嘉悦大学の高橋洋一教授が、『ついにあなたの賃金上昇が始まる！』（高橋［2017］）という本を出版した。素晴らしい書名の冴《さ》えとしか言いようがないが、その後も賃金の上昇は加速しなかった。

5月12日（金）　金融政策はカレンダーではなくデータに基づくべき

一橋大学大学院商学研究科主催・みずほ証券共催で、ジェイコブ・フレンケル元イスラエル中央銀行総裁、テイラー・ルールで有名なスタンフォード大学のジョン・テイラー教授などをパネリストに招いたシンポジウムが行われた。みずほ総研の高田《たかた》創《はじめ》氏と私もパネリストに招かれたのは光栄なことだった。参加者の主張をごく簡単に要約すると以下のようになる。

フレンケル氏は、金融政策運営について、あらかじめ金融政策の経路をカレンダーで決めるのはダメで、経済金融情勢のデータに基づかなければならない。データにおいて、失業率はあてにならないので物価が大事と主張した。私としては持論を裏打ちされた思いの心強い講演だった。

テイラー氏は金利があるときの話をしていた。しかし、ゼロバウンドになってしまった後、どうするかが問題なのだから、すこしがっかりした講演だった。もちろん、金利があるときに、デフレもインフレも起こさなければ金利は現在ほどは低くならなかっただろうから、テイラー教授の主張ももっともではある。

私は、「日本のこれまでの金融緩和政策は、雇用にはすぐに効いたが物価への効きは時間がかかっている。経済学の教科書には、金融政策は、長期的には、物価には効くが雇用のような実質変数には効かないと書いてあるが、量的・質的金融緩和を行ってすでに4年たっていても、雇用が着実に増加している。一方で、2％の物価安定の目標の達成にはまだ距離がある。大学の先生方は、若い人を預かっているのであるし、また、財政規律に厳しい方が多いようであることを考えると、雇用と財政を改善する量的・質的金融緩和政策にもう少し味方していただきたい」と述べた。ついでに、前述の、岩石理論（原田・片岡・吉松［2017］）も紹介させていただいた。

シンポジウムの休憩時間に雑談した金融機関の人たちは、日本のサラリーマンであって、人事大好きであった。「審議委員になんとか自分たちの関係者を送り込みたい、某メガはそのために、人を用意していた（いつでも変われるように閑職に置いていたという意味らしい）、どうしたら審議委員になれるのか」と私に聞く。私に聞かれても困る。「決めるのは官邸なのですから、官邸に売り込んではどうでしょうか」と言うしかなかった。

5月17日（水）　政治学者のマイナス金利理解

旧知の政治学者である渡部恒雄氏（笹川平和財団上席研究員）と竹中治堅《はるかた》氏（政策研究大学院大学

教授）に鹿島平和研究所50周年パーティで会う。彼らは、「マイナス金利より付利をゼロにすればよかったのに。マイナス金利は、銀行を敵にするだけでなく庶民も敵に回した」という。まったく的確な発言に私は驚いた。「付利は既得権で、日本は既得権絶対の国なので、これを下げるのは難しかった。ヨーロッパで、マイナス金利政策が成功しているので、これを導入した」と、私はくどくどと弁解するしかなかった。

日本の経済学者やエコノミストが、本質的でないわけのわからないことばかり言うのに対して、なぜ彼らは本質的なことを言えるのだろうか。後で、事情を聞いたところ、竹中氏から「マイナス金利になったときに、日銀の当座預金に金融機関が預ける金利がすべてマイナスになるのかと驚き、詳しい人にいろいろ聞いて回った。そしたら、なんのことはない、これまで預けていた膨大な資金には付利が引き続くということを知った。そこで、①0・1％の利子が当座預金の相当部分にはつき、日銀から銀行に資金が引き続き補給されるので、そんなに貸出には一生懸命にならないだろうなと思った。ここをゼロにしてしまえば（リーマンショックの前はゼロだったので元に戻すだけ）、金融機関もより貸出に積極的になるだろうと思った。②マイナス金利になる部分はごくわずかなのにもかかわらず、庶民が細かい事情を知らないことを奇貨として、銀行がもともと雀の涙のような金利を本当にゼロに引き下げたことについて強い違和感を覚えた」とのことである。経済学者やエコノミストよりも、政治学者が金融理論を理解している。

5月22日（月）

ドイツ連邦銀行駐日代表事務所開設30周年記念パーティで ECBの間違いを議論する

ドイツ連邦銀行（ブンデスバンク）のアンドレアス・ドンブレット理事は、挨拶で、ロドリック［2013］を踏まえて「民主主義と国家主権とスーパーグローバル化の3つは同時には得られない」と言った。確かに、そうかもしれないが、なぜそうなのかの理由が弱いような気がした。

人々はスーパーグローバル化に賛成しない。スーパーな移民は、自分たちのために仕事を作ってくれるかもしれないが、普通の人々が従事している仕事を奪うかもしれないし、その仕事の賃金を低下させるかもしれない。であれば、究極的には投票で政策を決める民主主義はグローバル化を望まない。ただし、グローバル化の利益も大きく、その利益を最大に、損失を最小にする方策もあるのだから、そのような政策をパッケージにして選べることのできる代議制民主主義は、最良のグローバル化を達成できる可能性を持っている。すなわち、グローバル化の利益から得られた追加的な税収を、グローバル化で打撃を受ける人々に分配すればよい。分配の仕方はさまざまにあるだろうが、直接お金を配ってもよいし、教育や職業訓練に支出してもよい。代議制民主主義とは、本来は、熟議の民主主義である。

日本では、打撃を受ける産業、特に農業にはお金を配っている。配り方に問題はあるとしても、配っていること自体は正しい。しかし、日本の野党やマスコミの議論を聞くと、利益を考えずに、一部の人への打撃ばかりを議論している。これでは、最良のグローバル化は難しい。むしろ、どうお金を配るのが望ましいかを議論すべきだ。私が、深い知恵があると思っていたイギリスの代議制民主主義が、ブレグジット（Brexit。英国のＥＵからの離脱）で醜態を晒している（そう考える根拠は、《２０１９年10月２日～９日　イギリス出張――低金利の要因は難しい》の「ブレグジットを理解する」にある）ことを考えると、日本はまだましなほうかもしれない。

また、グローバル化は国家主権の一部を引き渡すことでもある。しかし、それはよいことである場合もある。貿易自由化は、一部の産業には好ましくないが、多くの国民には好ましい。また、２国間の貿易交渉は大国に有利だが、多国間で交渉すれば、小国も大国からの妥協を得られる。大国も、交渉の手間が省ける。

私は、もっとも重大な問題は、民主主義国家にグローバルに流入してきた人々が自由、人権、民主主義の基本的概念を受け入れなかったらどうなるのだろうかということだと思うが、それについての議論は弱いような気がする（Harada［2015］）。

欧州中銀・財務省関係者は、ＥＣＢはもっと緩和的にすべきだったと証言

パーティで会った慶應義塾大学の竹森俊平教授（経済財政諮問会議議員）に、「ＥＣＢはイタリアもドイツも不満なようにするしかない。それはフランスにとってよいことなのに、フランスの中央銀行はわかっていないのではないか。例えば、フランス中央銀行出身のジャン＝クロード・トリシェＥＣＢ総裁（２００３～２０１１年）は、リーマンショック（２００８年９月）につながるパリバショック（２００７年８月）のわずか１か月前に、利上げをしている。その後も、景気回復が十分でもないのに、２０１１年４月に１・２５％へと利上げ、同年７月に１・５％へと２回の利上げ、

あわせて3回も不適切な利上げをしている。その後、経済の低迷によって、２０１１年12月には１・２５％への利下げに追い込まれ、その後はずっと引き下げで、２０１４年6月にはマイナス金利（マイナス０・１％）へと追い込まれた。急ぎすぎた利上げが、ユーロ圏のインフレ率を引き下げ、イタリアや南欧諸国の調整を困難にしたのではないか」（具体的な引き上げ日時は本書執筆時に追加した）と言うと「まったくそのとおり」と回答した。当たり前だろうという感じだった。

後に、東京にいる中堅のヨーロッパの中銀と財務省官僚に聞いても、同じ反応が返ってきた。ドイツの学者とも人脈の深い竹森教授は、この一般的評価を当然知っていたのだろう。私は、東京にいるヨーロッパの中央銀行と財務省の関係者と会う機会があるたびに何度も同じようなことを聞いたのだが（少なくとも5回は聞いた）、いずれもほとんど同じ答えが返ってきた。そうでないのは、後述の《２０１９年10月31日　日本の債券市場は世界一アクティブ》のときだけである。

後にトリシェ総裁は、２０１９年5月29～30日の日本銀行国際コンファレンスで「ユーロ圏の経済・財政・金融ガバナンス」という講演をしている（トリシェ［2019］）。内容は、ユーロの導入が加盟国の経済を改善したが、さらなる成功のためには、ユーロ加盟国間での銀行規制の完全な統一、財政調整の拡大が必要というものである。財政調整の拡大は、ドイツにもっと金を出せというものであり、実現性は薄いだろう。財政調整がより必要になるのは、金融政策が引き締めすぎで、イタリアやスペインの不況が深まったからだとは考えていないようだ。

6月9日（金）　２０１７年6月頃の金融経済情勢――「出口」論が盛んになる

２０１６年に停滞していた経済は、16年末になって世界貿易の回復もあり、成長を始めた。２０１７年になって回復が明確になるとともに、そろそろ緩和の縮小が必要ではないかという議論が聞かれはじめた。いわゆる金融緩和の出口論である。

この頃、マーケットでは、「ＦＲＢは、フィリップス・カーブや構造失業率から考えて、インフレの高進に遅れをとって金利をあげることになるのを恐れている」という議論が開かれた。しかし、ミネアポリス連銀のニール・カシュカリ総裁は、「フィリップス・カーブ（の形状）はわからないのだから、現実の物価をまず見て政策を行うべきだ」と述べていた（Kashkari〔2017〕）。私はこれが正しいと思う。後に物価の動きを見ると、２％をわずかに超えるだけで２０１９年には２％を割ってしまう。ＦＲＢが利上げを急ぐ必要はなかったのである。

6月12日（月）――新しい日銀審議委員が正式に決定

国会の同意が得られて、木内英登委員と佐藤健裕委員の後任に、三菱ＵＦＪリサーチ＆コンサルティング主任研究員の片岡剛士氏、三菱ＵＦＪ銀行の副頭取だった鈴木人司氏が、正式に日銀審議委員に任命されることが決定した。片岡氏はよく知っていた。鈴木委員は、存じ上げなかったが、柔軟な知性の持ち主で、洒脱《しゃだつ》な方だった。お二人については後述する。

この間、反リフレ派の審議委員がいなくなって金融政策決定会合の議論が活発でなくなるという議論（「異次元緩和に反対続けた木内、佐藤氏が最後の決定会合――異論は消滅か」ブルームバーグ、２０１７年７月19日）があったが、そもそも噛み合わない議論をしていただけである（《２０１５年７月

20日　白い日銀と黒い日銀の間での議論は噛み合わない》参照）。

6月13日（火）　金融政策とは期待にはたらきかけるもの

日銀が、予想に働きかける、というと、期待（予想）に働きかけるなんて何を言っているかわからないというエコノミストが多いのだが、そもそも金融政策とは予想に働きかけるものなのだ。

そのことを黒田総裁が、オックスフォード大学での講演（黒田［2017.6］）で説明している。その内容は、期待に働きかける金融政策をケインズ、ホートレー、ヒックスから位置づけたものだ。「20世紀前半の英国経済学における金融政策の議論は、先進各国で近年導入された「非伝統的金融政策」に対して、1世紀近く前に、多くの洞察を与えている」として、ケインズが長期国債の買い入れによる長期金利の引き下げを、ホートレーが「フォワード・ルッキングな金融政策運営」の重要性を、ヒックスが「フォワードガイダンス（将来の金融政策の明示）」の重要性を早い段階で指摘したと評価している。要するに、期待に働きかけるというコンセプトが、現在の日銀のなかでしっかりと根づいているということだ。

6月23日（金）　金融緩和に反対の経済学者たち④

ある高名な経済学者から、金融緩和で雇用がよくなったと言っても非正規が増えているだけで正規は増えていないという議論を援用して（実際には両者ともに増えている。全労働者に占める非正規の割合は頭打ちになっている〔原田［2019.3.6］図２参照〕)、「日銀は雇用の質にも責任を負うべきだ」と言われた。私が、「どうすればよいのか。「高圧経済」を続けるしかない。それは、緩和のやりすぎという先生の持論とも反するのではないか」と言うと、この経済学者は答えない。私はさらに「雇用は拡大しているが、〝よい〟雇用がなかなか増えないのは事実。しかし、だんだんと正規も増えて、ブラック企業は人を採れなくなっている」と言った。

「高圧経済」とは、金融緩和（財政拡大も）で経済に刺激を与えつづけることで、そうすれば雇用が拡大し、失業率も低下、人々がよりよい雇用に移っていくことで雇用の質も改善し、生産性も高まる可能性があるという考え方である。物価と失業率の関係を示すフィリップス・カーブがフラットになっているから物価が上がらない（物価を縦軸、失業率を横軸に書いているので、フラットであるとは、失業率が低下しても物価がなかなか上がらないことになる）とも言われている。フィリップス・カーブがフラットだから物価が上がらず、２％達成ができないので困ったことのように議論される場合が多いが、考えてみれば、失業率が２％になっても物価が上がらないのはよいことでもある。さらに金融を緩和して失業率を下げる余地があるからだ。

この経済学者はまた、「①２０１３年から開始したＱＱＥの効果が低下している、２００１年から06年まで行ったＱＥの効果はＱＱＥより大きかった（ＱＥの効果をついに認めてくれたのは喜ばしい）。②日銀アナウンスメントの効果も低下している。黒田総裁の市場での信認（credibility）が低下しているからだ」と主張する。私は、私の前任の宮尾龍蔵前審議委員の分析に依り、「宮尾先生の分析（宮尾［2016］第３章）では、むしろ効果が高まっている。それが間違いという文献はありますか」と聞くと、「文献を送る」とのことだった。その後送られてきた論文で、①についての文献を見ると、確かに、QEの効果はQQEより大きいとする分析が多いようだが、それほど確実なものではなかった（これらの文献の紹介は、原田・石橋［2018］の3にある）。②についても送ると約束したが、送られては来なかった。

彼はさらに、「日銀の出口のコストは小さい。なぜなら、今、マイナスにしている部分をプラスにすればよいから。3層構造はよくできている。日銀執行部は、頭がよい」と言う。私は、マイナスにしている部分をプラスにすればよいというのは違うのではないかと思ったが、「本当なら、是非『日経』でも、『エコノミスト』でも、『金融財政事情』でもどこでもよいから書いてほしい。勉強したい」と言った。すると、「今、他の仕事で忙しいので書けるかどうか」と言う。私は「是非、是非、是非」と言った。もし、この主張が正しければ、出口で日銀が赤字になって大変なことになると言われていることが、なくなるからだ。

それから数日して、ある日銀高官が、この経済学者から、「日銀の出口のコストは、現在マイナスにしている部分をプラスにすればよいだけだから小さいのではないか」とメールで問い合わせを受けたと言った。問い合わせを受けた高官は、「ありえない」と一蹴したとのことである。これでは学者が日銀に対して政策でリードできるはずがない。

7月15日（土）

借金が増えても売上や利益が増えれば構わないとは考えない経営者

経済同友会セミナーで、同友会は、消費税増税を政府に要請したとのことである。また、政府が、債務残高の対ＧＤＰ比率という新たな指標を打ち出したことについて、商船三井の武藤光一会長は、「ＧＤＰが増えれば借金を増やしてよいという言い訳に使われ、恐ろしい指標になる」と発言した由である（「消費税増税　政府に要請へ」『読売新聞』２０１７年７月15日）。

商船三井は、借金が増えても、売上や利益が増えれば構わないとは考えないようである。企業経営において、借金とは売上や利益を増やすためにするものである。借金以上に売上や利益が増えれば何も問題はない。経営者が、売上や利益が増えても借金が増えては困ると考えるのでは、日本の企業が投資のために借金をせず、現預金を積み上げるのは当然である。銀行も、こういう慎重な経営者ばかりでは貸出ができなくて困るのではないか。

もっとも、海運は市況産業であり、運賃は大きく変動するため、商船三井が自己資本を厚くして借金をしないという経営戦略を取るのは合理的なようである。しかも、後のことだが、２０２０年８月８日、長鋪《ながしき》汽船が保有し、商船三井が運航するわかしお号がモーリシャス沖で座礁し、燃料が流出したとのことである（『日本経済新聞』２０２０年８月９日）。国際慣行では長鋪汽船が一義的に補償の義務を負い、商船三井が求められる補償の規模は現在のところ明らかではないが、海運会社は市況産業で、かつリスクの高いビジネスらしい。しかし、政府はそうではない。

７月17日（月祝）　総理の支持率低下と金融政策、総裁人事

２０１７年６月の世論調査で安倍総理の支持率が急落している。７月初旬に行われた、ＮＨＫ、『読売新聞』『朝日新聞』のいずれの調査でも「安倍内閣の支持率はこれまでで最低の30％超、半数

前後の人が安倍内閣を支持しないと答え、その割合は過去最高」となったという。低下の理由は、森友・加計学園問題、稲田防衛相をはじめとする閣僚の国会答弁、テロ準備罪の創設を含む組織犯罪処罰法改正の採決強行などと報道されている。

これらは金融政策とは何の関係もないのだが、次の日銀総裁に、より大胆な金融緩和の必要と財政再建の遅れを許容する本田悦朗氏（当時スイス大使）を指名すれば、お友達人事と言われ、指名が難しくなる。本田氏は、金融政策の理解、デフレ脱却の重要性の認識、英語能力、いずれも十分なので総裁にふさわしいと私は思っていたが、総理の力関係で、適任者を選べなくなることがある。

金融政策にしろ何にしろ、総理が何かをしたいのなら、それについて同じことをしたいと思っている専門家を指名しなければ何もできない。総理が専門家だと思っている人の専門能力が実はない、マッドサイエンティストだ、スキャンダルまみれだと、事実に基づいて批判するのは正当だが、お友達だからと言って批判するのは意味がない。同じことをしたいと思っている人が、総理の知り合い、お友達である確率は高くなるからだ。

アメリカの場合について考えてみよう。ずっと後の事例で申しわけないが、2020年の1月16日、トランプ大統領は、FRB理事ポストに、セントルイス連銀調査局長のクリストファー・ウォラー氏および前欧州復興開発銀行（EBRD）米国理事のジュディ・シェルトン氏を指名した。就任にあたっては、上院で承認されることが必要である。ウォラー氏は金融緩和に賛同することの多いハト派の正統的なエコノミストだが、シェルトン氏はトランプ氏の大統領選挙で、金融・通貨問題を担当する政策顧問であったほか、FRB批判を繰り返すトランプ大統領の発言を擁護し（つまりお友達）、かつ、金本位制復活を主張していた。上院で、ウォラー氏は承認されるだろうが、シェルトン氏は危ぶまれている。

金本位制とは、金がある限りでしか通貨を発行できないというシステムであるから、金融は引き締め気味になる。これと金融を緩和しろ、金利を下げろとツイートするトランプ大統領の金融政策とどう折り合いをつけるのか、そもそも信念のない人物として上院で攻撃されるだろう。このような選定システムは、まったく正当なものだと私は思う（その後、2020年12月3日、ウォラー氏は上院で承認されたが、シェルトン氏は承認されず、2021年2月4日、バイデン大統領はシェルトン氏の人事を取り下げた）。

日本の場合に戻って、お友達でない人を選ぶとなると、総理の知らない人を選ぶことになる。どうやって選ぶかと言えば、役人が選ぶしかない。それでは、デフレ時代の日銀政策委員の選び方と同じである。つまりは、マスコミや野党は、政治家ではなく役人が有利になるように理屈を積み立てているのだとしか思えない。

＊

7月28日（金）　片岡剛士審議委員の就任お祝いのパーティにて

多くの方々が、片岡委員の就任パーティを開催してくれた。私は、そこで挨拶をする機会をいただいた。以下が、私の挨拶である。

片岡剛士さん、このたびは日銀審議委員へのご就任、おめでとうございます。

片岡さんと私との関係は、片岡さんが、藤原書店が募集している原稿で河上肇《はじめ》賞を2008年に受賞されたときから始まります。私は、そのとき、河上肇賞の選考委員でした。

その後、リーマンショック後の世界金融危機の分析も追加されて2010年に『日本の「失われた20年」』（片岡［2010］）というタイトルで出版されました。410頁、4600円もする本です。藤原書店というと厚くて高い本を出版している出版社というイメージがありますが、まさにそうです。私は、『日本の失われた十年』という本を1999年に書きましたから、ほぼ10年後に『失われた20年』という本を書いていただいたわけです。まったく、こんなに長い間失われるとは思いもよりませんでした。

片岡さんの本は、タイトルからも想像できるように、1990年代から20年間の停滞を貨幣的要因と実物的要因で分析し、貨幣的要因が大きかったと結論づけています。以来、貨幣、すなわち金融政策で「失われた日本」を取り戻せるのだから、そうすべきだと論陣を張ってこられました。同じ論陣を張ってこられた方々はこの会場にもたくさんいらっしゃいますが、片岡さんの特徴は粘り強いデータ分析です。片岡さんの本を読むのは時間がかかりますが、それだけの値打ちがあります。

その後の片岡さんの活動で注目すべきことを4つ挙げますと、消費税増税は大きなネガティブショックをもたらすという分析、いきなりインフレになることはないという分析、構造失業率3・5%論は誤りでもっと低いという分析です。人手不足なのになぜ物価が上がらないのかという議論は、構造失業率3・5%説に惑わされています。本当の構造失業率はもっと低いのですから、失業率2%台が続かないと物価は2%にならないでしょう。さらに、『日本の「失われた20年」』を出版されたときにはお子様は2人でしたが、現在4人いらっしゃいます。

リフレ派ばかりになって金融政策決定会合の議論が低調になると心配する方がいらっしゃいますが、決定会合はある立場を表明する場ではなく、分析に基づいて議論すべき場です。これまでの議論について、ここでご紹介することはできませんが、金融緩和政策の効果と副作用という議論において、副作用とは何かということについて納得のいく説明を受けたことはありません。これ自体、外部への発信においてもそうなのですから言ってもかまわないでしょう。分析に基づく議論という意味で、片岡さんの粘り強いデータ分析は決定会合の議論を活性化してくれるものと思います。

後、心配は、片岡さんが最後のリフレ派審議委員になることとです。政治の変化の大きさに驚きます（当時、モリカケ問題がまだくすぶっていて安倍総理が危ないとの報道があったので、冗談でこう言った。私の後任には、２０２０年3月、無事、リフレ派のエコノミストである安達誠司氏が任命された）。引き続き、リフレ派の委員が指名されることを期待しております。しかし、仮にそうならなくても、片岡さんには粘り強いデータ分析でデフレ派の委員を説得し、日本をデフレから脱却させていただけると思います。もし、一挙に金融引き締めなどしたら金利は高騰、債券価格は暴落、日本経済に大混乱を起こすのは間違いないのですから。

片岡さんの一層の活躍を祈念して私の挨拶とさせていただきます。

7月31日（月）　なぜ2％インフレを目指すのか

この時点で、日本銀行が目標としている消費者物価指数の上昇率は0・5％（エネルギーを除くと0％）程度にすぎなかった。しかし、雇用は拡大、ＧＤＰも伸びていた。であるなら、なぜ2％

インフレが必要なのかという議論もあった。私自身、そういう問題提起をしたこともあった（岩田規久男［2014］での原田の質問）。

たまたまこの日、友人からも、なぜ2％インフレが必要なのかと聞かれた。そこであらためて、なぜ2％なのかを書いておこう。

まず、日本銀行の公式見解を要約すると、①消費者物価上昇率の統計には上方バイアスがあり、0％インフレを目指すとデフレを目指すことになりかねない。②0％インフレを目指すと長期的に成立する均衡金利も、名目で見ると、低いものになる。そうすると、いざ不況のときには金利を下げる余地がほとんどないという状況になる。それを避けるために、インフレ率の上昇によって得られる名目金利の「のりしろ」が必要だ。また、インフレには、金利の引き上げで対処できるので、デフレの対処よりもやさしいということもある。③グローバルスタンダードである。世界の主要国が皆2％インフレ目標を持っているとき、日本だけ、より低い目標を持てば、結果として円高をもたらし、企業の投資計画に混乱を与える。また、世界と同じインフレ率を保てば、長期的には為替の安定に寄与するということになる。

これらの公式見解のうち、②と③の理由について補足する。②の「のりしろ」論は、過去、日銀が唱えていた「のりしろ」論とはまったく異なるということだ。これまでの「のりしろ」論は、金利が低すぎれば不況のときに刺激策がなくて困るので、景気回復が十分でなくても、早めに引き上げるということだった。これがまったくの誤りであることは《2017年10月31日　金融政策の本末転倒論》で再度説明する。

③のグローバルスタンダード論から導かれる為替の安定は、ある程度は、事実としても正しい。

2％インフレ目標を掲げQQEを行ってからは、円の対ドルレートは100円から120円の間を動き、ほぼ110円程度で「安定」しているように思える。リーマンショック前後で120円から80円にまで上昇したことを考えれば、安定していると言ってもよい。

さらに2％インフレ目標にコミットする理由がある。これは実際にどれだけ景気がよいかよくわからないからである。具体的に言えば、それ以上引き下げたらインフレになるという限度である構造失業率がいくらなのか、実はよくわからない。仮に構造失業率を3・5％などとする推計値をもとに金融緩和を止めていたら、現在（2017年7月）の2・8％という失業率は実現していない。今後さらに低い失業率が実現するだろう。直接、物価を目標にしたからこそ、より低い失業率を実現でき、バブルにもなっていない。賃金の上昇により、非製造業の企業などにおいては、過剰なサービスを含む仕事のやり方を変えるビジネス・プロセスの改善や省力化投資も進んでいる。これこそが、2％物価目標の成果である。

8月2日（水）　布野委員は、金融緩和と構造改革は協力すべきものと考えている

布野幸利氏は、8月2日の札幌金懇で、「金融環境が極めて緩和的で労働需給がタイトである今は、構造改革と成長戦略を進める好機であり、これを逃すべきではありません」（布野［2017.8］）と述べている。すなわち、布野委員は、金融緩和が構造改革を後押しするものと捉えている。

また、後の9月28日、布野委員は私との会話で、「（生産）能力を増強するとともに生産性が高まる。新しい機械を入れなければ生産性は高まらない」とも力説した。すなわち、新しい機械には新

しい技術が入っているから、当然に生産性が高まる。また、新しい機械を入れるときには、必ず工場全体のレイアウトを考える。大きく工場を変えるときにこそ、大きな技術進歩があるのだという。

これはかなり昔、技術進歩と言っても新しい資本設備を投入しなければ新しい技術を導入できないのだから、技術進歩のうちには資本の投入分、資本に体化された技術進歩が含まれているはずだという議論が盛んになされたことを思い出した。そもそも、成長論を初めて提起した、マサチューセッツ工科大学（MIT）のロバート・ソロー教授自体が、その初期から、技術は資本に体化されると述べていた（Solow［1960］）。この議論は近年注目されないが、需要が伸びなければ新しい投資ができず、新しい投資ができなければ、進んだ技術の設備を使うことができない。

供給と需要を別のものと考え、日本経済の問題は供給の問題だと考えるのは誤りだ。そもそも金融緩和と成長戦略とは対立するものではなく、両立する。また、成長戦略の規制緩和には、既存産業を効率化して雇用を削減するものが含まれる。そのようなとき、金融政策で景気が改善し人手不足を作り出すことは、規制緩和を行いやすくすることになる。

布野氏は、金融政策による需要喚起と、構造改革によるイノベーション強化が対立するものではなく両立するもの、むしろ協力すべきものと考えている。なぜ、多くの人が対立すると考えるのか不思議である。

高度成長期の議論に似ている奇妙な議論

考えてみると、この奇妙な議論は、1960年代、高度成長期の議論に似ていることに気が付いた。《2016年1月3日　経済企画庁の大先輩たち》でも述べたが、当時、「高度成長の影」、すなわち、公害、繁栄に取り残された人々がいるという議論が盛んだった。これに対して、宮崎勇氏が、「高度成長の影」は高度成長で生まれた豊かさを使って解決すべきだと議論していたことを思い出した。

金融緩和も、高度成長とは比べ物にならないが、それでもいくらかの富を生み出したのだから、これを使って貧困や格差の問題を軽減することができる。だから、金融緩和はすべての人々に恩恵を与えることができる。なぜ、この議論が受け入れられないのだろうか。日本の左派の思考に歪みがあることと関係しているような気がする。

私は古い世代の人間で、岩波書店から本を出したがっている。つまり、岩波文化人というステータスに憧れているのだが、うまくいかない。審議委員になる前に、ベーシック・インカムについての本を出したいと思って岩波に頼んだら（以下は私の解釈で、このとおりに言われたわけではない）、「原田のような新自由主義、市場原理主義者がベーシック・インカムの本を岩波から出版して、それがベーシック・インカムの基本文献のようになったら、岩波が皆（左翼の評論家たちという意味）から非難される。だから、出版することはできない」と言われた。結局、中公新書で出版していただいた（原田［2015.2］）。幸い好評で三刷となった。今から考えてみると、岩波の「基本文献」という発想は鋭い。そうなるために、中公新書版は薄すぎた。もっと網羅的に書いて、文献の紹介も増やし、基本文献となるようにすべきだった。私の岩波文化への執着も、少しは意味があったのだ。

しかし、上武大学の田中秀臣教授は、「最近の左翼は本を買わない」と指摘したことがある。確かに、売れているのは、百田尚樹《ひゃくたなおき》氏の本や『反日種族主義』だ。左翼で売れている本は、ブレイディみかこ氏の『ぼくはイエローでホワイトで、ちょっとブルー』ぐらいだろう。しかも、ブレイディ氏は伝統的左翼とはかなり異なる。

8月28日（月） 2％目標がよい悪いと言って議論していたのはおかしい

審議委員は、気楽に他の委員をぶらりと訪問してもよさそうだが、これが日銀流というのだろうが、秘書を通してアポイントメントを取る。この日、鈴木委員が私の部屋を訪問して、「これまでの委員は、2％目標がよい悪いと言って議論していたが、組織としてはあり得ない」と言う。私もまったく同感だ。組織は目的を持ち、その目的を達成するための手段について考えるものだ。会社が、利潤を得ることがよいか悪いかと言って議論していたらおかしい。もちろん、浮利はいけない、堅実な利益を求めなくてはいけないと言うならわかる。鈴木委員は、「一部の審議委員は、目標について議論していたことが、特別なことであることを理解していない」と言うのだ。

後に、鈴木委員は、「審議委員は、大規模緩和に賛同しているという点では皆リフレ派だが、マスコミは少しの違いを大きく書いている」とも言った。鈴木委員は、また「審議委員担当の日銀スタッフに経済情勢や政策について質問すると、関係局に確認してくれることも多いが、ネットで調べて持ってくることも多い」と言う。ネットで調べてくることは私も不思議に思っていた。日銀には、金融政策や経済金融情勢について詳しいスタッフがいて、シンクタンク機能を持っているのだから、どこにでもあるレベルではなく、ここにしかないレベルの情報や分析を持ってきてくれてもよいと思うのだ。ネットで調べた情報では、日銀の人材活用となっていない。おそらく、委員に面倒なことを言わせないのがスタッフの役目とされているからだろう。委員の質問を抑えるのがスタッフの仕事なのに、これをただ回すと無能なやつと思われるのではないかと思う。

鈴木委員には、私の反ＱＱＥ論への反論は説得的と評価していただいた。ただし、「出口の問題はある。出口でショックを与えないようにすることには、市場で働いた経験からも多少の貢献はできると思っている」と言う。

鈴木委員はギターが玄人《くろうと》はだし、食通で、多趣味で、洒脱な人である。

9月2日（土）～6日（水）

スイス出張――中央銀行のバランスシートの損失は、理論的には意味がない

２０１７年9月2日～6日にスイスに出張して金融関係者と面談したほか、投資家を集めたラウンドテーブルで、「なぜ日本銀行は金融緩和政策を続けているのか」というタイトルで、日本経済と金融政策について説明した。

スイス中央銀行（ＳＮＢ）は量的緩和、マイナス金利のパイオニアであるという意味で日本の金融政策にとって大いに学べるところがある。また、中銀資産のほとんどが外貨資産であり、為替レートの安定を明示的に目指しているという意味で、日本などとの金融政策とは異なる面がある。ただし、為替レートの安定には、スイスの輸出と輸入を合わせた額がＧＤＰの90％であるから、物価安定と為替レートの安定はほぼ同じという事情がある。

スイス中銀関係者は、「マイナス金利はスイスフランの高騰を抑えるために有効である。国民の反発が大きくなかったのは、そもそも預金金利がマイナスになるわけではないこと、長期の物価安

定により低金利が受け入れられていることがある。また、一部の中小企業も資本市場にアクセスできることもあり、マイナス金利の恩恵はある程度は全セクターに均霑《きんてん》している」と言う。

また、日本で話題になる中央銀行のバランスシート（B／S）が過度な金融緩和によって傷つくという議論には批判的である。「スイス中銀のB／Sは理論的には意味がないが、スイスフラン高による外貨資産の減額は通貨発行益の減少となり、通貨発行益を受け取る連邦政府、州政府の政治家から常に政治的圧力を受ける」という。私から「スイスフラン安になればスイス中銀のB／Sは改善されるのだから、スイス中銀のB／Sが悪化したことが原因でインフレ、通貨暴落になるはずはない」と言ったところ、「然り、当然のこと」と反応された。これは日本での誤った議論を正す1つの事例である。

少し解説しておくと、中央銀行の資産が悪化するとインフレになるという議論がある（《2016年12月28日　金融岩石理論を批判する》の「誰が中央銀行の赤字を気にするのか」参照）。しかし、中央銀行の資産が外貨資産の場合、インフレになると自国通貨安になるので外貨資産の自国通貨建ての価値は上昇する。すなわち、中央銀行の資産が悪化するとインフレになるという議論が正しいとすると、インフレになれば自動的に中央銀行の資産が回復するというメカニズムがあるということである。すなわち、インフレにはならないことになる。

「欧州中央銀行（ECB）は多様な国の事情を勘案して金融政策を行わなければならないが、それは不可能なので、ドイツとイタリアの中間の国、フランスに適した政策を行うしかないのに、フランス人がそれを理解していないようなのは不思議」と質問したところ、中間的な政策を行うしかないことについては同意を得られたが、「なぜか」の部分についての明確な答えは得られなかった。

スイスの不動産バブルについて、民間銀行のエコノミストは楽観的な見方をしていたが、スイス中銀は慎重な見方をしていた。また、カウンター・シクリカル・バッファー（ＣＣｙＢ。《２０１７年１月20日　定義のない言葉の蔓延》参照）など、有効なバブル対応手段を持ち、機動的にそれを使用しているとのことだった。

民間エコノミストは「スイスフランが避難通貨になっているのは、経済が安定的に発展してきた歴史的な経緯によるのだろう。急激なスイスフラン高は困るが、スイス企業は国際化が進み、適応力がある」と言う。確かに、スイスは、ＵＢＳ、クレディ・スイス、ネスレ、リンツ（チョコレート）、ロシュ（薬品）、ノバルティス（薬品）、ロレックスなど世界的な大企業があり、中小企業もグローバル化している。ドイツ語、フランス語、イタリア語、ロマンシュ語と多言語国家のスイスでは、人材的にグローバル化も容易だっただろうが、日本の中小企業はそうもいかない。

スイスのエコノミストも日本と同じ質問をする

日本経済と金融政策について説明したラウンドテーブルではもちろん、他の面談でも日本に関して多様な質問を受けた。日本のエコノミストの発言と似た質問も多く、日本に対する関心が高く、知識が豊富なことを認識した。

日本のエコノミストと同じ問題意識のものとして、人手不足でなぜ賃金が上がらないのか、金融緩和政策より構造改革が大事ではないか、２％物価目標は達成できないのではないか、金利上昇の懸念があるのではないか、財政ファイナンスではないか、ＥＴＦは償還期限がないので政策的に動かなければならないのではないか、金利ターゲットと量のメドは矛盾するのではないか、中央銀行が独立していないのではないか、2019年の総裁選で安倍氏が敗退するとアベノミクスは頓挫するのではないか、イールドカーブがフラット化しているのではないか、出口はどのような順序で行っていくのか、円高についてはリパトリ論（リパトリエーション。《2016年10月21日　危機でなぜ円高になるのか》参照）で説明できるのではないかという質問があった。私は、政治的で回答しにくいもの、出口の具体策などを除いて、できるかぎり丁寧に答えた。

参加者のなかから、「中央銀行は民間エコノミストの分析に不満を持っているらしいが、それは世界共通のように思われる」というコメントがあったのは印象的だった。

スイスのマイナス金利政策については、「マイナス金利は国民にあまり理解されていない。貯蓄するのはよいことであり、それにマイナス金利を課すのは国民のよい行動を罰するようなものだ。ただし、低金利にそれほど不満がないのは、スイス経済では物価水準がこの10年であまり変わっていないことが一因かもしれない。また、国民からは年金基金（の運用利回り）との関係で不満が聞かれるが、外債投資に投資対象を広げるなど対応余地はある」とのことだった。

9月21日（木）　金融政策決定会合での片岡委員の反対票

片岡委員が、現行の緩和策に反対した。2019年度に2％の物価上昇率を達成するのは不十分という理由だった。当時、消費者物価指数の上昇率は0・5％（エネルギーを除くと0％程度で上昇の基調も弱かった）にすぎなかった。片岡委員は、後に、片岡［2018］で、反対理由を次のように述べている。まず、「現在の金融政策の枠組みのもとでは、需給の逼迫化は進んでいますが、それが企業の価格設定スタンスを全般的に強めるまでには至っていないといえます。また、これまでの物価の上昇テンポが緩やかなこともあって、予想インフレ率の上昇も緩やかなものにとどまっています。……オーバーシュート型コミットメントは、……予想インフレ率を明確に上昇させるには至っていない」という認識を述べ、「『物価安定の目標』の早期達成に向けて、もう一段の追加緩和が必要であると考えています。具体的には、10年以上の幅広い期間にわたる国債金利を一段と引き下げるよう長期国債の買入れを行うこと、およびオーバーシュート型コミットメントを強化する観点から、『今後、展望レポートにおける政策委員の見通しの中央値において、国内要因により『物価安定の目標』の達成時期が後ずれする場合には、追加緩和手段を講じる』というコミットメントを新たに加えるべきだ」と述べている。

私は、現状の金融政策で２％の物価上昇が実現できるかどうかには懸念をもっていたが、10年以上の金利の低下が強い効果を持つこと、および、見通しと金融政策手段を結びつけることに自信を持てなかった。また、長期金利の低下を嫌う金融界の要望も理解できないわけではなかった。

９月22日（金）　木内前委員、バジョット・ルールに従うようになった

木内登英前委員は、９月22日、「（イールドカーブ・コントロールは、）地政学リスクの高まりで長期金利が下がる局面では、（金利の急低下を抑えるために）日銀は国債の買い入れを減らすことになる。リスクオフのときに求められる資金流動性の供給が滞ってしまう欠点がある」と分析したとのことである（日経ＱＵＩＣＫニュース、２０１７年９月22日）。つまり、危機のときには国債を買わな

ければならないということである。これは木内氏が、以前唱えていた「金融危機のときには国債を買うな」という自分の説（《2015年9月3日　バジョット・ルールに従わないことを問題とは思わない日銀の人々》参照）を覆して、バジョット・ルールに従うようになったということである。

もちろん、リスクの高まりで金利が下がるときに、日銀が国債の買い入れを減らすことなどありえないのだから、木内前委員にご心配いただくには及ばない。

10月2日（月）

『エコノミスト』、「出口の迷路　金融政策を問う」の連載を始める

『週刊エコノミスト』誌が、2017年10月10日号（発売は10月2日）から「出口の迷路——金融政策を問う」という連載を始めた。タイトルは、私たちが編纂した『アベノミクスは進化する——金融岩石理論を問う』（原田・片岡・吉松［2017］。《2016年12月28日　金融岩石理論を批判する》参照）の副題に似ているが、主張は正反対である。連載第1回は、鈴木淑夫氏の「日銀は今すぐ出口に向かえ」だった。

このかなり前から、日銀のバランスシートが毀損すると大変だという議論が流行りだした。おそらく、この頃が批判の最高潮だったと思う。この後も静まったわけではなく、だらだらと続いている。しかし、日銀のバランスシートを心配するのは意味がなく、物価とも関係がない。この理由は、《2015年8月9日　日本銀行の赤字とは何か》で書いている。

連載のタイトルは「出口の迷路」なのだから、迷路を解きほぐして、どのように出口に行くのか

を解説してくれるのかと思ったら、ともかく金融緩和はよくないという主張が続く連載となった。連載は40回も続いたが、この連載で、唯一、出口の具体的なシミュレーションをしたのは吉松崇《たかし》氏の「「出口のリスク」は存在しない」（吉松［2017.11］）のみだった。他の人は具体的議論がない。ともかく、日銀のバランスシートが拡大すると、いきなり金利が上昇して大変なことになるという議論ばかりだった。

10月23日（月）

10月頃の経済状況――政府はデフレ脱却宣言をしたがっている

２０１７年は順調に経済が拡大していた。消費者物価上昇率は１％に届かなかったが、明らかにプラスで、デフレに戻るという状況ではなかった。あるジャーナリストが、「官邸の一部が内閣府と組んでデフレ脱却宣言をしたがっている。宣言で、金利を上げやすくなるのを狙っている。財務省は、消費税増税をしてバラまくなら、延期のほうがよいと考えている」と言う。

私は「それは考えられない。デフレ脱却宣言だが、宣言をしてまたデフレに戻ったらみっともない。官邸にとっても内閣府にとっても何の得があるのか。消費税増税に関しては、財務省は権限維持のためにバラまきたい。また、ワンショット（一回きり）の公共事業ならOKで、未来永劫《えいごう》にバラまくのは嫌というのが組織文化だ。というより、むしろ権限維持のためには裁量的に止めることができるものがよい。財務省は、年金は裁量がないから嫌いだ」と答えた。

ジャーナリストの取材先には、がせネタを仕込ませる人がいるものだ。２０１９年10月からの消費税増税では、増税とともに、公共事業拡大、幼児教育・保育・高等教育無償化、キャッシュレス促進のための補助金など、さまざまな支出拡大メニューが付いた。後で考えてみると、公共事業拡大はもちろんだが、幼保・高等教育無償化、キャッシュレス促進のための補助金などは、地方にも金を配る工夫であったと思われる。地方では3世代同居なので、保育園不足はない。保育無償化だけでは地方にあまりお金は配れない。しかし、祖母や祖父が一日中面倒を見るのは大変なので、幼稚園には行かせる。地方の大学経営も厳しい。それらがタダになれば喜ぶ人は多いだろう。地方私大が公立化して授業料が下がると人気が出て学生が集まる。高等教育無償化は、地方にもお金を配る方策である。後の話になるが、デフレ脱却宣言、もしくは金利の引き上げ論は、2018年になって、徐々に景気が怪しくなってくると消滅した。

考えてみると、消費税増税とともに政府支出を増やすというのは、野党の方針でもあった。「集めて配る」は民主党の前原誠司氏が主張していたことだ。総理であった菅直人氏もそうだった。金融緩和も前原氏が述べたことでもある。他にも緩和を述べた民主党議員はいた。自民党は野党から学んだが、野党は自民党から学ばない。野党は、金融政策で雇用が改善したことを認めない。銀行の味方をして、低金利政策を止めろと言う。

10月31日（火）　金融政策の本末転倒論

金融政策決定会合後の総裁記者会見で、ある新聞記者が、「今のまま金融緩和を続けていると、緩和が必要になった場合に、手段が限られるがどう考えるか」と質問した。総裁の答えは、「将来の何かのために今から引き締めるのは本末転倒だ」というものだった（黒田［2017.10］）。この質問の示唆するところは、将来の不況のときに金利を下げる余地を作るために、今から金利を上げて不況を作っておけということになる。確かに、これは本末転倒と言うしかない。

その後、希望の党の津村啓介衆議院議員（現在、国民民主党）は、２０１８年2月6日の予算委員会で黒田総裁に、「２０１９年、20年と世界の景気後退局面が予想される。金利を下げるための余地をいまつくっておくのはいかがか」と質問した。黒田総裁は「将来ののりしろをつくるために金融政策を転換するのは適切ではない」と答弁した。市場関係者からは「日米同時株安のなかで金融緩和の出口を議論するなんて野党はマーケットがまったくわかっていない」との声も出たようだ（「野党　金融緩和偏重追及の構え　成長戦略対案はみえず」『日本経済新聞』２０１８年2月7日）。

津村議員の経歴は、１９７１年生まれ、東京大学法学部卒業後、日本銀行に入行、２０００年オックスフォード大学経営大学院に留学、ＭＢＡ取得、２００３年より衆議院議員である。つまり、２００３年以前に日本銀行にいた職員は、新しい「のりしろ」論を理解しておらず、古い「のりしろ」論の世界に住んでいたわけだ。日銀にいたからと言って、金融政策がわかるわけではない。そもそも、日銀自体がわかっていなかったのだ。ただし、古い「のりしろ」論の誤りは、すでに白川総裁時代には理解されていた（《２０１８年4月6日　金利を巡る不思議な議論》参照）。日銀は進歩しているが、野党は進歩していないようだ。

ずっと後になってのことだが、２０２０年2月にはコロナショックで不況が襲った。日銀は、質と量の拡大で対応した（《２０２０年3月16日　私にとって初めての臨時会合》参照）。２０１７年末に金利を引き上げておけばコロナショックにもっとうまく対応できただろう、という新聞記者もエコノミストも野党議員もさすがにいない。本末転倒論のあまりの愚かさは2年のうちには理解されたのだろうと思う。人間は少しは進歩をするものだ。

11月14日（火）

ウチの会社が人手不足とは思えない、暇なおじさんがたくさんいる

人手不足だと言われているが、賃金は上がらない。賃金を上げてまで人はほしくないという人手不足とは何だろうか。若いサラリーマンに聞くと、「世間では人手不足と言いますが、私の会社には暇なおじさんがいっぱいいますよ」と言う。若いサラリーマンだけでは調査不足だ。日銀にいると大企業の経営者とも直接お話しできる機会があるので、彼らにも聞いたが、「いやそのとおりで困っている」と言う。さまざまな方に聞いたが、暇なおじさん問題は日本企業の広範な問題であることは間違いないようだ。私もおじさんなので、天に唾《つば》するものかもしれないが。

外資系証券会社の人に聞くと、「日本の金融機関には無駄な人がいる。日本の金融機関が資本主義のゲームのルールを理解していないことが問題だ」と言う。

また、あるメガバンクの中堅職員に、「窓口の女性の後ろにたくさん男性がいますが、何をしているんでしょうか」と聞くと、「何をしているんでしょうね」と答える。「だってあれだけ人がいるんですよ」と言うと、「ヘンな人がいますからクレーム対応ですね。それから窓口職員のご機嫌を取ることかな」と答える。「生保の女性販売員じゃないんですから、そんなこと必要ないでしょう。それにご機嫌取るより、その分の人件費を配ってあげたほうが喜ぶでしょう」と言うと、「クビにできないんですから配るお金はない」と答える。

また、「日本の外貨交換はやたらに人がいて時間がかかる。それなのにマネーロン（マネーロンダリング、資金洗浄）対策が不十分だと国際的に批判されていますね（例えば、「金融庁、全銀行にマネロン対策関連のデータ報告を命令＝関係筋」ロイター、２０１８年3月15日）。香港の両替と同じようにできないんですか」と聞くと、「（自分の）前の上司が同じことを言って改革しようとしたが、常務になったら、あれはあれでいいんだ、と言い出した」と言う。「波風を立てたらそれ以上偉くなれないってことですか」と聞くと、「そのとおり」と答える。まあ、銀行が強くなるのは難しいようだ。

日本的雇用慣行では、若いときの賃金は働きより低いが、歳をとれば働き以上の賃金がもらえる。一生を通じてみれば公平だというのである。しかし、安定した大企業という神話が崩れれば、いつ働き以上の賃金がもらえるのかわからない、そんな約束があてになるものか、という若者の不満は高まってくるだろう。しかし、おじさんたちの若い頃の働きぶりを知っている経営陣としては、そうドライにもできない。おじさんたちも、若者の不満を感じているから、さらに賃上げをと要求する気にはなれない。よって、給与の高いおじさんの賃金は上がらず、給与の低い若者の賃金を多少上げても平均賃金は上がらないことになる。

であれば、賃金は上がらず、コスト面からも需要面からも物価を上げる効果は薄れてしまう。わずかずつでも物価が上がって、おじさんの実質給与が、仕事見合いでも高くない状況になるまで、賃金は上がらないことになる。これは時間のかかる過程である。

その後、「働かないおじさん」という言葉が２０１９年頃からビジネス誌でも広く使われるようになる（例えば「どうする？　働かないおじさん　終身雇用崩壊後のサバイバル」『日経ビジネス』２０２０年3月13日号）。これは賃金上昇から物価上昇をもたらす経路を弱める重要な問題かもしれない。

11月18日（土）

国民には、景気改善、生活向上の実感がない⁉

「政府は景気がよくなったと言っているが、国民には、景気改善、生活向上の実感がない」という議論がよくある。私が審議委員になるときにも、安倍総理から、「景気は客観的にはよくなっているのに、主観的によくなっていると思ってくれないのは残念だ」という言葉を聞いた。そもそも、景気改善、生活向上の実感というものをどう捉えたらよいのだろうか。この問題について、私なりの最終結論を得たので、このことについて書いておこう。

まず、世論調査が手がかりになる。内閣府大臣官房政府広報室「国民生活に関する世論調査」では、「お宅の生活は、去年の今頃と比べてどうでしょうか」という質問の答えを1954年から聞いている（途中、質問の聞き方が微妙に変化しているときがあるが、結果に大きな影響は与えていないようである）。

これによると、「1年前と比べて、暮らし向きや生活がよくなった、向上した」と答える人はきわめて少ない。10％以上の人がよくなったと答えているのは、実質GDPが毎年10％で成長した高度成長期でも1959～63年、71～73年にすぎない。人間は、なかなか景気がよくなったと感じないものなのだ。それでも、「向上している」から「低下している」を差し引いた指標を作ってみると、景気動向をかなり正確かつ敏感に反映して動いているようである。この差分の指標は、2012年にはマイナス16・4％ポイントだったが2019年にはマイナス8・6％ポイントに縮小した。なお、この調査では、「向上している」と答える割合が高度成長期に30％を超える時系列データも公表している。しかし、この数字はミスリーディングである。なぜなら、１９６５年から１９７３年までの調査では、「お宅の生活で、去年の今頃とくらべて、何かよくなっている面がありますか、このなかではどうでしょうか」と聞き（食生活、衣生活、電気器具・家具・自動車などの耐久消費財の面、住生活、レジャー・余暇生活、その他、よくなったものはない、を選択）、その上で、「それでは、全体としてみた場合、お宅の生活は去年よりも向上していると思いますか、低下していると思いますか、同じようなものだと思いますか」と聞いている（調査年によって多少聞き方に違いがある）。

このように具体的に聞くと、新たに購入した家電製品や昨年は行かなかったのに今年は行った家族旅行などを思い出し、「向上している」と答える人が多くなる。誘導尋問で高度成長の恩恵を感じさせせているようだ（実際のデータを簡単にご覧になりたい方は、原田［2017.11］を参照されたい）。

11月30日（木）　『朝日新聞』、金融独占資本の味方をする

私が福島で金懇（金融経済懇談会）を行った際の記者会見で、『朝日』の記者が、「金融緩和で生じた低金利によって銀行が困っている。こんな政策を続けていてよいのか」と質問した。

私は、『朝日』は左翼ジャーナリズムと思っていたが、なぜ金融独占資本の味方をするのか。金融緩和で人手不足になり、雇用環境は改善している。『朝日』は左翼なのに労働者の味方ではないのか」と言ったら答えはなかった。記者会見での一問一答は、ほぼそのままロイター、ブルームバーグ、時事、共同の通信社が報道するのだが、どの通信社も新聞も、この部分は報道しなかった。おそらく『朝日』が報道しないように頼んだのだと思う。

アメリカ民主党左派のエリザベス・ウォーレン上院議員（元ハーバード大学教授。２０１９年の大統領選挙予備選にも出馬した）は有名なウォールストリート嫌いである。左派は独占金融資本が嫌いなのである。私は、反ビジネスの思想は間違っていると思うが、左派が反ウォール街なのは首尾一貫している。首尾一貫した左翼のほうが、首尾一貫しない左翼よりも信頼できると私は思っている。

12月8日（金）バーゼルⅢの最終合意

12月7日、バーゼルⅢがやっと最終合意された（日本銀行［2017.12］）。言うまでもないだろうが、バーゼル合意（いわゆるＢＩＳ規制）とは、バーゼル銀行監督委員会が策定している、国際的に活動する銀行の自己資本比率や流動性比率などに関する国際統一基準の合意である。

１９８８年に策定された最初の規制がバーゼルⅠ、２００４年に改定されたのがバーゼルⅡ。その後、リーマンショックを受けてさらに強化する必要がある、特に、大きすぎてつぶせないという問題を避けなければならない、ということで策定されたのが、バーゼルⅢだ。バーゼルⅢは、世界各国で２０１３年から段階的に実施され、最終的には２０２７年初から完全に実施される予定になっている。合意された後も、細かな問題についての議論は続いている。

日銀は、金融庁とともに、銀行規制にも深く関わっている。ここで自己資本比率を規制すると書いたが、その比率をどう計算するかはまったく複雑で、実際に銀行で規制をクリアするために実務をしている人と、規制を監督する人以外は細かなことを理解していないだろう。私もすべては到底理解できない。ただし、その上で、私には多少の考えがある。

銀行の自己資本比率はもっと高くするべきだ

私は、銀行の自己資本比率はもっと高くてしかるべきだと思っている。ＢＩＳ規制で求められる銀行の自己資本比率は８％でしかない。もちろん、これは最低の基準でもっと高くすることを求められているのだが、国際的に活動しない地方銀行であれば４％でしかない。普通の企業で、自己資本比率10％以下ということはありえない。通常は30％、日本では50％の企業もある。自己資本がなければ、何らかの負のショックがあったときには、たちまち倒産してしまうからだ。

なぜ銀行が10％以下の資本でもやっていけるかと言えば、いざというときには、銀行が破綻しては困るから、政府や中央銀行が資金を供給し、預金保険機構が預金の払い出しに応じてくれるからである。しかし、銀行以外の企業はそうはいかない。継続的に利益を生むことを疑われたら、民間銀行はお金を貸してくれない。そうなれば破産だから、企業は通常は30％程度の自己資本を持つ。

銀行が低い自己資本でもやっていけるのは政府と日銀の暗黙の保証があるからである。であれば、銀行も自己資本を高めればよい。そうすれば危機のときに銀行は存続でき、政府の助けに頼らないでも済む。この考えを明確に述べているのは、アドマティ＝ヘルビッヒ［2014］であり、銀行は資産の20～30％の自己資本を持つべきだとしている。何％の自己資本比率がよいかはわからないが、私は、銀行の自己資本比率は高いほうがよく、規制の比率も高くするべきだと思う。

日銀は規制当局なのだから、日銀スタッフは、どのように規制するのが次の金融危機を避けるために有効かということに、関心はある。だが同時に、日本の銀行があまり努力しなくても規制をクリアできるかどうかを意識しすぎているように私には感じられた。確かに、金融庁とともに、あまり厳しくしないでほしいとの民間銀行からの陳情を受けているのだろうから、そうなるのはわかる。しかし、規制当局としての確固たる哲学がもっとあってもよいのではないかと思った。

バーゼルⅠのときには、保有株式の時価と簿価の差額（含み）の45%を自己資本に繰り入れることができるように日本が交渉して、これで邦銀は、自己資本を積み増さなくて済んだと喜んだ。しかし、後から考えれば大失敗である。株価が上がるときには自己資本が膨らむので貸出を拡大し、株価が下がれば貸出を急激に縮小しようとする。バブル前後の景気変動を大きくしただけだった。銀行の希望を聞けば必ずうまくいくわけではない。だから、規制当局としての哲学が必要だ。

もちろん、米欧の銀行が複雑な規制の裏をかいて、彼らだけがリスクを取って無茶なことができるようになれば、日本の銀行が不公正な競争に晒される。そうならないようにするのは当然だ。もっとも、日銀のスタッフによれば、米欧の監督当局も、ずる賢い民間銀行に騙されないようにと必死で、この点では日本も同じなのだという。

国債は安全資産に決まっている

もう1つ、安全資産についての日米英と欧州との対立があった。欧州の一部の国は、国債を安全資産と見ず、制約をつけるようにと主張する。日米英は、自国通貨建て国債は、安全資産であると、当然に主張する。民間銀行が破綻しないとは、預金を現金で払い戻せるかどうかである。国債は、同じ額面の現金とほぼ同じ価値があるのだから、預金の裏づけに国債があれば払い戻しに応ずることができる。

欧州の一部の国が、国債は安全資産ではないというのは、民間銀行が国債を大量に保有すれば、政府が国債を増発しすぎるようになってインフレになるからだという。しかし、インフレは政府と中央銀行の責任であって、民間銀行の責任ではない。民間銀行の責任は、あくまでも預金の払い戻しに応ずることで、それはインフレとは関係がない。にもかかわらず、一部のヨーロッパ諸国がこのようなことを主張したのは、南欧諸国の国債発行を牽制《けんせい》して、財政赤字の削減を求めようという意図があったからである。銀行規制と関係のないことを延々と主張されては、本来の規制のあり方の議論を混乱させるばかりだ。日銀スタッフから総裁までが、このような議論を抑え込み、本来のあるべき規制を議論するように促したのは、日本の大きな貢献である。

12月11日（月）　日銀は利上げを狙っているのではないか

あるジャーナリストから電話があって、「日銀は利上げを狙っているのではないか」と尋ねる。「日銀高官が、9月頃まで金利上げのために根回しをしていたことを確認した」とも言う。確かに、11月まで生産は順調に増加していたから、少しでも景気改善の兆しが見えたら金利を上げようという過去の日銀の行動パターンから言えば、そのようなことが起きてもおかしくはない。しかし、消費活動指数はほぼ横ばい、消費者物価指数（生鮮食品を除く）上昇率は依然として1％未満であった。到底上げられるような状況にはなかった。さらに、2017年末から世界貿易、輸出、生産も停滞しはじめた。

このジャーナリストは、「日銀OBと若手（30代）の亀裂は大きい。30代は、過去の日銀の失敗が現状の低金利を生み出したことを認めている」と言う。日銀OBが常に現在の日銀に批判的であることは知っていたが、若手がそう潔いとはあまり思わなかった。事実であれば嬉しいことだ。

12月21日（木）　『朝日新聞』が人手不足で倒産が増えているという

『朝日新聞』が盛んに、人手不足で倒産が増えているという。例えば、「木曽路、くら寿司も大苦戦　飲食店倒産激増　人手不足に食材価格上昇が追い打ち」（2017年12月20日）という記事がある。もちろん、消費者の節約志向、コンビニ弁当との競争激化、食材価格の高騰も指摘されているのだが、記事で目立つのは人手不足だ。『朝日』は、QQEが作り出した労働需給の逼迫が気に入らないらしい。

さらに翌2018年1月16日の企業倒産を伝える記事では、「2017年の国内企業の倒産件数は8376件で、8年ぶりに前年を上回った。飲食店の倒産が2000年以降で最多となり、全体を押し上げた。長引く個人消費の低迷や人手不足による人件費の高騰が経営の重しになったようだ」とある。なお、朝日新聞社の『知恵蔵』（2017年）の人出不足倒産の項目には、「(帝国データバンク) 17年度上半期（4～9月）の全国企業倒産集計によると、人手不足倒産は54件で、前年同期比68・8%増と急増した」とある。しかし、この期間、倒産件数は4220件もある。ついでに言うと、QQEの前、2012年の倒産件数は1万2124件だが、2017年には8405件（数字は統計の改訂で少し異なっている）と3719件も減っている。

人手不足はよいことである。物が売れるから人手不足になり、人手不足で倒産する企業が少しはあるのだろうが、物が売れるから倒産が大きく減ったのだ。

第6章　マスコミのリフレ嫌い――2018年

1月4日（木）　「そろそろ緩和を止めたら？」

　全国銀行協会（全銀協）の新年賀詞交換会で、元日銀理事で高名なエコノミストの鈴木淑夫氏にお会いしたら、「そろそろ緩和を止めたら？」と言う。「今までに緩和を止めろという人の言うことを聞いていていたら、現在の日本経済はなかった」と答えた。鈴木氏「今まではね。これからは違う」と言う。もちろん、先のことはわからない。しかし、これまで間違っていた人は、これからも間違うことが多いのではないだろうか。

　鈴木氏が言ったこととは、『週刊エコノミスト』２０１７年10月10日号に書いていたこと（鈴木［2017］）と同じだ。鈴木氏は「日銀は今すぐ出口に向かえ。出口戦略を語るのはまだ早いと日銀は言うが、早すぎるリスクより、遅すぎるリスクを恐れるべきだ」と書いていた。

　もちろん、この時点では明確にはわからなかったが、２０１７年末までなんとか順調だった経済は、２０１８年になって停滞してしまう。２０１８年の初めには円が上昇し、２月には株価が下落した。

なぜ緩和を早く止めたほうがよいと言うのかと言えば、銀行が、低金利、ましてやマイナス金利では儲からないからだ。しかし、これは金利と物価のダイナミズムを理解していないからである。金利と物価のダイナミズムとは、金融を引き締めて景気が悪くなれば、借りたい人が減って金利が下がるとともに、デフレや景気悪化を防ぐために金利を下げる。両者が相まって金利がさらに下がる。景気悪化に対して、金利を下げれば景気がよくなって、物価が上がり、借入需要も伸び、金利が上がる。物価上昇や景気過熱を抑えるためにも金利の引き上げが必要になって金利がさらに上がる、すなわち、金利の引き上げが低金利を生み、金利の引き下げが高金利を生むというメカニズムである。

お客の関心事は知っていてしかるべき

金融緩和政策で、雇用はよくなり、生産性も上がっている。そのことよりも、金融機関経営や、将来のわからない損失を重視するのはなぜだろうか。

１月４日は、全銀協の他にも、証券７団体、全国信用金庫協会（全信協）、信託協会の賀詞交換会がある。全信協のパーティでは、麻生太郎副総理兼財務相が「中小企業の事業承継で、雇用維持などの条件を満たせば、株の相続税はゼロになるようになった。このことを知っている人、手を挙げて」と言ったら、パラパラとしか手が挙がらなかった。麻生副総理は、中小企業と付き合わないといけない信金がこれで大丈夫か、とあきれたようだった。

中小企業経営者は、税に詳しい。儲けたときに、いかに手元にお金を残すかに必死である。お金を残しておけば、不況のときにも耐えられるし、全財産を失って夜逃げするしかないという状況を招かないで済む。しかし、お金を残せば税金を取られるし、最後は相続税で持って行かれる。だから、彼らは税制に詳しい。それが日本経済全体にとってよいことかどうか、私は知らない。しかし、顧客が必死に考えていることがわからない金融機関では、中小企業に寄り添うことなどできはしない。

1月12日（金）　財務官僚は、なぜ次期総裁に次官の名前を挙げるのか

年末や新年にはさまざまなパーティがある。3月20日には日銀総裁と2人の副総裁の任期が切れるので、これらのパーティでは、さまざまな人の名前が上がっていた。日本人はというか、日本のサラリーマンは人事が大好きで、サラリーマンの需要に応じてマスコミも人事が大好きだから、さまざまな人の名前が上がる。

財務省関係者、あるいは、そこから情報を得ているらしい人々は、財務次官OBの名前を挙げる。しかし、そうはならないだろう。《2015年7月17日　審議委員はどのように選ばれるのか》で書いたように、日銀政策委員（総裁、副総裁、審議委員）の人事は、かつては財務省（大蔵省と言うべきか）と日銀が適当に決めていたが、今は官邸が決めている。黒田氏が総裁に任命されたのは、財務省官僚としては例外的に、デフレ脱却の必要性を公言し、かつ、豊富な国際経験があったからだ。学者ではなく、財務官僚から選ばれたのは、そのほうが常識的で、日本の組織のなかで軋轢《あつれき》を

生まないと考えられたからだろう。そう考えれば、財務省のなかで、国際経験が豊富で、かつ、デフレ脱却が必要と考えている人、それを示す明確な発言のある人を選んで、官邸に売り込めばよいと思うのだが、財務省にそうする気はないらしい。

日銀総裁は、財務次官経験者のポストであって、国際経験の豊富な財務官経験者のポストではなく、デフレ脱却が大事という官邸のイデオロギーに屈服するのは嫌なのだろう。しかし、国際経験に乏しく、金融政策についての確たる考えもない（デフレ脱却が大事という官邸の考えに反対で、デフレのほうがよいという考えもない）人の名前を挙げても、官邸が納得する見込みはない。財務省は、日銀総裁は何をする人なのかというビジョンもなく、そのためにどんな能力が必要なのかという認識もなく、ただ、このポストの人はここに就けたいと思っているだけなのだ。日本のエリートが、ビジョンがなくても政策はできると考えているのは不思議である。

結局のところ、2月16日、政府は黒田総裁を再任し、日銀プロパーの中曽宏副総裁の後任に、やはり日銀プロパーの雨宮正佳理事、学習院大学教授から就任した岩田規久男副総裁の後任に早稲田大学の若田部昌澄教授を提示した。3月16日に国会の同意を得て、雨宮副総裁と若田部副総裁は3月20日、黒田総裁は4月9日に就任した。任期はいずれも5年間である。黒田体制が2013年から10年続くことになる。

昔は、というか、安倍内閣が発足する2013年以前は、総裁も副総裁も審議委員も、財務省と日銀が適当に決めていた（総裁についてはさすがに総理の意向もあっただろう）。若田部副総裁の名前が出たときには、日銀高官から「若田部教授ってどんな人？」と聞かれた。官邸主導の人事であることがわかる。若田部氏の金融政策についての考え方は、その著書を読めばわかる。アベノミクスという言葉を書名に入れた新書もある（『ネオアベノミクスの論点』〔若田部［2015］〕。また、Wakatabe［2015］という英文の著書もある）。

2月7日（水）　株価は下落傾向

年初に上昇していた株価は、2月5日暴落、6日も暴落、7日には戻したが、傾向として株安は続いた。トランプ政権の保護主義への傾斜が警戒され、不安定な動きが続いている。もちろん、後からわかったことだが、結局、2018年度の株価は、9月にやや上昇したものの、最後まで冴えないままだった。実体経済も実質GDPで見て一進一退だった。物価上昇率2％は遠いままだった。金利を上げるという話は消え去っていった。

2月14日（水）　金融緩和に反対の経済学者たち⑤

ある高名な経済学者から、人口減少がデフレをもたらすと聞いた。「人口予想を誤って供給能力を過大にし、供給超過となる。その結果デフレが起きる」と言う。私が、「しかし、経済予測と違って、10年先くらいまでの人口予測ならそう間違えない。民間企業はせいぜい数年先の需要予測に基づいて設備投資をする。人口予測を間違えて供給過剰になって、デフレになるなんてことは考えられない」と言うと答えはなかった。

もう1つ、人口構成の変化がデフレをもたらすという経済モデルについても述べたが、これについては《２０１６年１月７日　金融緩和に反対の経済学者たち①》で書いている。

２か月後、ある高名な労働経済学者に、「金融政策で雇用がよくなるという証拠はない」と言われた。私としてはまったく予想もつかない発言だったので、驚きあきれながら、「ＦＲＢのダブルマンデート（２重の目標）として物価も雇用も金融政策の担当とされており、議長のバーナンキもイエレンも２つの目標を持つことを当然と認めている」（《２０１５年５月15日　中央銀行の独立性を巡る混乱した議論》参照）と反論した。物価上昇率がマイナスからプラス（１％に満たないのだが）になり、名目金利が低下したことが経済を刺激し、結果として雇用がよくなっているということを認めない経済学者が多いのに驚く。

2月19日（月）　財政赤字はたいしたことではない

日銀金融研究所が主催した中嶋智之東大教授のセミナー「日本の最適政府債務」に出席した（論文はNakajima and Takahashi［2017］）。この論文は、最適な政府債務の量を試算している。

第１に注目すべきは、政府の粗債務から金融資産を差し引いた純政府債務を、考察すべき政府債務としていることである。私は当たり前だと思うが、多くの経済学者が、粗債務に注目している。なお、政府の実物資産、道路や橋や政府庁舎などは粗債務から差し引くべき資産とはしていない。現実の政府純債務はＧＤＰの１３０％である（粗債務は２００％）。

第２は、最適政府債務はＧＤＰの50％で、１３０％から50％に減らすことで消費の０・２％の利益が得られるという試算結果である。これは毎年なので10年で２％の利益ということになる。しかし、現在、失業率が過去の4%からQQEによって2%になったことに比べると、わずかなことではないだろうか。すなわち、この論文の結論は、私の理解では、財政赤字はたいしたことではない、ということになる。

残念ながら、この論文は、エコノミストにはまったく注目されなかった。その理由は、エコノミストには難しすぎてわからなかっただろうし、政府の粗債務ではなく純債務が重要であるという主張は財政当局と異なり、現在GDPの130%の政府純債務をGDPの50%に減らしても消費の0・2%の利益しか得られないのでは、財政再建にかける元気が出て来ないからだろう。

3月9日（金）　日銀OBはなぜ現日銀に反対するのか

前にも話題になったことだが（《2017年3月6日　日銀に対する日銀OBの非難》参照）、ある日銀高官が、「日銀OBはなぜ現日銀に反対するのか。再就職の手助けをしてもらいながら親元の悪口を言う。経産省と完全に切れた古賀茂明《しげあき》氏や、やはり財務省と完全に切れた高橋洋一氏とは違う。彼らは、職の世話をしてもらっているわけではないから自由にやっても仕方がない。日銀OBのデフレ発言がデフレ予想を作っているのではないか。これを止めさせられないか。彼らは、過去の日銀の思想を述べているのか、再就職先の利害を述べているのか」と問う。

別の日銀高官は、「彼らは、日銀時代の人脈で仕事を得ているだろうが、日銀が必ずしも世話をしているわけではない」と答える。そうかもしれないが、私は、OBが親元の悪口を言う点で、日銀はあまりにも極端であるという気がする。もちろん、黒田体制が、それまで日銀の政策を否定することから始めているので仕方がない部分はあるのだが（《2017年3月6日　日銀に対する日銀OBの非難》参照）。

3月18日（日）　マスコミのリフレ嫌い

2月16日、雨宮日銀理事、若田部早稲田大学教授が副総裁に、黒田現総裁が再度総裁に、政府より指名されたことはすでに書いた。正副総裁は、審議委員と異なり、国会で正式に所信表明、質疑を受けることになっている。これが3月5日に行われた。

前にも書いたが、この所信表明、質疑が議院運営委員会で行われることは不思議である。金融政策の責任者なのであるから、担当する財務金融委員会で行うのが筋だと思うが、日本では不思議なことが多い。《2015年2月25日　国会で同意を得られる――審議委員に任命の顚末》の「同意人事」で述べたように、国会同意人事が多すぎるので、スムーズに行うために議院運営委員会で行うのだろうが、財務金融委員会は、本来の権限と責任を放棄しているように私には思える。

若田部氏は、3月5日午後、衆議院議院運営委員会で所信を表明した。デフレ脱却に向け「あらゆる手段を駆使すべき」「デフレではない状況に達したが、2%（の上昇率）に到達しておらず、デフレからの完全脱却が引き続き課題だ」「時期尚早に政策を変更してデフレに逆戻りするリスクは避けなくてはならない」「2%目標の達成以前に出口戦略を発動することはありえない」と積極緩和論を展開した。ただし、政策の具体論は「金融政策決定会合で議論する」とし、明言を避けた。2%目標を明記した政府日銀の共同声明（アコード）は「堅持、場合によっては改善する」と述べた（「「必要なら追加緩和」日銀副総裁候補が所信」『日本経済新聞』２０１８年3月5日）。もちろん、同様の手続きが参議院でも行われた。

人事に関連して多くの報道があるが、いずれもマスコミのリフレ嫌いを表しているものが多い。

２０１８年3月18日の『日経』の記事に、「シンゾウとの距離」という特集があり、見出し「２人の「異端」に傾倒」とある。２人とは、本田悦朗氏と、浜田宏一イェール大学名誉教授のことである。安倍晋三総理がこの２人の理論に傾倒し、彼らの推薦で総裁や審議委員の人事が決まるから、異端の人材になるという解釈がなされていた。しかし、総裁などの人事は、これまでは財務省と日銀が作った推薦リストに基づいて、適当に決めていただけである。２人が財務省・日銀の推薦リストに入っていないから、また、財務省・日銀と異なる人を推薦するから異端だというマスコミには困ったものである。日本のマスコミは、財務省と日銀の官僚が正統で、それ以外は異端と思っているらしい。

浜田教授は、日本のリフレ政策について、クルーグマン、スティグリッツなどノーベル経済学賞受賞の経済学者を含む、内外89人の経済学者にインタビューをしている。私も光栄にもそのうちの1人に選ばれインタビューを受けた。浜田先生によれば、アメリカの一流の学者の多くは、デフレが悪で、デフレ脱却のための日銀の政策を高く評価しているとのことである。私も89人全員の意見は確認していないが、うち何人かの意見はその論文や発言で確認しているので、そのとおりと思う。一刻も早く出版して、世界ではリフレ政策が異端でないことを世間に知らしめてほしいものである。私は、お会いするたびに早く出版するようにお願いしているのだが、あの学者にインタビューしないといけない、いやあの学者にもしないといけないと言われて、なかなか出版に至らない（２０２

1年6月に出版された。浜田［2021］）。

さらに、2018年3月21日、『読売』は、若田部副総裁の紹介記事で「「追加緩和」異色の副総裁」と見出しを付けた。

『読売』はともかく、『日経』は株が上がれば『会社情報』『日経ヴェリタス』など関連の刊行物も売れるのだから、株価を上げたリフレ政策をもっと評価してほしい。『読売』も他の新聞も、景気がよくなれば高いブランド物の広告も入って営業的にも楽になるはずである。

4月6日（金）　金利を巡る不思議な議論

景気循環学会（エコノミストや、景気に関心を持つ経済学者からなる学会。会長は中原伸之元日銀審議委員）の金融経済研究会で、「金利を巡る5つの不思議な議論」という報告をさせていただいた。5つもの「不思議な議論」を説明していては日記ではなく論文になってしまうので、1つだけ説明しておこう。金利の古い「のりしろ」論である（すべての議論は、原田［2018.12］第9章「債券市場の機能」にある）。

金利の「のりしろ」論は2つある。過去繰り返し述べられ、今も述べられている古い「のりしろ」論と、新しい「のりしろ」論である。古い「のりしろ」論は、金利が低すぎれば不況のときに刺激策がなくて困るので、景気回復が十分でなくても、早めに引き上げて将来の不況に備えて金利の「のりしろ」を作るということだった（《2017年10月31日　金融政策の本末転倒論》の津村啓介衆議院議員の発言参照）。その結果は大失敗である。

２００７年2月の利上げを巡る金融政策決定会合での議論が２０１７年7月31日に公開されたが、当時の岩田一政副総裁は、時事通信の取材に対して、「利上げは失敗だった」と述べている。同じ取材に対し、水野温氏《あつし》審議委員（当時）は、「景気が悪化したときに金融緩和ができるよう、或る程度の利上げをしておいて、政策的な「のりしろ」を作っておきたいとの思いがあった」と言う（時事通信、２０１７年7月31日）。しかし、景気回復が不十分なときに金利を上げれば、かえって景気が悪化し、金利が下がってしまう。実際に、２００７年初以降、金利は低下している。また、利上げ後、エネルギー価格高騰の影響で、一時的に消費者物価は上昇したが、エネルギーの影響が剝《はく》落《らく》するにつれて、消費者物価上昇率は再びマイナスになった。物価上昇率が低下すれば、名目の金利を上げることも困難になる。そもそも、次の不況に備えるために、今、不況を作るリスクを取るというのは奇妙な議論である。

一方、新しい「のりしろ」論は、物価上昇による名目金利の上昇圧力が高まるのを待ってから利上げするというものである。実質の概念である自然利子率――経済がプラスにもマイナスにも刺激されない中立金利――が1％であったとしても、物価上昇率が2％であれば、名目の中立金利は3％になる。景気刺激が必要なときには、金利を下げる余地がある。「のりしろ」を大きくするためにインフレ目標をさらに引き上げるべきだという議論もある（ブランシャール前ＩＭＦ調査局長は4％インフレ目標を提案したことがある〔Blanchard, Dell'Ariccia and Mauro〔2010〕〕）。

新しい「のりしろ」論は白川総裁の時代から

実は、白川方明前日銀総裁も、この新しい「のりしろ」論の概念を的確に認識している。白川

[2008]（4-5「デフレの糊代《のりしろ》」、75頁）は、1990年代になって活発に議論されるようになった「デフレの糊代」という概念を紹介して、「名目金利はマイナスにはなりえないため、物価下落予想が広がると、実質金利が上昇する。その結果、支出はさらに減少し、物価下落が加速されることによって、物価下落と景気後退の悪循環が生じる。……そのような事態に陥ることを防ぐためには、あらかじめ若干高めの物価上昇率を維持しておいた方が望ましいという議論になる」と述べている。この「のりしろ」論は、少なくとも白川総裁時代（2008～2013年）の日銀においては、共通認識になっていた。

さらにそれ以前、武藤敏郎日銀副総裁は、「物価上昇率の「糊代」の問題ですが、「糊代」とは、経済がいったんデフレに陥ると、デフレ・スパイラルに陥るリスクが存在することから、金融政策はある程度の余裕、すなわち、ゼロ%より若干高めの物価上昇率を目指して政策を運営する必要がある」と述べている（武藤［2005］）。これは金利と物価の関係には踏み込んでいないが、ゼロよりは高い物価上昇率の「のりしろ」が必要と考えているだけ、金利の古い「のりしろ」論よりはましである。

景気認識はランダムに間違えるが概念の誤りはいつも間違える

もちろん、現在から過去を振り返って、ある特定の時期の金融政策が誤っていたことを示すのはたやすいが、その時点で、どのような金融政策が必要であったかを判断することは難しい。景気がよくなるか、悪くなるかを判断するのは難しいからである。

しかし、概念の誤りには気が付いてしかるべきである。いまだ概念の誤りに気が付かない議論がなされるのは困ったものである。例えば、東短リサーチの加藤出《いずる》氏は、2017年10月に、日銀は景気後退への対応を可能とするために長短金利を引き上げるべきだと古い「のりしろ」論を主張している（「加藤出氏：10年金利を0・3％、できれば0・5％に」フィナンシャル・ポインター World Economy and Financial Markets、2017年10月14日）。元財務官の篠原尚之氏は、「米国は利上げを進めている。次の景気後退や危機に備え、金融緩和から正常化させておきたいという感覚だろう」と述べている（篠原［2018］）。

2018年4月10日の『日経』「金融正常化巡りエコノミスト」という記事では「次の景気後退を見据えれば金融政策の変更が必要と見るエコノミストは多い」とある。金利の古い「のりしろ」論は、すでに「白い」日銀の時代でも否定されていたはずなのだが、いまだに繰り返されている。

4月10日（火）　岩田副総裁と若田部副総裁の「感謝と激励の夕べ」

この日、岩田副総裁と若田部副総裁の新旧副総裁の交代の会が開かれた。私は幹事の一人として、この会を「感謝と激励の夕べ」と名付けた。ここで私は次のように述べた。今回は参加者も多く、挨拶の時間は極力短くした。

＊

皆様、ご参加いただきましてありがとうございます。この会を「感謝と激励の夕べ」と名づけましたことについて、一言、ご説明させていただきたいと思います。

まず、命名の理由は、感謝すべき事象が起こっているからです。失業率が劇的に低下し、女性の就業率がアメリカよりも高くなっています。労働生産性も上昇しています。自殺者も1万人以上減少し、所得分配も改善しています。失業者が減っているのですから、当然のことです。財政状況も改善しています。消費税増税がなくても、大きく改善したことは間違いありません。素晴らしいことが起きているのです。ですから、これらについて岩田先生に感謝したいということです。

確かに、物価は2％に到達していません。しかし、失業率がさらに低下し、現実の物価が上昇するにつれて、予想物価上昇率も高まり、現実の物価も2％に向けて上昇していくことは間違いありません。この過程で、すでに述べた素晴らしい事象が、さらに生まれてくると思います。そうなりますように、新しい若田部副総裁を激励したいということです。

素晴らしいことが起きているにもかかわらず、現行の金融緩和政策について批判は絶えません。アルバート・ハーシュマンは――発言、投票、脱出という概念で政治システムを描写したことで有名な政治学者ですが――新しい政策を行おうとすると、古くからその政策に関わっている人々は、「そんなことをしても逆効果だ、効果がない、危険だと反駁《はんばく》する」と言っています。そして、反応は、この順序だとも言っています（ハーシュマン［1997］）。確かにそのとおりで、日本銀行の大胆な金融緩和政策に対しても、「逆効果だ、効果がない、危険だ」と言います。さすがに効果は見えてきていますので、最近は「危険だ」と言います。

岩田副総裁は、2年で2％を達成できないと責められ、また、後半は、お身体も悪くされてお気の毒でした。自由に反論ができないことも大変お気の毒でした。これからは自由にご発言できますので、どんどんご本を出してください。ともかく、素晴らしいことを起こしたことに間違いはありません。このことに感謝しますとともに、若田部副総裁には、一層素晴らしいことを起こしてくださいますよう、激励したいということで、この会を企画いたしました。

また、日本では素晴らしいことを起こしているという認識は少数派であるように思いますが、世界では当然の多数派であることも強調してよいと思います。いずれ日本でも私たちが主流派になることも間違いありません。

皆様、私たちの趣旨にご賛同いただき、多数のご参加をいただきまして大変ありがとうございます。

＊

ただし、素晴らしいことは起こったのだが、その後も物価は2％に到底届かず、すでに述べた素晴らしい事象も、さらに大きくなってやって来るということにはなっていない。

4月14日（土）

リフレ政策が財政再建に役立っていることを認めない財政学者たち

『文藝春秋』２０１８年5月号（4月10日発売）の、「アベノミクスは早く店じまいせよ」という、石弘光元政府税制調査会会長・元一橋大学学長（１９３７～２０１８年）のインタビュー記事を読んだ。石教授は、その後、４か月後に亡くなられているので、遺言のおつもりであったのだろう。

アベノミクスのうちの金融緩和で財政再建に向かっていることをどう評価しているかというと、

「赤字国債を発行せずに済んだのは、バブル崩壊前後の90年度から93年度の4年間だけです。ある種異常な、あれだけのバブル景気が続かない限り、「高めの成長期待＝税収増」で財政再建はできません。これは歴史が証明しています」と述べている。すなわち、評価していないということだろう。

図6‐1は、一般政府の財政赤字の対名目GDP比、政府債務残高の対名目GDP比、政府純債務残高の対名目GDP比を示したものである。確かに、財政再建に成功していた（一般政府の財政赤字の対名目GDP比がプラスになっていた）のは、バブル崩壊前後だけである。しかし、財政赤字の対名目GDP比は、大胆な金融緩和を始める前の2012年度には8・3％だったが、2018年度には2・2％となっている。6・1％ポイントも改善しているのだが、うち、消費税増税での改善は1・5％分にすぎない。

すなわち、大胆な金融緩和は、財政再建を助けているのである。政府債務残高の対名目GDP比、政府純債務残高の対名目GDP比も、高い水準にはあるが安定している。これまでの赤字をどうするのかという論点があるが、私は純債務残高対GDP比率が安定、できれば下方に向かっていれば十分ではないかと思う。この比率を無理に引き下げたところで、大してよいことが起きるわけではないからだ（《2018年2月19日　財政赤字はたいしたことではない》参照）。

財務省には、奇妙な信念があって、景気がよくなって財政改善するのではダメで、増税に依らなければ本当の財政改善ではないと考えているようである。金融緩和政策で財政を改善することは財政拡大の誘因となり、むしろ財政規律を緩めると主張する財政学者、エコノミストもいるのだが（《2015年5月16日　金融学会で金融緩和に反対する人々と議論する》参照）、奇妙な議論をするもの

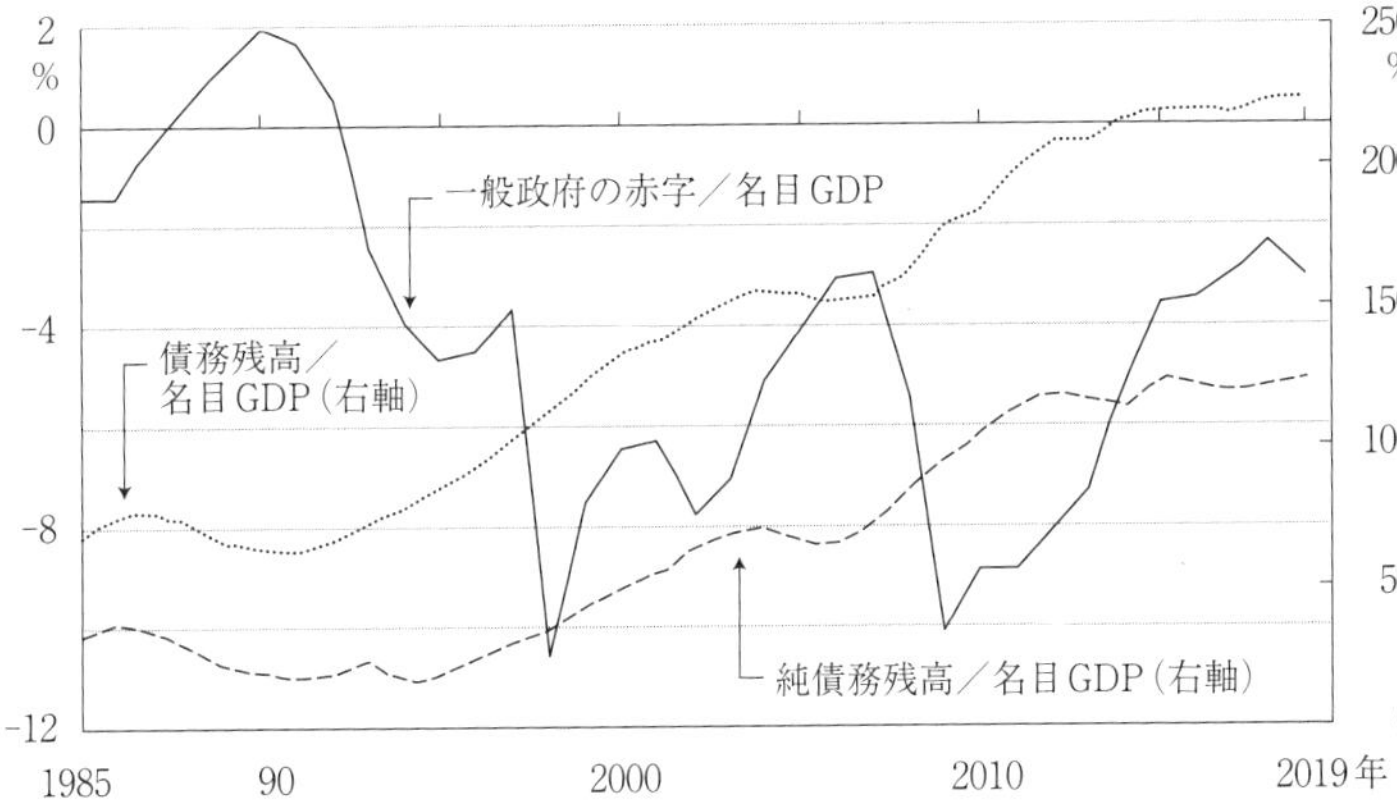

図6－1　一般政府の財政赤字，債務残高，純債務残高の推移（対GDP比）
（出所）内閣府「国民経済計算」一般政府の部門別勘定（GFS），IMF, World Economic Outlook Database.
（注）1993年以前はIMFデータによる．年度ではなく暦年．系列が継続しないところがある．

である。財政改善が財政規律を緩めるなら、増税で財政状況が改善しても財政支出拡大の誘因が働くだろう。実際、消費税増税時は、増税のショックを和らげるためとして、さまざまな財政拡大措置がなされることが多い。

金融緩和による財政改善に話を戻す。金融緩和による景気の改善が永続的なものなら（景気がよくなってGDPのレベルが上がるなら）、財政改善も永続的である。名目GDPの水準が高まれば税収が増加し、分母も大きくなっているからである。1987年までの日本経済は通常の景気回復でバブルというほどのものではなかった。この時点で（あるいは1988年とやや遅れても）徐々に引き締めに向かっていれば、GDPの極端な変動はなく、経済は安定的に推移しただろう。学者が財務省の奇妙な信念に賛同する必要はないと私は思う。

ただし、学者のなかでも、伊藤元重《もとしげ》学習院大学教授は、「財政健全化にインフレも必要」というエッセイで「公的債務比率の縮小には、分母の名目GDPを増やすことも重要だ。高い成長率が実現できない場合は、物価上昇で引き上げる必要がある」と書いている（伊藤［2018］）。

4月18日（水）　INES朝食会で石破派の若手議員にお会いする

新時代戦略研究所（INES）朝食研究会で石破《いしば》派の石崎徹衆議院議員にお会いした。石崎議員から、「石破自民党総裁が実現して株が下がっては困るから、石破先生には「金融緩和の出口」と言わないようにとお願いしている」と聞いた。

たびたび書いたように、リフレ政策は、雇用の拡大を通じて、ほとんどの人の利益となっているのだから、皆に味方をしてほしいのだが、そうなっていない。私には、リフレ政策に反対する人は、人手不足で人が集まらなくなったブラック企業、株や地価が上がって資産価格が不平等になってけしからんと思う人、低金利で儲からない銀行くらいしか思いつかない。株や土地など、資産は不平等に所有されているから、株や土地が上がれば資産は不平等になるのは事実だ。しかし、株や土地が下がればよいというわけにはいかない。1990年代、株や土地が下がって資産格差は縮小したと思うが、その結果が、長い長い経済停滞である。資産価格の上昇が不平等をもたらすというなら、その上昇で生まれる税収を貧しい人を助けるために使えばよいではないか。労働所得なら、失業者が減っているのだから、間違いなく平等になっている。

図6-2は、相対的貧困率を示したものである。相対的貧困率とは、所得の低い人から高い人を順番に並べてちょうど半分の人の所得（中位数の所得）の半分の所得以下の人の、すべての人に対

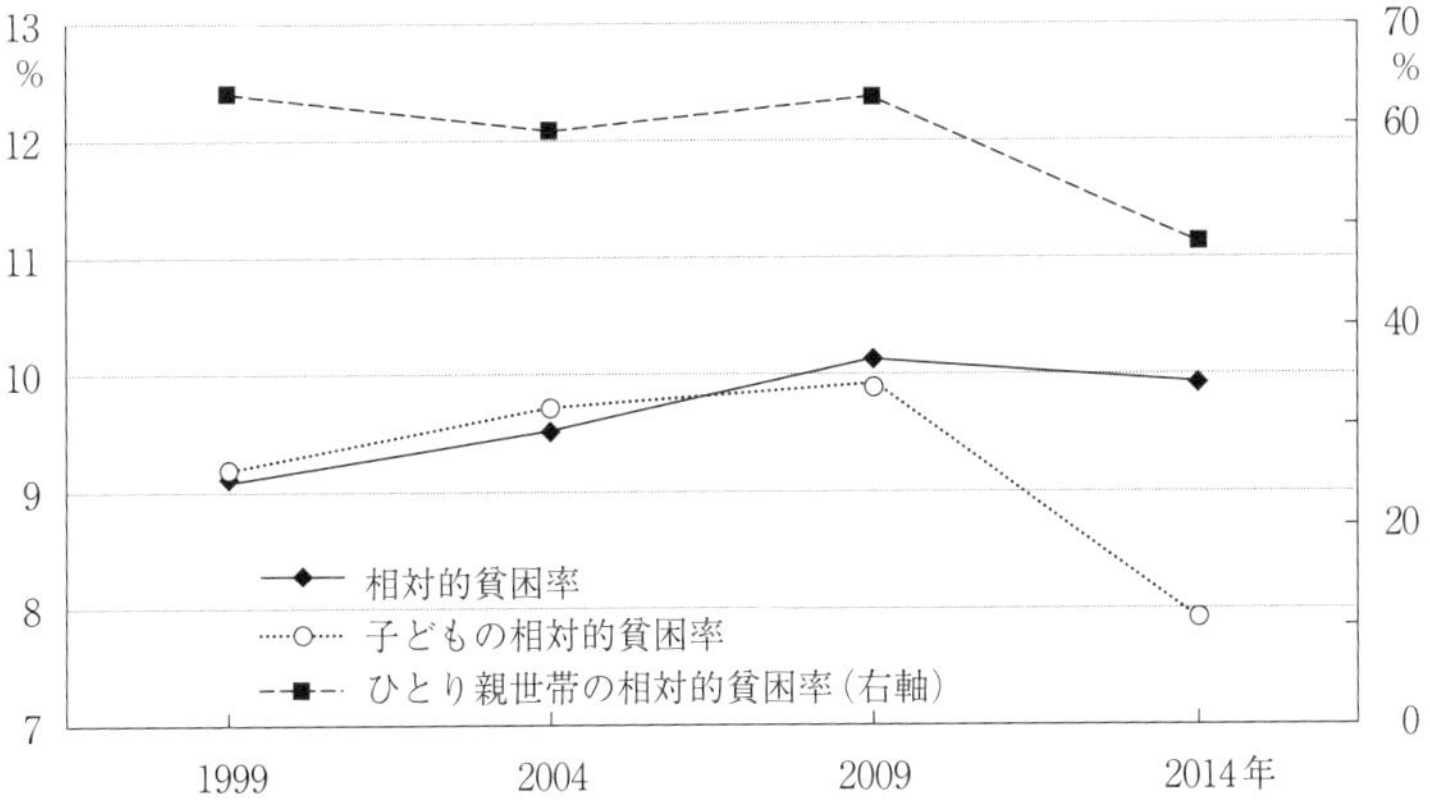

図６－２　相対的貧困率の推移
（出所）総務省統計局「平成26年全国消費実態調査」所得分布等に関する結果の概要，2016年10月31日．

する比率である。この比率が、２００９年に比べて２０１４年に低下している。子どもの貧困率、特にひとり親世帯の貧困率が顕著に低下している。ひとり親世帯とはほとんどがシングルマザーである。もちろん、シングルマザーの貧困率が62％から47％に低下したことを威張るなと言われればそのとおりだが、低下したことは事実である。

なお、原データの全国消費実態調査（改組されて全国家計構造調査となる。５年ごとの調査）の２０１９年の主要結果は２０２１年３月８日に公表されたが、相対的貧困率はまだである。２０１４年の相対的貧困率が公表されたのは２０１７年12月21日だから、２０１９年の相対的貧困率が公表されるのは２０２２年12月になるだろう。ただし、２０１２年と２０１５年の国民生活基礎調査（３年ごとに貧困率のデータが公表される）を比較しても、貧困率は低下している。ＱＱＥで失業率が低下し、所得のない人が減ったのだから、より平等になるのは当然である。

銀行も、金融緩和の初期には債券価格と株価の上昇、貸倒コストの低下で得していたはずである（原田［2017.11］）。初めの得と現在の損を合わせれば、まだ得のほうが多いはずだが、銀行は不満ばかりを述べている（《2016年5月19日　マイナス金利の導入以来、金融機関の日銀に対する不満が高まり、それを公然と述べるようになった》《2018年11月6日　長期の金融緩和と金融機関経営の関係》など）。

石崎議員がアベノミクスに反対の石破氏を説得してくださっているのは嬉しかった。石破氏が安倍総理の政策を批判するのは立場上当然だが、私としては、リフレ政策以外のことで批判をしていただきたい。しかし、石崎議員はその後、スキャンダルを起こしてしまい、石破氏への影響力は激減してしまっただろう。有力議員にリフレの効用を説明してくださる若手議員がいなくなって、私はがっかりしている。

4月20日（金）

財務次官セクハラ
――リーガルでなく広報で対処すべきが民間の常識

2018年4月12日発売の『週刊新潮』が、福田淳一財務省次官が、福田氏を取材していたテレビ朝日の女性記者に対してセクハラ行為を行っていたと掲載した。『週刊新潮』はさらに、福田氏が飲食店内において記者に対してわいせつな発言を繰り返していたとYouTubeで音声を公開した。福田氏は訓戒処分を受け、4月18日に辞任の申し出を行い、4月24日閣議で辞任が了承され依願退官した。

この間、財務省は外部の弁護士に調査を委託し、この弁護士より、匿名でも可とする形で情報提供の呼びかけがなされた。これに対し、加害者が属する組織の依頼により、被害者を調査する対応だと批判された。

財務次官のセクハラだから、日銀内部でも私の友人の間でも話題になったが、民間では、リーガル（法務部）ではなく広報で対処すべきだ、が常識だという。つまり、犯罪にならなければよいのではなく、組織の評判を落とすことが問題だというのである。セクハラを起こした職員に対しては、組織の評判を落としたことを含めて処分し、組織の評判を落とさないためにどうすればよいかを考えなくてはならない。財務省の対応は、それが法律的に問題かどうか、法的に弁護できればよいとすることで、対応が遅れていると言う。

昔はよかったのではなく酷かった

この程度のセクハラは、ずっと行われていたのだろう。だから、財務省はたいしたことではないと思ってしまった。民間の人は、海外の風を感じているので、たいしたことであると、すぐに理解したようである。昔はよかったという人がいるが、昔は酷《ひど》かったのである。昔はよかったと言う人は、昔のことを実は何も知らない。

私が審議委員になる少し前、女性の衆議院議員を参加者に含む会合があった。参加者のなかに筋トレが趣味で見事な体格の方がいて、「脱いだらすごいんですね」と誰かが言ったら、その女性議員は、「私だって脱いだらすごいのよ」と言った。男社会のセクハラ環境を生き抜いて来て、今があるのだと感動したが、そんなことに感動している場合ではなかったと今になって反省した。世界は変わっていて、男の側が、そんなことに感動していてはいけないのだということである。

もちろん、日本でも変化の風は吹いていた。セクハラが話題になっていたとき、ある日銀高官が、「平成が始まってから、浴衣や畳の宴会を女性が嫌がるようになった。自分が若い頃、「女性が嫌がって来てくれません」と言うと、上司が、「そこを説得して連れてくるのがお前の役目だ」と言った」と言う。今なら、間違いなくセクハラにしてパワハラだ。

30年以上前から、実は、風は少しずつ吹いていた。この事件の前、2017年10月に、ハリウッドの大物プロデューサー、ハーヴェイ・ワインシュタインが、セクハラで告発され、2018年2月には逮捕されていた。ワインシュタインは、『恋に落ちたシェークスピア』『パルプ・フィクション』や『もののけ姫』英語版、『Shall we ダンス?』のハリウッド・リメイク版などのプロデューサーである。昔のハリウッドはセクハラの牙城であっただろうが、それはダメになったのだ。ハリウッドでダメなものは、日本の霞が関では当然にダメだろう。それに気が付くか、気が付かないかが問題だった。

4月26日（木）　『日経』朝刊「若田部リスク」

新しく副総裁になった若田部氏に、マスコミの注目が集中している。『日経』に、「日銀が注視する「若田部リスク」」という記事があった（『日本経済新聞』2018年4月26日）。馬場燃記者の署名記事だった。ヘクシャー＝オリーンの定理、オークン法則、バロー＝リカードの中立定理のように、大学者だと名前を冠した法則を持つことがあるが、「リスク」というのはないだろう、と私は思った。

『日経』のいうリスクとは、４月26～27日の金融政策決定会合で、若田部副総裁が、日銀の現行の金融緩和政策以上の緩和策を提案、もしくは経済見通しに関して極端に悲観的な見通しを示すことである。『日経』の記事は、これを日銀事務局が恐れているという推測だ。見通しが悲観的になれば、いずれ追加緩和が必要という話になる。事務局はこれを嫌っているというのである。

5月28日（月）

困っている人を助けるのが我々の仕事で、儲かっている

東京で行われた5月28日のコロンビア大学ビジネススクールのシンポジウムの後のパーティで、外資系証券会社の経営者が、「株が下がったときに日銀がＥＴＦを買うから、証券会社はお客に売るチャンスを逃す」と言う。私が、「トレンドとして上がっているから、下がったときに買う客がいる。トレンドとして下がっていったら、株を買うお客がいなくなってしまうでしょう」と答えたら、「ＱＱＥはよいが、ＥＴＦ買いはよくない」と言う。「では、ＱＱＥをもっと評価してほしい」と言うと、日系のアセットマネジメント会社の経営者が、「株が上がって儲かっている。ＱＱＥには感謝。しかし、損する人は大騒ぎ。得する人は黙っているものですよ」と、こんなことも知らないのかという調子で言う。

外資系の経営者は、さらに、「地銀はマイナス金利、ＱＱＥで困っている。困っている人を助けるのが我々の仕事で、儲かっている」とも言う。困っている人を助けて儲けているのは、債券、証券運用のお手伝いで儲けているということである。地銀に怪しげな債券を売りつけて、後で大変な

ことにならないか心配になる。

また、別の人から聞いた話であるが、「政局と金融政策の関係が特に海外投資家の間で議論されている。総理の権力基盤が盤石なときには金融緩和政策の副作用が議論されていたが、それが一瞬危うくなったように見えると、緩和政策が中止されれば株が暴落すると心配している」という。

市場にはさまざまな人がいて、それぞれが自分の思惑でいろいろな発言をしているだけである。市場の声とはそういうものである。面白いし、真実の一部を鋭く突いている。よく聞くべきだが、聞かされたことが正しいと思う必要はまったくない。

5月30日（水）

たった1つの数字を得るのに、なんでそんなに時間がかかるのか

日銀が毎年行っている国際コンファレンスで、アタナシオス・オルファニデスMIT教授（金融研究所顧問、前キプロス中央銀行総裁、ECB〔欧州中央銀行〕政策メンバー）が基調講演を行った（オルファニデス［2018］）。オルファニデス教授は、「物価安定の定義が明快でなかったことが、バランスシート上のリスクを限定的なものにしたいという選好とあいまって、景気の浮揚に必要となる果断な量的緩和策を日銀に回避させ、代わりに、低すぎるインフレ率を進んで受け入れさせた。2013年、政府と日銀の共同声明（アコード）において、物価安定の定義が消費者物価指数で2％と明確にされたことを受けて、金融政策は劇的に新しい方向に進むことになった。QQEは、徐々に経済を浮揚させると同時に、政府のために財政余地を創出し、政府債務の見通しを改善させ

ている」と述べた。

さらに、中央銀行の独立性に関しても、オルファニデス教授は「日銀の経験は、ECBのように、ゼロ金利制約の挑戦を受けている他の独立した中銀にとっての教訓も示している。ECBも、詳細な定義を伴わない物価安定の責務を有する独立した中銀として1998年に始動した。2003年、ECBは、ゼロ金利制約に言及しながら、物価安定の解釈を「2%以下でその近傍」のインフレとした。ECBは、ゼロ金利制約に直面し、同時に量的緩和策に関する批判にも直面したとき、インフレ率を「2%近傍」に維持するために必要な果断なバランスシート拡大を避け、代わりに、低すぎるインフレ率を受け入れた。日銀の経験が示唆するように、もしECBが2%インフレ目標を導入しておけば、ユーロ圏は恩恵を受けたことであろう。広範な裁量的権能と運用上の解釈が不明瞭な責務からなる中銀独立性は、潜在的には逆効果であるかもしれない。中銀独立性によって、金融政策は短期的な政治の介入から保護される。（しかし）困難な時局には、独立した中銀に委託されている裁量的権能によって、責任回避が促されてはならない。このためには、明確で、透明性の高い政策目標が必要とされ、これによって説明責任や民主制下での正当性が増進されることになろう」と結んだ。

曖昧な目的を与えられた独立の中央銀行は不況を長引かす

要するに、曖昧な目的を与えられた独立の中央銀行は、責任回避的姿勢をとって不況を長引かせるが、2%の物価上昇率という明確な目標を持った中央銀行は不況からの回復を実現すると述べたわけだ。

この講演に対し、黒田体制以前、日銀に政策委員として在籍した、植田和男共立女子大学教授、西村清彦政策研究大学院大学教授は、「物価安定の定義について合意を得ることが難しく、時間がかかった」とフロアから発言した。オルファニデス教授は、「たった1つの数字を得るのに、なんでそんなに時間がかかるのか」と一蹴した。

オルファニデス教授とは30日夜のパーティで話したが、教授から「デフレで財政赤字も拡大。これは不必要な赤字だ。（財政赤字を嫌う）財務省が、なぜデフレを阻止できなかったのか」と質問された。私は、「財務省は、名目GDPの増大による税収増ではダメで、増税によって赤字を減らさないといけないというイデオロギーを持っている」と説明した。当然ながら、この奇妙なイデオロギーに理解は得られなかった。

日銀スタッフは、オルファニデス教授が、これほど辛辣《しんらつ》に黒田体制以前の日銀の政策を批判するとは思っていなかっただろうが、その論文等を見て、批判的な講演になることはわかっていたと思う。教授は、ECBのデフレ容認的な政策には批判的であったからだ。日銀内部も変わっているということである。

6月25日（月）　出口への関心が高まっている

「山本幸三君を励ます会」で、竹下亘《わたる》衆議院議員は、「QQEを含む3本の矢で、日本が変わった。民主党政権時代のよどんだ空気が晴れて、日本はまたできるという気分になった。それが、アベノミクスのなしたことで、アベノミクスの指南役の山本先生は偉い。しかし、これを続けられるか。

出口を混乱なく終わらせて初めて成功と言える。それも山本先生にお願いしたい」と挨拶した。

山本衆議院議員は経済について、「予想外に大きなスラック（資本と労働の余裕）があった。だから物価は上がらない。日本経済の力を過小評価していた」と発言された。そのとおりなのだが、物価が上がらないと金利も上がらないから困るのだ。

7月6日（金）

QQEに対する認知的不協和

QQEはほとんどすべての人々の利益になっているのだから、いまや皆リフレ派だと書いたが（《2017年1月16日　やっと掲載された「我々は皆リフレ派」》参照）、いまだに反対している人はいる。私は、QQEに反対している人々の態度には認知的不協和と言われるものがあると思う。認知的不協和とは、マーケティングでも使われる心理学の用語だが、自分の認識と新しい事実が矛盾すると不快に思うということだ。その場合、少なからぬ人々は、新しい事実を否定することによって不快感を軽減しようとするという（ハーシュマン［1997］）。

QQEで経済はよくならないという自分の強い認識に対し、現実に経済が改善しているという事実を突き付けられたとき、その事実を否定、または、今はよくても将来必ず悪化すると主張して、不快感を軽減しようとする。例えば、将来、金融緩和の出口で大変なことになるという主張も、将来の可能性を述べて、不快感を軽減しようとしているものだ。現在ではなくて、将来のことだから、当面、不快感を味わわなくてもよいことになる。

7月12日（木）

後継者不足問題はない

おそらく2010年代の中頃から、後継者不足問題と盛んに言われるようになったと思う。しかし、後継者がいないということは、子どもたちは親の仕事を継ぐよりよい仕事を持っているということだ。日本が1990年代以降、低成長になったとはいうものの、まだ成長しているということだ。自分が現在している仕事より、親の会社を継いだほうがよいなら、韓国財閥の例を見るように、兄弟で争ってでも継ごうとする。また、子どもが継がないなら、幹部社員が争ってでも継ごうとするはずだ。大して魅力的でない仕事なら、なくなっても仕方がないと私は思う。

私がそう言うと、「世の中はそんな簡単なもんじゃない」と言う方は多いが、「じゃあ、どんなものか」と聞くと、答えは返ってこない。後継者のいない企業は、利益が上がっていないか、今は利益が上がっていても、借金をして設備を新しくしたら到底利益は上がらないという企業がほとんどだろう。利益があっても、銀行から個人保証を要求されるなど、リスクが大きすぎる場合もある。

一代で企業を作るような方は優秀である。その子どもも優秀な場合が多く、医者だったり高給取りのサラリーマンだったりすることが多い。子どもは親の会社を継ぐ必要もないが、そこで働く従業員は困る、その企業がなくなってしまうと地域も困る、という場合はあるかもしれない。従業員が困らないようにするためには、人手不足を作るのが一番よい。従業員が他所で仕事を見つけたら、地域は困ると言われるかもしれない。確かにそうだが、どうしたらよいか私は答えを持っていない。

しかし、後継者問題は地域問題であると言ってくれた人はいなかった。また、その企業が、本当に利益が上がっているなら、同業他社が買い取ってくれるはずだ。買い取ってくれないのは、利益が上がっていないからだろう。あるいは、子どもは何も困らないが、そこに貸している銀行が困るという場合もあるかもしれない。銀行が、個人保証が欲しくて後継者を探しているなら、そんな会社の後継者になるような人は、経営者としての用心深さに欠けている。

利益は上がらず、経営者になるリスクは高いが、社会にとって必要な会社とは、どんな会社なのか、私が聞いても答えは返ってこない。後継者不足問題などという問題はないのではないか。

高度成長のときには、企業数は減った。オートバイ会社は何百社もあったが、４社に減った。それで部品不足とか、何か困ったことがあったと聞いたことはない。銀行も電機会社も製薬会社も自動車会社も減っている。日本は企業の数が多すぎると言われている。アメリカに自動車会社は３社しかないのに（それでもクライスラーはイタリアのフィアットに買収され、GMは一時倒産してしまった）、日本にはトヨタ（ダイハツは子会社）、日産（ルノーの子会社）、ホンダ、スズキ、マツダ、スバル、三菱（ルノーの子会社として日産と一緒にするべきかもしれない）と７社もある。後継者不足とは、企業の数が減ることなのだから、よいことではないか。

７月16日（月祝）　市場との対話とは何か

金融政策の運営には、市場との対話が重要とよく言われる。ＱＱＥに批判的な方々とも対話しなければならない。通常、対話とは、真実を探求するか、あるいは、相手の死活的利害がどこにあるのか、自分としてどこまで妥協できるかを値踏みするものだ。しかし、市場との対話とは、通常の意味での対話とはまったく異なるものだ。

抽象的な市場というものがあるわけではなく、そこに集まっているのは利害関係者であり、真実を求めているわけでもない。しかも、さまざまな利害関係者がいるわけで、市場の統一された利益があるわけでもない。利害関係者の都合を聞かないで政策を行えば、独りよがりになって無用な混乱を生むだろうが、利害関係者の言うとおりにすればよいものでもない。

短期金利を上げても長期金利が上がるとは限らない

市場は金利の早期引き上げを求めていると言われることがある。この頃はそうだったと思う。しかし、実際に金利を引き上げれば、債券価格と株価の下落、円高で企業の経営が悪化し、信用コストが増大して、金融機関は大きな打撃を受けるだろう。また、短期金利を上げても長期金利が上がるとは限らず、長短スプレッドはむしろ縮小してしまう可能性もある。これは現在（もちろん日記執筆時）の米国で起きており、2006年以降の日本でも起きたことだ。

短期金利を上げるとイールドカーブが立つ、長短金利差が拡大する、と多くの市場関係者が考えているのは、2016年1月29日、マイナス金利を導入したときにイールドカーブが寝たことの逆が起きると期待しているからだと思う。しかし、事実を見ると金融引き締めでイールドカーブが寝た場合が多い。

日本の場合、2000年から現在までの無担保コールレート（オーバーナイト物）と長期金利（10年物国債利回り）を見ると、2000年8月11日（ゼロ金利政策解除、翌日物コールレートを0・25%へ）、06年7月14日（ゼロ金利解除、0%→0・25%）、07年2月21日（0・25%→0・5%）

に金融を引き締めたときには、イールドカーブは寝てしまった（長短金利差は縮小）。例外は06年3月9日に量的緩和政策から金利政策に戻したとき（当座預金残高30兆～35兆円の目標→翌日物コールレートを0％へ）くらいである（長短金利差は拡大）。

一方、金融を緩和したときにはイールドカーブが寝ることもあるが、その逆に立つこともある（2001年3月19日〔0・15％→当座預金残高5兆円〕、01年12月19日〔当預6兆円→10兆～15兆円〕、03年10月10日〔当預27兆～30兆円→当預27兆～32兆円〕、08年10月31日〔0・5％→0・3％〕、10年10月5日〔0・1％→0～0・1％〕）。特に、2013年4月4日、QQE（0～0・1％→マネタリーベース60兆～70兆円等）の開始期には、金融緩和によってイールドカーブが立っている。これは、金融緩和が予想インフレ率と実体経済にポジティブな効果を与えると認識されたからだろうと思う。

すなわち、短期金利を上げたとき、イールドカーブが寝るか立つかは、その時々の経済情勢や市場の金融政策への見方によって異なる。短期金利を上げればイールドカーブが立つと思うのは誤りだ（長短金利がどう動いたかのグラフは、原田［2018.7］図3にある）。金利を下げれば景気が刺激されて物価が上がり、最終的には金利が上がる。金利を上げれば景気が悪化して物価が下がり、最終的には金利も下がる、という金利と物価のダイナミズムが理解されていないからだ。

カレンダーベースで金利の先行きは示せない

市場関係者が中央銀行との対話で求めているのは、政策の先行きを示してほしいということだろう。しかし、中央銀行は、物価や景気の指標を見て、すなわちデータに基づいて政策を行っているわけだから、カレンダーベース、すなわち経済状況にかかわらず事前に特定の時期に、例えば0・

25%ポイントずつ金利を引き上げるなどという形で政策の先行きを示すことは一般にはできない。ただし、将来の経済指標の予測がある程度確実にできるようになれば、それに応じて先行きの政策を示唆することができるようになるのかもしれない。FRBは、米国経済はそのような状況にあると考えているのだろう。予想物価上昇率が2%にアンカーされている（碇《いかり》のように、あるところに固定されている）米国では、将来の物価の予測もより確実に行うことができ、したがって、政策の先行きを示すことができるのかもしれない。

しかし、米国でも、ドット・チャートに示される政策（金利）の先行き予想は外れることが多く、無用の混乱を呼んでいるとの批判も多い。予想物価上昇率が2%にアンカーされていない日本の現状では、将来の政策をカレンダーベースで示すことは、一層困難だろう。

中央銀行は、市場とは対話すべきだが、その政策は、物価安定と国民経済の健全な発展、金融システムの安定性を目指して行うべきものだ。

7月20日（金）　経済情勢と奇妙な利上げ観測

2017年末から世界経済は停滞し、日本の輸出も生産も停滞していた。ただし、雇用情勢は改善を続け、消費は順調に増加していた。経済は弱いながらも緩やかな拡大を続けていた。消費者物価上昇率（生鮮食品を除く）もプラスが続き、2018年の中頃には1%に近づいた。しかし、生鮮食品・エネルギーを除く消費者物価は0・5%にも満たなかった。

ところが、2018年の中頃から、日本銀行が金利を引き上げるのではないかという報道が盛んになった。例えば、7月20日には、時事通信が「日本銀行が大規模な金融緩和策で『0%程度』としている長期金利の誘導目標の柔軟化を検討」「一定程度の金利上昇を容認する」「金融機関の収益悪化や国債取引の低迷など副作用を軽減しつつ、緩和長期化に備えるのが狙い」などと報道した（「日銀、長期金利目標の柔軟化検討」時事通信、２０１８年7月20日）。ロイターも同日ほぼ同じ趣旨の記事を配信した（「日銀が金融緩和の持続性向上策を議論へ」）。

出口に向かう、すなわち、金利を引き上げることが望まれるのは、低金利政策によって経営が苦しくなっていると日本の銀行が盛んに訴えてきたからだ。しかし、銀行経営が苦しいことは、金融政策がうまくいっていないということの証明にはならない。また、《２０１８年7月16日　市場との対話とは何か》で述べたように、短期金利を上げても長期金利が上がるとは限らず、銀行の経営が必ず楽になるわけでもない。

私は、銀行の経営が悪化するのはお客がいないからで、金利を上げればさらに客がいなくなるだけだと考えていたが、日銀高官は、「日銀のレピュテーション（評判）が低下するのは困る」と言う。しかし、このレピュテーションとは、銀行の間での評判で、国民の間での評判ではない。

もちろん、《２０１７年11月30日　『朝日新聞』、金融独占資本の味方をする》でも述べたように、金融独占資本の好きな左翼マスコミも多いので、日銀が妙な責任を追及されては困るというのは理解できる。それは日銀高官もわかっている。「1%上げないと銀行は大して助からないが、それは無理」とも言う。つまり、銀行に文句を言われ、その文句がマスコミに伝わり、あたかも日銀のせいで銀行が潰れるかのようなストーリーを作られるのが嫌なのだ。だから、わずかに金利を上げて、日銀のせいではないとジェスチャーしたいのだろう。それはよくわかるが、そんなことをしていても預金は集まるが借りてくれる人はいないという銀行の構造問題が解決するわけではない。

金融仲介機能とか、市場機能の低下とかいうが、それは何なのかが明確に議論されることはない。力があり、うるさい人に配慮するしかないのはわかるが、そんなことを続けていても仕方がない。

銭湯すたれば人情すたる、人情すたれば日本がすたる

私はここで、「銭湯すたれば人情すたる、人情すたれば日本がすたる」という言葉を思い出した。昔、私が省庁再編前の経済企画庁にいたとき、物価統制令という古い法律を所管していたときのことだ。さすがに大時代的だから、浴場料金を物価統制令で決めるのは止めようと、厚生省（当時）に打診したとき、厚生省の担当者が言った言葉だ。「そんなことで日本がすたるわけないでしょう」と反論したが、担当者は強硬で一歩も引かない。しかも、この担当者は、労働省からの出向者で、後から、「出向者の私が降りるわけにはいかないんです」と愚痴った。厚生省だって、日本がすたるとは思っていないから、出向者にさせていたのだろう。この出向者は、6年後に兵庫県立大学の助教授となった中野雅至氏（現・神戸学院大学教授）である。愚痴った時点で、もう公務員に限界を感じていたのだろう。中野氏には『1勝100敗！　あるキャリア官僚の転職記――大学教授公募の裏側』（中野［2011］）などの著書がある。

交渉が膠着《こうちゃく》していたとき、全国公衆浴場業生活衛生同業組合連合会（全浴連）の支援を受ける有力政治家から、私の上司に、「降りるように」との電話が入った。私たちはすぐさま降りることに決めた。「憲法よりも電話が偉い」（《2017年3月2日　モリカケ問題と仕事の遊戯感覚》参照）ことを実感した。

7月31日（火）

強力な金融緩和継続のための枠組み強化

日本銀行は、2018年7月31日の金融政策決定会合で、「強力な金融緩和継続のための枠組み強化」として、①「日本銀行は2019年10月に予定されている消費税率引き上げの影響を含めた経済・物価の不確実性を踏まえ、当分の間、現在のきわめて低い長短金利の水準を維持することを想定している」と政策金利のフォワードガイダンスを示し、②長短金利操作（イールドカーブ・コントロール）において、「金利（10年物国債金利）は、経済・物価情勢に応じて上下にある程度変動しうるものと（する）」と決定した。この上下の変動について、黒田総裁は、金融政策決定後の記者会見で、「従来プラスマイナス0・1％くらいの狭い幅で動いていたが、その倍くらいの幅を念頭に置いて考えていく」と述べた。

この政策変更について、私は以下の理由で反対した。

①のフォワードガイダンスについては、時期のガイダンスではなく、経済指標と結びつけた、物価目標との関係がより明確となるようにフォワードガイダンスを位置づけるべきであると考えたからである。金融政策はカレンダー依存ではなく、データ依存でなくてはならないと考えていたからだ。この観点からは、「当分の間」の後に「物価が現在想定している以上の強い動きを示さないかぎり、」などの文言を挿入すべきだと考えた。

なお、当時、2019年10月に消費税率引き上げが予定されているにもかかわらず、マーケットにおいて早期の金利引き上げを予想する声が強かったので、それはあり得ないというメッセージを発することと自体は合理的なことと思ったが、メッセージをより強力なものとするためにも、将来、経済情勢が変化したときに柔軟に対応するためにも、データ依存で決めるべきであることを強調しなければならないと考えたからだ。そう考えたのは、予想以上に景気が悪化すれば追加的緩和措置が必要になるし、景気が改善すれば緩和措置を弱めることが必要になるからだ。

②の長期金利の弾力化についても反対した。その理由は、金融政策の指示としてあまりに曖昧だからだ。また、政策変更以前の長期金利を0％とするとは、実体経済が今まで以上に改善した場合、国債の買い入れ額を増大して0％を維持し、緩和効果を強めるという意味が含まれている。ところが、ここで「上下にある程度変動しうる」とすると、この効果を阻害することになるからだ。

8月6日（月）

高齢で働けることは将来不安解消に大きな効果があるはず

高齢でも働けることは、政府財政の多少の改善より、将来不安解消に大きな効果があるはずだ。年に300万円に満たない年金が、いくら政府の財政状況が改善したとしても、1割の30万円増えるとは考えにくい。しかし、働いて100万円、200万円を追加的に得ることは可能である。

高齢化の問題とは、働く年齢の人の数に比べて、高齢で働けない人が多くなるという問題だ。生産年齢人口（15～64歳人口）に対する高齢者（65歳以上）の比率が2018年の47％から2045年には70％（この後は2065年の75％まで緩やかに上昇していく）になるから大変だと言われているのだが、生産年齢人口を15～69歳人口、高齢者を70歳以上とすれば、生産年齢人口に対する高齢人口の比率は2045年にも49％に収まる（2065年は55％）。これでも大変なのだが、金融緩和によってもたらされた高齢者の就業率の高まりは、高齢社会にとっては福音と言うべきものだ。

ＱＱＥによる雇用拡大は、もちろん、女性と高齢者の雇用拡大を含んでいる。これは将来も高齢者が働けることを予想させるはずである。であれば、将来の安心が高まって、現在の消費が拡大してもよさそうである。しかし、現在の高齢者雇用の拡大が現在高齢者でない人々の消費を拡大しているという兆しは見えない。それどころか、現在の高齢者の消費も伸びていないようである。

素晴らしいことが起こっているのに、その素晴らしさを増幅させるようなことは起こっていない。本当に残念である。

9月12日（水）

金融緩和に反対の経済学者たち⑥

反リフレの経済学者は多いのだが、彼らは基本的文献を読んでいないのではないかと思うことがある。私が、１９９０年代の前半から、学者の真似事を始めて、ややアカデミック風の論文を書きはじめたときには、多くの経済学者から文献不足を指摘された。「それについては賛否両論のこんな分析がある。君は読んだのか」とさんざんコメントされた。ところが、反リフレ派経済学者は、基本的文献を読んでいないようである。

リフレではなくてハイパーインフレからの終息についてだが、ある経済学者が「レンテンマルクの奇跡は謎だ。（日銀出身の経済学者の名前をあげて）彼の本を読んだがわからない」と言う。私は正直驚いた。レンテンマルクの奇跡とは、第１次世界大戦後のドイツのハイパーインフレーションを、当時の１兆マルクを１レンテンマルクとしたデノミネーション（通貨単位呼称の変更）を行い、一挙に鎮静化させたことだ。もちろん、デノミだけでインフレが収まるはずはなく、基本的には通貨発行額を抑えたことによってハイパーインフレを収めたのである。正確に言えば、将来の通貨発行額が必ず増大するという人々の予想を、確実に安定するというように変化させたことによってハイパーインフレが収束したのである。

これを分析したのが、サージェントの記念碑的論文と言われる「4大インフレーション」である（サージェント［1988］第3章）。さすがに、この場に同席していた日銀高官はこの論文を知っていた。この経済学者は、これを読むことなくインフレやデフレについて議論していたのである。

いわゆるリフレ派と呼ばれる経済学者やエコノミストは、第1次世界大戦後のドイツや東欧諸国の経験（人々の予想の変化によってハイパーインフレを安定させた逆の事例）、日本の昭和恐慌時の経験（デフレから脱却させた事例）も参考に、人々の予想に働きかける政策によってデフレから脱却しようと論じてきたのである。このことについてはいくらでも論文があるのだが、反リフレの人々は、これらの文献をまったく読まないで反リフレの論陣を張っていたことになる。

9月21日（金）日本では仕事を止めないことがグリード

海外の人、特にアメリカ人はグリード（強欲）だが、日本人はそうではない、と言われるが、日本には日本なりのグリードがあるような気がする。それは、ある仕事が儲かると、儲からない兆しが見えても止められないことだ。

1980年代末のバブルでも、細分化された土地を集めて転売するのは地上げと言われ、すべてが悪いことのように言われた。確かに、悪辣《あくらつ》な手段で地上げした事例はいくらでもあるだろうが、細分化された土地を集めること自体は、土地の有効利用につながり、悪いことではない。それに金を貸すのも悪くはない。悪いのは行きすぎることだ。スルガ銀行の、事業貸出や債券運用を止めて住宅ローンと賃貸アパート・マンション・ローンに特化するというビジネスも、途中までは儲かって、何の問題もなかった。森信親《のぶちか》金融庁長官（2015〜18年）が優れたビジネスモデルと賞賛していたし、経営学者も地方銀行の新しいビジネスモデルと認めていた（深沢［2018］、安田［2011］）。しかし、途中で止められない。

地銀もこれまでのやり方では儲からない。これは日銀の低金利政策が悪いというのだが、儲からないなら仕事を止めればよいと私は思う。しかし、彼らは止めない。止められない。なぜかと言えば、それに特化した人々ができて、彼らはその仕事を続けようとするからだ。しかし、同じことをしていれば、需要は飽和する。布野幸利委員は、「日本では車は500万台しか売れない。車を売って利益を出したいのならば、車が憧れの移動手段である国に行って売るか、車を憧れの存在の魅力あるものにするしかない。自動車会社も、どの会社もこの理屈がわかっている」と言った。日本の銀行の貸出額は500兆円だが、預金は800兆円もある（2020年。国内銀行ベース、図1-4参照）。日本では、銀行貸出の需要は500兆円しかない。需要のないものは売れないのである。

銀行だけが、この理屈がわからない。銀行に雇われているエコノミストもわからない。預金が多すぎるのだから、預金集めにコストをかけることは無駄である。銀行経営者は、預金を集めても、手当を払ったり、人事評価で厚遇したりしていないというのだが、店舗自体が無駄である。しかし、店舗を減らすのは難しいらしい。ある信金の経営者は、「水害で事務所と支店が被害を受けた。事務所は、元役員の土地を借りて開設したものだった。本当は廃止したかったのだが、しにくかった。水害をきっかけに廃止できた」と言っていた。

この後、布野委員は、「外国人経営者の人を辞めさせる力はすごい」と言っていた（もちろん、労働法制の違いはあるだろうが、日産の社長だったカルロス・ゴーンは日本で2万人以上の雇用削減を行ったのだ）。場合によっては、人を辞めさせることが、無駄であるばかりでなく無謀さにも突き進んでしまう組織にブレーキをかけることになるのかもしれない。

10月2日（火）

『デフレと戦う――金融政策の有効性　レジーム転換の実証分析』が発刊された

『デフレと戦う』（安達・飯田［2018］）が出版社から送られてきた。本書は、私が審議委員になる前、2013年の夏頃から企画していたものであるが、やっと発刊にこぎつけた（本の発刊日は2018年10月19日となっているが、発刊日は実際よりもずっと先の日付が書かれる）。私も論文を書いているが、編者は、安達誠司丸三証券経済調査部長（現・日銀審議委員）と飯田泰之明治大学政治経済学部准教授である。

金融政策が物価と生産に与える影響を、さまざまな経路に着目して、実証的に分析している。金融政策が経済変数に影響を与えるという議論が、なぜか否定されがちな日本において、その影響が広範で強いものであることを実証したいと考えて企画したものである。実証分析だから一人では無理で、結局、11名が参加したプロジェクトとなった。その際、予想とレジーム（体制）転換に重点を置こうと合意した。金融政策とは予想を通じて効果を発揮するものであり、その予想が大きく変わるのであればレジーム転換と呼んでもよいことになる。これまで、デフレはよいと考えて経済政策が行われていた状態から、デフレは悪いと考えて行われるようになり、人々がその変化を信頼すれば、状況は大きく変わるというのがレジーム転換ということである。

金融政策が物価、生産、為替レートなどに影響を与えることは実証できたが、レジーム転換について十分に分析できたか自分でも疑問が残る。金融政策が物価、生産、為替レートなどに影響を与えないと執拗に主張する経済学者、エコノミストが多いなか、大いに意義のある出版だと思う。

後になって、内藤［2017］、南波［2017］という研究が上梓されていたのを知った。両者とも、研究の主要部分を書いていたときには40代である。前者は、金融政策が、昭和恐慌をもたらす上でも、そこから脱却させる上でも大きな力を発揮したことを示している。後者は、現在の経済に焦点を当てて、金融政策が経済変動に大きな影響を与えたことを明らかにしている。ケインズ革命は、当時35歳以下の経済学者に影響を与えたが、50歳以上の学者にはそうではなかった（36～49歳の学者はその中間）と言われている（Samuelson［1946］）。高齢化の日本では、35歳以上の学者にも、金融政策への偏見がないようであるのは心が休まる。

もちろん、《2015年4月25日　なぜリフレ派に転向する人々は少ないのか——パーティでの話題に関して考えたこと》《2015年4月30日　金融政策決定会合と「展望レポート」——QQEの効果をポジティブに分析》で書いたように、日銀のスタッフも金融政策の効果があるというさまざまな論文を書いている。

10月3日（水）～11日（木）　見下していた国から学ぶのは本気の証拠

2018年10月3日から11日までアルゼンチンに出張する機会を得た。もともと、G20サミット（2018年11月末）に先駆けて開催されたB20サミット（G20サミットに関連して、グローバル・ビジネス・リーダーを中心に立ち上げられた民間主体の会合）に参加することが目的だったが、当地のエコノミストと面談、講演の機会も持った。

B20サミットでの議論では、自由貿易が世界にとって重要であること、アルゼンチンはインフラ投資と構造改革、教育改革に熱心に取り組んでいることを世界にアピールしていた。特に教育改革において、技術変化の激しい社会では、ドイツ型の熟練を目指す教育では限界があり、知識の習得に柔軟であるべきで、好奇心もスキルだという発言が印象的だった。

また、これまで下に見ていたチリに学ぶと言っていたことは、彼らが本気であることを示すものだと思った。これは解説が必要だろう。

アルゼンチンは南米では一番豊かな国で（2000年以降はチリがもっとも豊か）、戦前はヨーロッパよりも豊かであった。アニメ『母をたずねて三千里』で、イタリアのマルコ少年の母が家政婦として働いていた国はアルゼンチンである（原作では1882年のこととされている）。また、ブエノスアイレスのコロン劇場は、パリのオペラ座、ミラノのスカラ座と並ぶ世界3大歌劇場の1つである（劇場の建物としての質）。私の見るところ、豪華さと巨大さにおいて世界一だと思う。コロン劇場には2400席と800の立見席がある（創建当初の1908年ではイタリアの労働移民が多かったので、彼らのために多数の立見席を設けたとのことである)。豊かなアルゼンチンの残光は今もある。財政破綻の現在でも、国立大学の授業料は外国人を含めて無料であり、他の南米諸国から多くの留学生が来ているとのことである。これはこれで立派なことではないかとも思う。

どうやってもインフレが収まらない

当地の中央銀行関係者、エコノミスト、経済学者との面談では、日本や先進国とは異なり、デフレではなく、インフレの抑圧が話題になった。これまで長期のインフレに悩んできたアルゼンチンは、為替レートの安定を通じたインフレ抑制策ではなく、マネタリーベース・ターゲットでインフレを抑えることを、私の訪問の直前に決定していた。残念ながら、その後の推移を見ると、マネタリーベース目標でもうまくいかず、インフレ率は高進している。高いばかりでなく、大きく変動する物価と金利が国内投資の妨げになっているのは明らかで、これを安定化させることが経済再建の重要な一歩だが、どうやってもうまくいかないようだ。財政、金融両面からの拡大策が必要な日本の場合とは異なって、逆の意味での財政政策との協力が必要だろう。

アルゼンチン経済停滞の理由として、経済自由主義的な政権が経済を立て直した後に、財政金融放漫な左派政権(1946年から55年まで政権にあったペロン大統領が行った。この系譜を引く政党がペロン派と呼ばれる)が経済を崩壊させてしまったことによるとされる。しかし、軍事政権が1982年にマルビーナス戦争(フォークランド紛争)を起こし、敗北して権威を失った後の、ペロン派と自由主義派の経済パフォーマンスを比べると、ペロン派政権時にはほぼ5年間の高成長期とほぼ5年間のマイナス成長期があるが、非ペロン派政権時にはほぼ5年間のマイナス成長期しかない。

ペロン派がうまくいいとこどりをしているのだというのが自由主義派の言い分だが、私は率直に言って、自由主義派が無能なのではないかと思う（アルゼンチン経済については、原田［2021］参照）。

2019年まで続いた自由主義派政権では、コロン劇場を改修し、補助金を与えてオペラを上演していた。一方、その前のペロン派政権では世界的なサッカー・クラブ、ボカ・ジュニアーズ（本拠地はブエノスアイレス）の試合の有料テレビ中継に補助金を与えて無料にしていたのだが、自由主義派政権は補助金を打ち切り、有料にしてしまった（もちろん、今日ではオペラは上流階級のもので、サッカーは庶民のものである）。これでは庶民の票は取れないだろう。

10月22日（月）　はっきりとは見えていない米中通商摩擦の損失

米中通商摩擦は、米国が中国の鉄鋼に関税をかけることから始まったが（2018年3月）、次第にエスカレートし、7月から9月にかけて米国は中国からの輸入品2500億ドルに10〜25％の関税、中国は米国からの輸入品1100億ドルに5〜25％の関税をかけることにした。合計37兆円の輸入品に5〜25％の関税をかけることになる。これは当然に世界経済に混乱をもたらす。中国からの輸入品が日本からの輸入品に代替される可能性はあるが、米国の政策は予見不可能で、いつ矛先が日本に向かうかもしれない。

IMFによれば、米中通商摩擦の影響で、2019年の実質GDPは、最大のケースで、全世界で0・8％、アメリカで0・9％、中国で1・6％、日本で0・5％引き下げられるという（IMF, *World Economic Outlook*, October 2018, Scenario Box 1. Grobal Trade Tensions）。しかし、米中通商摩擦が世界にもたらす損失は、10月末時点では、はっきりとは見えていなかった。

ただ、10月初からの株価下落（この半年で日経平均は10月2日がピーク）と直近の日本の工作機械輸出の減少が米中通商摩擦の損失を予測するものだという議論もあるが、これだけでは影響はまだ明らかではない。実際に表れた日本の輸出減少では、7月の西日本豪雨、9月の北海道地震など、このところの自然災害で生産できなかった要因のほうが大きいようである。

ただし、株価下落を業種別に見ると、鉄鋼、金属製品、非鉄、電気機器、機械など外需型業種の下落が大きく、電気ガス、食料品、小売業など内需型業種の下落が小さいことから、株価下落が通商摩擦の結果をある程度反映していることは間違いないようだった。

はっきりと見えてはいないが、実質GDPも物価も上昇の勢いは弱まっているように思えた。

アメリカの反自由貿易主義には困ったものである。自由貿易の利益は錬金術以上のものがある。アメリカの農家が大豆を中国に送れば、安価な服や靴やクリスマスのおもちゃになって帰ってくる。アップルが組立仕様書を中国に送れば、iPhoneになって帰ってくる。アメリカの農家の主婦は、もはや織らなくても縫わなくても、手作りの人形を作らなくてもよくなったのである。これほどの利益を、なぜアメリカが否定するのかわからないが、損失は全世界に及びうる。

11月6日（火）　長期の金融緩和と金融機関経営の関係

日本経済新聞社が全国104の地域金融機関の経営者から日銀の金融政策への要望を聞いたところ、長期金利の上昇容認と短期金利の上昇が、それぞれ50％と49％だったという（『日本経済新聞』

２０１８年10月16日朝刊）。金融機関の金利引き上げの要望が強くなっていることは事実のようだが、これが過去の金融政策を誤らせてきたのではないかと私は考える。

近年、金利を上げた場合、例えば、２０００年８月と２００６年７月のゼロ金利解除のときには、かえって長期金利は低下してしまった。景気が悪化したからである（《２０１８年７月16日　市場との対話とは何か》参照）。金融機関の要望で金利を上げても、結果として長期金利が上がるかどうかはわからない。

幸いなことに、金融機関もこの理屈がわかってきたようである。先ほどのアンケートで、金融政策に望むことは景気の回復と答えているのは83％で、金利の引き上げを望む比率よりも高い。金融政策は金利の引き上げよりも景気の持続のために行うべきだと金融機関も理解しているのである。

金融機関のために金融政策にできることには限界がある。金利を上げることによって、金融業全体の規模に対して、十分な借入需要がないという金融の構造問題を解決することはできない。金融機関のために金融政策にできることがあれば、十分な金融緩和を早期に行うことでデフレを防ぎ、名目ＧＤＰを拡大し、金融業を含むすべての産業の名目の生産額を増大させることで、経済の調整コストを引き下げることだ。

日本の金融業の名目ＧＤＰは２００８年のリーマンショック後にはマイナス成長であったが、ＱＱＥ後、０％成長に戻っている。日本全体の名目ＧＤＰの成長率が高まったからである（原田［2018.10.8］図表３参照）。

長短金利差だけで儲かるはずがない

銀行経営者が、「日本の銀行は長短金利差で稼ぐことをビジネスモデルとしてきたが、それを否定されたら今、我々はどういうビジネスモデルを作ったらよいのか」と言うのを聞いた。しかし、それを考えるのが経営者の仕事である。そもそも、長短金利差だけで儲けるのはムシがよすぎる。販売価格と仕入れ価格に必ず正の差があるとはあり得ない話である。

金融機関経営に関して、低金利が金融機関に過度のリスクを取らせるという議論がある。しかし、まず、低金利は必ずしも金融政策によって生じているわけではない（《2019年11月16日　日本経済政策学会での講演――低金利と付利の問題点を説明する》参照）。何よりも、儲からないときにする正しい経営判断は、リスクを取ることではなく仕事を止めることである。アメリカのバブルはグリード（強欲）によって起きた面が強いが、日本の1980年代末のバブルを考えると、儲からなくても仕事を減らしたくない、無理やり頑張る、貸出を拡大するということから起こった面がある。

しかし、頑張るのは、怠けるより、または、強欲よりも悪いことがあると認識するべきだ。

11月30日（金）　石橋湛山ありせば現在のリフレ政策をどう評価したか？

石橋湛山記念財団発刊の『自由思想』という雑誌から、「石橋湛山ありせば現在のリフレ政策をどう評価したか？」というお題で原稿を依頼された。

石橋は、1930年前後、昭和恐慌期の緊縮的金融政策を批判し、旧平価での金解禁（割高の為替レートでの金本位制〔固定為替制〕への復帰）に反対し、解禁するなら円を切り下げてから解禁すべきだとし、また、旧平価での金本位制復帰後は、一刻も早い金本位制からの離脱（円の切り下げと同じ）を求めたジャーナリスト、東洋経済新報社の社主、政治家（戦後、ごく短期間だが総理となった）である。私は当然に引き受けた（原稿自体は原田［2019.3］）。湛山ありせば、現在のリフレ政策を支持することは間違いないからだ。

清算しろと言っていた人々が救済しろという無定見

そもそも、リフレーションという言葉を日本で最初に使ったのは石橋である。この言葉は、***The Economist***（１９３２年２月13日号）で初めて使われた言葉のようだが、石橋は早くも、『東洋経済新報』１９３２年４月16日号の「財界観測討論会」でこの言葉を使っている（若田部［2004］１０７頁、注71）。

石橋は、当時の財界整理という名の清算主義にも批判的である。「ある人々は、この際、大に恐慌を起こして（財界の不良分子を）一掃し去る方が、結局我が財界の利益であると云うのである。……丁度腸チフスの流行してきたのを幸に、予防法などは施さず、弱い者を皆殺しにするのが善いと唱うるに等しい」。

さらに石橋は、財界の不良分子一掃論者の欺瞞《ぎまん》を突く。「しかしながら財界清掃論者は、事実今日においてはそう多くはあるまい。浜口首相らに旧平価解禁を勧めた財界人、勧めを受け入れた浜口首相らは、昭和４年のあるときまでは、この財界清掃論者でもあったと考えられる。けれどもそれは、その清掃が、我が財界をほとんど全部的に転覆する騒ぎになろうとは予測しなかったからである。……さてそんならどうすれば善いか。……彼等には具体策は無いけれども、要求はある。「救済しろ」の一語に尽きる」（石橋［1971］２７０〜２７１頁）。

清算しろと言っていた人々が救済しろという無定見である。現在の日本においても、金融緊縮の結果、銀行や企業が危機に陥れば救済しろの大合唱となるだろう。

なお、なぜ財界の一部が、金本位制復帰と緊縮政策を求めたのかという問題については、《2016年4月28日　日銀は銀行と仲良くやっていかなければならないという日銀ＯＢ》で述べた。

12月6日（木）　白川前総裁の大著とその思考法

前日銀総裁の白川方明氏が『中央銀行』と題する８００頁近い（目次索引含めて）大著を上梓した（白川［2018.10］）。ここには、黒田総裁以前の日銀の思考法が色濃く残っているので、興味深い記述が数多い。私自身と友人との指摘も含めて、コメントしておきたい。白川氏の大著は以下の主張をしていると私は思う。

①金融緩和で円高を止めることはできない。
②金融政策で日本経済の直面する重要問題（人口、財政など）を解決できない。
③金融政策は、金融システム崩壊と大幅な物価下落以外には対処しなくてよい。
④金融緩和は、将来の需要を前倒しするだけである。
⑤銀行は構造改革しないが、それ以外の産業は構造改革に努力すべきである。
⑥金融政策は重要でない。金融政策は効果が小さいが、中銀の独立性は大事である。

しかし、これらの主張は誤りであると私は思う。

①金融緩和で円高を止めることはできないというが、QQE以来、円は安定している。金融緩和で円高を止めることができたのだ。

②金融政策で日本経済の直面する重要問題（人口、財政など）を解決できないというが、財政は改善している。2012年度の一般政府の財政赤字の対GDP比は8・3％だったが、2018年度は2・2％にまで縮小した。QQEによって景気が拡大し、税収と名目GDPが増加したからである。改善幅6・1％ポイントのうち、消費税増税による分は1・5％分だけである（これについては《2018年4月14日　リフレ政策が財政再建に役立っていることを認めない財政学者たち》でも書いている）。

雇用状況は一貫して改善し、若者の雇用状況が特に改善した。ブラック企業という言葉はもはや聞かれず、ブラックと噂が立った企業は人が採れなくなっている。もっと早い段階で大胆な金融緩和に踏み切っていれば就職氷河期は存在せず、安定的な仕事に就けた若者が多くなっていたはずだ。そうなっていれば、婚姻率も出生率も少しは上昇していたかもしれない（金融政策と婚姻率・出生率については原田［2019.3.6］参照）。

③金融政策は、金融システム崩壊と大幅な物価下落以外には対処しなくてよいというのだが、大胆な金融緩和政策でマイルドなデフレに対処し、デフレではない状況にしたことで、財政状況も雇用状況も改善し、出生率すら上がっていたかもしれない。また、労働力率上昇で潜在GDPは上昇、労働生産性もわずかだが上昇した（原田［2019.5］）。これほど素晴らしいことができる金融政策を使わない手はないと私は思う。

④金融緩和は、将来の需要を前倒しするだけというが、金融緩和で為替が安定して外国人観光客が押し寄せている。前述のように、これが、将来来るはずの外国人観光客が今来ているだけで、将来はさらに悪くなるというのはあまりにも奇妙な考えである（《2016年5月30日　金融緩和に反対の経済学者たち②》参照）。

⑤構造改革に努力すべきであると言うが、構造改革とは雇用調整である。率直に言えば解雇である。解雇されずに残った人の1人当たりの生産物は増加して生産性は上昇するかもしれないが、失業した人は何も生産していないので、日本国民1人当たりでは生産性は低下する。構造改革は、金融政策のもたらす人手不足の状態でこそ行うべきである。すなわち、金融政策は構造改革を行える条件を作るものである。また、構造改革という割には、具体的に何をすべきかがまったく書いていない。構造改革をするとすれば、まず必要なのは銀行の構造改革である。たびたび述べているように、銀行は500兆円しか貸出先がないのに、800兆円も預金を集めている。集めている人も店舗もシステム投資も無駄である。

⑥金融政策は重要でなく、効果が小さいが、中銀の独立性は大事であると主張するが、金融政策の効果が小さいなら、独立していても独立していなくても関係ないのではないかと私はまず思う。

白川氏はまた、「日本銀行は、デフレは低成長の原因ではなく、結果であると反論した。この点で興味深いのは先進国における（人口1人当たりの）潜在成長率と予想物価上昇率の関係である。これを見ると、両者の間には明確な正の相関関係が観察される……。他方、マネタリーベースの伸びと物価上昇率との間の相関関係は観察されない」と書いている（341頁）。しかし、注8で参照せよ、とされている論文（木村・嶋谷・桜・西田［2010］）には、1人当たりの潜在成長率は示されておらず、しかも結果は「米英欧では、中長期の予想インフレ率と潜在成長率が無相関」となっている。

要するに、正の相関関係があるのは日本だけで、他の先進国ではまったく相関関係がない。さらに、クロス・カントリー・データでみるとM3(マネタリーベースではないが)の伸び率とインフレ率には正の相関関係がある。では、1人当たりの潜在成長率ではどうなのか。元になった図は日本銀行[2013](1月21〜22日の金融政策決定会合提出資料)だが、そこでも、相関があるのは日本だけである(以上の指摘は私ではなく友人のものであるが、まったく同感なので、ここに書いておく)。

人口と物価の分析は、この大著ではずいぶんと手の込んだものになっているが、白川氏の2012年の論文では、もっと素直に、人口が減少するとデフレになると主張していた。この論文についてはすぐ後で解説するが、私はあっさりした主張のほうが好きである。

日銀が白川思想で固まっているわけではない

さらに、本書に関して、特に指摘しておきたいのは、「2000年代半ばの円安進展下の過大な設備増強が影響し、調整負担はいっそう厳しいものとなった」(205頁)という記述である。

正直、私は驚いた。もし、中央銀行がそのように考えているのであれば、日本の企業が資金をため込んで投資をしないのはきわめて合理的な行動である。1ドル＝120円が80円になっても大丈夫なように経営するのが経営者の役割とすれば、輸出企業は、海外での投資はともかく、国内での投資を止めるしかない。

投資したほうが悪いと言われるのであれば、投資をしないで現預金を持っていたほうがよい。経済が落ち込んだときに頼りになるのは現預金である。前中央銀行総裁が、投資が悪いと考えているのであれば、現黒田総裁の後の将来の総裁もそのように考えるかもしれない。白川氏の著書を賞賛する経済学者やエコノミストも多い（白川氏の『中央銀行』は2019年度の日経・経済図書文化賞を受賞した）。それに乗せられる政治家もいるだろう。であれば、金融政策もいつ「黒」から「白」に戻るかわからない。うかつに投資したり、賃金を上げたりすれば、いつ政策が変更され、倒産するかわからない。企業が投資をせず、賃金も上げず、現預金をため込むのは、金融政策がいつ変わるかわからないからということになる。

白川本について、ある日銀高官は、「白川本が話題になっているが、日銀が白川思想でこり固まっているわけではない」と言った。私が、「日銀に39年間いて総裁にもなった人だから、世間はそう思うのでは？」と言うと、彼は、「日銀の人は皆柔軟」と言う。ただし、「本店3000人のうち総合職1000人で、本店内の本屋で150部売れた」とのことである。

12月9日（日）　白川総裁の過去の人口減少デフレ論

白川氏の大著では手の込んだものになっているが、過去の論文では、人口が増加しないから物価が上がらないと単純に議論していた。白川［2012］は、「先進国のデータを横断的にみると、興味深いことが分かります。すなわち、2000年代の10年間について先進24ヶ国の人口増加率とインフレ率を比較すると、両者の間に正の相関が観察されるようになっています」と言っている。

白川論文の図表14を見ると、本文では人口と書いてあるが、図表では生産年齢人口、また多くの

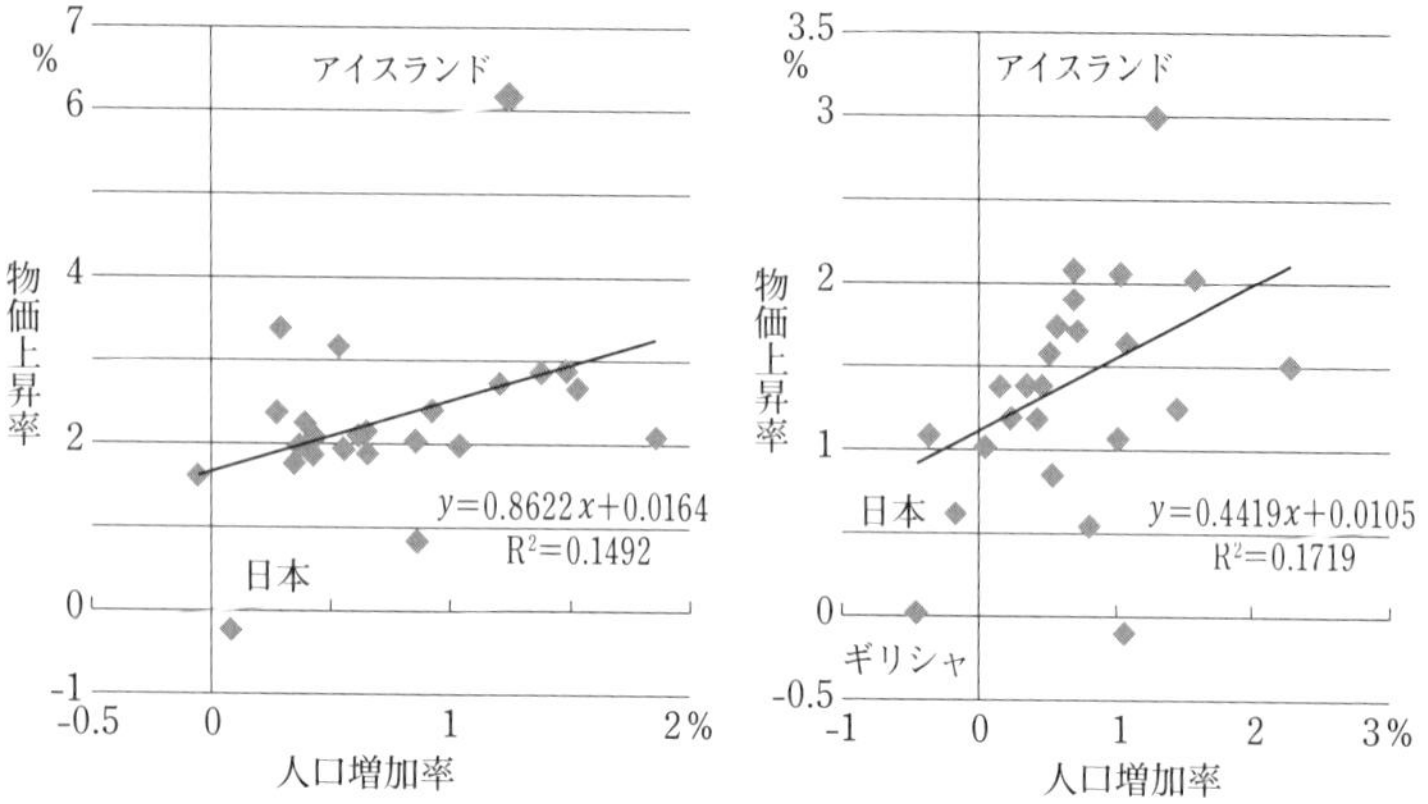

図6‐3　人口増加率と消費者物価上昇率の関係（左：2000～10年，右：2010～18年）

（出所）OECD Stat., IMF, World Economic Outlook Database.

（注）白川［2012］図表14の注に従い，1990年代までにOECDに加盟した高所得国——米，英，仏，独，伊，加，スペイン，ポルトガル，オランダ，ベルギー，ルクセンブルク，スウェーデン，デンマーク，ノルウェー，アイスランド，アイルランド，スイス，オーストリア，ギリシャ，日本，フィンランド，豪，ニュージーランド，韓国の24か国を選んだ．

国で目標となっている消費者物価指数ではなくGDPデフレータをインフレ率の指標として選んでいる。先進国24か国で、人口、生産年齢人口、GDPデフレータ、物価指数を組み合わせて相関を取ってみると、一番素直な人口と消費者物価上昇率の組み合わせが、一番相関関係が弱く、生産年齢人口とGDPデフレータの組み合わせが一番相関関係が高くなる（ただし、その差はそれほど大きくはない）。要するに、図表を作った日銀のスタッフが、上司の望む関係が一番うまく表れる組み合わせを忖度して選んだのだろう。官僚が忖度するのは、政治家にばかりでなく、上司にもである。私が、素直な組み合わせで関係を見ると、図6‐3のようになる。

　図に見るように、確かに弱いながらも統計的な相関関係がある。しかし、この相関関係は日本とアイスランドの存在から生まれている。図から日本とアイスランドを除外して見れば、相関関係がないと直感的に明らかだが、念のために決定係数（R^2。説明変数〔人口増加率〕が被説明変数〔物価上昇率〕をどれほどよく説明しているかを示す係数。０から１の間を取り、１に近いほどよく説明していることになる）を計算しておくと０・０５０８となって相関関係は消える。日本のインフレ率がなぜ低いかと言えば、日銀がデフレ的な金融政策を行ってきたからである。アイスランドは確かに高所得の先進国であるが、人口30万の小国である。この脆弱な相関関係に頼って金融政策を行ってよいものだろうか。

２０１０年以降になると相関関係はわずかだが高まり、統計的にもより確実となる。日本は２０１３年以降のＱＱＥが功を奏してデフレからは脱却しているが、代わりにこの相関関係を生み出しているのはギリシャと同じくアイスランドである。ギリシャは、リーマンショック後の政策がうまくいかず、不況とデフレに陥った。不況で仕事を失った結果、人口が他のＥＵ諸国に流出し、人口が減少した（ギリシャの人口増加率は２０００～10年は年０・３％だったが、２０１０～18年ではマイナス０・５％となった）。

つまり、不況でデフレとなり、不況で人口が減少したがゆえに、人口減少とデフレが同時に進行したのである。人口減少がデフレを生み出すという因果関係ではない。この図からギリシャとアイスランドを除外して決定係数（R^2）を計算すると０・０５４３となり相関は消える。

12月20日（木）　主流派経済学の理論は現実を説明しない!?

『週刊エコノミスト』2018年12月25日号は、白川前総裁へのインタビューを掲載している。このタイトルは、「主流派経済学の理論は現実を説明しない」（白川［2018.12］）だ。日銀理論が主流派ではなく、リフレ派こそが主流派と認めてくれたわけだから、これはありがたい。

白川氏は「不均衡は物価ではなく金融の不均衡に現れる」という。これに対し、物価に現れると考えるのが主流派だ。2％以上の物価上昇は不均衡だから止めるし、それ以下も不均衡だから、デフレにならないようにするというわけだ。

一方、白川氏は、金融不均衡とは何かということについて、「バブルの熱狂がなくても債務の過剰やハイリスク商品への投資増加は起こり、金融の不均衡は蓄積する。……古典的な不動産バブル、持続不可能な財政運営、低金利による運用難に直面した金融機関、新興国の対外債務の増加かもしれない」と説明している。

もちろん、バブルに気を付けるべきだという一般論には賛成するが、何がバブルかが問題だ。日本の現状では、債務をしなさすぎ、リスクを取らないことが問題だと言われ、財政赤字は縮小している。どこに金融不均衡があるのだろうか。

白川氏の指摘のうち、「低金利による運用難に直面した金融機関」にだけ、はっきりとコメントしておきたい。この状況で、日本銀行が無理やり高金利を作っても問題は解決しない。金利を上げれば、不況で借り手が減るだけだからだ。

私は、バブルが気になるなら、カウンター・シクリカル・バッファー（CCyB）（《2017年1月20日　定義のない言葉の蔓延》参照）を強化すればよいと思うのだが、バブル危険論者の誰もこれを提案しないのは不思議である。白川氏の2冊の大著（白川［2008］、白川［2018.10］）のどちらの索引にも、この言葉は出てこない。

ただし、日銀高官のなかにも、「リフレ派が異端の説であるかのようにマスコミで言われているのはおかしい。バーナンキ、スティグリッツ、クルーグマン。アメリカでは皆金融緩和派だ」と言う人もいる。「寛政異学の禁」（《2015年4月22日　審議委員就任を祝う会での原出挨拶》参照）はなくなり、黒い日銀のなかは、ずいぶんとまともになっているのだが、外はおかしいままである。

第7章　消費税増税の政治的モメンタムは強い――2019年

1月4日（金）　貸出以上に預金が増えている

麻生太郎副総理兼財務相・金融担当大臣は、全国銀行協会（全銀協）の賀詞交換会の挨拶で、「2012年11月から2018年11月までで貸出が63兆円増えているが、預金は171兆円も増えている」と指摘した（図1-4参照）。銀行にとって、預金はいわば製品、貸出は売上である。売上と製品の差は在庫になる。貸出以上に預金が集まるのは在庫を増やしているのと同じだ。必要なのは在庫減らしである。金融機関が困っている根本的な原因は、借りる人がいないのにお金が集まってくることにある。

もちろん、日本の金融機関も対応はしている。預金保険機構「預金保険対象金融機関数の推移」の「対象金融機関」（2019年1月21日現在）によれば、平成元年度（1989年度）に都銀は13行あったが今や5行、地銀は64行が64行のままだが、第2地銀は68行が40行に、信用金庫は454金庫が260金庫に、信用組合は415組合が146組合に減少した。不思議なのは、規模の大きなところと小さいところは数が大きく減少し、中規模の金融機関での数の減少が小さいことだ。地方自治体ですら、平成の大合併で、3200余が1700余へと、ほとんど半分になっている。

また、麻生大臣は、1月16日の全国地方銀行協会（地銀協）新年賀詞交換会で、「世界で200年以上続いている企業が2000社以上あるが、うち半分以上が日本企業。ドイツは201社しかない（日経BPコンサルティング・周年事業ラボ「2020年版100年企業」2020年3月18日、https://consult.nikkeibp.co.jp/shunenjigyo-labo/survey_data/I1-03/）。事業承継が大事なのに、地銀は何もしていない。地銀の人は一生懸命やっているというが、具体性なし」と言っていた。

この会で、関係の人々とも話したが、彼らは、「金融の上と下はリストラが進んでいる。メガは3つ。信組も400強が146。地銀が進まないのはなぜかというと、サラリーマンであと5年続けばよいと思っている。メガは、かつてジャパン・プレミアムで資金を取れず、下は債務超過で脅かされた。地銀はまだ余裕がある。2年で2%と金利がすぐ上がると思わせたのはまずかったかも」と言う。これは、物価が2%になれば金利が上がるから、金利上昇のときの債券価格の下落さえ乗り切れば、長短金利差で安定的に儲けることができると思わせたのが失敗という意味である。

なお、地銀が乗り切れるとは、地銀が、地方から発展した有力企業の株式や域内の優良な土地を持っているので、一時的な債券の損失は、株や土地の売却益で相殺できる、景気が好転して金利が上がるのだから株価も上昇していると考えたからだろう。これは、物価が上がれば長期的には金利も上がると言っていた私にも責任がある。長期的にはそうなのだが、その長期が、私が考えていたより長期だった。

1月11日（金）　日銀スタッフが毎勤統計の誤りを見つけた

厚生労働省が2018年12月13日に、所管の毎月勤労統計調査に関して、統計委員会の西村清彦委員長（政策研究大学院大学教授）と日銀から出向中の肥後雅博氏に、「東京では500人以上の事業所はサンプルでしているから、大阪や名古屋でもサンプルにできないか」と相談したところ、肥後氏が、「え！　全数調査でやらないといけないはずですよ」と指摘した。

厚労省は、大事業所は全数調査で統計を作らないといけないことを自覚していなかった。大規模事業所は全数調査しないといけないのは、例えば、日本全体の設備投資を調べるときに、トヨタを抜いたら歪みが出るということである。統計は、産業別にも発表されているのでなおさらである。これで、これまでのいい加減な仕事ぶりがばれてしまった。

しかも、厚労省は、その後なんの対応もしないでいたところ、『朝日新聞』12月28日夕刊にこのことが出てしまい、大騒ぎとなった。毎月勤労統計調査は政府のあらゆるところで使われているので、大丈夫かと調べるために、かなりの役所では年末年始の出勤を余儀なくされた。

問題は厚労省にある。統計の作成原理を知らないばかりでなく、何も対応を取らず、年末まで引っ張ったので、他省庁の役人が年末年始に出勤する羽目になった。ところが、霞が関全体に、肥後氏のことを統計しかわからない人、と揶揄する雰囲気がある。官僚の〝政治化〟である。専門性ではなくて、ハッタリと人脈で出世する官僚が多すぎる。もっと言えば、霞が関に、「お前がチクッたからいけない、上司を煩《わずら》わせる部下は無能」という文化がある。しかし、上司とは本来、部下の報告してきたこととの処理で悩まされるのが仕事である。

統計を作るのは大変である。予算人員の手当てと合理化、一部統計の縮小や廃止で対応すべきだが、ごまかして波風を立てないのがよいこととされる。企業の品質虚偽も同じだろう。金融政策も金融機関も同じかもしれない。

この問題は、２０１９年１月中旬頃から各紙が熱心に追うようになった（例えば、「統計不正」『朝日新聞』１月12日）。これがモリカケ問題と同じように、『朝日』『毎日』『東京』がプレーアップし、１月28日から始まった国会でもこればかりが問題とされた。しかし、こんなことまで政治家が口を出しているはずはない。厚労省の「低官」が知らないことを高官が知るはずはなく、高官が知らないことを政治家が知るはずはない。

厚労省統計問題に関連しては、他にもいろいろと問題があるが、立憲民主党の川内《かわうち》博史衆議院議員が２０１９年２月26日の衆議院財務金融委員会で質疑している（同委員会の速記録参照）。そのなかには肥後氏の名前も登場する。川内議員の質問は、統計の失態を大臣や総理と無理に結び付けることなく、霞が関の隠蔽《いんぺい》文化を赤裸々にしている。国会が政府省庁にまず問題を明らかにすることを求め、その上で対応を考えるようになれば、政治が政策の質を高めることができるはずだ。

１月16日（水）　柿埜真吾さんのフリードマン論文の顛末

岩田規久男前副総裁の学習院大学時代のお弟子さんの柿埜真吾《かきのしんご》氏から、「ミルトン・フリードマンの日本経済論」という論文を発表できなくて困っていると聞いた。私は、数ページを読んだだけで素晴らしいと思った。フリードマンがバブル崩壊後の日本について、大胆な金融緩和など適切な政策を提言してきたのに、それが無視されて日本が長期の停滞に陥ってしまったことが書かれている。「なぜ、これほどの論文が掲載されないのか」と問うと、最初ある学術誌に載るはずだったのだが、担当者が変わり、「多くの先生方はフリードマンを嫌いだから、このようなフリードマン賞賛の論文を載せては、私が他の先生方から非難される。だから、載せるわけにはいかない」と断られたとのことである。

学術論文として書いてあるので、注や文献が過剰で専門用語が解説なしに頻出するが、注や文献を減らして用語の解説を付ければ、十分に一般書になると考えた。これは新書で公刊できる。何人かの新書編集者に相談したところ、ＰＨＰ新書で発刊してくれることになった。担当の白地利成氏は、フリードマンの簡単な評伝を付けるべきだなど、さまざまなアドバイスをして、質を落とさず、きわめて読みやすい本に仕上げて、この年の11月に発刊されることになった（柿埜［2019］）。幸いこの本は好評で、田中秀臣氏のブログ「お正月特別企画：２０１９年心に残る経済書ベスト20発表!!」の読者投票で堂々第1位に選出された。田中秀臣氏のブログ「２０１９年心に残る経済書ベスト20」（http://tanakahidetomi.hatenablog.com/entry/2020/01/08/214057）の「著者から投票してくださった皆様へ」で、柿埜氏は「フリードマンほど誤解され、不当な評価を受けてきた思想家も珍しいでしょう。特に日本では、フリードマンに市場原理主義者、弱者切り捨てといったレッテルを張り、彼の人格を中傷する著作は巷《ちまた》に溢《あふ》れていますが、フリードマンが実際に何を言っていたのかは殆《ほとん》ど知られていないのが現状です。……しかし、フリードマンのアイデアは読まずに捨ててしまうにはもったいないものばかりです。今日の日本が直面するデフレ脱却、貧困問題や教育改革といった課題についてフリードマンに学ぶべきところは少なくありません。彼は日本経済に強い関心を寄せ、たくさんの論説を書いていますが、ニクソンショック、バブル崩壊、そしてデフレ不況の到来といった出来事を見事に予測し、その都度、的確な処方箋を示しています」と書いている。

1月22日（火）サミュエルソンは高校生の読むものだ

黒田総裁との雑談で、総裁がオックスフォード大学に留学するときに、「東大法学部卒が、なぜオックスフォードの経済大学院に入るのか。何を読んだか」と言われたので、「サミュエルソンの教科書」と答えると、「それは高校生の読むものだ」と言われて、「パティンキンの『貨幣・利子および価格』（パティンキン［1971］）」と答えたら、入学させてくれたとのことである。パティンキンの本には、マネーが物価を上昇させることを一般均衡的に分析した部分がある（《2015年4月22日　審議委員就任を祝う会での原田挨拶》参照）。黒田総裁は、オックスフォード留学前から、量的緩和をすることが運命づけられていたのかもしれない。

1月24日（木）金利を上げても金融機関は助からないと理解されるようになった

金融緩和政策に反対しているのは金融機関である。低金利政策は利鞘を縮小させるから困るというのである。

しかし、利鞘の縮小は、麻生財務相・金融担当大臣が1月4日の全銀協の賀詞交換会で述べたように、貸出が増えている以上に預金が増えているからだ。すなわち、預金があっても貸出先がないからだ。前述のように、売れないから預金という在庫がたまる。しなければならないのは在庫調整であり、預金の削減である。

ただし、QQE以前も預金は上昇トレンドにあり、貸出は横ばいだった。QQE以降、預金の上昇トレンドはやや高まり、貸出は上昇トレンドに転じた。QQEをせずに、貸出が横ばいのほうがよかったとは言えないだろう。

以上述べた理屈は、多少金融機関にも理解されるようになって、ある生保のエコノミストは、「政策金利を上げたところで、それが銀行にとってプラスに作用するか不明確である」と認めている（藤代［2019］）。

1月25日（金）　なぜ日本の証券会社は株高が嫌いなのか

ある外資系銀行のパーティで、日本の証券会社のファンドマネージャーが、「セルサイド（証券会社）は金利が動いたほうがよいが、バイサイド（機関投資家）では金利は安定していて高いほうがよい」と言う。また、あるエコノミストの名を上げて、「彼を審議委員にすれば株が上がるからそうしてほしい」と言う。私に言っても仕方がないが、大証券会社が一致して、株が上がるような金融政策を唱えるエコノミストを官邸に推薦すれば、それなりの影響力はあるだろう。

ではなぜ、証券業の経営者はそうしないのか。証券会社が、なぜデフレ政策を取りつづけた「白い」日銀に批判的でなかったのか。どういう利害があったのか。あるいは、何も考えていなかったのか。わからないことだらけである。

後に、ある証券会社の経営者に「なぜ株価を上げるような審議委員を推薦しなかったのか」と尋ねると（実際には木内登英委員、佐藤健裕委員のような株価を下げる委員を送り込んでいた）、「手数料が固定化されていた時代なら株価が上がれば売買手数料が増えて必ず儲かったが、自由化されると債券運用などさまざまな手段で儲けなければならない。株が上がりさえすればよいというものではない」と答えた。しかし、証券会社の株価は、２０１４年の消費税増税の前まで、株価全体の動きと同じように動いていた。株価が上がれば証券会社は儲かっていたのだ。もっと早くＱＱＥをしていれば、手数料の引き下げ競争が起きる前には儲けることができたはずだ。

外資系銀行にいた友人が、「債券村が偉くなって、日銀に文句を言っている。彼らを偉くしたのは日銀（の過去のデフレ政策）。なのに文句を言われている。海外では、市場にやさしいとは株式市場にやさしいことなのに、日本では債券市場」と言う。

奥正之三井住友フィナンシャルグループ名誉顧問が、『日経』の「私の履歴書」で、「彼（宿沢広朗専務）が読み切ったのは長期金利の持続的な低下（国債価格の上昇）である。住友銀行、そして三井住友銀行の市場関連収益は他行を凌駕《りょうが》し、不良債権の処理原資捻出に貢献してくれた」と書いている（『日本経済新聞』２０１９年4月18日）。そのとおりで、市場に生きる者は、市場の動きを読み取り、そのなかで利益を出すことが求められている。しかし、金利が低下しつづけたのは、バブル崩壊後、日本の不況が続き、デフレに陥ったからだ。デフレに陥れば、不動産価格も下落する。不良債権も増大してしまう。日本の金融機関経営者は、金融政策、景気、物価、金利、債券価格、株価、不動産価格の関係をどう理解しているのだろうか。

私は、かなり前に、『日経』のエコノミストパーティで会った大手証券会社の経営者が、「債券部門が偉くなりすぎた。債券は暗い。株は明るさを見る」と言ったことを思い出した。前にも書いたが、債券とは、世間の景気が悪くなると儲かるという不思議な商売である。株は、世間の景気と同調して儲かる商売である。景気が悪くなると儲かる仕事をしていた人が偉くなれば、不景気は続いてしまうものだろう。

２０１９年末、野村ホールディングスの永井浩二グループ最高経営責任者（ＣＥＯ）は、『日経』のインタビューに答えて、「世界の金融機関の株価は日米欧で差が大きい。米ＪＰモルガン・チェースは最高値圏で推移し、日欧勢は低迷している。その差について永井氏は「金融機関の収益の源泉である金利が潰れている」と低金利の打撃の大きさを強調した。金利が低いと債券取引の収入が減ってしまう」と述べたとある（「低金利の逆風、「5年は覚悟」　野村・永井ＣＥＯ」『日本経済新聞』２０１９年12月27日）。日本の証券会社の経営者は、株価の上昇を求めていないらしい。

2月7日（木）　政府統計問題は日銀がチクったからいけない

日銀での雑談の機会に、私が「霞が関は、統計問題は日銀がチクったからいけない（これは私の解釈で、このとおりに言ったわけではない）と、子どものいじめなみのことを言っている」と言うと、日銀のところにも、霞が関から、日銀の統計専門スタッフはなんとかならないか（まじめに仕事をするなという意味）、と言ってくるらしい。日銀としては、統計はきちんとしたいが、政治に巻き込まれたくない、ということだろう。私は、「野党は、政府の不手際や失敗を攻撃するのが仕事だから仕方がない。むしろ、日銀は、統計を少しでもよくしようとしている日銀スタッフを励ますべきだ」と言った。日銀内部の人事に影響力のない私が励ましても仕方がない。

その後、統計の精度向上のために尽力した肥後氏は、京都支店長に栄転すると聞いた。日銀が霞が関にバカにされないためにも本当によかったと思った。

2月15日（金）　重原久美春氏の回顧録と事実の真摯な確認

日銀きっての国際派であり、OECD経済総局長兼チーフ・エコノミスト、OECD副事務総長（OECD事務局のナンバー・ツー）などを歴任した重原久美春氏から回顧録を書いていると伺った。

重原氏には、1980年代末のバブル期から現在までの金融政策についてインタビューしたことがある。そのなかで、重原氏は、1990年代を通じて日銀の金融政策は引き締めにすぎたと認め、「当時、日銀の代表が国際会議に出てきて説明していることには、私はとてもついていけませんでした。例えば銀行貸出の伸びが減ってきているのは、資金需要が弱いからだ、と説明しました……資金需要がなぜ弱いかといったら、その背景には借入金利が実質ベースではなお高すぎるということがあるんだ、というのが私の意見でした」（重原［2011］629頁）と証言している。

また、1992年から95年までとリーマンショック後の円高の危険にも警鐘を鳴らしていた。さらに、日本の経済学者が、日本銀行が名目金利にこだわること、アメリカの学者が日本は金融緩和すべきだと議論していることを無視していたのにも批判的である。

これらの主張は、私にはまったく説得的で、かつ、ＯＥＣＤ副事務総長という高い立場で、実際に問題が起きている時点で発言したことに、当時、感銘を受けていた。

同氏から、メールで、回顧録を書くことについての意見を聞かれた。私は、「日本では、高い公職に就かれた方がほとんど回顧録を書かれない。それでは、正しい歴史は書けない。是非、書いていただきたい」と即答した。

日銀のなかでは、重原氏の回顧録執筆はあまり歓迎されていなかったかもしれない。日銀が過去に行った金融政策に対して批判的な内容なのだから当然でもある。加えて、重原氏が、事実やご自分も含めさまざまな人の発言をメールで確認することを面倒に思ったこともあるかもしれない。回顧録には、気分よく自慢話をしていて、事実関係が曖昧なものが多い。事実関係をしっかりと確認するのは、重原氏の真摯な性格を表すもので、私は素晴らしいと思ったが、煩わしいと思った人もいたのだろう。

重原氏の回顧録（重原［2019］）は、２０１９年12月に出版された。重原氏の発言にはすべて証拠が付いている。４５８頁もある本書の内容は多岐にわたるが、特にリーマンショック後に直ちに量的緩和を行うべしとの提言、またデフレと円高の悪循環という議論は今から考えても至当である。当時、日銀が重原氏の提言を受け入れていればよかったのにと思うばかりである。

2月22日（金）　短資会社は金利がマイナスになっても構わない

市場関係者とのパーティで聞いた話である。

短資という業態がある。短資会社とは、金融機関同士の短期の貸付・借入を行う際の仲介を行う会社である。金融機関同士で直接貸し借りしてもよいのだが、短資を介したほうが取引が成立しやすく、取引金利も透明性が高いとされている。

市場関係者を集めた懇親会で、短資会社の方が、「金利がマイナスになっても構わない。大きなマイナスと小さなマイナスの間で鞘が抜ければよい」と言う。短資会社は、日銀の低金利政策に反対してきたし、2016年2月のマイナス金利導入にも反対していたので、「ではなぜマイナス金利に反対したんですか」と聞くと、「あのときには、大きなマイナスと小さなマイナスの間で鞘が抜けると気が付かなかった」と言う。

また、金利変動に対して、「債券のセルサイド（字義的には販売側だが、証券会社のこと）とバイサイド（購入側で運用会社のこと）は違う。セルサイドは金利が動いたほうがよいが、バイサイドは動かないほうがよい」とも言う。「日銀が国債を買うから金利が変動しない。日銀が金利の市場機能を壊している」などと言われるが、そう言うのは、セルサイドのエコノミストで、バイサイドはそんなことは言わない。もちろん、金利が低くて運用手段に困っているから文句は言うと思うが、金利はあまり変動しないほうがよいと思っている。

地銀の方も多かったので、「地銀は国債がなくて運用先に困っているなら、国債をもっと発行してほしいと言ってはどうか」と言ったら、答えはなかった。「最近、地銀が新卒の採用に苦労しているのは投信を売らせるからではないか」と言うと、多くの地銀の方から同意をいただいた。親戚のおばさんから預金を集めても損させることはないが、株式投信なら損させることも多い。手数料も高いからなおさらである。「銀行は、金利を上げてくれと言っているが、上げたら株は下がる。

売っている株式投信も下がる」とも言ったら、答えはなかった。

ある国会議員が、「銀行と証券に勤めたことがあるが、どちらでも会社が決めたものを客に売る。客が欲しいものではない。こんな商売はおかしいと思った」と言っていた。

2月25日（月）地銀は、預金はコストゼロの資金だと主張

ある外資系証券会社の依頼で地方金融機関を対象に講演をしたときのことだ。私が、「日本の銀行は預金を集めすぎている。QQEで貸出が60兆円増えたことを喜ぶべきなのに、預金が160兆円増えて文句を言っている（2013年3月から2018年12月の値。図1-4のデータによる）。預金を集めなければよい」と述べると、地元地銀の人から、「預金はコストゼロの資金ではないか」と質問があり、かつ、そう主張した。私は、「店舗があり、人がいるから、貸出先がなくても預金が集まって来る。店舗と人がコストである」と答えた。地銀で、外資系の証券会社との勉強会に参加する人は、それなりのエリートであろう。私は、そういう人が、いまだに、預金はコストゼロの資金だから、集めたほうがよいと思っていることに驚いた。

講演の後、この証券会社の幹部は、「いやいや、地銀は預金がコストだとわかっていますよ」と力説する。しかし、考えてみると、地銀が預金を集めれば、貸出先のない地銀は困って運用を頼みに来るはずだ。証券会社にとって、地銀は預金を集めたほうが都合がよい。その部下の中堅社員は、後から、「地銀トップは、預金量こそが力、地位を示すとの根強い認識があるんですね」と感想を述べた。

3月16日（土）　頭取はわかっていなくても中堅はわかっている!?

北川フラム氏（《2015年5月4日　審議委員は日銀のなかでどう扱われているのか》参照）の文化功労者選定記念のパーティで、元財務省高官に会った。元高官は、「地銀は大変。日銀が預金にマイナス金利を付けることを認めてはどうか」と言う。私が「個々の銀行の経営戦略で決めていることをどうしろ、ということはできない」と答えると、「日銀が言わないとできない」と言う。

財務省OBへの日銀総裁待望論はここからかと思った。私が「地銀は預金を集めなければよい。ゆうちょに任せておけばよい」と言うと、「昔の流れで集めてしまう。頭取はわかっていないかもしれないが、中堅はわかっている」と言う。私は、「いや、その中堅がわかっていない」と、《2019年2月25日　地銀は、預金はコストゼロの資金だと主張》のことを思い出しながら答えたが、トップがわかっていなくても中堅がわかっていればよいという日本の経営文化には驚く。

大きな変化を起こすことはトップにしかできないものだが、そうは思っていないらしい。その後、2020年1月15日の日銀支店長会議後の懇談会で、上乗せ金利や手当を払って、預金を集めている銀行がいまだにあると聞いた。

3月28日（木）　世界的な株価下落は落ち着きを取り戻したのか

2018年末からの世界的な大幅な株価下落はようやく落ち着きを取り戻したようだった（落ち

たところからそれ以上はあまり落ちない状況になったという意味)。株価は実体経済の変化を増幅して伝えるものだから、株価がここまで下がったということは、世界的に成長率が低下するということだろう。ＩＭＦも２０１９年の世界経済の成長率予測を引き下げている。

あまりにもきれいにわずかずつ低下する中国のＧＤＰではなくて輸出入を見ると、中国経済が、現実に停滞していることは確実だ。中国のＧＤＰ統計はあてにならなくても、相手国の統計もある輸出入はあてにできる。

日本を見ると、停滞していた２０１８年から景気は徐々に拡大しているようであった。しかし、生鮮食品を除く物価は１％の手前で、生鮮食品・エネルギーを除く物価は０・５％の手前で停滞している。

景気は持ち直してはいたが弱いままで、物価が２％に向かう勢いも感じられない。このなかで、もう一段の景気緩和を行うには、金融機関の反対を抑える必要がある。輸出、消費ともさえず、物価も下降していた２０１６年の再来だが、打つ手があるのかが問われている。

消費税増税の政治的モメンタムは強い

一方、消費税増税は、２０１４年11月に「２０１５年10月から10％引き上げの予定を２０１７年4月にと1年半延期」、２０１６年６月に「２０１７年４月の引き上げの予定を２０１９年10月に2年半延期」していた。これ以上、延期をすることが政治的に難しい状況にあることもあった。物価上昇のモメンタムは弱いが、消費税増税に向かう政治的モメンタムは強かった。誰が消費税増税を求めているかと言えば、まずはもちろん財務省だが、消費税増税によって安定的に予算が得られると考えている省庁も賛同に回っている。彼らの意向を受けたマスコミも識者も増税に同意している。このような状況のなかで、増税のさらなる延期は難しい。

財政赤字がなぜ悪いのかと言えば、限られた貯蓄を民間と政府が取り合うことによって金利が上がり、民間投資が減少すること、限られた供給能力を民間と政府が取り合うことによって物価が上がることが挙げられる（物価上昇率が2％よりかなり高い段階でこうなることは悪いという意味）。ところが、どちらも起きていない。金利も物価も上がらない状況が続いている。財政赤字が悪いとしたら、今は何も起きていないが、将来は金利や物価の急騰のようなまずいことが起きるという岩石理論だけである。

ただし私は、何も起きていないから未来永劫、何も起きないとまでは考えていない。特に、政府純債務の対GDP比が際限なく上昇するのは危険だろうが、そうでなければ構わないと考えている。

少なからぬエコノミストが、景気が冴えない状況での増税は危険だという論を展開し、安倍政権に進言したが、政策の政治的慣性は強く、消費税増税は予定どおり10月に実施されるだろう。過去の延期はほぼ1年弱前に決定されたから、4月では延期のタイミングを逸している。

ただし消費税増税と同時に、幼児・高等教育無償化、キャッシュレス還元政策も行われ、消費税のマイナスインパクトは極小化されるということになった。2014年度の消費税のインパクトはマイナス8兆円だが、2019年10月からの消費税増税のマイナスのインパクトは2兆円に抑えられるということだった（例えば、日本銀行「展望レポート」〔Box1〕2018年4月28日）。8％から10％への2％ポイント（食品は8％のままの軽減税率）の消費税増税約4・6兆円に対して、教育無償化（平年度〔10月からの実施なので2020年度は4〜3月までの金額にするという意味〕1・4兆円)、公共投資(1・1兆円)、ポイント還元・プレミアム商品券(0・5兆円)、年金額改定(0・6兆円)などの対策が取られている。ただし、公共事業などは一時的なものであり、恒久措置である教育無償化と年金だけを引くと効果は4・6－1・4－0・6でマイナス2・6兆円である。公共投資などは、恒久でなくても多少の効果があると考えると増税のインパクトはマイナス2兆円程度ということになる。

なぜ私が消費税を増税すべきでないと考えたかというと、①QQE開始後、名目GDPの回復で税収が増加し、財政赤字は着実に減少している(《2018年4月14日　リフレ政策が財政再建に役立っていることを認めない財政学者たち》参照)。②2018年以降、ほとんどの経済指標は停滞しており、消費税増税に耐えられるようなものではない。現実の物価も、予想物価上昇率も停滞気味である。③2014年度のように長期の消費停滞が続き、景気の失速が懸念される。物価上昇率2%の達成も困難になる、と考えていたからである。

4月2日(火)　日銀のせいで銀行経営が苦しくなり、人材を押し付けてくる

東京のサラリーマンから地方の有力企業の役員に転身した友人から、「日銀の低金利で銀行経営が苦しくなり、リストラのために人材を押し付けてくるので困る」と言われた。私は「別に銀行に弱みがないなら断ればよいではないですか。そんなことまで日銀のせいにされても困る」と答えたが、後から、これはもっと重要なことがあると思った。地域の有力企業はたからられる、ということだ。友人に聞いたことをまとめたのが以下である。

＊

当社は創業100年近い企業である。何十年も前、一度だけ資金繰りが苦しくなり、今のメインバンクに助けられ、それ以来、取引が続いている。現在は、実質無借金、年商を超える金融資産を保有、財務内容がきわめてよい企業である。銀行から資金を借りる必要はないが、メインバンクとの良好な関係の維持を考えて、きわめて低利で運転資金（年数十億円ほど）を借りている。

メインバンクからは、人を受けてくれと、4半世紀ほど前に1人（役員待遇）受け、その後しばらく途切れていたが数年前に1人（執行役員）受け、新たにポストを用意してさらに1人受けた。

当社はオーナー企業なので、こういうことは、銀行とオーナーとの直接対話で決まる。オーナーの考えは一概には理解しがたいが、メインバンクから頼まれて断るのは難しいようである。当社は、県内では有数の企業だから、その他、政治関係などいろいろと支援を依頼されることがあり、企業規模に見合った支援をさせられている。風評問題も無視できないので、それなりの対応は必要になると理解している。

一般論だが、地場企業と地域や地銀との関係は、企業経営上ある程度相互依存関係にあるわけだから、企業経営を脅かされるようなことは論外だが、軽微であれば、いわゆるたかりであってもたかられているという思いを強くすることなく、感謝の気持ちで対応できるものだと思う。

企業規模が大きくなり、企業経営意識が地域を越えるようになったときには、違う考えで対処することになるだろうが、それでも、まったく企業経営上の必要性だけで諸事判断するというのは考えにくい。対象や方法は違っても、会社の経営活動のなかに地域貢献もあり、本質的には同じことを行うのではないかと思う。

たかる銀行が企業発展を阻害する

ただし、地場企業が銀行からたかられる構造になっていることが、企業の発展を阻害しているのではないかという考えには、多少同意するところがある。というのは、企業が発展するためには「リスクを覚悟しても将来を考えて投資する」という考え方が必要になるが、大方の銀行マンは「リスクを排除する」考え方が強く、そういう人が身近にいると、長期的な投資が必要であったり短期的にハイリスク・ハイリターンの投資が必要であったりするときに、経営者の投資意欲を殺《そ》いだり、チャンスを逃してしまいがちだからである。

当社においても、そうした銀行マンの弊害が現れることがあり、いろいろな機会にそれを打ち消していた。ところが、最近では、いつの間にか社長と密かに話して社長が決断した後に聞かされるようなことが起こる。銀行からの人材の受け入れは、地場企業にとっては、企業内では育たない有能な人材を確保できるというプラスの面もあるが、銀行マンが企業経営に食い込むことによって、内部から企業の発展を阻害する要因になっているという面はあると思う。

しかし、こういう人の特性は、銀行マンだけでなく、大企業の社員は大なり小なり持っていると思う。

＊

銀行としては、債権の保全が一番だから、投資されて失敗されても困るということなのだろう。

スルガ銀行のように無謀な貸付をする銀行が話題になっているが、本来は、貸し手として債権の保全をするのが銀行の役割だ。債権保全のためにはリスクを取らせないということだろう。自己資本たっぷりの会社なのだから、本来は、多少リスクを取って投資すべきなのだろう。しかし、あいつの勧めで借金したらひどい目に遭ったと言われたら快適な天下り先を失ってしまう。だから、新規投資には反対となる。

仮に50億円借りていてもこの低金利なら、銀行から押し付けられた人間の人件費のほうが高い。金利は取れないが、人は押し付けることができる。地域金融とは不思議な世界だ。少なくともこの不思議さは、日銀のせいではない。

4月3日（水）　消費税増税の影響

消費税増税について考える機会が多い。岩田規久男前副総裁も本田悦朗スイス大使・前内閣官房参与も消費税増税に反対だ（本田氏は、「消費税増税ならアベノミクスは失敗、延期より凍結必要」とブルームバーグのインタビューで答えている〔2019年5月23日〕）。本田氏はまた、物価安定目標の達成について、「金融政策だけでデフレ脱却を図ることについては限界を感じはじめている。それを打開するために財政の力が必要」と指摘。教育無償化など所得再分配政策について、消費税のような逆進性の強い税目を充てるべきではなく、赤字国債を発行し、日銀が市場から国債を買い取る形で、人材育成と量的緩和を同時に進めることが重要。「マネタイゼーションという言葉は悪いイメージがあるが、デフレから脱却するときには必要」と語った、とのことである。財政と金融の組み合わせなくしてはデフレからの脱却は困難との立場である。

私の考えは《2019年6月16日　世界的低金利のなかで日銀は何ができるか》で整理して述べるが、日本銀行審議委員は、金融政策でデフレから脱却することを考えなければならない。また、政治的空気は消費税増税に動いて、そう簡単に反転できるものでもなかった。

ただし、後の5月24日、伊藤隆敏コロンビア大学教授が、テレビ東京の『Newsモーニングサテライト』で、「消費税増税は半年延期を」と語った。伊藤教授は、財政再建重視の経済学者なので、この発言は話題になった。リフレ派のエコノミストは、2014年度の消費税増税後の消費の長期の落ち込みを考えて、2019年10月からの消費税増税には反対を唱えていた。その明確な説明は、岩田前副総裁の著書（岩田規久男［2019］254頁）にある。

しかし、前述のように、前回、前々回の延期が1年前に決められたことに比べると、時期的に難しい面がある。また、当時のデータでは必ずしも明確ではなかったが、実質GDPは2018年7～9月期のマイナス成長の後、2019年7～9月期まで4期連続してプラス成長になっていた。経済が回復していることは徐々に明らかになり、消費税増税の延期は難しい状況となっていた。結局、増税が景気の落ち込みを招かないようにと、《2019年3月28日　世界的な株価下落は落着きを取り戻したのか》の「消費税増税の政治的モメンタムは強い」で述べたような、多くの対策が打たれ、消費税増税は予定どおり行われることとなった。

ただし、7～9月期の実質GDPはほとんど横ばいであり、駆け込み需要も見られないなかで（消費関連の指標による総合的判断としてそのような声があった）、10～12月にはその反動だけが来るのではないかと、後に心配されることとなる。

消費税増税の影響がなぜ大きいかは、永遠の謎になる

私はなぜ消費税増税がこれほど長期的に景気を悪化させるのか不思議である。２０１４年４月の消費税増税（５％から８％への引き上げ）の影響に関して政府が行った２０１３年８月の「集中点検会合」および２０１４年11月「点検会合」では、多くのエコノミスト、経済学者が、消費税増税の影響を小さく見ていた。例えば、大和総研の熊谷亮丸《くまがいみつまる》チーフエコノミストは、「消費増税で景気は腰折れしない。公共投資が景気を支える」、ＪＰモルガン証券の菅野雅明《かんのまさあき》チーフエコノミストは「消費増税を景気回復の初期にやるほうが、景気反落リスクが小さい」と述べている（宮嵜［2018］図表６－３参照）。

ところが、多くのエコノミストの予想を越えて、２０１４年消費税増税の影響は大きなものとなった。予想を越えて影響が大きかったとは、以下の意味においてである。

消費税を増税するのであるから、増税分だけは実質所得が減少する。その影響は、１９８９年度マイナス２％、１９９７年度マイナス１・５％、２０１４年度マイナス２％と考えられる（現実の引き上げ幅と異なっているのは、消費のうちには増税されないものもあるからである）。実質所得の減少分だけ、消費が減少し、その後、過去のトレンドに沿って消費が伸びていくのが通常と考えられる。現実には、消費税増税前の駆け込み、その後の反動減があって複雑なのだが、それを捨象すると、以上に述べたようになる。

２０１４年の５％から８％への消費税増税時には明らかに消費のトレンドが変わっている。２０１２年10～12月期から２０１３年10～12月期まで年率２・４％で伸びていた（ＱＱＥを始める前で

も年率１％で成長していた）実質民間消費は、２０１９年４～６月期まで横ばいとなった。

この説明として、岩田規久男前副総裁は、ＱＱＥによって実現したリフレ・レジームが消費税増税によって崩れたこと（岩田規久男［2019］）、低所得の年金受給者や非正規社員が増えたこと、によると何度か述べている。それはそのとおりなのだが、ＱＱＥで雇用が改善し、雇用者所得は伸びている。消費を３％削るのが、５％から８％に上がった消費税増税の効果の最大値であるはずだ（実際には、前述のように、課税されない消費もあるので消費税の増税による実質所得減は２％）。

ＱＱＥ以前でも、実質消費は年１％で増加してきたのだから、２年で実質消費は元の水準に戻るはずだ。ところが、消費が元の水準（２０１３年10～12月期）に戻るのは２０１９年４～６月期までで５年半もかかった。この理由として、消費税の８％への引き上げとその後のさらに10％への引き上げがセットで予定されていたので、人々は２０１４年時点で10％までの５％ポイント分の引き上げに対応して消費を減らしたのだという議論がある（宇南山［2016］）。そうすると２０１４年４月には、５％ポイント分、実質消費が減ってもおかしくはない（実際には消費税対象とならない消費項目もあるので４％減とするのが適当。これはその後の、軽減税率、幼児・高等教育無償化などの消費税増税対応策を考慮していない）。しかし、そういうトレンドを考えても、２０１５年末以降の消費はそれ以上に低迷している。

さらに、人々は、すでに10％の消費税に対応しているという説が正しいとすると、２０１９年10月に消費税を10％にまで引き上げても、消費に対する影響はわずかということになる。しかし、現実には、２０１９年10月以降の消費は大きく低下した（以上述べたことは、ややわかりにくいが、図２－２「消費税増税の影響」でもある程度確認できる）。

その後、２０２０年２月からは新型コロナウイルス感染症の影響があって、さらに情勢がわからない。消費税増税の影響がなぜ大きいかは、永遠の謎となってしまった。

４月15日（月）

金融緩和に反対の経済学者たち⑦――自然科学の知識は累積的に高まるが、経済学の知識は循環的に高まる

２０１９年４月15日、日銀で、「近年のインフレ動学を巡る論点：日本の経験」と題して、「第８回東京大学金融教育研究センター・日本銀行調査統計局共催コンファレンス」が行われた。渡辺努東大教授が、「過去の低インフレが現在の低インフレの原因」と発言し、他の先生方も同意した。渡辺教授は、物価はノルム（規範）で決まると唱えてきた。価格を据え置くノルムが根強くあるので、物価が上昇するまで時間を要するということである（《２０１５年11月26日　物価が上がらないのは、物価が上がらないからだ》参照）。ノルム論は、なぜそのようなノルムがあるのかの説明が不明確だが、これまで低インフレであったから、今も低インフレであるという説明に変化した。トートロジーのようにも、大して違いがない説明のようにも聞こえるかもしれないが、過去の経済への負のショックやデフレを容認する金融政策が現在のデフレを作りだしたという説明になる。

もう１つ、大きな論点は、名目為替レートの変動が実体に悪影響を与えることを認めたことである。当たり前のように聞こえるが、為替を実質で考えて問題がないという経済学者が多いことを考えると（《２０１６年７月８日　為替レートについて議論する》参照）、当たり前ではない。これに関し、ある日銀高官が、「日米インフレ格差で長期の為替レートは均衡しているから、実質為替レートで

見ればよいと考えていたが、考えを変えた。人々が円高を嫌う事実を見て、考えを変えた」と言った。人々が正しく、専門家が間違いという例である。また、名目為替レートが実体経済に影響を与えることを考えると、他の中央銀行と同じ物価安定目標（すなわち、２％のインフレ目標である）を維持したほうがよいという経済学者もいた（日本銀行調査統計局［2019］）。

最後に植田和男東大教授が、「自然科学の知識は累積的に高まるが、経済学の知識は循環的に高まる。昔正しいことが誤りになり、昔誤りだったことが正しくなる」という言葉を紹介した。その上で、「しかし、本日の議論を聞くと、経済学でも知識が積み上げられていくのを感じる」と述べた。確かに、反リフレの経済学者も少しは減少しているような気もした。

正しい経済学はワルラスとケインズの洞察に戻るしかない

その後、私が審議委員を退任してから、東大の先生たちが東大１〜２年生に経済学を教えるために共同執筆した教科書（市村・岡崎・佐藤・松井［2020］）を読んだ。そのなかでインフレについては、楡井《にれい》誠教授が、クルーグマンのワシントン市ベビーシッター共同組合の寓話《ぐうわ》を解説している（楡井［2020］）。

住民たちがベビーシッター組合を作り、これをうまく回すためにベビーシッター券をまず配布した。この券でベビーシッターを頼める。ところが、誰もベビーシッター券を使わなかった。理由は、「使いたいのだけれど、今使ってしまうと手元に券がなくなってしまう。近い将来、どうしてもベビーシッターが必要になるかもしれない。だから手元に券を置いておきたい」ということだった。そこで、もっとベビーシッター券を配ったら、人々は券を使うようになった、というのである。

ベビーシッター券はマネー、ベビーシッターは財・サービスである。券を配れば経済は回るようになるが、配りすぎれば人々は財・サービスの提供を嫌がるようになる。券2枚でなければ子守りをしないという人も出てくるだろう。これがインフレである。これは、ワルラスの、貨幣の超過供給がインフレであり、超過需要がデフレであるという議論を言い換えたものだ。

日本の経済学者も、反リフレの蒙昧《もうまい》理論を捨てて、基本的な説明をするようになったのは喜ばしい。私は、大学1〜2年生に教えるという緊張感が、基本に立ち戻った説明をさせているのだと思う。彼らは、教えられたことを覚えているだろう。エコノミストや一部の学者のように、人口減少がデフレの要因とか、生産性が上がれば物価が上がるとか、物価は経済の実力で決まるなどと、その場の思い付きを垂れ流すわけにはいかない。間違いのないことを教えなければならないとなれば、偉大な経済学者ワルラスの洞察に戻るしかないのだと私は確信した。

また、財政政策については、「ある人間の支出は別の人間の所得である」（ケインズ［2015］62頁）というケインズの洞察が書かれている。政府が財政赤字を減らす（政府が増税して支出を減らす）ことが、国民の所得を減らすことになり、所得が減れば消費は減り、税収が減り、ひいては政府の赤字を増やしてしまうかもしれないと説明している。これは、《2018年4月14日　リフレ政策が財政再建に役立っていることを認めない財政学者たち》とはかなり異なるスタンスで、私は少し安心した。

なお、金融政策と財政政策については、全部で285頁の本のなかでそれぞれ2頁しか書かれていない。4％の失業率を2％に、3万人の自殺者を2万人に、一般政府の財政赤字の対GDP比率を6・1％ポイント低下させた金融政策を2頁で終わらせてしまうのは簡単すぎると私は思ったが、高偏差値大学の学生にとって、失業率が４％だろうが２％だろうが、就職状況は変わらない（≪2016年5月30日　金融緩和に反対の経済学者たち②≫参照）。金融政策が285頁のうちの２頁とは、このことを反映したものだろう。

4月16日（火）

フランスの大恐慌は、仏中銀が金を買い、金融を緩和しなかったから

パリ経済学校のアンジェロ・リヴァ教授が、日銀金融研究所のセミナーで「安全への逃避と信用収縮――大恐慌期のフランス金融危機の新たな歴史」という報告をした。

教授は、「1930年代の大恐慌において、銀行危機が公的金融機関への預金移動をもたらした。公的金融機関は、国債で運用することになっているので、国債購入の増加と民間貸出の減少が起きた。当時は、フランスの中央銀行は、民間預金を預かることができた。フランス中銀は、集まった預金で外国から金を買った。これは外国の信用収縮を招き、世界的なマネーの縮小の一因となった。金が集まれば、金本位制のルールの下でも金融を緩和するべきだが、フランス中銀はそうしなかった。フランスでマネーは増えずデフレに陥っていった。このなかで、人民戦線内閣が成立し、賃金引き上げと労働時間短縮を行い、大恐慌を長引かせた」と報告した。

私は、「報告は説得的だったが、この考えはフランスにおいて広く受け入れられた考えか」と質問した。教授は、「いまやこれが定説だ」と答えたが、私には信じられない。

なぜなら、フランスの社会主義者（日本と違って、何度も政権に就いている。最近の社会党出身の大

統領は、フランソワ・オランド氏だ〔2012〜17年〕）は、賃金引き上げと労働時間短縮が大好きで、保守派は金融引き締めが大好きだからだ。フランス中央銀行のトリシェ総裁はECB総裁になって、3度も不要な金利引き上げを行った（《2017年5月22日　ドイツ連邦銀行駐日代表事務所開設30周年記念パーティでECBの間違いを議論する》参照）。第2次世界大戦で、フランスがナチス・ドイツに2週間で負けたのは、時短で戦車と戦闘機を作れなかったからではないだろうか（ただし、モーロワ［2005］は別の説を提示している）。

4月25日（木）　当分の間とは、少なくとも2020年度の春頃までのこと

金融政策決定会合で、政策金利のフォワードガイダンスが変わった。それ以前、政策金利のフォワードガイダンスは、「2019年10月に予定されている消費税率引き上げの影響を含めた経済・物価の不確実性を踏まえ、当分の間、現在の極めて低い長短金利の水準を維持することを想定している」となっていたが、2019年4月のフォワードガイダンスは、「当分の間、少なくとも2020年春頃まで、現在のきわめて低い長短金利の水準を維持することを想定している」となった。どこが違うかと言えば、「2019年10月に予定されている消費税」云々《うんぬん》が取れたこと、当分の間の後に、「少なくとも2020年春頃まで」という文言が入った点である。前者は、決定されたものを予定されているとするのはおかしいということである。後者は、当分の間がいつまでかをやや明らかにしたことである。

しかし、《2018年7月16日　市場との対話とは何か》の「カレンダーベースで金利の先行き

は示せない」で述べたように、私は、フォワードガイダンスを明確にすること自体は望ましいが、2020年春頃までのようなカレンダー依存ではない、物価目標との関係がより明確になるデータ依存のガイダンスを示すべきだとして反対した。

5月20日（月）　地銀は店舗も人員も5分の1でよい

深尾光洋武蔵野大学教授が、地銀のコストダウンが必要なことを、実家のある県庁所在地の地銀と信金を巡った経験から述べていた。人員も店舗の規模も5分の1で十分、店舗の余剰で貸しビル業へのシフトが必要だという。

また、「銀行が利益を上げるために、かなり危険な金融商品を（顧客に）売っている」とも言う（深尾［2019］）。だから、金融緩和政策を止めよとも示唆している。すなわち、「2％のインフレターゲットを達成しないほうが、日本経済にとっては安定、安全なのではないか。仮に2％のインフレになると、長期国債の金利は恐らく約3％になり、超長期の国債や仕組債を持っている地銀などへの影響が非常に懸念される」とも述べている。逆に解釈すれば、そう考えて過去に金融を緩和しなかったことが、現在のデフレの原因である。

人員が5分の1でよいのであれば、残りの5分の4の人員は別の仕事に就いて日本経済の供給力を高めることができる。どんな企業も帳簿を付けて財務諸表を作らなければならず、銀行員であればそれができるだろう。また、どうすれば融資を引き出せるのか、どうすれば有利な条件で融資を得られるのかのノウハウを持っているだろう。「ヤメ検」の弁護士が重宝されるのと同じである。

5月28日（火）

日本の社会保障支出は、米中露サウジの軍事費合計より大きい

コロンビア大学のセミナー（コロンビア大学ビジネススクール日本経済経営研究所主催、株式会社日本政策投資銀行共催「「貿易」「ガバナンス」「世界経済」から読み解く新日米関係」。於大手町フィナンシャルシティ　カンファレンスセンター）で、麻生太郎副総理・財務相が登場して、「日本の企業は2兆ドルの現預金を持つ。経常収支の世界的不均衡は、各国の国内のISバランスの反映。為替では動かせない。日本の社会保障支出は、米中露サウジの防衛費合計より大きく、防衛費も世界5位」と発言した。麻生副総理の洞察力にはいつも驚かされる。

確かに、これは本当のことである。イギリスの国際戦略研究所（IISS）の国際軍事年鑑『ミリタリー・バランス』（2020年2月14日）によると、世界の軍事費のトップ5は、①アメリカ6846億ドル（71兆円）、②中国1811億ドル（19・8兆円）、③サウジアラビア784億ドル（8・6兆円）、④ロシア616億ドル（6・7兆円）、⑤インド605億ドル（6・6兆円）となる。以下、⑥イギリス548億ドル（6兆円）、⑦フランス523億ドル（5・7兆円）、⑧日本486億ドル（5・3兆円）、⑨ドイツ485億ドル（5・3兆円）、⑩韓国398億ドル（4・3兆円）となり、日本は8位である。副総理の言った5位ではないが4位以下はそう違わない。

日本の社会保障支出はSNAベースで、117・1兆円（2018年度、内閣府「国民経済計算」一般政府の部門別勘定〔GFS〕）だから、上位5か国の軍事費合計112・7兆円より多い。社会保障支出を止めれば、日本はいつでも軍事超大国になれる。世界では社会保障支出を削って、ある

いは、支出をしないで軍事費に回している国がある。ロシアが典型だ。それゆえ、ロシア人は不幸で、日本人はまだまだ幸福なのだ。

コーディネーターの伊藤隆敏コロンビア大学教授は、2つの質問をした。1つは、世界的不均衡は、国内のISバランスの反映というのはそのとおりだが、どうやってトランプ大統領を説得するのか。2つ目は、MMT（現代貨幣理論）についてどう考えるか、だ。

麻生副総理の答えは、「日本は高齢化しており、経常黒字は海外からの所得支払いで生じている。モノの輸出で生じているわけではない」だった。MMTについての答えは、「日本はMMTのモデルではないし、政府も際限なくお金を出せない」だった。2018年の末頃からMMTについての議論が盛んになっていった（《2019年7月18日　ケルトン教授、MMTについて語る》参照）。

10%以下の自己資本でなぜ儲からないのか

シンポジウム後のパーティで、アクティビスト・ファンドの人と話すと、「銀行はせいぜい10%の自己資本でできるのに、なぜ儲からないんだ」と言う。「買収して儲けてはどうでしょうか」と言うと、「持ち合いがひどくて買えない」と答える。

考えてみると当然の発言だ。アクティビスト・ファンドは、企業の株を買って、過大な流動性や不要な資産を処分させて配当に回させる。過大な流動性や不要な資産は、自己資本やいざというときのバッファーになっている。バッファーは、経営者や雇用を守るために必要なものだ。アクティビスト・ファンドは、企業の経営者や雇用を守ることには関心がない。しかし、自己資本が3割を切れば、株主は、むしろバッファーが小さすぎると感じて、株価も下落してしまうだろう。自己資本1割でも存続できる企業があれば、アクティビスト・ファンドはもっと儲けることができる。

銀行の場合、なぜ、1割以下でもOKかと言えば、預金保険や金融庁や日銀の暗黙の保証があると思われているからだ。銀行はかつては利益が上がった。自己資本1割以下で、参入規制があり、資金需要超過にあったからだ。

しかし、参入規制がなければ、皆同じ条件で競争するのだから皆儲からなくなるだけだ。金融自由化が進み、銀行への参入が認められ、かつ、資金の需要超過がなくなってしまったからだ。資金の需要超過がなくなったのは、投資機会が減少し、利益の蓄積で企業が借入を必要としなくなったからだ。投資機会の減少は長く続いたデフレのせいでもあるが、デフレが解消しても資金の需要超過にはならないだろう。銀行は構造不況業種である。念のためだが、銀行の自己資本は預金者保護のためにある。アクティビスト・ファンドに使われては困る。

5月29日（水）

リバーサル・レートは存在するのか

毎年行われている日銀の国際コンファレンスが5月29〜30日に開催された。日本の金融関係者にとってのハイライトは、「リバーサル・レート」だろう。金利が下がると銀行の利鞘が減少してかえって貸出が減る。すなわち、貸出がかえって減少する金利水準がありうるという、リバーサル・レートという議論がある。金利を下げてほしくない銀行関係者にしてみれば、嬉しい議論である。この議論の提唱者である、プリンストン大学のマーカス・ブルネルマイヤー教授も招待され報告した（日本銀行［2019］）。

日本銀行が債券を購入して市中に資金を供給すれば金利が低下し、通常は貸出が増える。しかし、民間銀行は、自己資本規制により自己資本の何倍かの範囲内でないと貸出ができない。金利が低下すると銀行の保有している債券の価格が上昇して、銀行の自己資本は増加する。しかし、金利が下がると銀行の利鞘は縮小する。なぜなら、貸出金利がゼロ近くまで下がっても、預金金利をマイナスにすることは難しいからだ。したがって、銀行の利益は低下し、長期的には銀行の自己資本も減少する。つまり、銀行の自己資本の制約により、ある金利以下では貸出が減少してしまう、リバーサル・レートというものがあるという。

すなわち、リバーサル・レートの議論は、銀行の自己資本制約が貸出を減らし、マクロ的に景気を悪化させるという議論と似たようなものである。しかし、前述のように、多くの実証分析によれば、日本の場合、貸出制約が経済全体にネガティブなショックを起こしたのは、資金調達手段全体が危機的な状況に陥ったとき、すなわち１９９７～98年の金融危機のときだけとなっている（宮尾・堀・木滝〔2004〕の宮尾論文）。

要するに、リバーサル・レートの議論は、資金供給の一部分のみに焦点を当てた議論であり、他の代替的資金調達手段を無視している。金利の引き下げによって貸出が減少するとしても、金利の引き下げによって経済が収縮するとは言えないと、私は思っていた。

生産への効果はマイナス１％でも逆転しない

ブルネルマイヤー教授の報告（Brunnermeier and Koby〔2019〕）は、これまでに発表した論文の内容に加えて、具体的なリバーサル・レートの値について説明があった。「銀行の純資産は、政策金利がほぼゼロで逆転する。貸出金利、貸出量は政策金利がマイナス1％になる前に逆転する。対照的に、生産への効果はマイナス1％でも逆転しない」と言う。すなわち、政策金利の銀行の利益に対する影響は、政策金利がゼロでマイナスになり、貸出量に対しては0とマイナス1％のどこかでマイナスになるが、経済全体の生産に対してはマイナス1％でもマイナスにならないということである。

当日夜のパーティで、ブルネルマイヤー教授に、「日本では借りたい人がいないから銀行の自己資本は制約にならない。20％の金利の取れる消費者金融の規模は50兆円。800兆円の預金の行く場所がない。日本の事業法人は、200兆円も現預金を持っている。1％以下で住宅ローンが借りることができるのに、20％で借りる人は合理的でない人。消費者金融は合理的でない人相手のニッチ商売にすぎない。銀行も預金も多すぎる。したがって、銀行資本も多すぎる」と言った。教授は、「銀行が多すぎるとして、日銀は銀行を再編できるのか」と応じた。私は、「最終的には金融庁がかなりの権限を持つが、日銀も努力している」と説明した。そのかなり前から、政府は、銀行の再編は必然と考えており、地域銀行の合併を独禁法の除外とする法律を準備していた（《2017年4月11日　銀行は博打を打てる》参照）。

6月11日（火）

日銀の低金利政策はマクロで経済を刺激しないが、地銀の構造改革を刺激する

第一生命経済研究所首席エコノミストの永濱利廣氏が、「自分は日銀の低金利政策はマクロで経

済を刺激すると思っている」と断った後に、「(大胆な金融緩和政策は)マクロで景気刺激効果はないが地銀の構造改革を進める効果がある、マクロ効果はないがリストラ効果がある、という議論がある」と言った。

リストラ効果論について、私はもちろん強く否定した。大胆な金融緩和政策の目的は、経済全体を刺激することで、地銀の構造改革を進めることではないからだ。

しかし、低金利だから効率の低い企業が残る、円が安いから効率の低い企業が残る、低金利や円安でゾンビ企業が跋扈《ばっこ》する、という議論がある(このような議論に基づいて、高金利で生産性の高い企業だけを残そうとすれば雇用問題を引き起こす)のだから、低金利でゾンビ銀行を退出させるという議論があってもよい理屈になる。こういうことが言われだしたのは、銀行の政治力が弱くなったからかもしれない。

永濱氏はまた、「足利銀行が2003年に破綻し、人材が流出したことが、栃木県の企業の経営を改善した」とも言った。銀行という組織はゾンビ化しているのだが、そこに有能な人材がいることは認めていることになる。

これが正しいとすれば、構造改革を唱えるエコノミストは、他の銀行員も誘って自ら銀行を飛び出すのが一番ということになる。

6月16日(日)　世界的低金利のなかで日銀は何ができるか

金融政策については手詰まりという声が強い。ただし、経済はなんとか持ちこたえていた。株価は停滞し、生産は横ばいだったが、雇用は堅調で、生鮮食品とエネルギーを除く物価は徐々に上昇していた。ただし、もちろん、消費税増税に耐えられるほど経済が強いとは思えなかった。

大胆な金融緩和は、予想物価上昇率を引き上げて実質金利を低下させ、景気の拡大とともに現実の物価を上昇させるものだった。しかし、岩田前副総裁が指摘するように、デフレ脱却レジームが消費税増税で崩れたことで、予想物価上昇率も現実の物価上昇率も上がらない（《2016年12月9日 物価水準の財政理論》の「岩田副総裁も財政政策を強調するようになっていた」参照）。

金融政策については新しい発想が必要だった。年80兆円を目途とした国債買い入れのペースは年30兆円を割り、長期短期金利は低下を続けていた。金利は世界的にも低下していた。この状況で何ができるのだろうか。

QQEはなんとか経済を改善しているのだが、2%の物価目標達成への道は遠い。世界経済の改善とともに希望の見えるときはあったのだが、景気は一本調子には改善しない。岩田前副総裁の時代から、金融政策の効果を引き上げる道はないかと考えてきた。ここでその考えを整理しておきたい。

金融政策の効果を引き上げる道

量、質、金利という3つの次元、あるいは、これらと関連して、マネタリーベースをさらに供給してポートフォリオ・リバランスを高める。さらに、フォワードガイダンスによって緩和のコミットメントを高めることも考えられる。以下、考えていきたい。

まず、量である。国債の買い入れを増やす。現在の買い入れ額が年30兆円ベースと縮小してしまっていることを考えれば、それ以上に買うことは容易である。もちろん、株式、社債、REIT（不動産投資信託）をさらに買うことも考えられる。質の面での緩和である。景気刺激効果だけで考えれば、短期国債ではなく長期国債、リスクのある株式、社債、REITをさらに買うことは効果的かもしれない。しかし、危機的な状況でもないのに、国債以外のものを大量に買い増すことに私は疑問を持っている。政府や日銀は民間企業の経営に直接影響を与えるべきではないという市場経済のルールに抵触することを恐れるからだ。ただし、市場経済自体が破壊されるような危機のときには、ルールからの逸脱は許されると思っている。

金利で考えれば、マイナス金利の深掘り、欧州中央銀行（ECB）がしているように、日銀が銀行にマイナス金利で、すなわち補助金付きで貸出をすることも考えられる。銀行がマイナス金利を嫌がっていることはすでに述べた。補助金付きの貸出であれば嫌がらないのではないかと思ったが、銀行が日銀からマイナス金利で借りていると知られれば貸出先は金利の引き下げを求めてくるだろうから、それは嬉しくないとのことである。

イールドカーブ・コントロールはどのような形状が、すなわち、短期、中期、長期のどの年限の金利の低下をもたらすのがより効果的かを考え直す必要もある。

私が最初から考えている、付利の引き下げもある。これはポートフォリオ・リバランスを強力に推し進めることになるだろう。

金利の低下は銀行の嫌がることであるから、金利の低下が強力な景気刺激効果を持ち、物価上昇と中期的な金利上昇に結びつかないと政策オプションとして実現するのは難しい。

しかし、量、質、金利、何をしようと金利は下がるものである。必要なときには腹をくくるしかないと私は考えていた。

世界には、「国債愛」があるように思う。リスクに備えて、資金を保有しておきたいという需要が強い。企業は、資金は短期国債の形で保有するのが通常であるが、日本の場合、預金で保有することが多い。預金を預かった銀行は、貸出先がないので、国債で保有する。銀行は、中央銀行から流動性を供給してもらえるので、いくらでも金利の付く長期国債で保有しようとする。これで長期の金利も低下してしまう。これは日本だけではない。金利が低いのは世界的な傾向で、金融政策が難しくなっているのも世界的である。

さらに、フォワードガイダンスによって緩和を続ける、物価や生産に紐づけて金融緩和を約束する、2％目標を達成してもさらに緩和するというオーバーシュートコミットメントをさらに強化することも考えられる。しかし、人々が現実にそうなると思わないと、これらの効果は十分には発揮されないだろう。

金融政策と財政政策の協力

岩田前副総裁は、金融政策と財政政策の協力がなければデフレから脱却できないと２０１６年の中頃から主張していた（《２０１６年12月９日　物価水準の財政理論》参照）。私は、審議委員は金融政策を考えるのが仕事だと思っているが、理論的な可能性についてはもちろん検討しておかなければならない。

人々の間に「国債愛」があるなら、愛に応じて国債を発行するのも悪くはない。政府が国債を発行し、日銀がそれを購入している。政府は支出するために国債を発行したのだから、支出は増加している。政府が支出を増加させているのだから、通常であれば、社会全体の支出も増えるはずである。しかし、人々が、政府は必ず増税によって国債を回収すると考えれば、人々は将来の増税に備えて支出をしない。人々が、政府は増税しないと考えれば、支出を増やす。これによって景気が拡大し、物価も上昇する。すなわち、金融政策と財政政策の統合によって景気は必ず刺激され、物価も上昇するはずである。

これに対して、「金融政策だけを行っているのであれば、インフレに対しては金利を上げるだけでよいが、財政政策が絡めば、インフレに対して増税が必要になる。うまく増税してインフレ率をコントロールできるだろうか」という疑問が生じるかもしれない。この疑問は金融岩石論者（《２０１６年12月28日　金融岩石理論を批判する》参照）の疑問でもある。しかし、岩石論者は、いつか必ず岩が転がりだして経済は危機に陥ると言っているだけで、どのような場合に転がりだすか、何も言わない。

日本のＧＤＰは５５０兆円、政府純債務（なぜ純債務かは《２０１８年２月19日　財政赤字はたいしたことではない》参照）は６００兆円である。人々がＧＤＰの約２％、10兆円の国債を余計に売却して買い物をしてくれればＧＤＰがちょうど２％くらい上がってくれるかもしれない。さらに増やして20兆円から30兆円の買い物をしてくれるとちょうどいい具合に物価が上がるかもしれないと私は思う。

岩石論者は、そこで止まらなくなるというのだが、それ以上、何を買うのだろうか。また、景気の拡大で名目ＧＤＰが増加すれば税収が増加し、財政赤字も縮小する（《２０１８年４月14日　リフレ政策が財政再建に役立っていることを認めない財政学者たち》の図６－１参照）。岩石論者には、具体的なイメージを語っていただきたいとお願いしているのだが、彼らは何も答えない（《２０２０年３月９日　齊藤誠教授は、物価が一挙に上がると主張》参照）。

６月24日（月）欧州中央銀行総裁人事

フランスのマクロン大統領は、６月21日の記者会見で、欧州中央銀行（ＥＣＢ）の次期総裁候補の一人と目されるワイトマン独連銀（連邦銀行）総裁が、今になってＥＣＢの債券買い入れプログラム（ＯＭＴ：Outright Monetary Transactions）を支持する姿勢を示したことに関連して、「ワイトマン氏が素晴らしいＥＣＢ総裁になるかどうか」と聞かれたマクロン氏は、「ドラギ氏の決定とＯＭＴに強く異議を唱えていた（ＥＣＢ）メンバー（ワイトマン氏のこと）が、遅ればせながらも積極的に賛成に回ったのは非常に喜ばしい。つまり我々全員は善性を持っており、よりよい人間になれるという意味だと思う。だから人間性に関して楽観的になるべきだといういくつかの理由があるわけだ」と語り、会場の笑いを誘ったとのことである。

ワイトマン氏は、中央銀行関係者のなかでは有名なタカ派で、ロイターはその間の事情を「ワイトマン氏は19日、ドラギＥＣＢ総裁の後継レースで少しでも有利な立場を確保しようという狙いから、ＥＣＢがユーロ圏危機の際に打ち出したＯＭＴへの反対論を撤回した模様だ。ワイトマン氏はかつて、ＯＭＴは財政ファイナンスだとしてＥＣＢ理事会でただ一人反対し、２０１３年にはドイツの裁判所で開かれたこの問題に関する審理では、ＥＣＢに不利な証言を行った」と解説している（「仏大統領、債券買い入れ今さら支持の独連銀総裁に痛烈な皮肉」ロイター、２０１９年６月24日）。

東京にいる大使館や中銀事務所の方に、私が、これに関し、「ワイトマン独連銀総裁は最近考え方を変えていますね。ＥＣＢ総裁になりたいんでしょうか」と聞いたら、彼らは、「いや、ワイトマン総裁は、政策の急変を嫌っている。中央銀行の政策は少しずつ進めなければならないことは、あなたもよくご存じでしょう」と答えた。少し前に、ある金融関係者が、「ワイトマンは重みのない男」と言ったことを思い出した。ドイツ的重厚さが感じられない、とのことである。この関係者には、見事な人間観察眼があったということだ。

7月18日（木）

ケルトン教授、ＭＭＴについて語る

ＭＭＴ（Modern Monetary Theory、現代貨幣理論）というアメリカの異端の学説が２０１８年の末頃から日本で話題に上るようになった。きっかけは、２０１８年11月、29歳で当選し、女性として史上最年少の下院議員となったアレクサンドリア・オカシオ＝コルテス氏（民主党）がＭＭＴを支持したことだと思う。さらに、ニューヨーク州立大学のステファニー・ケルトン教授が「日本は政府債務が大きいのに低物価、低金利のままです。ＭＭＴの主張の正しさを証明している」と発言した（これはケルトン教授の持論で、もっと前にも同じ発言をしているはずだが、文献としては、「ＭＭＴの正しさを日本が証明」〔ダイヤモンド・オンライン、２０１９年7月22日〕しか見出すことができなかった）ことで、日本でもＭＭＴへの関心が一挙に高まった。渦中の人物となったケルトン教授が来日し、7月18日のセミナー（後述）はじめ多くの講演、インタビューをこなして帰っていった。

ＭＭＴとは、政府が自国通貨建ての国債をいくら発行しようとも、政府は自らお金を発行して返せるので、政府が返済不能になったり、財政破綻したりすることはないと主張するものだ（詳しくは野口［2019］参照）。この主張自体は正しい。国債を保有している人が政府の返済能力が心配になって、返してくれと言えば、政府（実際には中央銀行だが、いざとなれば政府は中央銀行を支配できる）はお札を刷って返すだけである。国債も紙幣も政府（および中央銀行）が発行しているもので、国債という政府の借金を紙幣という政府の別の借金に置き換えるだけだから、財政破綻は起こりえない。しかし、紙幣に対する信認が崩れればインフレになる。つまり、自国通貨建て国債しか発行していない政府が債務不履行（デフォルト）になることはないが、インフレになるというのがMMTである。これ自体、MMTの独自の考えではなく、当たり前の経済学、むしろ常識と言うべきものである。

債務がドルなどの外国通貨建てであれば、政府も債務不履行になる。実際、中南米の国は何度も債務不履行を起こしている。政府は外国の紙幣を刷ることはできないからである。刷れば偽札造りになってしまう。

通常の金融理論では、インフレになりそうであれば、中央銀行が金利を引き上げるなど金融を引き締めて物価をコントロールする。それで不足であれば、財政面からの引き締めが必要になるだけである。

MMTは雇用保証計画で物価をコントロールする

MMTは貨幣理論と言いながら、金融政策の効果を否定している。ではどうやって物価をコントロールするかと言えば、財政支出を削減して物価を抑えるのだという。そう簡単に財政支出をコントロールできるのか、という問いに答えるのが雇用保証計画（ＪＧＰ：Job Guaranty Program）である。

雇用保証計画とは何かと言えば、政府がすべての失業者を最低賃金で雇い、公共事業や国立公園等で働かせ、失業を解消するというものである。景気がよくなれば、最低賃金で雇われていた人々がより高い賃金の仕事に移り、財政赤字が縮小する。景気が悪化すれば政府の雇用プログラムに戻る人が増える。このようなメカニズムを通して、物価を安定的に保つことができるというのである。

政府が直接人々を雇用して、それを通じて物価をコントロールするということになるわけだから、大規模に政府が人を雇うことになる。これは社会主義である。『ヘリコプターマネー』（井上智洋［2016］）という著書もある駒澤大学の井上智洋准教授が、７月18日のケルトン教授のセミナーに参加して、「自分は力もないし、重いものも持てないので公共事業には向かない。どうしたらよいか」と質問したら、ケルトン教授は「だったらあなたは司書になって図書の整理をしたらどう？」と答えたとのことである。雇用保証計画とは政府が人々の働く場所を決める社会主義である。

ケルトン教授は、京都大学、立命館大学、「経済学１０１」（経済学に基づいた分析や論説のオンライン提供を目的に設立された団体）、自民党、藤井聡《さとし》京都大学教授の京都大学レジリエンス実践ユニット、経済評論家の三橋《みつはし》貴明氏の「三橋ＴＶ」などに招待された。ところが、これらの主催者のなかに日本の右翼がいると、The Modern Money NetworkというＭＭＴを支援する団体から批判を受け、ケルトン教授が同ネットワークに謝罪したという顚末がある（The Modern Money Network, “Statement on Kelton Visit to Japan,” ２０１９年９月12日、https://www.youtube.com/channel/UCza7gpgd6heRb8rH4oEBZfA）。

ＭＭＴは経済学というより、社会運動ではないかという気がしてしまう。ＭＭＴ理論の教科書であるレイ［2019］を書評したシグマ・キャピタル株式会社チーフ・エコノミストの田代秀敏氏は、「ＭＭＴは呪詛《じゅそ》であるという気がした」と私に言った。同じ主張が繰り返し繰り返しなされているからである（田代氏の『週刊エコノミスト』２０１９年11月1日号の書評では、呪詛などという言葉は使わず、中立的に紹介している）。

財政政策の重要性は多くの正統派が主張していること

そもそも、金融政策の効果を高めるためにも財政政策が重要だというのは、多くの主流派経済学者が主張していることである。《２０１６年12月９日　物価水準の財政理論》の「岩田副総裁も財政政策を強調するようになっていた」でも述べたように、岩田規久男前副総裁の主張でもある。

海外でも、バーナンキ元ＦＲＢ議長が、２０１７年５月24日の日銀主催の国際カンファレンスで、「（デフレ完全脱却のために採りうる手段として）もっとも有望なのは金融政策と財政政策のより明示的な協調だ。中央銀行が与えられた責務を達成するという明確な目的のために財政当局と協調することは、中央銀行の独立性を脅かすものではない」と述べている（バーナンキ［2017］）。

２０１９年１月の米国経済学会年次総会の会長講演で、オリビエ・ブランシャール元ＩＭＦチーフエコノミストは、「経済成長率より金利が低いとき、政府債務は大きな問題ではない。……米国ではこれまで金利が経済成長率よりも低いことは通常の状態であり、そのような環境が続けば将来に増税をすることなく、債務をロールオーバー（借換え）しながら政府債務残高のＧＤＰ比を減らしていくことが可能だ。金利が成長率よりも低ければ、債務コストは大きな問題にはならない。また、モデルによると債務の増加は資本蓄積を減少させるため、経済厚生に影響を与える可能性があるが、そのコストは大きくないかもしれない」と述べている（Blanchard［2019］）。日本についてこれを分析した、ブランシャール・田代［2019］もある。

7月22日（月）　全国に４００以上の手作業の手形交換所がある

全国に４００以上の手作業の手形交換所があると日銀高官から聞いた（全国銀行協会「全国の手形交換所等一覧」、https://www.zenginkyo.or.jp/abstract/clearing/ 参照）。これで各地の銀行協会が維持されている。銀行間の決済はオンライン化しているので、各地の手形交換所は決済尻の払い受けや不渡り情報の共有といった機能を担っているとのことだが、ネットの時代に何をしているのだろうか。

もちろん、金融庁や全銀協も何もしていないわけではなく、「手形・小切手機能の電子化に関する検討会報告書」（全国銀行協会、２０１８年12月）で、「5年間で約6割が電子的な方法に移行」という中間目標を設定している。これにより、２０１８年の全国手形交換枚数５１３７万枚を２０２３年までに約２５４６万枚に削減しようとしているとのことである。しかし、手形交換所があるから、全国の金融機関の協会組織が維持されているわけで、これをなくせば組織もなくなる。銀行に雇われているエコノミストが経済の効率を云々するのはおこがましいとしか言いようがない。

7月26日（金）フォワードガイダンスの変更を年中行事にするのはカッコ悪い

日銀高官との雑談のついでに、「フォワードガイダンスの変更を年中行事にするのはカッコ悪いのではないか」と言った。《2019年4月25日　当分の間とは、少なくとも2020年度の春頃までのこと》に書いたことだが、同日の金融政策決定会合の後で、「少なくとも2020年春頃まで、現在のきわめて低い長短金利の水準を維持することを想定している」とフォワードガイダンスが修正された。しかし、この時点で景気動向は今一つだった。消費税増税は2019年の10月だから、2014年の経験からすれば、そろそろ駆け込み需要があってもよい。しかし、そのような動きは見られなかった。しばらくして、駆け込み需要自体がなく、その反動だけがあるのではないかという議論も見られるようになった（小池［2019］）。

消費税増税で10～12月期の消費がマイナスになることは確実で、2020年初からの回復が強いものになるという根拠もないなかでは（当時は、もちろん、コロナ不況など考えてもみなかった）、「2020年春頃まで」という文言は修正しないといけなくなる。年中行事のように、2020年秋頃までとか21年春頃までとか修正していくのは格好悪いのではないか、ということだ。高官の賛同は得られたように思う。

8月5日（月）銀行の人事部は、専門的なことを聞いてはいけない

銀行の経営が苦しいのは貸出以上に預金を集めてしまうからだと書いてきた。特に地銀がそうである。貸出と預金の差額は債券や証券で運用するしかないが、国債はリスクのない資産であり金利は安い。通常の債券は潰れることはないと思われている企業が発行するもので、やはり金利は安い。リスクのある債券を買えば金利は高くなるが、時々損失を計上する羽目になる。ならば、預金を減らすのはよいことだと私は思うのだが、預金を減らすことを銀行は不安に思っているようである。自行が預金を減らしても他行の預金は減らない。増えるかもしれない。預金が集まれば貸出攻勢をかけて来る。競争で貸出金利は下がってしまう、と考えているようだ。

リスクを避けて儲けるため、預金を集める代わりに、手数料の高い株式投信を売っている。しかし、日銀に対して、なんとか金利を上げてくれと言っているのに株式投信を売るのは利益相反である。中途半端な景気回復で金利を上げれば株価が下がってしまうからだ。顧客に損をさせても儲けようという経営では、若い人は集まらない。地銀からの人材流出はむしろよいことだと私は思うが、地銀の経営者は、「持続可能な地域経済のために尽力しているのに人材流出は困る」と言う。しかしそれなら、役に立つ人、賃金以上に利益（できれば銀行の利益だけでなく地域の利益も）をもたらしている人の賃金を上げて残ってもらうようにすればよいのではないか。

私は、行員のうち誰が長期的に、本当の意味で、賃金以上に稼いでいるのか、地銀の経営者はわかっていないのだと思う。官僚的人事管理に慣れ、銀行がどのように利益を上げているのか、将来上げていけるのかを深く考えない経営者の下で、行員の役割、処遇、昇進について、実は何も考えていないのではないか。であれば、誰が賃金以上に稼いでいるのかがわからなくても仕方がない。

メガ出身で現在外資系証券会社にいる人から後に聞いたことだが、「銀行の人事部にはマニュアルがあって、人事部は他の部署の人にインタビューするときに、専門的なことを聞いてはいけない、と書いてある。何も知らないことがわかってしまえば、権力を失うからだ」という。彼は、このマニュアルを見て、外資への転職を決断したそうだ。

9月17日（火）　ECBの包括緩和をワイトマンが批判

2014年9月12日、欧州中央銀行（ECB）は金利を現行のマイナス0・4%からマイナス0・5%に引き下げ、債券買い入れの再開、長期資金供給オペ（TLTRO）の条件緩和などの包括的な緩和措置を打ち出した。これに対し、ドイツ連銀ワイトマン総裁は、「これほどの包括的な緩和策が必要なほど景気は悪化していないにもかかわらずECBは過度な刺激策を打ち出した。……利上げの遅延を食い止めることを目指す」と述べたという（時事通信、2019年9月14日）。ECB総裁の芽がなくなって、本来のタカ派的発言を繰り返すことになったのだろう（その後、10月18日、ECB総裁にはIMF専務理事のクリスティーヌ・ラガルド氏が正式に選任された）。

9月26日（木）　まず休眠口座から手数料を取ればよい

マイナス金利政策に関連して、預金口座維持手数料が議論されるが、両者は本来関係ないものである。口座維持に費用がかかるなら、それは取るべきであるし、預金が利益を生むなら、その一部は預金者に返すものである。これまで口座手数料を取らなかったのは、支払うべき金利を低くしていたか、振込などさまざまな手数料を高くしていたか、いずれにしろ他の預金者を犠牲にしていたからである。

この日、中小金融機関の方とお話しする機会があったとき、「預金口座に手数料を取ることに逡《しゅん》巡《じゅん》されているようだが、まず、休眠口座から手数料をとったらよいではないか。休眠口座なら、預金者から文句を言われることもない」と言うと賛同を得られた。ところが、政府と協力して休眠預金等活用法（２０１８年1月1日施行）という法律まで作っている。指定活用団体というのがあって、天下り団体にもなっているのではないか。銀行業界とは、まことに不思議なことばかりしているものと私は思う。

後に、太田純《じゅん》三井住友フィナンシャルグループ社長は、「口座維持手数料に慎重」というインタビュー記事で、振込手数料が高い要因として口座手数料を取らないことを挙げている（『毎日新聞』２０１９年12月18日）。

10月2日（水）～9日（水）　イギリス出張――低金利の要因は難しい

２０１９年10月2日から9日までイギリス（エディンバラ、ロンドン）に出張する機会を得た。低金利の要因を多くのエコノミストに聞いてきたが、実質低金利の要因として、バーゼル規制に伴う銀行の国債需要、人口の高齢化による安全な貯蓄手段の需要の高まりが大きいと指摘された。

また、かつて中国の経常収支黒字が世界的低金利を生んでいるという説もあった（経常収支が黒字とは海外にお金を貸していることを意味し、中国から海外への貸出が増えたから先進国の金利が下がったという説。Bernanke［2005］）。ところが、現在、中国の経常収支が減少し、赤字になるのではないかという説もある。しかし、金利は一向に上昇せず、むしろ低下している。私は、だんだんと、安全資産への需要の高まりが、実質低金利の主因ではないかと思うようになってきた。

これらはいずれも、名目金利が名目GDPの成長率以上に低下したことの理由であるが、金利と物価のダイナミズム（《2018年7月16日　市場との対話とは何か》の「短期金利を上げても長期金利が上がるとは限らない」参照）を理解していないエコノミストが、日本だけでなくイギリスにもいることは意外だった。彼らは、「世界的な（名目の）低金利は金融緩和の帰結と見ている」という。金不十分な金融緩和がデフレをもたらし、デフレが名目の低金利をもたらしたとは考えていない。金利と物価のダイナミズムを理解しないと、早期に金融緩和を行っていたイギリスとアメリカの名目金利がヨーロッパ大陸や日本より高いことが理解できない。

その後、2020年7月28日に、イギリスの『フィナンシャルタイムズ』紙が、金利と物価のダイナミズムを解説する論説を掲載していた（私の説明より明晰《めいせき》かもしれない）。なるほど、英米のエコノミストもこのメカニズムを理解していないのだと納得した（この論説は『日経』にも掲載された〔ハーディング［2020］〕）。日本のエコノミストも経済学者も、この論説を熟読玩味してほしい。

一方、低金利がゾンビ企業を延命させているという議論が根強いのにはがっかりした。QQEがもたらした人手不足、賃金上昇圧力はゾンビ企業を退出させている。高金利で退出圧力を高めれば不況と雇用問題を引き起こすが、人手不足はそのような問題を起こさないことが理解されていない（《2017年8月2日　布野委員は、金融緩和と構造改革は協力すべきものと考えている》など参照）。

日本はインフレ目標でよい方向に向かっている

マイナス金利の社会的受容性についての議論もあった。低金利、マイナス金利に対する金融機関の反発はイギリスでも強い。英中央銀行のイングランド銀行（BOE）もマイナス金利は英国では生産的でないとしている。日銀のETF買いには総じて批判的だった。

イギリス、ヨーロッパ大陸でも、財政支出に期待する意見があり、温暖化防止投資が公共投資拡大の制約を取り除くのではないかという議論もあるが、大きくは期待できないとのことである。

私としては、イギリスの交通インフラ――鉄道、道路、空港、空港へのアクセス、駅のバリアフリーの貧弱さ――を見ると、有益な公共投資対象は多いように感じた。ロンドン都心から高速道路への距離は遠い。都心からすぐに高速道路に乗れる日本の首都高速と、東西南北に路線がつながる中央駅（東京駅）は日本の大発明とあらためて思う。ロンドンには「ロンドン駅」はなく、東西南北に向かうにはそれぞれ別の駅に行き、駅間は地下鉄に乗り換えなければ移動できない。

BOEの高官から、「日本ではインフレ目標や金融政策がうまくいっていないとの指摘もあるが、雇用環境は改善しており、インフレ率もゆっくりと上昇し、全体としてよい方向に向かっている」という発言があった。私がかねて主張していることでもあり、非常に心強かった。

ブレグジットを理解する

ブレグジット（Brexit）を理解するために、訪問先の経営者の言葉が有益だった。「移民が問題だと言われるが、過去10年間の英国への移民は東欧が中心であり、英国には適応しやすい人たちだったはずである。しかも、母国の発展により、現在は移民の、東欧諸国にとっては大量流出、英国にとっては大量流入は起きていない。にもかかわらず、政治家は移民を含む多くの問題をEUのせいだと説明してきた。こうしたことが20年近くなされつづけてきた帰結が、ブレグジットの国民投票結果だった。英国では、議会では保守党と労働党が対立する一方、市民社会や官僚機構は冷静・穏健な行動をとることでチェックアンドバランスの機能を備えていた。英国は代議制民主主義の国であるにもかかわらず、ブレグジットという国民が熱しやすいテーマについて直接意見を問う形式を選んでしまった。この結果、政治的な主張が2極化し、議会運営が難しくなった。こうした対立の構図を修正するには、長い年月を要するだろう」とのことだった。

かなり前に、EU在日事務所の人が「ブレグジットはイギリスの問題でEUの問題ではない」と言っていたことを思い出した。また、BOE高官は、「米中摩擦とブレグジットとどちらが難しいかと言えば、ブレグジットだ。何をしたいかわからないからだ」と述べた由である。具体的な思考を突き詰めて抽象的な理論に結実させるというイギリスの知性が劣化している気がする。

アダム・スミスの家で講演する

エディンバラでは、アジア・スコットランド協会のご厚意により、パンミュア・ハウス（アダム・スミスの住んでいた家）で講演をさせていただいたことは嬉しかった。ロンドンでは、ビル・エモット氏（元英『エコノミスト』誌編集長）の司会で、ジャパン・ソサエティ（日本協会）で講演した。演題は、どちらも、「量的・質的金融政策の効果、低金利、銀行経営」である。QQEは経済を回復させているが、物価も金利も上がらず、銀行は不満を持っている。しかし、現在の政策を続けていくことで、物価上昇、続いて金利の上昇も期待できる、というものだ（内容は、原田

［2019.12］とHarada［2020］を組み合わせたもの）。

　質問は、日本のエコノミストがするような質問、金融緩和を長期に続けて行くと日銀の財務に悪影響を与えるのではないか、人口減少では金融政策が難しい、労働人口が減っているのになぜ賃金が上昇しないのか、低金利はゾンビ企業を作るのではないか、などという質問が多かった。これらの問いについては、すでに本書のなかで答えを書いている。

　なお、「銀行預金がそこまで増えていることには驚いた。政府は企業や家計に投資を働きかけているのか」という質問もあった。私は、「企業は多額の現預金を保有しており、政府の投資促進も道半ば。日本の企業や家計は、1990年以降の株式バブルの崩壊で大きな損失を被り、その後もデフレ下で株価が低迷していることが背景にある。政府は、デフレと株価が強く関係していることを強く認識すべきだった」と答えた。

10月11日（金）　儲からない仕事なら止めればよい

　日銀高官との雑談で、「銀行が儲からないというが、儲からない仕事なら止めればよいというのが私の考えである。経済社会が変わって、なくなった仕事などいくらでもある。お客がいないなら店を閉めるしかない。地方には（東京にも）シャッター通り商店街がいくらでもある。地方の金融機関はそこにお金を貸していたはずである。お店というお客がいなくなったのに、金融機関が過去と同じように存続することは不可能である。銀行に雇われているエコノミストが、構造改革——経済社会変化に合わせて企業が変わること——が必要だというのは矛盾している。変わらなければならないのは銀行である」と言った。日銀高官は、「そうは言ってもね」というふうであった。

もちろん、合併し、店舗や人員を減らすのがいかに大変か、という話はさまざまに聞く。2行が合併して2倍になる役員を1・5倍にするのも大変。支店を閉めれば行員も地域社会も反対する。しかし、儲からなくなれば、どの企業でもリストラするしかない。

銀行のエコノミストが、「どんな企業でも倒産は悲惨だから、倒産させるべきではない」と言うならわかる。しかし、彼らは、「低金利で銀行は困っている。低金利は低生産企業を甘やかし、ゾンビ企業を温存させている」などと言う。矛盾に気が付いているのだろうか。

10月20日（日）回復は後ずれしていた

世界経済の回復は後ずれしていた。IMFの2020年回復シナリオは、米、中はそのままで、メキシコ、ブラジル、インド、トルコなど経済が悪化した新興国がノーマルになり、欧州が回復というシナリオで全世界が回復するというものだった。アメリカ、中国、欧州が力強く回復して全世界が回復するというものではなかった。そのなかでECBもFRBも金融緩和方向を維持していた。

日本を見ると、消費は消費税増税の後で当然低迷しているようだった（10月のデータはまだわからなかった）。民間設備投資はまだ伸びていたが、投資を途中で止めるコストと続けるコストの綱引きで伸びているだけで、需要の増大に備えた力強い投資があるわけではなかった。投資の先行指標（機械受注、建築着工）を見ても頭打ちの状況にあった。なんらかの対応が必要とされていると私は考えていた。

10月31日（木）

政策金利のガイダンスが「2020年春頃まで」から「モメンタム」基準へ

金融政策決定会合（10月30～31日）では、金利操作のフォワードガイダンスが、「『物価安定の目標』に向けたモメンタムが損なわれる惧《おそ》れに注意が必要な間、現在の長短金利の水準、または、それを下回る水準で推移することを想定している」と変更された。

それ以前の、「少なくとも2020年春頃まで」というカレンダーベースの基準が削除された。これで、私が危惧《きぐ》していた、年中行事のようにフォワードガイダンスを変えるという事態は免れることになった。

私は、《2018年7月16日　市場との対話とは何か》の「カレンダーベースで金利の先行きは示せない」で書いたように、カレンダーベースではなく、データに基づいたフォワードガイダンスを求めていた。「『物価安定の目標』に向けたモメンタムが損なわれる惧れに注意が必要な間」とはいかにも曖昧な感じがする。物価目標との関係がより明確になるデータ依存のガイダンスにすべきであったが、一歩前進ではあるので、賛同することにした。

10月31日（木）夜

日本の債券市場は世界一アクティブ

金融政策決定会合が終わった日に、ちょうど、ドイツ連銀東京事務所所長交代のパーティがあり、そこで米系金融機関の方々と話す機会があった。日銀の金融政策は通常は評判が悪いのだが、日本債券担当の若い女性は、「日本の債券市場は世界一アクティブだ。日銀が次々と新政策を打ち出すので市場が活性化する」という。

ここにドイツの金融機関の方も参加した。以下、やりとりを紹介する。

私「ECBは北と南の中間で都合よくなるようにやらないと南に大量の失業者をつくる。ドイツでは評判がよくないようだが、ドラギECB総裁のように緩和を続けるしかない」

ドイツ人「ECBの役割は物価の安定で雇用ではない」

私「しかし、物価は2%に行っていないし、近くもない」

ドイツ人「物価上昇率1・5%は十分2%に近い。物価は人口に依存する。マネーを増やせば物価が上がるというマネタリスト的な考えは誤りだ。バランスシートを拡大しても物価は上がらない。物価の要因は複雑である。物価が人口に大きく作用されるという白川前総裁は正しい（白川前総裁の人口インフレ論については《2018年12月9日　白川総裁の過去の人口減少デフレ論》参照）」

私「第1次世界大戦後、ドイツの人口は増加していなかったが、数十億%のインフレが起きた。人口は上下1%しか動かないが、物価はいくらでも動く。日本の場合、確かに、マネタリーベースを30%も増やしたのに物価は1%しか上がっていない。しかし、失業率は低下し、若者の職探しは楽になり、若者が自民党を支持している。野党はそれが気に入らなくて、日銀を非難しているが、詮ないことだ」

米系外資「野党は愚かだ」

私「現在の野党は、2009年に権力を握ったのだから、そのときに大胆な金融緩和すればよかった。ドイツの景気も悪いのだから、今こそドイツのために緩和すべきだ」
ドイツ人「連銀は景気を考えない。アメリカ式の物価と雇用の両方に責任をもつというデュアルマンデート（2重の目標）論は間違い。物価だけに責任を持つべきだ」
私「景気が悪いから右翼のＡｆＤ（ドイツのための選択肢）が伸びている。ドイツの民主主義にとって危険ではないか」
ドイツ人「それは政治が考えるべきことだ」
私「しかし、ＥＣＢは景気を動かす力を持っている。それは政治にも影響を与える」
一部のドイツ人の頑固さは、大変なものがある。米系外資は、この間、私の発言を応援してくれた。彼らは、儲かる限りは正統派経済学の味方をしてくれる。ただし、米系でも、銀行が主体の金融機関は、「金利が下がって、高齢者は金利がないと嘆いている」と言う。私は、「金利は実質で考えるべきだ。デフレにより、実質で考えれば預金の価値は維持されている」と答えたが、多くの人は、金利を名目で考えて実質では考えないようだ。そのためにも物価が上がり、金利が上がることを望むが、物価は上がらず、したがって金利も上がらないままなのは残念である。
このパーティには、日本のメガ銀行の経営者も参加していたが、この日（10月31日）の金融政策決定会合で日銀がマイナス金利の深掘りをしなかったことを喜んでいた由である。マイナス金利でも外資系証券会社の若い女性が儲けているのに、なぜ日本のよいおじさんが儲けられないのか残念である。

11月1日（金）　ドイツは、安定的な実質実効為替レートを維持できたことにより、デフレと実質成長率の低下を免れた

11月1日の『日経』では、マーティン・ウルフ氏（フィナンシャル・タイムズ〔FT〕チーフ・エコノミクス・コメンテーター）のFT論説が翻訳されていた。ドイツはユーロ圏に属していたので実質実効為替レートは安定的だった。一方、日本は変動が激しく、また増価基調だった。ドイツは、安定的な実質実効為替レートを維持できたことにより、デフレと実質成長率の低下を免れたというのである。

これが、ドイツが意図していたことか偶然かが、リフレ派のエコノミストのなかで話題になったが、私には偶然と思える。前日のパーティでのドイツ人の発言に見えるように、ドイツ連銀は、ワイトマン総裁のような引き締め的な金融政策を好む。大胆な金融緩和政策を押し進めたマリオ・ドラギECB総裁（2011年11月1日〜2019年10月31日）ではなく、ドイツ的金融政策を行う総裁であったなら、結果として南欧経済の崩壊（ドイツの外需も減少する）と実質実効為替レートの上昇によって、ドイツの実質成長率も低下しただろうと思うからだ。

11月4日（月休）　非資金収益の拡大は絵空事

日銀や金融庁の文書には、よく、銀行業も、貸出業務では儲からないから非資金収益を拡大する

ことが重要だなどと書いてあるが、私は絵空事だと思う。下位地銀でも1兆円の預金を持っている。この利鞘がかつて1％あったのだから、100億円の利益があった。コンサルティングで100億円なんて儲かるわけがない。深尾光洋氏が書いていたように（《2019年5月20日　地銀は店舗も人員も5分の1でよい》参照）、リスキーで手数料の高い投信を売れば100億単位の利益が上がるかもしれないが、それは社会的指弾を浴びて、いずれできなくなるビジネスである（高齢者への不正販売が大問題となったかんぽ生命を見れば明らかだ）。送金やコンピュータソフト以外のコンサルで何億も儲かるわけがない。地銀のコンサルのソリューション事業で得ている金額は、せいぜい数千万円のレベルのようである。

少なからぬ金融関係者も、「非金利収入なんて無理、銀行は縮小して皆一緒になるしかない。わざわざ地銀を2つに分けて、第1、第2地銀と区別をするなんてとんでもない。地銀に信金、信組も合わせて10行ぐらいにするしかない」と言う。

11月10日（日）　正しく発音できて初めて正しく聞き取れる？

大学時代からの友人のお嬢様の結婚式で隣に座った方が、文科省の高官だった。ちょうど、英語外部試験の採用が取り止めになったときだったので、「読み書き聞く話すの4技能の英語テストは大変ですね。でも、話すのは英作文と同じですから、話す技能のテストはいらないんじゃないですか。このテストは採点が難しく、コストがかかって大変ですから」と言うと、この高官は、「正しく発音できて初めて正しく聞き取れる」と言う。そこで私が「でも、聞き取りのテストはするんですから、正しい発音のテストは要らないでしょ」と言うと、何も答えられなかった。役人の決める政策など、この程度のことで決まっている。

同じテーブルには、自民党衆議院議員で議院運営委員会の理事がいた。議院運営委員会とは、国会の日程や出席者を決める委員会である。私が何も言っていないのに、「黒田総裁を何度も国会にお呼び立てして申しわけない」といきなり謝っていただいた。腰が低いことに恐縮する。恐縮するが、金融政策に関する半期報告というものがあって、毎年6月と12月に報告を提出して衆議院の財務金融委員会と参議院の財政金融委員会で議論することになっている。

年2回で足りなければ年4回とか月に1回くらい呼んでもよいと思うが、予定をあらかじめセットすることが大事だ。これが働き方改革だと思う。企業で、いきなり部下に新たな仕事を振ったり、取引先に無理なスケジュールで注文することがあるが、こういうことをしているから時短ができず、時間当たりの生産物が増加しないのである。

11月15日（金）　どうしたら日本の左派は金融緩和に賛成するようになるのか

浜田宏一先生を囲む勉強会で、私が早稲田大学にいたときの大学院生だった安中進氏が、興味深い報告をしてくれた。以下、原著者の用心深い議論の進め方とはやや異なるが、私の理解したところを紹介する。

本書でも何回か書いてきたが、金融緩和政策においては、欧米では緩和拡大に左派が積極的で右派が消極的である傾向がみられる一方で、日本では左派が緩和拡大に反対する動きが根強い。これはなぜか、というのが安中氏の問題意識である。

安中氏のアンケート調査によると、「左派有権者が金融緩和に反対、右派有権者が金融緩和に賛同するという傾向は変わらないが、金融緩和が失業率を低下させて貧困を削減することと、欧米の経済学者が金融緩和政策を支持していることを説明した後には、左派有権者が右派有権者と同じかそれ以上に金融緩和を支持する傾向が見られた」というのである。ただし、金融緩和政策が貧困を削減するというだけでは、左派有権者は金融政策を支持するようにはならなかった。すなわち、左派有権者は貧困の削減にあまり関心がなく、欧米の学者の支持があって初めて金融緩和に賛同するというのである。

左派が外国の学者に弱いというのは直感的にも納得のいくことであったので、これで勉強会は盛り上がった。また、左派有権者が実は貧困の削減に大して興味がないということは意外ではあるが、世界の左派に共通であるということで、これも盛り上がった（これについては吉松［2019］『労働者の味方をやめた世界の左派政党』参照）。また、左派を権利と機会の平等を重視する人々と捉えた場合には金融緩和賛成となるが、左派を安全保障の面から反米、親中露派と捉えた場合には金融緩和賛成とならないというのである（加藤言人・安中［2020］）。

この結果は、左派有権者の金融緩和嫌いも説得によって解消する、説得において金融緩和が貧困を減少させること、欧米の経済学者が金融緩和を支持していることを強調すべきだということだから、大いに勇気づけられた。これに関連して、前にも書いたが、浜田先生の金融緩和についての欧米の一流経済学者へのインタビュー集の発刊が待ち望まれる。このインタビューによると、ほとんどの学者が金融緩和政策を支持しているのである（浜田［2021］）。

浜田先生から、左派有権者だけでなく、日本の学者が反金融緩和政策であることに関して、「私が、外国の高名な学者の言うことを鵜呑《うの》みにするな、と教育したのがいけなかったからか」というコメントがあった。私は、日本の学者のリフレ嫌いに参っていたので、安中氏の報告も、浜田先生の言葉も印象的だった。

11月16日（土）

日本経済政策学会での講演
——低金利と付利の問題点を説明する

日本経済政策学会第18回国際大会（於中央大学多摩キャンパス、2019年11月16日）で講演する機会を与えられた。内容は、「日本銀行は、2%のインフレ目標達成を目指して、大胆な金融緩和政策を行い、経済は好転した。しかし、物価の上昇が遅れていることから、金利は上がらず、金融機関の不満は高まっている。物価も金利も上昇が遅れているのはなぜか」ということを議論したものだ（報告はHarada［2021］）。

特に、金利が上がらない理由に重点を置いたが、それについては①名目成長率が低下したことによって金利が低下したこと、②それ以上に何らかの理由で低下したこと、の2つに分けて説明するのがわかりやすいだろう。

名目成長率の低下で金利が下がるのは、物価が下がり、実質成長率が下がれば金利も低下するということだからほとんど自明であろう。先進国の金利は名目成長率の低下とともに低下してきた。ところが、②2010年以降、10年物金利で見ても、名目成長率以上に金利が低下するようになった（短期の金利であればもっと前から）。その理由として、投資需要以上に貯蓄が供給されるようになったことが挙げられる。すなわち、高齢化の途上では貯蓄率が高まる、格差が拡大して貯蓄率の高い富裕層が増える、投資財価格の下落、巨大ＩＴ企業の利益率の高さと余資の大きさ、公共投資の低下、安全資産の不足、財政状況の改善などの理由が指摘されている。

以上述べたことは、銀行に貸出先がなく貸出以上に預金が集まってしまうというのと同じである。余分に集まった預金は、国債で運用するより仕方がない。皆が国債を求めれば、国債という安全資産の不足となり、国債価格の上昇、すなわち、金利の低下をもたらす。要するに、いくらでも国債を吸収できるという「国債愛」の広がる世界が生まれる。であれば、国債を発行するのも悪くないことになる。もちろん、愛が永遠であるかどうかはわからないのだが。

これを書く過程で、日銀が付利をしていることについて、より深く考えることができた（《２０１５年６月12日　付利について考える》も参照）。それについて説明しておきたい。日銀が２００８年10月31日から日銀当座預金のうちの超過準備に０・１％の金利を付与していることについての批判がある。なぜなら、金融政策の本質は金利のある債券を金利のない当座預金と交換することだから、付利は当座預金拡大のポートフォリオ・リバランス効果を弱めることになるからだ。Hayashi［2019］は、「日本銀行は、０・１％の金利を支払うことによって、超過準備を不胎化してしまっている」と指摘している。また、中澤・矢野［2015］も、「超過準備に付利することは売りオペと同じ効果を持つ」と述べている。指摘はもっともだが、付利を廃止することへの金融機関からの抵抗は大きい。

付利がＱＱＥの景気刺激効果を妨げていることは《２０１６年１月29日　金融政策決定会合でマ

イナス金利を決定》でも述べたので、付利が日銀財務を悪化させることについてだけ述べておく。QQEはマネタリーベースを年60兆円から70兆円（２０１４年10月のQQEの拡大では80兆円。ただし、その後の買い入れ額は漸減している）積み上げていくわけだから、年に６００億～８００億円ずつ余計に日銀が金利を払うことになる。付利によって、利払いが際限なく膨らんでしまう。日銀財務を心配しているエコノミストからすれば、付利をもっと問題にしてもよいと思うのだが、彼らは日銀の財務を悪化させて銀行にプレゼントすることについては何も言わない。

11月17日（日）　NHKでアベノミクスを総括——安倍総理の桂太郎超え

１９８０年代末から短命の総理が続いた。２００１年から06年までの小泉純一郎総理で長期政権に戻ったが、その後は、また、短命政権が続いた。ところが、安倍総理は、第１次の短命政権の後、２０１２年12月から長期政権を維持している。２０１９年11月20日には、第１次の任期を合わせると、明治憲法以来の最長政権を率いていた桂太郎の２８８６日、８年弱を超えて、安倍政権が憲政以来の最長政権となる。安倍総理以外の長期政権は、桂太郎、伊藤博文、吉田茂、佐藤栄作、中曽根康弘、小泉純一郎となる。伊藤博文を超える２０１９年６月７日前後から、安倍総理の桂太郎超えが話題になり、安倍総理の功績は何かが話題になるようになった。さらに、２０２０年８月24日には、安倍総理の連続在職日が２７９９日となり、佐藤栄作総理の連続在職日数を超えて最長となった（しかし、８月28日には持病の再発で辞職することを発表し、９月16日総理を辞任、新しく菅義偉総理が就任した）。

総理の功績の経済面だけについて私の感想を述べれば、日銀、財務省、経済学者、エコノミストの反対を押し切って、リフレ政策を行ったことが最大の業績である（アメリカ抜きでＴＰＰ11の締結に持ち込んだことも経済面での大きな業績である）。単に金融を緩和するということがいかに難しかったかは、私が、本書の第1章で書いているとおりである。さらに、実際に始まってからも、リフレ政策に対する反発は止まることがなかった。しかし、結果は、弱いながらも景気と雇用の持続的改善である。それが長期政権維持の大きな要因になっていることは間違いない。金融緩和で長期政権が保てるなら、右から左までのすべての政治家が模倣したい政策になって当然だと思うのだが、そうなっていないのは不思議である。この点に気が付いて実現したことに、失礼な言い方になるかもしれないが、私は総理の非凡さがあると思う。

11月18日（月）　低金利政策の副作用に対する反論

同志社大学の北坂真一教授が、「マイナス金利から脱却　急げ」という論文を『日経』「経済教室」に書いている（北坂［2019］）。アカデミズムの反リフレ論としてまとまっているので、反論を書いておこう。ここには、低金利政策の副作用として、①リバーサル・レート、②新フィッシャー主義、③デフレ期待を生む、という3つのことが書いてある。うち、リバーサル・レート、新フィッシャー主義については、すでに、《２０１９年５月29日　リバーサル・レートは存在するのか》《２０１６年９月30日　金融緩和に反対の経済学者たち③――第３回カナダ銀行・日本銀行共催ワークショップで》で述べたので、③低金利政策がデフレ期待を生むという議論にコメントしておく。

これは、「中央銀行が長期間にわたり金融緩和を続けると、長期間にわたり経済が低迷しデフレから脱却できない（だから金融緩和を続ける）というメッセージになって、人々の経済に対する見方を悲観的にする」というものである。しかし、こう主張する人々は、中央銀行が、物価が上昇すると言っても民間は動かないと言っているのである。なぜ、中央銀行の意図を裏読みして、それが強力な効果があると民間は考えるのだろうか。不思議な議論をするものである。

12月5日（木）　お金を貸すとはどういうことか

大分に出張したときに伺った話である。1970年代半ば、ある石灰石採掘業者が、莫大な借入を申し込んだ。資源のない日本でも石灰石だけはある。小さな採掘業者は無数にあった。しかし、大量に同品質の石灰石を掘るには、小さな設備ではダメで、巨大な機械が入れる道路を山の上まで造らなければならない。造れば、ブラジルやオーストラリアの鉄鉱石や石炭会社のように、巨大なショベルカーで露天掘りができる。資金を貸したのは、銀行ではなく大量の石灰石を製鉄に用いる鉄鋼会社であった。

鉄鋼会社の調査員が、融資の前に、石灰岩の鉱脈が本当にあるかどうか、どこまであるのかを、山に登って調査した。調査員は山のなかでマムシに咬《か》まれ、切り倒した木材を下に降ろす林業用のワイヤーを使って降ろされ、病院に搬送されて命拾いをしたという。お金を貸すために事業性をチェックするということは命がけの仕事なのだ。国債を持っているだけや、十分な担保を取っているだけで、そう簡単に儲かるはずがない。

しばらくして、ある日銀高官から、原田の「銀行はムリ」論（原田［2019.5］、原田［2019.12］参照。その内容の一部は、《2018年11月6日　長期の金融緩和と金融機関経営の関係》にある）は銀行関係者に、マーカーを引いて読まれていると聞いた。銀行関係者から、「日銀の公式見解ではないですね」と問われて、「もちろん、原田審議委員の個人的な考え」と答えているとのことだった。

12月19日（木）　スウェーデン中銀がマイナス金利政策を解除

スウェーデン中央銀行（リクスバンク）が政策金利をマイナス0・25％から0％に引き上げることを決定した。これはマイナス金利政策を採用していた国で最初の、マイナス金利からの脱却ということになり、その意味でも注目されたが、だから日本もという論評がほとんどなかったのはよかったと私は思った。

スウェーデンの消費者物価上昇率は、現状2％に届いていないが、ここ10年、20年の平均を見れば、1％台の後半である。すなわち、日本のようにデフレマインドが定着しているわけではなく、物価は1％台の後半にアンカーされている。また、スウェーデンの家計の負債比率（家計債務÷年間可処分所得）は190％とかなり高くなっていることも懸念されている。

ただし、私は、スウェーデンのマイナス金利からの脱却は早すぎるように思う。同じことは、スウェーデン中銀の6人の政策委員のうち、2人の反対理由でも述べられている（リクスバンク〔Riksbank〕議事要旨〔Minutes of the Monetary Policy Meeting〕、2019年12月）。彼らは、経済が下方局面にあること、現状の物価の基調、インフレ期待の動向、他国中銀との政策の違いが為替レートに大きな影響を及ぼすこと、利上げを待つことで物価が先行き緩やかに上昇していく可能性を高めることなどから、反対した。容易に入手できるデータから見る限り、私は反対の政策委員に共感した。日銀がマイナス金利脱却に向かうときにも、同じような議論が交わされるだろう。ただし、スウェーデンでは移民の流入が低下しているようであり、低賃金労働者の減少が物価を上げることを予想しているのかもしれない。

スウェーデン中銀の金融政策リポート（Monetary Policy Report）のコラムには、低金利は経済における過度なリスクテイクを促す可能性がある、とも書いてある。家計、企業とも貯蓄超過主体である日本にいる私としては、日本の家計、企業には、むしろ積極的にリスクテイクしてほしいと思う。また、マイナス金利が続くと家計の預金にもマイナス金利が適用され、現金需要が増大する可能性があると指摘されている。

日本で2016年1月の金融政策決定会合でマイナス金利政策を採用したときに、私は、スウェーデンの経験を参照したので多少の感慨がある。スウェーデンは、マイナス金利採用後、先進国としては異例の3%成長を実現しており、物価も徐々に上がって1%前後であった。ただし、住宅価格の上昇はバブルではないかとの懸念が持たれていた。私は、当時、日本の資産価格はバブルからほど遠く、マイナス金利政策の成功例としてのスウェーデンに学ぶべく、マイナス金利政策の採用に賛同した。

第8章　コロナショックとQQE——2020年

1月10日（金）　金利0・5%で大学を美しく

大学の先生方と話をする。たびたび書いているように、経済学者でQQEに好意的な人は少ない。しかし、ある教授は「金利0・5%で借りることができるのだから、校舎をきれいにすべきだと提案しているのだが、なかなか理事会を通らない」と言う。確かに、大学にとってきれいな校舎は重要である。アメリカの名門校の重厚な校舎は、それだけで学生を引き付ける力がある。スタンフォード大学の南欧風の美しい校舎もそうだ。日本でも、同志社と関西学院の美しい校舎が、関西4大学（関関同立）のなかで、この2つの大学を上位にしている大きな理由であると思う。明治大学の躍進は、都心に建てた新校舎、リバティタワーと切り離すことはできない。

日本で、アカデミックな高い業績を上げた学者を集めたから大学の評価が上がったとはあまり聞いたことがない。大学の評価を上げるには、スポーツでの活躍と美しい校舎が効果的のようである。

先の教授は、「20億円で金利1000万円、授業料10人分ではないか（もちろん、減価償却は考えなくてはいけない）」と言う。大学の卒業生も就職という面でQQEの恩恵を受けているのだが、大学の経営でも低金利の恩恵を享受する方策があるということだ。

1月15日（水）　地銀の頭取から真実の言葉を聞いた

地銀協の賀詞交歓会で、麻生副総理兼財務相・金融担当相が挨拶をされた。「大蔵省と金融庁は強制離婚させられたが、私は大臣として両方を兼ねている。こうして見ると女性がいない。財務省でも3割は女性だ（会場にはわずかだが女性がいたが、それは記者だけだった。証券界やメガバンクの集まりでは、女性は少しはいる）。自分のひい爺さんが信金を作っているが、そのときから、資産ではなく人を見て金を貸せ、と言っている。お金のある人に安い金利で、ない人に高い金利で貸せば、お金のある人はますます豊かに、ない人はますます貧しくなる」と言った。

地銀頭取の方に、「資産ではなく人を見て金を貸せ、とは大昔から言われていたことなんですね」と話しかけると、「人は変わる。だから、人では金を貸せない」と答えた。誠実そうに、あるいは、起業家的能力に満ちているように見える人でも、場合によってはすぐ変わるというのだろう。地銀の方から、綺麗《きれい》ごとでも薄っぺらでも愚痴でもない、真実の言葉を初めて聞いた。

1月17日（金）　消費税増税後の景気は回復に向かうのか

昨年10月の消費税増税後、景気は低下した。1月の景気情勢の見方のポイントは、その後の景気がなんとか回復に向かうかどうかだった。このとき、世界経済は、ＩＴサイクルの好転、米中協議の進展などから、下げ止まり、持ち直しつつあると見ていた。

ただし、設備投資は、昨年（２０１９年7～9月期）までは伸びてきたが、これまでの先行指標が示すように、10月以降は停滞すると考えていた。消費は、昨年9月までは駆け込み（わずかであるが）を含んでプラスであったが、10月以降大きく落ち込んでいる。ただし、今月15日の日銀支店長会議での各支店長の発言は、一般に、予想外に楽観的だった。私の見ているデータが古いもので、年末から年初にかけての販売動向を聞き取っている支店長の見方が正しいことを期待しているが、心配である。

輸出の不振を反映して、製造業の雇用があまり伸びていない。賃金上昇の足踏みの要因として、製造業と非製造業の賃金レベル、雇用者数の変化の影響があると思われる。名目賃金を製造業と非製造業の寄与と両者の比重の変化で説明すると、２０１９年以降、両者の賃金がともに停滞すると同時に、相対的に賃金の高い製造業のウエイトが低下していることで、全体の賃金が停滞していることが説明できるようだ。

1月22日（水）

中央銀行デジタルコインの盛り上がり

中央銀行デジタルコイン（現在はデジタル・カレンシーと言う）の話がマスコミで盛り上がっている。特に22日の朝刊各紙は大きく扱っていた。ただし、私は、「偉い人とテックの人がやっていて実務は混乱しているのではないか」と揶揄するような発言も聞いた。

中央銀行が民間銀行を通してデジタルコインを発行するか、直接企業や家計に発行するかという違いがあるが、民間銀行を通じてなら、現状とそれほど大きな違いがなく発行できそうだ。デジタルであるから、紙幣よりも便利に流通させることができるだろう。もっとも、電気が通じていることが当たり前の世界でないとできない。考えてみると、途上国でも電気が当たり前の世界だからできるわけだ。地震、洪水、台風に悩まされる日本では、時々は当たり前でない世界が来る。日本は現金からは逃れられない。

通貨の価値が安定していない世界では、安定していつでもどこでも引き出して使うことのできる通貨への需要は高い。そのような世界で、もっとも求められる通貨はドルであるが、デジタルの便利さがあれば人民元でも喜んで持つかもしれない。来年1万分の1の価値になってしまうかもしれない自国通貨より、くしゃくしゃのドル札を崇《あが》めていた人々が、ぴかぴかの（!?）デジタル人民元を崇めるようになるのかもしれない。

であるなら、デジタル・ドル、デジタル・ユーロ、デジタル円、デジタル先進国共通通貨を発行したほうがよいのではないか、と考えるのもわかる。

1月27日（月）　海外中銀がなぜそんなに盛り上がっているのかわからない

海外の中央銀行の議論には、なぜそんなに盛り上がっているのかがよくわからないことがある。欧州中央銀行（ＥＣＢ）が、気候変動に大きな関心を抱くのはよくわからない。

CO_2の排出量を削減し、地球温暖化を食い止めることに私は賛成だが、どんな手段を使ってもとは思わない。もっとも安価にCO_2を減らすことから順番に進めていけばよい。石炭火力はCO_2を排出するが、熱効率を上げれば排出量は減る。汚いエネルギーで希少金属を掘り出し、精製する過程で大量の汚染物質を排出し、汚い電力で太陽電池を作り、その電力を汚い蓄電池に貯めることがもっともよいことだとは言い切れない。

1月27日の在東京中央銀行・財務省関係者とのパーティで、ドイツ連銀の人が「中央銀行が多様な仕事をするのは独立を脅かす。気候変動に関与すべきではない。気候変動への対応は、政府がするべきことだ」と言う。中央銀行が気候変動に対応すべきだとしても、できることはCO_2排出企業の社債やそのような企業の株式を組み込んだETFを買わないということぐらいしか思いつかない。一方、政府は、CO_2排出に課税したり、削減に補助金を付けたり、研究開発投資にお金を出したり、さまざまなことができる。するなら政府のすべきことだと私も思う。

ドイツ連銀駐在員事務所氏は、「中央銀行が銀行監督をするのもダメだ」と言う。銀行から地域企業への貸出を求める政治家の圧力を受けるからだろう。私が、「銀行監督をすれば天下り先が増えるんじゃないですか」と言うと、「それは嬉しいが、独立を脅かすことになるから嬉しくてもダメだ」ときっぱりと答えた。

1月28日（火）　私の後任の審議委員が指名される

政府が、1月28日、丸三証券の安達誠司経済部長を私の後任に指名した。その後、2月13日に衆議院、14日に参議院の同意を得て、無事3月26日に日本銀行政策委員会審議委員に就任することとなる。私の日本銀行審議委員としての任期も後わずかになる。その感慨と反省は最後に述べたいが、安達氏は、私と同様に、大胆な金融緩和で2％の物価目標の達成を目指し、日本経済をデフレから完全に脱却させなければならないと前々から考えてきたエコノミストである。

3月30日は丸三証券の決算説明だったが、会社の業績発表の場でも、安達氏に関する質問が2人の記者から出たそうだ。当たり前だが、「安達氏個人の話で会社からは答えかねる」という回答で終わったとのことである。そう答えるに決まっているのに、そんなことを聞いてどうするのだろうか。

安達氏のことを知りたかったら、彼の著書を読めばよい。金融政策に関する考え方は皆そこに書いてある。安達氏はエコノミスト（経済学者ではないエコノミストという意味）のなかでもっとも理論と実証分析の方法に詳しいうちの一人なので難しい論文も書いているが、わかりやすい本もたくさん書いている（例えば、安達［2019］）。新聞記者は話を聞くのが仕事だというのはわかるが、聞く前に本を読んで調べておくことが思考の整理になる。

2月4日（火）　日銀総裁の経済大臣化

2月4日の衆議院予算委員会で、黒田総裁が、新型肺炎の感染拡大について問われ、「世界経済全体に影響することが懸念され、万全の対応をしていく」、その上で、「必要ならちゅうちょなく金融緩和を追加する」と述べた（『日本経済新聞』2020年2月5日）。

日銀総裁が、経済状況全体に関わるスポークスマンであると扱われるようになったと思う。総裁の権威が上昇し、国民や企業が経済状況の解説とその安定化を求めるようになったのだ。それは、黒田総裁が国会に出席して国会議員の質問に答え、経済状況と対応策を解説するからだ。ここ3年では年に20回以上30回近く答弁している。

私自身は、中央銀行総裁をたびたび呼び出して断片的な質問をすることはよくないと思っている。世界中の中央銀行総裁は、国会に出席するにしても、年に数回と限られ、集中的に質問を受ける。日銀総裁の経済大臣化という変化に対し、日銀のなかでは好ましく思わない人もいるかもしれない。説明を求められ、期待されれば失敗する可能性もある。黒田総裁以前の総裁は、金融政策には限界があり、物価を上げることも為替を安定化させることも、まして経済を刺激して景気をよくすることもできないと述べていた。何もできないのであれば、少なくとも責任を追及されることも減る。しかし、ほとんどの国の中央銀行総裁が、金融政策の力（日本では4％の失業率を2％にする力）を認識し、それを使うことを当然と考えている。もちろん、金融政策に限界があるのは当然である。

2月16日（日）　『赤旗』、銀行の味方をする

日本共産党の機関紙『しんぶん赤旗』が、2月16日、主張（社説）で、「マイナス金利4年　弊害が明白な政策は転換を」と書いている。何が弊害かというと、「超低金利は銀行の収益を圧迫しています。銀行の本業は資金調達コストと貸し出しの差である利ざやで利益を得ることです。利ざやはマイナス金利導入以降、急激に低下し過去最低の水準です。東京商工リサーチの調査によると、

2019年3月期決算で14の銀行が、貸せば貸すほど損失が増える「逆ざや」でした。うち12行が地方銀行と第二地方銀行です」と書いている。

要するに、マイナス金利の弊害とは銀行が困っていることなのだ。しかし、天下の銀行が、『赤旗』にまで同情されては恥ずかしいのではないか。私は、銀行には金融独占資本として、左翼からは恨まれ、疎《うと》まれ、反発される力強い存在であってほしい。

その後、『赤旗』だけに同情させておくわけにもいかないのか、日銀も地銀の救済策に乗り出した。2020年11月10日に、地銀が経営基盤の強化に向けて収益率の向上や経費削減、経営統合を行えば、地銀が日銀に預けている当座預金に0・1%の金利を上乗せするという政策を導入した（「当座預金金利優遇で再編支援」『日本経済新聞』2020年11月11日朝刊）。また、金融庁も、地銀統合補助金を新設するという（「地銀統合補助金　来夏にも」『日本経済新聞』2020年11月18日朝刊）。確かに地銀は助かるが、日銀の政策はポートフォリオ・リバランス効果を低めて金融緩和効果を阻害する（《2015年6月12日　付利について考える》参照）。また、これによって地銀株が上昇した。これは地銀を買収してリストラを進めようという市場の動きの邪魔をすることになる。

3月9日（月）　齊藤誠教授は、物価が一挙に上がると主張

名古屋大学の齊藤誠教授のセミナーに参加する。タイトルは、「貨幣財需要としての公債需要――不均衡分析から見た過去四半世紀と将来の日本経済」というものである。齊藤教授は、現在のような公債や貨幣の発行量では、物価水準や金利水準の非連続的な修正、すなわち、数倍というオ

ーダーで物価水準が一挙に上がる可能性があると述べた（報告内容は、齊藤［2020］とほぼ同じ）。

これは困ったことが一挙に起きるという意味で、すでに何度も述べた岩石理論である。しかし、経済学では人々は合理的に行動することを前提としているので、岩石理論が成立することを説明するのは難しい。過去にまずいことが一挙に起きたのは、知らなかった、隠していた、誤った対応手段を取った、対応手段がなかった、対応できないほど一挙に物事が進んだ、などの場合である。

そんな質問には答えない

私は、齊藤教授に、「近く物価が急上昇するとわかっているなら、なぜいま外債などを買って自分の資産の価値を保全しないのか」と聞いた。

齊藤教授の答えは、「そんな質問には答えない」というものであった。私は驚いた。質問に答えない（正確に言えば、質問をはぐらかす）政治家、役人、エコノミスト、学者、評論家、ジャーナリスト、経営者はいくらでも見てきたが、ここまで率直に答えない学者を初めて見た。疑問に答えることが学問で、真実に到達する途《みち》だと思っていたのだが、日本の学者には、質問に答えないと公言する人がいる。

なお、慶應義塾大学の小林慶一郎《けいいちろう》教授も、2019年6月14日のセミナーで、膨大な政府債務赤字がインフレの引き金を引く可能性を指摘したことがある。私はこれに対しても同じことを質問したのだが、小林教授の答えは、「同じことを学生に言われたことがある」というものであった。慶応の学生は、さすがに世慣れていて一筋縄ではいかないものだと感心した。だからこそ、就職もよいのであろう。

読者のご参考までに、この質問に対するさまざまなエコノミストの答えのうち、私が一番説得的だと思った答えを紹介すると、「どの国も財政赤字で日本だけが悪いわけではない。社会の安定という意味では日本は突出している。だから大規模な資本流出など起きようがない」というものだった。もちろん、これが正しいと一挙にインフレになる可能性はなくなってしまう。

3月15日（日）　コロナショックは長引くかもしれない

中国・武漢で奇妙な肺炎が発生していると多くの日本国民が知ったのが、1月後半。春節前に中国が国内の移動を禁じて、日本に来る中国の観光客は制限された。2月1日には中国・湖北省からの入国を拒否。2月5日にクルーズ船ダイヤモンド・プリンセス号の乗客に感染者が発見された後、その横浜寄港を認め、感染症対策に追われることになった。

ここまでは、厄介《やっかい》な問題だが他人ごとという状況だった。ところが、感染は徐々に広がり、中国が都市封鎖、米国や欧州で外出禁止令が出るに及んで、日本にも問題の深刻さが徐々に理解されるようになった。3月11日、WHO（世界保健機関）がパンデミック宣言を発出、13日、米国が国家非常事態を宣言、日本でも14日、改正新型インフルエンザ等対策特別措置法を施行するに及んで、多くの国民が危機意識を感じるようになった。イタリアの惨状や、ニューヨーク、パリの無人の状況がテレビに映し出され、SFの世界が現実のものとなっていると認識されるようになってきた。

このとき、海外観光客の減少以外に確かなデータは乏しかったが、日経平均は年初のピークから7000円以上低下し、2016年の安値（1万5000円割れ）に近づいていた。私はこのとき、コロナショックが期限のあるショックであることを考えると、株式市場の反応は大きすぎると思っていた。しかし、中国の後、欧州、アメリカに感染が広まれば、期限の終わりが次々と先延ばしになるショックとなるのかもしれないとも思った。海外需要の減少、サプライチェーンの分断、インバウンド消費の減少だけでなく、世界的に感染を抑えるための諸活動の制限が経済を長期にわたって停滞させる。

加えて、現預金の積み上げは正しい企業行動という日本企業の信念はさらに強化される。日本の企業は、デフレ下の名目成長率が低いなかで数々の外的ショックに襲われ、現預金があれば潰れなくて済むという信念を強化するばかりである。今後、経済が正常に戻っても、所得から支出へのメカニズムは、所得から預金へのメカニズムにとって代わられるかもしれない。そうでなくても、コロナショックで失われた現預金を新たに積み上げる期間が必要になる。すべての企業がそのように行動すれば、支出がなくて所得が生まれないという状況が長期に続くことになる。

経済悪化は銀行の出番

ＱＱＥに対する銀行の不満は高まっているが、新型コロナウイルス感染症の拡大による経済悪化は、ある意味、銀行の出番である。この悪化がどれだけ続くかはわからないが、必ず終わりがあるはずである。企業の業績悪化が一時的なものか、それとも過去の失敗が積み重なり、今回の事態が最後の一撃となって破綻してしまうのかを見極めることは、新しい事業の採算性を見極めるより容易なはずである。これを見極めることは、貸出を増やし、貸出条件を上げるチャンスでもあると思う。売上が入ってこない企業は、とりあえず現金をかき集め、足りなければ借り入れるしかない。

ただし、この借入は、たびたび述べている、預金800兆円に対し、貸出500兆円のギャップを埋めるほど大きなものにはなりえない。

問題は、感染症対策として必要なさまざまな諸施策によって、多くの人々が働く機会と所得を失ってしまうことである。これについては政府も問題を理解し、大規模な処置を講ずることが期待できる。日銀としてできることは、所得が再び生まれるまでのつなぎの資金を十二分に供給することである。民間金融機関、政府系金融機関、市場に対して十分な流動性を供給することが必要である。なお、今回、政府の赤字拡大や日銀の赤字の可能性が危険だと発言するエコノミストが皆無なのは興味深い。これらの危険は、コロナショックが経済に与える危険に比べれば取るに足りないものであるという直感に勝てないからだろう。

ただし、コロナ対策としての消費税減税に反対し、コロナ対策の赤字を償還するために経済が戻った後には増税して債務を償還せよ、という財政学者はいた（東京財団政策研究所税・社会保障改革ユニット［2020］）。しかし、赤字を償還するために増税すると言ったら、対策の景気刺激効果は弱まってしまうのではないか。財政学者であるなら、むしろ、コロナ対策予算を精査、非効率な支出項目を指摘して、歳出自体の抑制を提言すべきではないか。財政学者が、具体的な歳出項目を議論しないのは、そうすれば財務省の予算査定権限や予算獲得省庁およびその応援団とも衝突するからだろう。しかし、その程度の衝突を恐れる人々に財政再建など到底無理だと私は思う。

3月16日（月）　私にとって初めての臨時会合

金融政策決定会合は、3月17〜18日と2日にわたって行われる予定であったが、急遽《きゅうきょ》16日に1日で行われることとなった。欧州中央銀行（ECB）、FRBなどが次々と緩和策を発表しているなか、日本も早急に政策を発表し、市場の動揺を鎮め、安定させるべきだったからである。ここで、国債買い入れやドルオペ（ドル供給）を含む一層潤沢な資金供給、企業金融支援のための措置（民間企業債務を担保に0%での資金供給）、ETF、REITの積極的な買い入れなどが決定された。

私はこれらの一段の緩和措置に賛成した。賛成したのは、感染症対策によって生まれた所得の消失が回復するまでの銀行の貸出を直接支援するような政策が望ましく、また、必要以上に恐れている市場に対し、リスクプレミアムに働きかける政策も必要と考えたからである。ただし、長期金利の操作についてはこれまでどおりの理由で反対した。

3月24日（火）　原田の「3大日銀改革」の顛末

退任の前に、やや繰り返しになるが、私が日銀という組織に対してできた3つのことを書いておきたい。

①メールの英文スペルチェックが可能になった。ただし、その後なぜか2019年10月頃にスペルチェック機能が使えなくなってしまった。元に戻してほしいと言ったが、なかなか戻らない（最終的には戻った）。この過程で、スペルチェック機能が、初期設定ではないことを知った。初期設定ではないので、スペルチェック機能があることを多くの日銀職員は知らない。せっかく付けたのだから、全員が使ったほうがよいのにと思った。

②構造失業率3・5％説を日銀の文書から追い出した。これは金融政策とも重要な関係がある。3・5％の構造失業率という根拠のない数字にこだわらず、2％の物価目標に向かっていけるからである。これはオルファニデス講演（《2018年5月30日　たった1つの数字を得るのに、なんでそんなに時間がかかるのか》参照）を考えるとかなり意義のあることだと私は思っている。

③審議委員が日銀で発表する講演原稿で、原稿内に図表を入れることが可能になった。文章と図表が別々になっていたのでは読みにくい。実現したのは2017年11月30日の福島県金懇からなのだが、他の審議委員はなかなかこのスタイルを使ってくれなかった。最初にこれを使ってくれたのは片岡委員で、2020年2月27日の滋賀金懇からのことである。

3月25日（水）　退任の挨拶

本日が私の審議委員の退任の日となる。2％の物価目標は達成できなかったが、多くのよいことは実現できたと思っている。最後になって、新型コロナウイルス感染症の拡大による大規模な経済収縮が起きるとは夢にも思わなかったが、その場合でも、大胆な金融緩和は、経済を下支えできる。審議委員の退任に際しては、歓送会などのイベントをしてくださるのだが、ほとんどが、「3密」（密閉、密集、密接）を避けるために中止となった。そのような機会での挨拶を用意していたので、それを書いておこう。

＊

皆様、この5年間、大変お世話になりました。

２０１3年4月、ＱＱＥが始まったとき、正直、２年で２％は難しいだろうと思っていましたが、いまだにできないとは思っておりませんでした。もちろん、２０１４年、２０１９年の消費税増税、思わぬ海外経済の減速、たび重なる自然災害などの影響はありましたが、それにしてもです。現在、新型コロナウイルスのせいで、２％達成はさらに難しくなっています。

この理由を考えてみますと、金利と物価のダイナミズムが弱かったからだと思います。ＱＱＥ実施の前に、私は、次のように考えておりました。ＱＱＥによる名目金利の低下と予想物価上昇率の上昇から実質金利の急低下が起こり、景気の過熱と２％物価上昇の勢いが生まれる。物価上昇に遅れてＱＱＥを緩やかに縮小する。さらに、物価の２％上昇を超過達成の後、名目金利も上昇。物価は２％で安定、実質成長率は短期で２％、長期で１％、名目金利は長期で３％へとなる。

しかし、このシナリオは実現しませんでした。予想物価上昇率の上昇はわずか。実質金利の急低下もわずか。景気は過熱にはほど遠く、２％物価上昇の勢いは見られず、名目金利も上がりませんでした。

なぜ金利と物価のダイナミズムが弱かったかというと、なぜ長期金利が低いのかという問いと共通しているところがありますが、答えはよくわかりません。世界的に低くなっているというだけです。

ただし、長期の金融緩和の間に、さまざまなよいことが起きました。雇用、生産の拡大。生産性もわずかながら上昇。雇用環境の改善（ブラック企業の激減）。女性、高齢者の労働参加が進展。名目と実質のＧＤＰも拡大しました。労働所得の格差は縮小。財政赤字も縮小。自殺者の減少とよいことが起きました。

　また、国民の間で、日本銀行は、日本経済全体に責任を持ち、経済の危機に対処する存在なのだという認識が生まれたと思います。それは、黒田総裁をはじめとする日本銀行のすべてのスタッフの奮闘によるものだと思います。これは望ましくないという方もいらっしゃるかもしれませんが、私は、これこそがグローバルスタンダードで、経済を安定化させる本来の中央銀行の姿だと思います。私は、このことに、皆様方も同じだと思いますが、誇りを持っています。

　この間、低金利に対する銀行の不満は高まりました。なぜか左翼マスコミも銀行に加勢するのは不思議です。しかし、銀行経営の苦境の原因は、貸出先がないのに預金が集まってしまうことにあります。

　考えますに、銀行は、吸収合併や整理が難しくなるように頑張っていると思います。預金口座が1万しかなければ銀行破綻処理は簡単です。人員が減っていれば、追加的なリストラも簡単です。口座を増やし、人員や店舗を維持していれば、合併も面倒です。過大な職員、店舗は吸収を妨げる、一種のポイズンピル（買収防衛策）ではないかと私は思います。

　また、銀行は金利の引き上げを要求しながら、一方で、手数料の高い株式投信を売っています。しかし、金利を上げれば株価は下がるのですから、これは利益相反です。良心のある人間なら、金利引き上げを求めながら、株式投信を販売するべきではありません。事実上、銀行は債券運用者になっています。債券運用者と株式投資家の利益は相反するのですから、銀行は株式投信を売るべきではありません。

　この5年間には、金融政策に限らず、皆様に多くのことを学ばせていただき、また、一緒に遊んでいただきました。最後になってのイベント自粛は寂しいことでありました。

私は４月から大学の教員となりますが、これまでの皆様方とのご厚誼を感謝するとともに、引き続きのご厚誼をお願いしたいと思います。

大変ありがとうございました。

２０２１年３月25日（木）

After Thoughts　審議委員の５年間を振り返って——こうなると考えていたこと、実際に起きたこと

私が日本銀行を去ってから１年たった。年が変わってしまったが、短いので２０２０年の章に書くことにする。安倍総理が、持病の悪化で２０１９年８月28日に退陣を表明したことは驚きだった。しかし、幸いなことに、９月16日に就任した菅義偉総理は、アベノミクスを引き継ぐとしているので、大胆な金融緩和政策は続くだろう。安倍総理の７年間を支えた大きな要因の１つは経済が成長しつづけたことであると一番わかっているのは、総理を支えた菅官房長官であるだろう。

私の在任中の５年間を振り返った感想は、すでに退任の挨拶で述べた。述べたことの根拠は、本書のなかで示している。現在もコロナショックが続くなかで、大胆な金融緩和政策の正しさは、さらに実証されたと考えている。

図８－１は、日経平均と円レートの動きを示したものである。リーマンショック（２００８年９月）時には、それ以前のパリバショック（２００７年８月）時から考えれば、日経平均株価は１万円下落、円は40円も増価した。一方、コロナショックでは、日経平均は４０００円下落（その後、

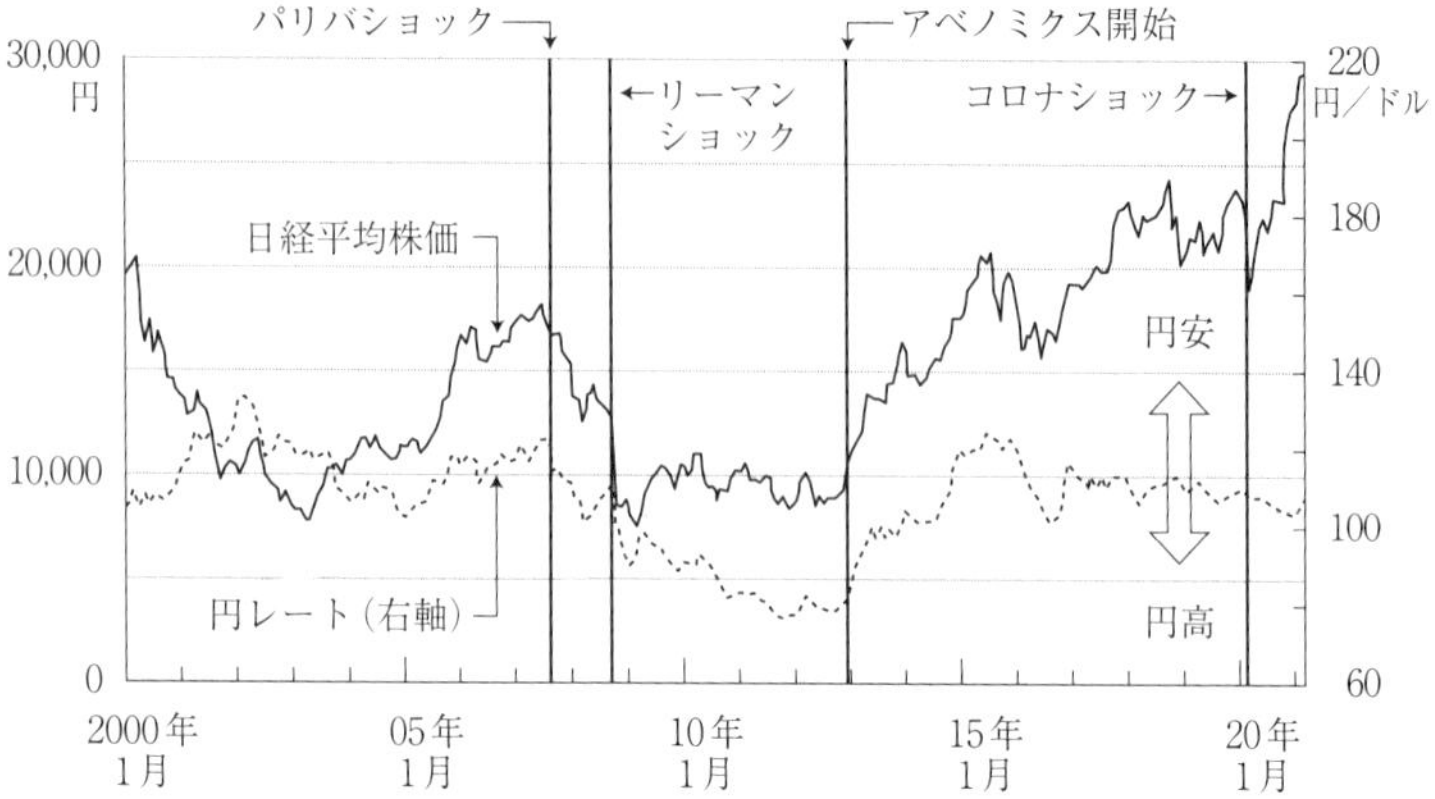

図8－1　円レートと日経平均の推移
（出所）日本銀行，東京証券取引所．

8月以降にショック前の水準をほぼ取り戻した後、さらに上昇した）、円は数円の増価で済んでいる（2021年2月以降減価）。これは、金融政策（財政政策も）が、コロナショックに対し、リーマンショックのときよりも、適切に対処しているからである。すなわち、QQEのより一層の拡大を行っているからである。

コロナショックが短期間で終わるものなら、その期間だけお金を借りることができればショックを受け流すことができるだろう。しかし、そのショックは、2年近く続きそうである。そもそも外出して人と接触してはいけないというのが感染防止の基本なのだが、外出しなければ働けない、お客に外出してもらわなければ提供できないサービスがある。飲食、旅行、生のエンターテインメントである。

金融政策は、これらの人々を助けることができるが、限度がある。政府が、これらの人々に休業支援金、生活給付金を配るしかない状況がある。金融政策は、政府の支出を助けることもできる。もちろん、金融機関にとっても、流動性が枯渇する人々への資金提供は、本来の仕事である。金融政策は、金融機関の事業者への貸出を支援することができる。金融政策が、必要なことは何でもやるというメッセージを発していることが、今日、この程度で済んでいる理由である。

ここで、繰り返しになるが、私が本末転倒論と呼んでいるものを思い出す。２０１７年10月31日、ある新聞記者が、「金融緩和を続けていると、緩和が必要になった場合に、手段が限られるがどう考えるか」と質問したとき、黒田総裁が、「（将来の不況に備えて——筆者注）今から引き締め（て不況にす）るのは本末転倒だ」と答えたことだ（《２０１７年10月31日　金融政策の本末転倒論》参照）。その後しばらく、本末転倒論は、野党の政治家からも、エコノミストからもたびたび聞かれた。

現在、日本銀行は、ＱＱＥをさらに拡大することで危機に対応しているが、「２０１７年末に金利を引き上げておけばコロナショックにもっとうまく対応できただろう」という新聞記者もエコノミストも野党政治家も、さすがにいない。そもそも、日銀はリーマンショックの前、２００６年３月に量的金融緩和を解除した後、同年７月ゼロ金利を解除（０・２５％に引き上げ）、２００７年２月には金利を０・５％に引き上げている。金利引き下げのための「のりしろ」を作ったのである。しかし、「のりしろ」を作っても、リーマンショック後の円高も株安も止めることはできなかった。本末転倒論の愚かさは理解されたのだろう。

現預金志向はさらに高まる

コロナショックの長期的効果は大きい。日本の企業は、現金・預金を積み上げてキャッシュ・リッチすぎると責められていたが、コロナショックのようにまったく予想不可能な事態が起きれば、現預金の積み上げはリスク回避の有効な手段である。今後、経済が正常に戻っても、多くの企業は所得から支出へではなく、所得から預金へと行動するだろう。つまり、支出がなくて所得が生まれないという状況が長期に続くことになる。

コロナ不況とは、外出できないから、働けない、支出ができない。支出ができないから需要がない。需要がないから生産できない。生産できないから所得がない。所得がないから支出ができないという不況である。ケインズの「あなたの支出は私の所得。私の支出はあなたの所得」という言葉を思い出す。また、感染の拡大がいつどのように再発するのか、それがどのくらいの規模になるのかもわからない。そういう意味では、確率計算できないリスク、ナイト的不確実性の状況にある。このようなとき、人々ができることは支出をしないで預金を積み上げるということになってしまう。

政府は、所得を補塡し、人々を安心させることができる。また、感染減少の手段は、外出抑制、すなわち経済活動の抑制ではなく、接触の抑制である。すなわち、感染の危険の高い活動を集中的に抑制し、さらに、感染した場合にコストが大きいところ、つまり医療機関や高齢者施設に重点的に対処することによって、経済活動の抑制を最小限にすることができるだろう。効果的なワクチンの大量供給も視野に入った。それでも財政赤字の拡大は避けられない。金融政策は人々や政府がお金を借りやすくするように助けることができる。その結果が、現在の日本経済が、リーマンショックのときほどひどい状況になっていない理由であり、それは私たちがＱＱＥ８年間の経験から学んだことである。

供給面の改革と需要の拡大は車の両輪

菅政権になって、経済の効率化が強調されるようになった。菅総理のこれまでの発言では、中小企業の効率化、地銀の整理統合、通信事業の効率化を通じた携帯料金の値下げ、政府のデジタル化、リモート診療など医療の効率化、といった政策が提案されている。2020年10月26日の所信表明演説でも、既得権益の打破、規制改革などが強調されていた。これらは、経済の供給面の改革に重点を置いているということだ。なかでも、中小企業の効率化を打ち出したのは素晴らしい。

ただし、経済の効率化には需要の拡大による人手不足が伴わないとうまくいかない。「デジタル化してもクビにできないんだからデジタル投資の分だけコスト高になる」という経営者のボヤキを聞いたことがある。しかし、人出不足の状況なら、人を余計に雇う代わりにデジタル投資をするのだから、誰もクビにするわけではない。コロナショックの前まで、中小企業はもちろん、地銀ですら人が集まらないと言っていた。地銀の整理統合とは、役員を減らし、行員を減らし、店舗を減らすことだ。店舗を減らせば、支店長のポストも減る。反対が多いのは当然である。しかし、先の見込みのない仕事を自ら辞めて別の仕事に就く人が多ければ、企業は何の摩擦もなくリストラできて、経済は発展できる。規制緩和や構造改革には、リーダーの断固とした意志とともに、人手不足が必要だ。

賃金を無理やり引き上げれば、高い賃金を払えない企業は倒産し、残った企業の生産性は高まるという、供給側主導の戦略もありうる。しかし、残った企業が、倒産した企業の労働者を雇ってくれなければ、失業者が増加する。失業者が増えれば、失業者を含めた国民1人当たりの生産性は低下してしまう。意味のある生産性は、国民1人当たりのものだ。人手不足のなかで自然に賃金が上がるのであれば、失業を生まずに生産物が増加する。しかし、失業を生みながらの効率化では、経済全体は効率化しない。

人手不足であれば、省力化投資も必要になる。GDPが伸びているのだから、資本設備も不足気味になる。そもそも、投資をしないと生産性も伸びない。新しい設備には新しい技術が体化されているのだから、設備を新しくすれば生産性は自然と高まるものである。ところが、需要が伸びなければ投資はできない。すると、投資をするためにも需要が伸びていることが必要である。したがって、需要の拡大とともに人手不足が生じ、生産性も高まるのである。

では、どうしたら継続的に需要を喚起しつづけることができるのだろうか。2001年から06年まで、2012年から現在までは、大胆な金融緩和政策を行っている時期である。2001年から06年では財政支出はわずかに抑え気味であった。2012年からでは財政支出はほぼ一定だったが2度の消費税増税を行っている。増税後、どちらも消費が大きく低下している。このことを見れば、金融・財政両面からの景気刺激政策を続けることが必要だということになる。それで財政赤字はどうなるのかという意見が必ずあるだろうが、どちらの時期も財政赤字は縮小し、政府債務残高の対GDP比は、横ばいになっていた（図6－1の「一般政府の財政赤字、債務残高、純債務残高の推移〔対GDP比〕」参照）。2012年から18年まで一般政府赤字の対GDP比は、6・1%ポイント低下したが、うち消費税増税によるものは1・5%でしかない。金融緩和で好況にならないと財政再建もできないということだ。

ミクロの効率化とマクロの需要拡大策は車の両輪である。菅政権も、この路線を続けることを望む。

あとがき

日本銀行政策委員会審議委員になるにあたって、当時副総裁であった岩田規久男氏から、日記をつけるように勧められた。岩田氏自身の日記は、『日銀日記』（岩田規久男［2018］）という本になって出版されている。業務上知りえたことには守秘義務があるので、それを守りつつ展開される金融緩和政策を巡る攻防のドキュメントは手に汗を握らせるものがある。

日記と言っても、人に見せて面白いように書くのは難しい。私が面白いと思って一部でも読んだ日記を思い出してみると、宇垣一成《かずしげ》、清沢洌《きよし》、徳富蘇峰《そほう》などの日記がある。読んだのは、いずれも戦中や戦争前後の激動期の記述である。現在の金融政策も激動期の政策と言ってよいかもしれないが、戦時中とその前後と比べれば激動期とは大げさである。権力の中枢にいたわけでも、その情報に日常的に接していたわけでもない。私が、大事件の起こらない日々の日記を読んで面白いと思ったのは永井荷風《かふう》の『断腸亭日乗』（岩波文庫）だが、それは荷風の文才のなせる業である。また、荷風の日記でも一番面白いのは戦時中とその前後の記述だと思う。

本書に、政策思想、組織、人間の記述が多いのは、政策は人間がするものだから、その人間の思想、そのような人間を生み出す組織が重要と考えているからだ。景気予測はランダムに間違えるものだが、誤った政策思想に基づく政策は常に間違える（《2015年5月10日　実務家はどれだけのことを知ることができるのか》参照）。思想は組織が作るものだから、組織を理解するために必要なことは書いておいたほうがよいと思ったからである。

私はなぜ反対派を説得したがるのだろうか

岩田規久男前副総裁から、「原田さんは、なんで反対派を説得したがるのか」と聞かれたことがある。私も、反対派を説得できるとはあまり思っていないのだが、反対派の周りにいる人は説得できるかもしれないと思っている。実際、若い世代のエコノミストや経済学者には、金融政策の効果を認める人々が現れてきた。

考えてみると、本書は、私の説得の失敗の記録でもある。初めはもちろん経済学者やエコノミストを説得しようとしていた。それは効果がなかったので、有力政治家を説得しようとした。しかし、その有力政治家から、「あなた（私のこと）はまず他のエコノミストを説得すべきだ」と言われて、そうしたのだが、まったく説得できなかった。そうこうするうちに、さまざまな人々のご尽力により、金融政策の発動により経済を好転させることができると考える安倍晋三氏が総理となり、大胆な金融緩和政策が可能になった。つまり、私の説得の努力は有効ではなく、政治が動かなければ何も変わらないということがわかったのである。

大胆な金融緩和政策によっても2％の物価上昇率目標は達成できず、実質成長率の改善も小さなものだった。しかし、4％の失業率は2％にまで低下し、若者の雇用環境は大幅に改善した。これによって若者の自民党支持率は過去最高となっている。

これを背景に安倍総理は憲政以来最長の政権を作った。私は、与党であれ野党であれ、金融緩和政策で長期政権が作れるなら、すべての政治家が、これを続けようと考えるのが当然だと思うのだが、そうはなっていない。反リフレ派の経済学者やエコノミストの意見を取り入れ、金融緩和政策に反対する政治家がいる。これは私にはまったく理解できないことである。

であるなら、やはり人々が、この政策は正しいと確信することが重要である。なぜなら、金融緩和政策が効果を持つには、この政策が続くという確信を、多くの人々が持つことが重要であるからだ。2％物価上昇率目標が達成できなくても、いつ引き締めるかわからないという状況では、企業は安心して投資できず、国民はリスク資産を持とうとはしなくなる。日本銀行が、経済変動にも為替変動にも責任を持たないのなら企業は投資せず、国民は預金をして、貸出先のない銀行は国債を持つしかなくなってしまう。それが1990年代から今までずっと進行してきたことだ。すべての人々がこのことを理解すれば、金融緩和政策は安定し、国民に支持され、政治状況にかかわらず、続けることが可能になる。つまり、私は説得を続けなければならないということである。本書が、説得のために少しは役立つことを願っている。

母が教えたクリティカル・シンキング

もう1つ、「なぜ原田さんは世間で当然とされている議論、ありきたりの議論に満足できないんですか」と若い友人から聞かれたことがある。それには母の影響があると思ったので、そのことを簡単に書いておきたい。

私の母は、東京の一番南のはし、蒲田の没落小地主の家に生まれた。私は、1950年に、その母から生まれた。農地解放で没落したのではなく、その前からである。なぜ没落したかというと、母の理解では、母の曽祖父《そうそふ》が篤農家《とくのうか》として品種改良や農事改良に奔走《ほんそう》したからであり、祖父や父が大酒呑みだったからだという。

　母の曽祖父は、そのために緑綬褒章を受章している。勲記と褒章と、それを記念して書かれた肖像画もあり、立派に表装されている。現在の褒章も勲章も、叙勲の理由は、「長年の産業振興により」などと一般的なことしか書いていないが、当時の理由は、具体的である。「夙《つと》に（早くから）志を稼穡《かしょく》（農業）に励まし安政以降力を穀菽《こくしゅ》（穀物と豆）の試作にし……好種子を得れば近郡を奔《ほん》走《そう》してこれを勧誘し之を播種せしむる等、為《ため》に頒與《はんよ》せしもの八百六十余種の多きに迨《およ》び農業を裨益《ひえき》する尠《すく》なからず洵《まこと》に実業に精励し衆民の模範とす仍《よ》って勅諚《ちょくじょう》の緑綬褒章を賜《たま》い其《そ》の善行を表彰す　明治二十七年三月一日　賞勲局総裁公爵西園寺公望《さいおんじきんもち》」とある。

　普通であれば、そのような先祖は一族の誇りであり、子どもにも見本として話すものだろうと思うが、母はそうではなかった。「そんなことにお金を使ったから、我が家は貧乏になり、私は高等教育を受けることができなかった」と言った。したがって、見本に値しない先祖なのである。後に、リバタリアン（いかなる政府の干渉にも反対し、個人の絶対的自由を求める人々）のアイン・ランドの本（ランド［2008］）を読んだときに、「価値あるものを獲得しようと活動する者は、その活動によって獲得されたものの受益者でなければならない」（11頁）、という言葉を見つけて、母の言う意味がわかるような気がした。

　分不相応に名誉を求めたり、大酒を飲んできちんと働かない先祖がいたりすれば、小地主などすぐに没落してしまう。トマ・ピケティの格差についての大著（ピケティ［2014］）の、資産が永久に労働よりも高い収益を生み、それゆえ格差が拡大するという主張は、現実を表していない。我が家の事例だけでは不十分だろうが、東京のほとんどの住宅地で、土地は細分化されている。ピケティが正しいのなら、土地は集約されて行かなければならない。ところが、土地は細分化されているのであるから、格差は縮小しているはずである。

また、母の話によれば、母は勉強ができて先生のお気に入りで、美術の先生から、放課後に絵のモデルになるように頼まれたとのことである。母は、自分は可愛かったと言いたかったのかもしれない。しかし、このとき、母の母、つまり私の祖母は、小学生の少女でも、若い男と2人きりにするなどとんでもないと言って、モデルにさせなかった。当時の私としては、岸田《きしだ》劉生《りゅうせい》画伯の「麗子像」のように、少女時代の母の絵が残っていたらよかったのにと思ったものだ。

当時、庶民は、それほど学校というものを信じていたわけではなかったのかもしれない。後に母は、神風特攻隊の映像や中国、北朝鮮の子どもたちが支配者を賛美する映像を見て、「教育は恐ろしいものだ、子どもが可愛そうだ」と言っていた。

ルーズベルトはキッツい男

母の祖母（つまり私の曽祖母）は、戦前、「アメリカにはルーズベルトというキッツい男がいるから、日本が戦争に勝てるわけがない」と言って、そんなことを聞かれたら特高につかまってひどい目にあうと皆が慌てたことがある、と母が言っていた。牧野［2018］（148頁）によると、戦前期、アメリカと日本の生産力格差が10対1、または20対1であるとは、秘密でも何でもなく、誰でも知っていることだったという。母の祖母は、「キッツい男」という言葉で、アメリカの戦争意志を問題にしていたわけで、素晴らしい洞察力としか言いようがない。母の祖母が、なんでルーズベルト大統領は「キッツい男」だと考えたのかはわからないが、庶民の間にも、そのような情報のネットワークがあったのかもしれない。そんな「キッツい男」に、真珠湾攻撃を仕かけたら、戦争意志は強くなるばかりだ。

また母の祖母は、「日本が戦争に勝ったらこんな苦しい生活は終わりになる」と、家族の誰かが言ったときに（戦中のモノのない時代にそう言ったのだろう）、「戦争に勝ったら軍人ばっかり威張って嫌な国になる」と言ったという。母の祖母は、戦争は意志が大事だし、目的が大事だと言っていたのだと思う。

東京のはずれの没落しかかった小地主の娘である母の祖母が、権威や権力者に挑戦する思想を持っていたとは到底思えない。しかし、権力者や上に立つ人間がどのように振る舞うべきかについては確固たる考えを持っていた。それは、上の人間は立場を使ってむやみに威張るものではない、パワハラやセクハラは品が悪いし野暮だ、ということだ。戦時中、庶民に配給の行列を強い、贅沢をしていた軍人などとんでもないと母の祖母は考え、威張り散らす軍人を許せなかったのだろう。

戦時中、大日本言論報国会会長として軍のお先棒を担いでいた徳富蘇峰は、戦後になって、「彼等《ら》（日本の軍人）は、……規律もなく、節制もなく、ただ上に諂《へつら》い、下に傲《おご》り、その軍職を武器として、自己の私利私欲を、随所に恣《ほしいまま》にするに過ぎなかったのである。……軍人以外の者に対して、頗《すこぶ》る増上慢《ぞうじょうまん》の態度を示し、国民をして、その疾苦《しっく》に泣かしめた。彼等の一個一個は、悉《ことごと》く皆な国民に対する、一個の暴君的存在であった」と書き、その次に、戦地での軍の横暴腐敗の実例を挙げている（徳富［2006］320〜325頁）。

歴代の母たちは、批判精神を持っていた。もちろん、母は、普通の庶民道徳もしっかりと子どもたちに説いていた。母の言葉で一番心に残っているのは、「天知る地知る己知る」である。嘘をついても、いずれは知られるものであるということである。嘘はいけないという単なる道徳律を語るというより、偽りでうまくいくはずがないというニュアンスが母の教えだったと思う。子どもの頃も、今になっても、そのとおりだと思うことが多い。

残念ながら、日本のエリートには、偽りでうまくいくはずがないという思いが弱いような気がする。戦前、日本の軍部が行っていた中国東北部の目立たない戦争が、いくらでも大きくなってしまったのは、日本のエリートが、偽りでもうまくいくと考えていたからだろう。実際、はじめは偽りでもうまく行ったのである。満洲事変は軍中央の意向を無視して出先の軍が勝手に起こした戦争である。そして、満洲事変は、２万余りの軍隊で３０００万の人口の地域を支配し、満洲国という傀《かい》儡《らい》国家を成立させてしまったという世界史的な軍事的大勝利だった。そのために、勝手に戦争を起こした関東軍参謀の板垣征四郎、石原莞爾《かんじ》、両参謀に押し切られて軍を動かした本庄繁司令官らは大出世をした（本庄は、１９３５年、満洲事変の功により男爵を授爵し華族に列せられた）。これで戦争が止まらなくなった。以来、出先の軍は謀略に興じ、戦争を起こして立身を求めるようになった（この過程は、原田［2007］１９０～１９３頁で説明）。

母の話には、基本的な庶民道徳のなかに、独自の人生訓というか、生活訓が混じる。「人事を決めるのは下の人ではなくて上の人」という言葉もあった。下を見ても仕方がない、上ばかり見るヒラメになれという意味ではなくて、上の人は上の人でものを見ているし、責任を取らなければならない立場でもある、という意味である。母は専業主婦で勤め人の経験もないのに、なんでこんなことを言えたのかわからない。しかし、真実であることは間違いない。また、「(戒名の) 院号なんて無駄だ。本当に偉い人は本名や芸名で墓になっている」とも言った。

また母は、短歌を作る趣味を持っていた。母は、自分の祖母のことを、1977年に、「昭和17年(1942年)に死にたりき反戦を唱えゐし祖母敗戦を知らず」と詠んでいる(原田とみ『常凡の日々』私家本、2001年)。反戦は、左翼の思想だが、母の祖母の反戦は、上に立つ人が威張り散らすような戦争は、目的が歪んでいるという感覚に基づくものだったと思う。

＊

私の5年間の日銀での仕事を刺激的で建設的なものにしていただいた日銀の方々に感謝したい。本書にインスピレーションを与えてくださった方々のお名前はすでに本書のなかで記している。多くの方が、私と議論または雑談をしてくださり、また本書の未定稿を読み貴重なコメントをくださった。なかでも経済金融アナリストの吉松崇氏には詳細なコメントをいただいた。中央公論新社の小野一雄氏は、大著となってしまった本書をわかりやすく整理してくださった。

以上、すべての方に感謝する。

2021年4月

原田　泰

Bound of Monetary Policy," (In Preparation). Print. Princeton University, July 21.
Brunnermeier, Markus K. and Yann Koby [2019], "The Reversal Interest Rate," Discussion Paper No. 2019-E-6, Institute for Monetary and Economic Studies, Bank of Japan.
Christensen, Lars [2015] "Kuroda's new team member – Yutaka Harada," "The Market Monetarist Markets Matter, Money Matters...." https://marketmonetarist.com/2015/02/09/kurodas-new-team-member-yutaka-harada/
Friedman, Milton [1968] "The Role of Monetary Policy," *The American Economic Review*, Vol. 58, No. 1, March.
Fujiwara, Ippei [2006] "Evaluating Monetary Policy when Nominal Interest Rates are Almost Zero," *Journal of the Japanese and International Economies*, Vol. 20, No. 3.
Harada, Yutaka [2010] "Using Monetary Policy to End Stagnation," Discuss Japan, Economy, No. 2, August 4. https://www.japanpolicyforum.jp/economy/pt20100804110928.html
Harada, Yutaka [2015] "Why does democracy lead to confusion?" *Nikkei Asian Review*, July 21.
Harada, Yutaka [2018] "Why was Wilsonian-Taisho moment lost in Japan in spite of its economic success?" *Japanese Journal of Political Science*, Vol. 19, Issue 4, December.
Harada, Yutaka [2021] "Non-traditional Monetary Policies and their Effects on the Economy," *International Journal of Economic Policy Studies*, Vol. 15, Issue 1, February.
Hayashi, Naotsugu [2019] "Recent Unorthodox Monetary Policies vs. Orthodox Theory of Monetary Policy: Comments and Views on Jordan," *International Journal of Economic Policy Studies*, Vol. 13, Issue 2, August.
Kashkari, Neel [2017] "Why I Dissented Again: President Kashkari explains his vote at the June 2017 FOMC meeting." Federal Reserve Bank of Minneapolis, June 16.
Kocherakota, Narayana [2012.4] "Thoughts about the Outlook," Federal Reserve bank of Minneapolis, April 10.
Kocherlakota, Narayana [2012.9] "Planning for Liftoff," Federal Reserve bank of Minneapolis, September 13.
Kocherlakota, Narayana [2016] "Don't Try This Crazy Trick on the Economy," Bloomberg, July 19. https://www.bloombergquint.com/global-economics/2016-07-19/don-t-try-this-crazy-trick-on-the-economy
Kosai, Yutaka and Yutaka Harada [1985] "Economic development in Japan: A reconsideration," in Scalapino, Robert A., Seizaburo Sato and Jusuf Wanandi ed., *Asian Economic Development-Present and Future,* Institute of East Asian Studies, University of California, Berkeley.
Mishkin, Frederic S. [2018] *The Economics of Money, Banking, and Financial Markets*, Global Edition, 12th Edition, Pearson.
Nakajima, Tomoyuki and Shuhei Takahashi [2017] "The optimum quantity of debt for Japan," *Journal of the Japanese and International Economies*, Volume 46, December.
Samuelson, Paul A. [1946] "Lord Keynes and the General Theory," *Econometrica*, Vol. 14, No. 3, July.
Solow, Robert [1960] "Investment and Technical Progress," in Arrow, K. J., S. Karlin and P. Suppes eds., *Mathematical Methods in the Social Sciences, 1959*, Stanford University Press, Stanford, CA.
Sims, Christopher A. [2016] "Fiscal Policy, Monetary Policy and Central Bank Independence," Jackson Hall Economic Policy Symposium, Federal Reserve Bank of Kansas City, August.
Wakatabe, Masazumi [2015] *Japan's Great Stagnation and Abenomics: Lessons for the World*, Palgrave Macmillan.

［2018］所収.
武藤敏郎［2005］「「物価の安定」と中央銀行の責務――経済倶楽部における武藤日本銀行副総裁講演要旨」日本銀行，2005年12月２日.
村上尚己［2018］「第10章　成長戦略で成長率を高めることができるのか」，原田・増島［2018］所収.
森川正之［2018］『生産性　誤解と真実』日本経済新聞出版社.
森本宜久［2013］「わが国の経済・物価情勢と金融政策――岩手県金融経済懇談会における挨拶要旨」日本銀行，2013年８月29日.
モーロワ，アンドレ［2005］『フランス敗れたり』高野彌一郎訳，ウェッジ．1940年刊の復刊.
八木紀一郎・有賀裕二・大坂洋・大西広・吉田雅明編［2015］『経済学と経済教育の未来――日本学術会議〈参照基準〉を超えて』桜井書店.
安田隆二［2011］「ビジネス・ケースNo.090　スルガ銀行――個人金融サービス・カンパニーへ　進化し続ける地方銀行」，『一橋ビジネスレビュー』2011年秋号.
山本謙三［2019］「日銀，物価目標に危うさ」，『日本経済新聞』2019年８月22日.
山本幸三［2010］『日銀につぶされた日本経済――自民党惨敗の真相は，日銀の金融政策失敗にあり』ファーストプレス.
横山昭雄［1977］『現代の金融構造――新しい金融理論を求めて』日本経済新聞社.
横山昭雄［2015］『真説　経済・金融の仕組み――最近の政策論議，ここがオカシイ』日本評論社.
吉川洋編［2009］『デフレ経済と金融政策』慶應義塾大学出版会.
吉冨勝［1978］『日本経済混迷克服の条件――「移行期」の解明』東洋経済新報社.
吉松崇［2017.1］「第９章　中央銀行の出口の危険とは何か」，原田・片岡・吉松［2017］所収.
吉松崇［2017.11］「出口の迷路――金融政策を問う５　「出口のリスク」は存在しない」，『週刊エコノミスト』2017年11月７日号.
吉松崇［2019］『労働者の味方をやめた世界の左派政党』PHP新書.
ランド，アイン［2008］『利己主義という気概――エゴイズムを積極的に肯定する』藤森かよこ訳，ビジネス社.
ルトワック，エドワード［2014］『エドワード・ルトワックの戦略論――戦争と平和の論理』武田康裕・塚本勝也訳，毎日新聞社.
レイ，L・ランダル［2019］『MMT　現代貨幣理論入門』鈴木正徳訳，東洋経済新報社.
連合総合生活開発研究所［2016］「就職氷河期世代の経済・社会への影響と対策に関する研究委員会報告書」2016年10月.
ロドリック，ダニ［2013］『グローバリゼーション・パラドックス――世界経済の未来を決める三つの道』柴山桂太・大川良文訳，白水社.
若田部昌澄［2003］『経済学者たちの闘い――エコノミックスの考古学』東洋経済新報社.
若田部昌澄［2004］「第２章　失われた13年の経済政策論争」，岩田規久男［2004］所収.
若田部昌澄［2015］『ネオアベノミクスの論点――レジームチェンジの貫徹で日本経済は復活する』PHP新書.
渡辺努編［2016］『慢性デフレ　真因の解明』日本経済新聞出版社.
Banerjee, Ryan and Boris Hofmann [2018] “The rise of zombie firms: causes and consequences,” *BIS Quarterly Review*, September 23.
Bernanke, Ben S. [2005] “The Global Saving Glut and the U.S. Current Account Deficit,” at the Sandridge Lecture, Virginia Association of Economists, Richmond, Virginia, March 10.
Blanchard, Olivier, Giovanni Dell’Ariccia, and Paolo Mauro [2010] “Rethinking Macroeconomic Policy,” IMF, February 12.
Blanchard, Olivier [2019] “Public Debt and Low Interest Rates,” *The American Economic Review*, Vol. 109, No. 4, April.
Brunnermeier, Markus K. and Yann Koby [2017] “The “Reversal Interest Rate”: An Effective Lower

田［2021］所収.
原田泰・和田みき子［2021］『石橋湛山の経済政策思想――経済分析の帰結としての自由主義、民主主義、平和主義』日本評論社.
ハーディング，ロビン［2020］「全て中銀のせいではない」，『日本経済新聞』2020年7月31日.
原真人［2019］『日本銀行「失敗の本質」』小学館新書.
ピケティ，トマ［2014］『21世紀の資本』山形浩生・守岡桜・森本正史訳，みすず書房.
平野智裕［2010］「第4章　Financial Accelerator（効果と同調的金融政策の関係について）」，「Essays on credit market imperfections and macroeconomics（信用市場の不完全性とマクロ経済に関する研究）」東京大学博士（経済学）論文.
深尾光洋［2019］「2019年の日本経済を展望する」，『新国策』2019年4月号.
深沢道広［2018］「金融庁の優等生，スルガ銀行の転落――シェアハウス不正融資疑惑で特別検査」WEBRONZA，2018年4月27日.
福田慎一編［2018］『検証アベノミクス「新三本の矢」――成長戦略による構造改革への期待と課題』東京大学出版会.
藤代宏一［2019］「独眼経眼　地銀が赤字でも日銀が利上げしない理由」，『週刊エコノミスト』2019年1月22日号.
二神孝一・堀敬一［2009］『マクロ経済学』有斐閣.
布野幸利［2017.8］「わが国の経済・物価情勢と金融政策――札幌市金融経済懇談会における挨拶要旨」日本銀行，2017年8月2日.
布野幸利［2017.11］「わが国の経済・物価情勢と金融政策――宮崎県金融経済懇談会における挨拶要旨」日本銀行，2017年11月8日.
ブラインダー，アラン［1999］『金融政策の理論と実践』河野龍太郎・前田栄治訳，東洋経済新報社.
ブランシャール，オリヴィエ，田代毅［2019］「日本の財政政策の選択肢」，Peterson Institute for International Economics，2019年5月（https://www.piie.com/system/files/documents/pb19-7japanese.pdf）.
フリードマン，ミルトン，アンナ・シュウォーツ［2009］『大収縮1929-1933――「米国金融史」第7章』久保恵美子訳，日経BP社.
本多佑三・黒木祥弘・立花実［2010］「量的緩和政策――2001年から2006年にかけての日本の経験に基づく実証分析」，『フィナンシャル・レビュー』2010年2月号.
本多佑三［2014］「第1章　非伝統的金融政策の効果――日本の場合」，岩本・神取・塩路・照山［2014］所収.
牧野邦昭［2018］『経済学者たちの日米開戦――秋丸機関「幻の報告書」の謎を解く』新潮選書.
政井貴子［2018］「交遊抄　為替が紡いだ縁」，『日本経済新聞』2018年11月2日.
松尾匡［2018］『この経済政策が民主主義を救う――安倍政権に勝てる対案』大月書店.
松岡幹裕［2000］「誰も指摘しない意図せざる引締め」，『週刊ダイヤモンド』2000年7月8日号.
松島茂・竹中治堅編，内閣府経済社会総合研究所企画・監修［2011］『日本経済の記録――時代証言集（オーラル・ヒストリー）』「バブル／デフレ期の日本経済と経済政策　歴史編3」内閣府経済社会総合研究所.
マンキュー，N・グレゴリー［2019］『マンキュー経済学II　マクロ編　第4版』足立英之他訳，東洋経済新報社.
みずほ総合研究所［2016］『経済がわかる論点50　2017』東洋経済新報社.
宮尾龍蔵・堀雅博・木滝秀彰［2004］「第Ⅳ部　不良債権問題のインパクトはどれだけか」，浜田・堀内他［2004］所収.
宮尾龍蔵［2013］「わが国の経済・物価情勢と金融政策――岐阜県金融経済懇談会における挨拶要旨」日本銀行，2013年4月18日.
宮尾龍蔵［2016］『非伝統的金融政策――政策当事者としての視点』有斐閣.
宮嵜浩［2018］「第6章　消費税率引上げの影響が予想外に大きかったのはなぜか」，原田・増島

ネス人文庫，2010年.
原田泰［2012］『震災復興　欺瞞の構図』新潮新書.
原田泰［2013］『若者を見殺しにする日本経済』ちくま新書.
原田泰［2014］『日本を救ったリフレ派経済学』日経プレミアシリーズ.
原田泰［2015.2］『ベーシック・インカム――国家は貧困問題を解決できるか』中公新書.
原田泰［2015.3］「原田審議委員就任記者会見要旨（2015年3月26日）」日本銀行，2015年3月27日.
原田泰［2015.7］『反資本主義の亡霊』日経プレミアシリーズ.
原田泰［2015.11］「わが国の経済・物価情勢と金融政策――栃木県金融経済懇談会における挨拶要旨」日本銀行，2015年11月11日.
原田泰［2016.2］「ケインズと金融政策」ケインズ学会ワーキング・ペーパー，第4号，KSJ-WP-04，2016年2月.
原田泰［2016.10］「わが国の経済・物価情勢と金融政策――長野県金融経済懇談会における挨拶要旨」日本銀行，2016年10月12日.
原田泰［2017.1］「日銀　我々は皆リフレ派である――金融緩和の効果は絶大だ」，『週刊エコノミスト』2017年1月24日号.
原田泰［2017.11］「わが国の経済・物価情勢と金融政策――福島県金融経済懇談会における挨拶要旨」日本銀行，2017年11月30日.
原田泰［2018.7］「わが国の経済・物価情勢と金融政策――石川県金融経済懇談会における挨拶要旨」日本銀行，2018年7月4日.
原田泰［2018.10］「第8章　物価水準の財政理論（Fiscal Theory of Price Level, FTPL）について」，安達・飯田［2018］所収.
原田泰［2018.10.8］「金融緩和策の効果は金融機関にも届く」『金融財政事情』2018年10月8日.
原田泰［2018.12］「第9章　債券市場の機能と金融政策の誤解」，原田・増島［2018］所収.
原田泰［2019.3］「石橋湛山なら現在の金融政策をどのように考えるか」，『自由思想』2019年3月号．原田・和田［2021］所収.
原田泰［2019.3.6］「わが国の経済・物価情勢と金融政策――山梨県金融経済懇談会における挨拶要旨」日本銀行，2019年3月6日.
原田泰［2019.5］「わが国の経済・物価情勢と金融政策――長崎県金融経済懇談会における挨拶要旨」日本銀行，2019年5月22日.
原田泰［2019.12］「わが国の経済・物価情勢と金融政策――大分県金融経済懇談会における挨拶要旨」日本銀行，2019年12月5日.
原田泰［2021］「なぜアルゼンチン経済は停滞したのか」名古屋商科大学Discussion Paper, No. 20003，3月.
原田泰・石橋英宣［2018］「第1章　量的・質的金融緩和，予想インフレ率，生産」，安達・飯田［2018］所収.
原田泰・岩田規久男編著［2002］『デフレ不況の実証分析――日本経済の停滞と再生』東洋経済新報社，2002年.
原田泰・片岡剛士・吉松崇編著［2017］『アベノミクスは進化する――金融岩石理論を問う』中央経済社.
原田泰・香西泰編［1987］『日本経済発展のビッグ・ゲーム――レント・シーキング活動を越えて』東洋経済新報社.
原田泰・齊藤誠編著［2014］『徹底分析アベノミクス――成果と課題』中央経済社.
原田泰・中川藍［2017］「第7章　金融緩和政策，通貨安競争，交易条件」，原田・片岡・吉松［2017］所収.
原田泰・増島稔［2009］「金融の量的緩和はどの経路で経済を改善したのか」，吉川［2009］所収.
原田泰・増島稔編著［2018］『アベノミクスの真価』中央経済社.
原田泰・和田みき子［2016］「石橋湛山の昭和恐慌理解」，『自由思想』2016年6月号．原田・和

8，日本銀行企画局，2015年５月．

日本銀行調査統計局［2015］「東京大学金融教育研究センター・日本銀行調査統計局第６回共催コンファレンス　物価変動とその中での経済主体の行動変化」日本銀行調査統計局，2015年10月27日．

日本銀行調査統計局［2019］「東京大学金融教育研究センター・日本銀行調査統計局　第８回共催コンファレンス：「近年のインフレ動学を巡る論点：日本の経験」の模様」日本銀行調査統計局，2019年６月．

日本経済研究センター編［2016］『激論　マイナス金利政策』日本経済新聞出版社．

日本経済新聞社編［2000］『検証バブル　犯意なき過ち』日本経済新聞社．日経ビジネス人文庫，2001年．

楡井誠［2020］「第３章　国民所得とその分配（マクロ経済学）」，市村・岡崎・佐藤・松井［2020］所収．

野口旭編［2007］『経済政策形成の研究――既得観念と経済学の相克』ナカニシヤ出版．

野口旭［2019］「ケイザイを読み解く　MMT（現代貨幣理論）の批判的検討（１）～（６）」ニューズウィーク日本版ウェブサイト，2019年７月23日～８月20日（https://www.newsweekjapan.jp/noguchi/）．

野口旭・白井さゆり［2016］「激論！ヘリマネ政策の是非――激突対談！リフレ派経済学者野口旭vs元日銀審議委員白井さゆり」，『週刊エコノミスト』2016年８月２日号．

野口旭・田中秀臣［2001］『構造改革論の誤解』東洋経済新報社．

野口旭・浜田宏一［2007］「第１章　経済政策における既得権益と危篤観念」，野口［2007］所収．

ハーシュマン，アルバート・O［1997］『反動のレトリック――逆転，無益，危険性』岩崎稔訳，法政大学出版局．

バジョット，ウォルター［2011］『ロンバード街――金融市場の解説』久保恵美子訳，日経BP社．

八田達夫［2017］「「加計学園の優遇はなかった」内部から見た獣医学部新設の一部始終」ダイヤモンド・オンライン，2017年７月11日．

八田達夫［2019］「福岡市成長の壁はトンネルで突き破れる――「アジアのリーダー都市」への挑戦（下）」，『Voice』2019年11月号．

バーナンキ，ベン・S［2017］「日本の金融政策に関する一考察」，『金融研究』2017年10月号．

パティンキン，D［1971］『貨幣・利子および価格――貨幣理論と価値理論の統合　再版』貞木展生訳，勁草書房．

浜田宏一［2013］『アメリカは日本経済の復活を知っている』講談社．講談社＋α文庫，2015年．

浜田宏一［2016］「アベノミクスとマイナス金利政策　補論」，日本経済研究センター［2016］所収．

浜田宏一［2017］「「アベノミクス」――私は考え直した」，『文藝春秋』2017年１月号．

浜田宏一［2021］『21世紀の経済政策』講談社，2021年．

浜田宏一・原田泰・内閣府経済社会総合研究所編著［2004］『長期不況の理論と実証――日本経済の停滞と金融政策』東洋経済新報社．

浜田宏一・堀内昭義・内閣府経済社会総合研究所編［2004］『論争　日本の経済危機――長期停滞の真因を解明する』日本経済新聞社．

早川英男［2012］「わが国金融業の課題」，『新国策』2012年11月号．

早川英男［2016］『金融政策の「誤解」――〝壮大な実験〟の成果と限界』慶應義塾大学出版会．

速水優［1995］『円が尊敬される日』東洋経済新報社．

速水優［2004］『中央銀行の独立性と金融政策』東洋経済新報社．

原田泰［1992］「誤った金融政策思想を正せ」，『週刊東洋経済』1992年11月７日号．

原田泰［1999］『日本の失われた十年――失敗の本質復活への戦略』日本経済新聞社．

原田泰［2003］『日本の「大停滞」が終わる日』日本評論社．

原田泰［2004］『「大停滞」脱却の経済学――デフレに勝つことが構造改革だ！』PHP研究所．

原田泰［2007］『日本国の原則――自由と民主主義を問い直す』日本経済新聞出版社．日経ビジ

――旭川市金融経済懇談会における挨拶要旨」日本銀行，2013年6月13日.
白井さゆり［2016］『超金融緩和からの脱却』日本経済新聞出版社.
白川方明［2008］『現代の金融政策――理論と実際』日本経済新聞出版社.
白川方明［2012］「人口動態の変化とマクロ経済パフォーマンス――日本の経験から」『金融研究』2012年10月号.
白川方明［2018.10］『中央銀行――セントラルバンカーの経験した39年』東洋経済新報社.
白川方明［2018.12］「特別インタビュー　白川方明前日銀総裁――主流派経済学の理論は現実を説明しきれていない」，『週刊エコノミスト』2018年12月25日号.
新保生二［1979］『現代日本経済の解明――スタグフレーションの研究』東洋経済新報社.
新保生二［1992］「マネーはいち早く景気後退を示唆していた」，『金融財政事情』1992年9月28日号.
新保生二［2002］『デフレの罠をうち破れ――日本経済土壇場の起死回生策』中央公論新社.
鈴木淑夫［2017］「出口の迷路――金融政策を問う1　日銀は今すぐ出口に向かえ」，『週刊エコノミスト』2017年10月10日号.
高橋洋一［2017］『ついにあなたの賃金上昇が始まる！――2018～世界と日本経済の真実』悟空出版.
デサイ，ミヒル・A［2020］『How Finance Works――ハーバード・ビジネス・スクールファイナンス講座』斎藤聖美訳，ダイヤモンド社.
東京財団政策研究所税・社会保障改革ユニット［2020］「緊急共同論考――社会保障を危うくさせる消費税減税に反対」2020年6月8日（https://www.tkfd.or.jp/research/detail.php?id=3444）.
徳富蘇峰［2006］『徳富蘇峰　終戦後日記――『頑蘇夢物語』』講談社.
トリシェ，ジャン・クロード［2019］「ユーロ圏の経済・財政・金融ガバナンス――過去の困難と成功－現在の課題－将来の道筋」，『金融研究』2019年10月号.
内藤友紀［2017］『1930年代における日本の金融政策――時系列分析を用いた定量的分析』関西大学出版部.
中川藍［2018］「第2章　労働需給が逼迫しても賃金と物価が上がらないのはなぜか」，原田・増島［2018］所収.
中澤正彦・矢野誠［2015］「金融危機後の公開市場操作のポートフォリオリバランス効果――買入長期国債の残存期間別データの構築による検証（改訂版）」Market Quality Discussion Series, Discussion Paper No. 2015-005.
中曽宏［2017］「日本経済の底力と構造改革（ジャパン・ソサエティおよびシティ・オブ・ロンドン・コーポレーションの共催講演会における講演の邦訳）」日本銀行，2017年10月5日.
中野雅至［2011］『1勝100敗！　あるキャリア官僚の転職記――大学教授公募の裏側』光文社新書.
中原伸之［2006］『日銀はだれのものか』中央公論新社.
南波浩史［2017］『金融変数と実体経済の因果性――VARモデルによる実証研究』晃洋書房.
日本銀行［2013］「「物価の安定」についての考え方に関する付属資料（図表目次）」（2013年1月21，22日の金融政策決定会合提出資料）日本銀行，2013年1月23日.
日本銀行［2016］「金融政策決定会合における主な意見（1月28、29日）」日本銀行，2016年2月8日.
日本銀行［2017.1］「BIS市場委員会報告書「2016年10月7日の英ポンドの『フラッシュ・イベント』」の公表について」日本銀行，2017年1月16日.
日本銀行［2017.12］「「中央銀行総裁・銀行監督当局長官はバーゼルⅢの最終化に合意」の公表について」日本銀行，2017年12月8日.
日本銀行［2019］「低インフレ・低金利環境のもとでの中央銀行デザイン」議事要旨，『金融研究』2019年10月号.
日本銀行企画局［2015］「「量的・質的金融緩和」：2年間の効果の検証」日銀レビュー，2015-J-

参考文献

黒田東彦［2017.3］「「長短金利操作付き量的・質的金融緩和」：導入後半年を経て――「ロイター・ニュースメーカー」における講演」日本銀行，2017年3月24日.
黒田東彦［2017.6］「「期待」に働きかける金融政策――理論の発展と日本銀行の経験（オックスフォード大学における講演の邦訳）」日本銀行，2017年6月8日.
黒田東彦［2017.10］「総裁記者会見要旨」日本銀行，2017年10月13日.
ケインズ，ジョン・メイナード［1983］『ケインズ全集7　雇用・利子および貨幣の一般理論』東洋経済新報社.
ケインズ，ジョン・メイナード［2013］『デフレ不況をいかに克服するか――ケインズ1930年代評論集』松川周二編訳，文藝春秋.
ケインズ，ジョン・メイナード［2015］『ケインズ全集21　世界恐慌と英米における諸政策――1931～39年の諸活動』東洋経済新報社.
玄田有史編［2017］『人手不足なのになぜ賃金が上がらないのか』慶應義塾大学出版会.
小池理人［2019］「よく分かる！経済のツボ　今回の駆け込み需要の規模はどうして小さい？」，『第一生命経済研レポート』2019年9月号.
河野龍太郎［2016］「金融緩和で潜在成長力は低下」，日本経済研究センター［2016］所収.
小峰隆夫・原田泰・宮崎勇［2001］『日本経済再生の視点――経済政策形成の現場から』岩波書店.
サージェント，トーマス・J［1988］『合理的期待とインフレーション』國府田桂一・鹿野嘉昭・榊原健一訳，東洋経済新報社.
齊藤誠［2020］「経済教室　物価高騰で収束シナリオも　危機時の財政金融政策」，『日本経済新聞』2020年6月12日.
櫻井眞［2018］「わが国の経済・物価情勢と金融政策――群馬県金融経済懇談会における挨拶要旨」日本銀行，2018年5月24日.
佐藤綾野・原田泰［2018］「第4章　フィナンシャル・アクセラレーターと金融政策の効果」，安達・飯田［2018］所収.
佐藤綾野［2020］「最近の日銀金融政策批判研究の検証」，『景気とサイクル』2020年.
佐藤健裕［2013］「わが国の経済・物価情勢と金融政策――福島県金融経済懇談会における挨拶要旨」日本銀行，2013年7月22日.
佐藤健裕［2016］「わが国の経済・金融情勢と金融政策――釧路市金融経済懇談会における挨拶要旨」日本銀行，2016年6月2日.
サマーズ，ローレンス［2019］「赤字と債務にいかに向き合うか――第3の道は存在する」，『フォーリン・アフェアーズ』2019年4月号.
澤田康幸・上田路子・松林哲也［2013］『自殺のない社会へ――経済学・政治学からのエビデンスに基づくアプローチ』有斐閣.
ジェイコブズ，ジェイン［2010］『アメリカ大都市の死と生』新版，山形浩生訳，鹿島出版会.
ジェイコブズ，ジェイン［2011］『都市の原理』新装版，中江利忠・加賀谷洋一訳，鹿島出版会.
重原久美春［2011］「第2部　13　重原久美春」，松島・竹中［2011］所収.
重原久美春［2019］『日本銀行とOECD――実録と考察　内外経済の安定と発展を求めて』中央公論事業出版.
篠原尚之［2018］「インタビュー　実体経済に効果乏しい量的緩和――水面下で積み上がる金融リスク」，『週刊エコノミスト』2018年3月13日号.
嶋津洋樹［2018］「第8章　金融緩和政策に限界はあるのか」，原田・増島［2018］所収.
嶋中雄二［1991］「マネーサプライ急減速で〝通貨不況〟の危機――いまマネタリズムの見通しを」，『週刊エコノミスト』1991年5月14日号.
嶋中雄二［2000］『日本経済の油断――アメリカン・バブルの行方』東洋経済新報社.
ジョンソン，チャルマーズ［1982］『通産省と日本の奇跡』矢野俊比古監訳，ティビーエスブリタニカ.
白井さゆり［2013］「我が国の経済・物価情勢と新しい金融緩和政策：金融政策の過去と現在

岩本康志・神取道宏・塩路悦朗・照山博司編［2014］『現代経済学の潮流　2014』東洋経済新報社.
宇南山卓［2016］「経済教室　2014年消費増税の教訓」,『日本経済新聞』2016年5月23日.
梅田雅信［2013］『超金融緩和のジレンマ』東洋経済新報社.
翁邦雄［2016］「自然利子率を低下させるマイナス金利政策」, 日本経済研究センター［2016］所収.
オルファニデス, アタナシオス［2018］「基調講演　中央銀行独立性の境界――非伝統的な時局からの教訓」,『金融研究』2018年10月号.
柿埜真吾［2019］『ミルトン・フリードマンの日本経済論』PHP新書.
片岡剛士［2010］『日本の「失われた20年」――デフレを超える経済政策に向けて』藤原書店.
片岡剛士［2014］「第2章　金融政策で物価をコントロールできる」, 原田・齊藤［2014］所収.
片岡剛士［2017］「構造失業率推定方法の誤り」, 原田・片岡・吉松［2017］所収.
片岡剛士［2018］「わが国の経済・物価情勢と金融政策――岡山県金融経済懇談会における挨拶要旨」日本銀行, 2018年3月1日.
片岡剛士［2019］「わが国の経済・物価情勢と金融政策――函館市金融経済懇談会における挨拶要旨」日本銀行, 2019年9月4日.
加藤出［2001］『日銀は死んだのか？――超金融緩和政策の功罪』日本経済新聞社.
加藤紘一［2011］「第2部　6　加藤紘一」, 松島・竹中［2011］所収.
加藤言人・安中進［2020］「日本における「ねじれ」た金融緩和選好を説明する：イデオロギーと政策選好の関係に情報環境が与える影響の実験的検証」,『選挙研究』第36巻第2号.
加藤裕己［2001］「第2章　景気安定化政策（ケインジアン・ポリシー）の有効性」, 小峰・原田・宮崎［2001］所収.
河村小百合［2016］『中央銀行は持ちこたえられるか――忍び寄る「経済敗戦」の足音』集英社新書.
木内登英［2013］「わが国の経済・物価情勢と金融政策――釧路市金融経済懇談会における挨拶要旨」日本銀行, 2013年9月19日.
木内登英［2015.9］「木内審議委員記者会見要旨――2015年9月3日（木）午後2時から約30分於青森市」日本銀行, 2015年9月4日.
木内登英［2015.12］「「量的・質的金融緩和」再考――資本市場研究会における講演要旨」日本銀行, 2015年12月3日.
木内登英［2016］「わが国の経済・物価情勢と金融政策――鹿児島県金融経済懇談会における挨拶要旨」日本銀行, 2016年2月25日.
北浦修敏・原田泰・坂村素数・篠原哲［2003］「構造的失業とデフレーション――フィリップス・カーブ, UV分析, オークン法則」,『フィナンシャル・レビュー』2003年1月号.
北坂真一［2019］「経済教室　マイナス金利から脱却　急げ」,『日本経済新聞』2019年11月18日.
木村武・嶋谷毅・桜健一・西田寛彬［2010］「マネーと成長期待：物価の変動メカニズムを巡って」日本銀行ワーキングペーパーシリーズ, No.10-J-14, 2010年8月.
鯨岡仁［2017］『日銀と政治――暗闘の20年史』朝日新聞出版.
國重惇史［2016］『住友銀行秘史』講談社.
熊野英生［2012］「BOJ Watching 日本銀行分析レポート　日銀審議委員に2人のエコノミスト――木内登英氏と佐藤健裕氏への期待」第一生命経済研究所経済調査部, 2012年6月21日.
黒田東彦［2005］『財政金融政策の成功と失敗――激動する日本経済』日本評論社.
黒田東彦［2013］「量的・質的金融緩和――読売国際経済懇話会における講演」日本銀行, 2013年4月12日.
黒田東彦［2014］「日本銀行金融研究所主催　2014年国際コンファランスにおける開会挨拶の邦訳」,『金融研究』2014年10月号.
黒田東彦［2016］「「マイナス金利付き量的・質的金融緩和」への疑問に答える――読売国際経済懇話会における講演」日本銀行, 2016年3月7日.

参考文献

青木大樹・鹿野達史［2018］「第４章　所得が伸びても支出が伸びないのはなぜか」，原田・増島［2018］所収.

浅田統一郎［2015］「第６章 「経済学の多様性」をめぐる覚書――デフレと金融政策に関する特殊日本的な論争に関連させて」，八木・有賀・大坂・大西・吉田［2015］所収.

安達誠司［2019］『消費税10%後の日本経済』すばる舎.

安達誠司・飯田泰之編著［2018］『デフレと戦う――金融政策の有効性　レジーム転換の実証分析』日本経済新聞出版社.

アトキンソン，デービッド［2018］『新・生産性立国論――人口減少で「経済の常識」が根本から変わった』東洋経済新報社.

アドマティ，アナト，マルティン・ヘルビッヒ［2014］『銀行は裸の王様である――金融界を震撼させた究極の危機管理』土方奈美訳，東洋経済新報社.

雨宮正佳［2017］「イールドカーブ・コントロールの歴史と理論――「金融市場パネル40回記念コンファレンス」における講演」日本銀行，2017年１月11日.

池尾和人［1995］『金融産業への警告――金融システム再構築のために』東洋経済新報社.

石弘光［2018］「アベノミクスは早く店じまいせよ」，『文藝春秋』2018年５月号.

石田浩二［2013］「わが国の経済・物価情勢と金融政策――青森県金融経済懇談会における挨拶要旨」日本銀行，2013年９月11日.

石田浩二［2016］「わが国の経済・物価情勢と金融政策――福岡県金融経済懇談会における挨拶要旨」日本銀行，2016年２月18日.

石橋湛山［1971］『石橋湛山全集』第７巻，東洋経済新報社.

市村英彦・岡崎哲二・佐藤泰裕・松井彰彦編［2020］『経済学を味わう――東大１、２年生に大人気の授業』日本評論社.

伊藤元重［2018］「財政健全化にインフレも必要」，『日経ヴェリタス』2018年６月18日号.

井上哲也［2016］「日銀による「包括的検証」の展望――主要な手段の運営を中心に」，野村総合研究所「NRI Financial Solutions」，2016年９月20日.

井上智洋［2016］『ヘリコプターマネー』日本経済新聞出版社.

岩田一政・左三川郁子・日本経済研究センター編著［2016］『マイナス金利政策――３次元金融緩和の効果と限界』日本経済新聞出版社.

岩田一政・左三川郁子・日本経済研究センター編著［2018］『金融正常化へのジレンマ』日本経済新聞出版社.

岩田一政・日本経済研究センター編［2014］『量的・質的金融緩和――政策の効果とリスクを検証する』日本経済新聞出版社.

岩田一政・吉川洋［2008］「日本の経験から得られる金融危機への教訓」第24回経済財政諮問会議，岩田議員・吉川議員提出資料，2008年10月31日.

岩田規久男［1992］「『日銀理論』を放棄せよ」，『週刊東洋経済』1992年９月12日号.

岩田規久男編［2003］『まずデフレをとめよ』日本経済新聞社.

岩田規久男編著［2004］『昭和恐慌の研究』東洋経済新報社.

岩田規久男［2014］「二%のインフレ目標を達成する覚悟――金融緩和政策はこれから本格的に景気を回復させるはずだ」，『Voice』2014年１月号.

岩田規久男［2018］『日銀日記――五年間のデフレとの闘い』筑摩書房.

岩田規久男［2019］『なぜデフレを放置してはいけないか――人手不足経済で甦るアベノミクス』PHP新書.

岩田規久男・浜田宏一・原田泰編著［2013］『リフレが日本経済を復活させる――経済を動かす貨幣の力』中央経済社.

装幀　間村俊一
写真　アフロ

原田 泰（はらだ・ゆたか）

1950年（昭和25年），東京都に生まれる．東京大学農学部卒業．学習院大学博士（経済学）．経済企画庁国民生活調査課長，海外調査課長，財務省財務総合政策研究所次長，大和総研専務理事チーフエコノミスト，早稲田大学政治経済学術院教授，日本銀行政策委員会審議委員などを経て，現在，名古屋商科大学ビジネススクール教授．
著書に『昭和恐慌の研究』（共著，東洋経済新報社，日経・経済図書文化賞受賞），『日本国の原則』（日経ビジネス人文庫，石橋湛山賞受賞），『日本はなぜ貧しい人が多いのか』（新潮選書），『震災復興　欺瞞の構図』（新潮新書），『日本を救ったリフレ派経済学』『反資本主義の亡霊』（日経プレミアシリーズ），『ベーシック・インカム』（中公新書）などがある．

デフレと闘《たたか》う
——日銀審議委員《にちぎんしんぎいいん》、苦闘《くとう》と試行錯誤《しこうさくご》の5年間《ねんかん》

2021年6月25日　初版発行

著者　原田　泰
発行者　松田陽三
発行所　中央公論新社
〒100-8152　東京都千代田区大手町1-7-1
電話　販売 03-5299-1730　編集 03-5299-1830
URL http://www.chuko.co.jp/

DTP　市川真樹子
印刷　図書印刷
製本　大口製本印刷

Published by CHUOKORON-SHINSHA, INC.
Printed in Japan　ISBN978-4-12-005445-7　C0033